New 소비자와 시장

허은정, 김우성, 정윤선, 백재화

UUP.

NEW 소비자와 시장

- 2025년 09월 01일 초판 발행
- **지은이** 허은정, 김우성, 정윤선, 백재화
- **펴낸이** 오연천
- **펴낸곳** UUP.(울산대학교출판부) 44610 울산광역시 남구 대학로 93(무거동) 울산대학교 출판부
- 전화 (052)259-2488 ▪ 팩스 (052)277-3011 ▪ **홈페이지** http://uup.ulsan.ac.kr
- **출판등록** 제370-1996-000001호(1996.3.13)
- ₩ 21,000

ISBN 979.11.6726.089.5 (93320)

서문

소비자는 일상의 소비생활을 위해 시장에서 기업이 제공하는 재화와 서비스를 구입하는데, 소비자가 상호작용하는 시장의 변화는 소비자에게 큰 영향을 미치게 된다. 시장의 디지털화와 기후변화는 오늘날 소비자의 삶과 소비생활을 크게 변화시키고 있다. 지구온난화가 가속되면서 극단적 가뭄과 홍수, 태풍과 허리케인, 이상고온 등 심각한 자연재해에 직면한 소비자는 이전의 물질주의적 가치관과 과잉 소비에서 벗어나 자연환경, 인권, 사회적 책임을 실천하는 윤리적 소비, 지속가능한 소비로 전환하고 있다.

최근 빠르게 변화하는 디지털 환경은 소비자에게 다양한 혜택을 제공하지만 다른 한편으로 새로운 부작용도 일으키고 있다. 소비자의 선택의 폭은 국내를 넘어 해외로까지 확대되고, 소비자가 이용할 수 있는 소비자 정보는 넘쳐나며, 소비자의 의견이 시장에 미치는 영향이 커지는 등 긍정적 측면도 있다. 그러나 개인정보 침해나 허위 및 가짜정보 문제, 제도권 밖의 거래에서 발생하는 신종사기 등 기존의 산업시장에서 존재하지 않았던 새로운 소비자 문제가 발생하고 있다. 또한 최근에는 AI 제품과 서비스의 등장은 소비자의 편리한 생활을 가능케하여 시장에서 빠르게 확산되고 있지만 소비자에게 미치는 부정적 영향에 대해서는 아직까지 제대로 밝혀진 바가 없다.

저자들은 최근의 이러한 시장환경의 중요한 변화가 소비자에게 어떤 영향을 미치며, 시장환경의 변화 가운데서 소비자가 자신뿐만 아니라 인류 전체의 행복한 소비를 위해 갖추어야 할 필요한 역량은 무엇인지를 제시하기 위해 이 책을 집필하게 되었다.

이 책은 총 12장으로 구성되어 있다. 1장은 소비자와 시장에 대한 전반적 이해를 다루었는데, 특히 고령인구 증가와 1인가구 증가 등 인구통계학적 변화와 소비가치 변화가 소비행동에 미치는 변화를 살펴보고, MZ세대를 중심으로 세대별 소비특성을 정리하였다. 2장은 소비자와 상호작용하는 기업을 이해하기 위해 마케팅과 브랜드를 중심으로 살펴보았다. 3장은 소비자에게 제품을 공급하는 기업의 촉진과 유통환경의 변화를 정리하였다. 4장은 소비자 의사결정의 이론적 방법들과 의사결정과정을 살펴보았다. 5장은 소비자 의사결정에 영향을 주는 문화적, 사회적, 개인적, 심리적 특성들을 정리하였다.

6장은 소비자 정보의 개념과 정보정책, 디지털 리터러시를 정리하였다. 7장은 소비자 문제의 특성과 소비자문제 유형을 살펴보았다. 8장은 소비자 피해구제 절차와 관련 제도 및 관련법을 정리하였고, 9장은 소비자문제 해결기구로서 소비자단체, 정부와 지자체, 기업을 중심으로 살펴보았다.

10장은 소비문화와 소비트렌드에 대한 이해를 중심으로 정리하였다. 11장은 윤리적 소비의 등장배경과 개념, 윤리적 소비의 실천방안을 정리하였다. 마지막으로 12장은 소비자 행복과 행복한 소비를 위한 원칙에 대해 살펴보았다.

이 책은 4명의 저자들이 공동으로 집필하였는데, 허은정 교수는 1장, 11장, 12장을, 김우성 박사는 2장, 3장, 5장을 저술했고, 4장의 내용을 첨가 및 수정하였다. 그리고 정윤선 박사는 6장, 7장, 8장, 9장, 10장을, 백재화 박사는 4장을 저술하였다. 특별히 마케팅을 전공한 김우성 박사가 집필진으로 함께 참여함으로써 기업의 마케팅 활동, 촉진과 유통, 소비자 의사결정 등에 대한 보다 쉽고 정확한 이해에 도움을 주었다. 그리고 각 장에서 관련된 최근의 사례들을 포함시켜 책을 읽는 이로 하여금 흥미와 이해를 돕도록 노력하였다.

이 책은 소비자학을 전공하는 학생들의 전공 기초도서로 활용할 수 있고, 또는 소비자학을 전공하지 않는 학생들 중에서 소비자와 시장에 관심을 갖는 학생들의 교양도서로서 사용할 수 있다. 이 책은 e-book과 병행하여 출간됨에 따라 시장의 변화와 그에 따른 소비자 행동의 변화를 보다 용이하게 업데이터 할 수 있게 되어 다행으로 생각한다.

마지막으로 이 책이 나오기까지 도움을 주신 많은 소비자학 선후배님과 강의하시는 교수님들, 그리고 울산대학교 출판부 여러분께 감사를 드린다.

2025년 8월
저자 일동

목차

2부 소비자의 현명한 선택 / 101

3부 소비자문제와 해결 / 237

1부

소비자와 기업,
시장에 대한 이해

1장

소비자와 시장에 대한 이해

소비자는 시장에서 기업이 제공하는 상품과 서비스를 구매하고 소비하면서 자신의 욕구를 충족시키고 일상생활을 영위해 나간다. 이 장에서는 먼저 소비자를 이해하기 위해 소비자의 개념과 역할, 사회적 책임 등에 대해 학습한다. 그리고 최근 변화된 소비자의 인구통계적 특성 및 주요한 소비가치의 변화와 그에 따른 시장의 영향을 살펴보기로 한다. 소비자집단에 대한 이해를 위해 소비의 중심으로 떠오르고 있는 MZ세대의 특징과 소비패턴을 점검한다. 마지막으로 소비자가 소비생활을 통해 판매자와 상호작용하는 시장을 이해하기 위해 시장경제체제와 시장의 역할을 살펴보기로 한다.

1. 소비자의 개념과 역할

1) 소비자의 개념

모든 인간들의 공통점 중 하나는 소비자로서 소비활동을 하는 것이다. 우리 모두는 생명을 유지하고 일상생활을 영위하기 위해 필요한 재화와 서비스를 구매하고 소비하는 과정을 매일매일 하게 된다. 인간의 일상생활은 소비생활의 연속이며, 인간의 소비과정은 탄생하는 순간부터 사망 후까지 계속되므로 전 생애를 통해 소비자로서의 활동을 수행하고 있다.

소비자consumer에 대한 개념은 일반적으로 '소비생활을 위하여 재화 및 용역을 사용하는 개인'으로 볼 수 있는데(위키백과사전), 구체적으로 '소비자는 사업자가 제공하는 재화 또는 용역을 소비생활을 위하여 사용하는 자'를 지칭한다(소비자기본법 제 2조). 즉, 소비자는 사업자에 대립되는 개념이며, 거래 과정의 말단에서 최종소비자로서 각자의 생활을 영위하기 위해 구매하는 생활자이다.

2) 소비자의 역할

소비자역할은 소비자에게 기대되어지는 역할을 의미한다. 과거에는 소비를 최종 소비로만 정의하였기 때문에 소비자역할을 구매행동으로 국한시켰으나 최근에는 자원의 획득에서 배분, 구매, 사용, 처분의 과정에 이르기까지 소비의 제 활동뿐만 아니라 소비자의 사회적 책임을 강조하는 시민소비자로서의 역할까지 포함하는 광범위한 개념으로 이해되고 있다(이기춘, 김정은, 2012). 소비자 역할을 구체적으로 살펴보면 다음과 같다.

첫째, 획득자의 역할은 어떤 소득의 원천으로부터 어떠한 방법으로 소득을 획득하는가의 문제와 관련되며, 소득의 획득은 일의 선택 문제와도 관련이 있으며 소비자의 기본권리와 책임의식이 작용하게 된다.

둘째, 배분자의 역할은 어떠한 목표를 가지고 어떻게 자원을 배분할 것인가의 문제이다. 즉 소득 중에서 어느 정도를 저축하고 어느 정도를 지출할 것인가, 지출비목별 배분을 어떻게 할 것인가, 개인의 욕구충족을 위해 어떤 우선순위를 유지할 것인가 등이 포함된다.

셋째, 구매자의 역할은 어떤 구매방식으로 어떤 재화와 서비스를 구매할 것인가이며, 어떻게 필요한 정보를 수집해서 구매 의사결정을 내릴 것인가 등이 포함된다. 과학기술의 발달과 정보통신의 혁명으로 전자상거래를 통한 새로운 구매방식이 출현하고 있기 때문에 이에 적응할 수 있는 새로운 역할이 중요해진다.

넷째, 사용자의 역할은 구입한 재화와 서비스를 어떻게 효율적으로 사용할 것인가의 문제이다. 즉, 상품의 유효성, 접근가능성, 대체가능성을 인식하고 효율적으로 사용해야 하며, 현대 소비사회에서 상품의 유용성뿐만 아니라 상품의 상징성을 잘 인식하고 사용해야 한다.

다섯째, 처분자의 역할은 상품이나 자원의 효용가치를 최대화시켜 사용함으로써 환경오염이나 지구생태계의 파괴를 최소화하는 문제가 중요해지고 있다. 환경을 의식하는 소비자행동을 함으로써 처분자 역할을 잘 수행하게 되며, 현대사회에서 지속가능한 소비를 지향하는데 기여하게 된다.

여섯째, 시민소비자의 역할은 소비자가 기업, 정부, 단체 등의 사회시스템과 상호작용하는 과정에서 소비자로서의 권리를 실현하고 책임을 수행하는 역할을 의미한다.

3) 소비자의 권리와 책무

소비자기본법 제 4조에서 규정하고 있는 소비자의 기본적 권리는 다음과 같다.

① 물품 또는 용역으로 인한 생명, 신체 또는 재산에 대한 위해로부터 보호받을 권리

② 물품 등을 선택함에 있어서 필요한 지식 및 정보를 제공받을 권리

③ 물품 등을 사용함에 잇어서 거래상대방 · 구입장소 · 가격 및 거래조건 등을 자유로이 선택할 권리

④ 소비생활에 영향을 주는 국가 및 지방자치단체의 정책과 사업자의 사업활동 등에 대하여 의견을 반영시킬 권리

⑤ 물품 등의 사용으로 인하여 입은 피해에 대해 신속 · 공정한 절차에 따라 적절한 보상을 받을 권리

⑥ 합리적인 소비생활을 위하여 필요한 교육을 받을 권리

⑦ 소비자 스스로의 권익을 증진하기 위하여 단체를 조직하고 이를 통하여 활동할 수 있는 권리

⑧ 안전하고 쾌적한 소비생활 환경에서 소비할 권리

소비자기본법 제 5조는 소비자의 책무를 다음과 같이 제시하고 있다.

첫째, 소비자는 사업자 등과 더불어 자유시장경제를 구성하는 주체임을 인식하여 물품 등을 올바르게 선택하고, 제 4조의 규정에 따른 소비자의 기본적 권리를 정당하게 행사하여야 한다.

둘째, 소비자는 스스로의 권익을 증진하기 위하여 필요한 지식과 정보를 습득하도록 노력하여야 한다.

셋째, 소비자는 자주적이고 합리적인 행동과 자원 절약적이고 환경 친화적인 소비생활을 함으로써 소비생활의 향상과 국민경제의 발전에 적극적인 역할을 다하여야 한다.

4) 소비자의 사회적 책임

소비자의 사회적 책임은 기업의 사회적 책임보다는 늦었지만 사회 및 환경이 변화되고 기업과 더불어 사회를 구성하는 경제주체로서 소비자의 사회적 역할이 강조되면서 부각되기 시작하였다. 과거 소비생활에서 소비자는 자신의 만족을 추구하는 선택을 하였다면, 이제는 자신의 소비생활이 자신이 속한 지역과 사회, 환경 나아가 전 지구에 어떠한 결과를 야기하는지 인식하여 책임있는 행동을 하도록 요구되고 있다. 이는 오늘날 소비자의 선택이 경제적 선택과 동시에 사회적 선택의 조화 속에서 이루어져야 하는 패러다임으로 변화하고 그 선택에 수반되는 사회적 책임이 필요함을 의미한다(심영, 2009). 김정은과 이기춘(2008)은 소비자 시민성consumer citizenship이라는 개념으로 설명하였는데, 이는 소비과정에서 소비자의 사회적 역할과 책임을 강조한 것이다. 기업의 사회적 책임CSR 관련된 국제 표준인 ISO 2600에 의하면, 소비자의 사회적 책임은 소비자가 사회와 환경에 긍정적 영향을 미치는 투명하고 윤리적인 소비선택 활동이라고 규정하였다. 소비자의 사회적 책임은 '소비자의 구매결정과 소비행동이 사회와 환경에 미치는 영향에 대해 소비자가 지는 책임으로, 경제적 주체의 역할을 넘어 사회적 주체로서 소비자 시민이 선택하고 활동해야 하는 윤리적인 행동기준'으로 정의할 수 있다. 심영

(2009)은 소비자의 역할을 경제적, 사회문화적, 시민적, 생태환경적 역할로 나누고 각각에 대해 개인적 · 사적 차원의 미시적 책임과 집단적·공적 차원의 거시적 책임으로 제시하였다.

〈표 1-1〉 소비자의 사회적 책임 분류

역할 \ 수준	사회적 책임	
	미시적 사회적 책임 (개인적, 사적 차원)	거시적 사회적 책임 (집단적, 공적 차원)
경제적: 도구적 기능	영역 1 - 효율적 소비자 (Efficient Consumer) • 합리적 선택에 의한 경제적 효용극대화: 효율적 자원배분 (단기적, 장기적 차원)	영역 2 - 호혜적 소비자 (Reciprocal Consumer) • 상호이익에 의한 사회적 이익: 효과적 자원분배, 사회 전체의 경제후생 증진
사회문화적: 의미적 기능	영역 3 - 균형적 소비자 (Balanced Consumer) • 필요적/분수적 소비 • 상품의 사용가치	영역 4 - 건전한 소비자 (Sound Consumer) • 건전한 소비문화 조성
시민적: 정치적 기능	영역 5 - 깨어있는 소비자 (Enlightened Consumer) • 소비자 권리 및 책임 수행 • 소비 관련 법, 질서, 윤리 준수	영역 6 - 정의적 소비자 (Rightful Consumer) • 정의로운 민주소비사회공동체 조성: 소비(자) 관련 운동/정책 전개, 참여: 물질적 나눔, 후원, 기부: fair-trade 상품 구매 및 사용
생태환경적: 존재적 기능	영역 7 - 환경적 소비자 (Green Consumer) •환경친화적/의식적 소비 •적정수준 소비	영역 8 - 생태적 소비자 (Ecological Consumer) •지속가능한 생태계 조성

출처: 심영(2009). 소비자의 사회적 책임에 관한 연구. p104

① 소비자가 경제적 역할에서는 개인적으로 자신의 생애주기 전체에 합리적 선택에 의한 경제적 효용 극대화로 최소 비용으로 최대효과를 얻는 효율적인 자원

배분을 이룰 책임이 있다(효율적 소비자). 그리고 자신만의 이익이 아닌 사회 구성원들간의 효과적 자원배분을 통해 사회 전체의 경제적 후생을 증진할 책임이 있다(호혜적 소비자).

② 소비자의 사회문화적 역할에서는 소비자는 소비사회의 소비풍조에 휩쓸리지 않고 스스로 자신을 통제하고 예산범위 내에서 자신의 필요에 의한 분수를 지키는 소비, 상품의 사용가치에 의한 소비로 조화로운 균형적 소비를 할 책임이 있다(균형적 소비자). 또한 자신의 소비행위가 사회전체의 소비문화에 미칠 것을 고려하여 바람직한 소비가치를 기반으로 건전한 소비결정을 해야 할 책임이 있다(건전한 소비자).

③ 소비자시민의 역할에서는 자신의 권리와 책임을 다하며 소비자 관련 법과 상거래질서 또는 상거래 윤리 등을 알고 준수할 책임이 있다(깨어 있는 소비자). 거시적 차원에서는 상대적으로 빈곤한 국가나 빈곤한 소비자들이 소비생활에서 욕구충족과 권리실현을 할 수 있도록 물질적 나눔, 후원, 기부 또는 공정무역상품을 선택할 책임이 있다(정의적 소비자).

④ 생태환경적 역할에서는 적정 수준의 소비를 하고 녹색상품 구매와 사용, 에너지 절약 등 환경친화적 생활을 할 책임이 있다(녹색 소비자). 거시적 차원에서는 생태계에 존재하는 모든 생명체에 대한 존엄성을 인정하여 지속적으로 다양한 생태계를 조성할 책임이 있다(생태적 소비자).

5) 새로운 소비자 역량

오늘날 소비자들은 더 많은 제품들과 서비스를 접하며 가치를 따지는데 더 가격 의식적이고 품질을 중요시한다. 과거에 비해 오늘날 소비자들이 가지는 역량들은 다음과 같다(Kotler & Keller, 2009).

① 구매력의 실질적인 증가

소비자는 인터넷을 통해 구매하고자 하는 다양한 제품들의 가격과 제품 속성을 쉽고 빠르게 비교한다. 심지어 소비자들은 호텔객실, 항공권, 담보물권에 대한 가격까지도 결정할 수 있게 됨에 따라 이전보다 소비자들의 실질적 구매력이 증가되는 효과가 있다.

② 경쟁의 심화와 더 다양한 제품과 서비스의 이용가능성

소비자들은 네이버 쇼핑, 아마존 닷컴 등 온라인 플랫폼을 통해 도서, 전자제품, 의류와 악세서리, 가정용품 등 다양한 제품의 정보와 가격을 비교하면서 쉽게 구매할 수 있다. 소비자들은 세계 어디에서든지 온라인으로 제품을 주문할 수 있게 됨에 따라 동일한 제품도 가격비교를 통해 국가나 지역의 물리적 장벽 없이 저렴한 가격으로 구매할 수 있다.

③ 더 많은 정보를 획득함

소비자들은 세계 어느 곳에 살든지 어떤 언어로든지 온라인을 통해 상품과 서비스에 대한 많은 정보를 쉽게 얻을 수 있다. 챗 GPT를 이용하면 모든 언어를 자신의 모국어로 순식간에 번역할 수 있다.

④ 인터넷 쇼핑으로 상호작용하고 장소와 시간에 구애 없이 주문을 하기가 수월해짐

소비자들은 인터넷 쇼핑을 통해 언제, 어디서나 시간과 장소에 구애 없이 휴대폰이나 모바일 기기를 이용하여 쉽게 주문하고 집이나 사무실에서 제품을 받을 수 있다.

⑤ 제품과 서비스에 대해 특징들을 비교할 수 있는 능력의 향상

소비자들은 일상용품, 전자제품, 심지어 자동차에 이르기까지 인터넷을 통한 구매 비율이 증가함에 따라 제품과 서비스에 대한 특징과 성능 등에 대한 정보를 쉽게 비교할 수 있는 능력이 과거에 비해 크게 향상되었다.

⑥ 동료 의견 및 공중 여론에 영향을 주는 목소리가 커짐

소비자들은 자신의 구매 경험을 리뷰나 댓글 등으로 SNS 매체를 통해 다른 소비자들과 공유하면서 서로에게 정보를 제공하기도 하면서 영향을 주고받고 있다. 예를 들면, 소비자가 아름다운 미담을 소개한 착한 가게에 대해 많은 다른 소비자들이 돈쭐내기 등으로 그 가게를 경제적으로 응원하기도 한다. 소비자들의 SNS 매체를 통한 영향력이 예전에 비해 훨씬 중요하게 되었다.

2. 소비자의 인구통계적 특성의 변화

1) 인구구조의 변화: 고령인구의 증가

통계청이 발표한 2024 인구주택총조사 결과(2025)에 따르면, 2024년 11월 1일 기준 대한민국 영토 내에 거주하는 내국인과 외국인을 합한 총인구는 전년대비 0.1%, 약 3만명 증가한 5,181만명이다. <그림 1-1>에 제시된 대로, 0~14세의 유소년 인구(10.5%)와 15~64세의 생산연령인구(70.0%)는 지속적으로 감소한 반면, 65세 이상 고령인구(19.5%)는 증가하였다. 고령인구는 향후 계속 증가하여 2025년에 20%, 2036년에 30%, 2050년에 40%를 넘어설 것으로 전망된다(통계청, 2024).

UN은 65세 이상을 고령인구로 정의하고 있는데, 전체 인구의 7% 이상이 고령인구이면 고령화 사회aging society, 14% 이상이면 고령사회aged society로 분류하고 있다. 우리나라는 이미 2000년 고령화사회에 진입하였고, 2017년 14.2%를 기록하여 고령사회에 접어들었다. 2024년 고령인구는 전체인구의 19.5%이며, 2025년에는 20.6%로 우리나라가 초고령사회로 진입할 것으로 전망된다(통계청, 2024).

특별히 6.25 전후 1955년~1963년에 태어난 우리나라의 베이비붐세대가 모두 60세 이상으로 이들의 은퇴가 본격적으로 시작되었다. 이들은 경제성장의 주역으로 상대적으로 이전 세대보다 교육수준이 월등히 높고 다양한 문화 및 여가생활에 관심이 많아 액티브 시니어active senior로 불리운다. 이들은 이전 세대에 비해 상대적으로 은퇴준비가 잘 되어 있고 경제적인 여유를 가지고 있으며, 은퇴 후 연금을 수령하는 시기가 되면 고령층의 소비가 양적, 질적으로 증가될 것이며, 이들을

대상으로 한 고령친화 산업도 활성화 될 것이다(조현승, 2016). 이들은 과거 노년세대에 비해 자녀에게 재산을 물려주기 보다는 그 돈으로 여생을 즐겁게 보낸다는 가치관을 가지고 있다. 따라서 이들의 소비행태는 취미, 여가, 레저 등 생활의 풍요로움을 창조하는 방향으로 바뀌어 노년에도 활발한 소비활동을 할 것이다. 미국에서는 경제적으로 부유한 노인을 우피족well-off older people: Woopies이라고 하는데, 이들은 건강하고 교육수준 높은 60대 소비집단으로 부상하여 기업들의 중요한 마켓팅 타깃이 되고 있다(이성근, 배수현, 1996).

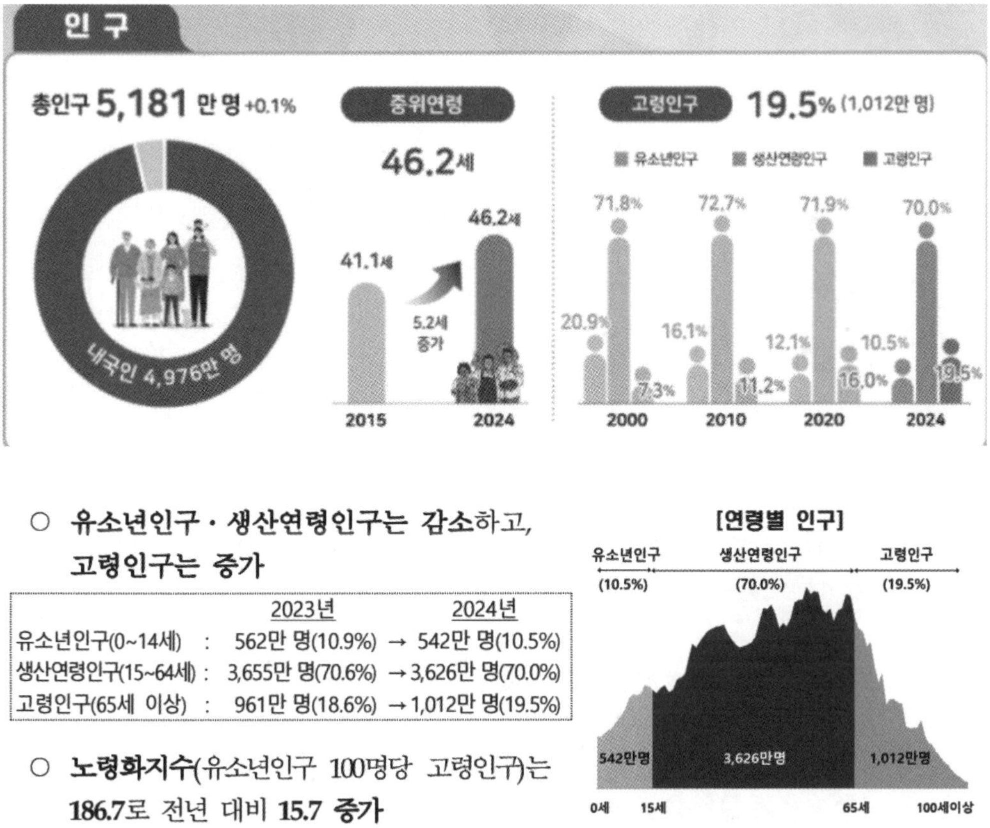

출처: 통계청(2025), 2024 인구주택총조사 결과

〈그림 1-1〉 2024 인구주택총조사

2) 1인 가구의 증가

통계청이 발표한 2024년 인구주택총조사 결과에 의하면, 2024년 1인 가구는 804만 가구로 전체 가구의 36.1%를 차지하고 있다. 2인 가구는 29.0%, 3인 가구는 18.8%, 4인 이상 가구는 16%로 나타나서 이제는 1인 가구가 전체 가구에서 차지하는 비중이 가장 큰 가구가 되었다.

1인 가구의 연령대별 비중을 살펴보면, 20대 이하(17.8%), 60대(17.6%), 30대(17.4%) 순으로 나타났고, 남자는 30대(21.8%), 여자는 60대(18.7%)의 비율이 높았다.

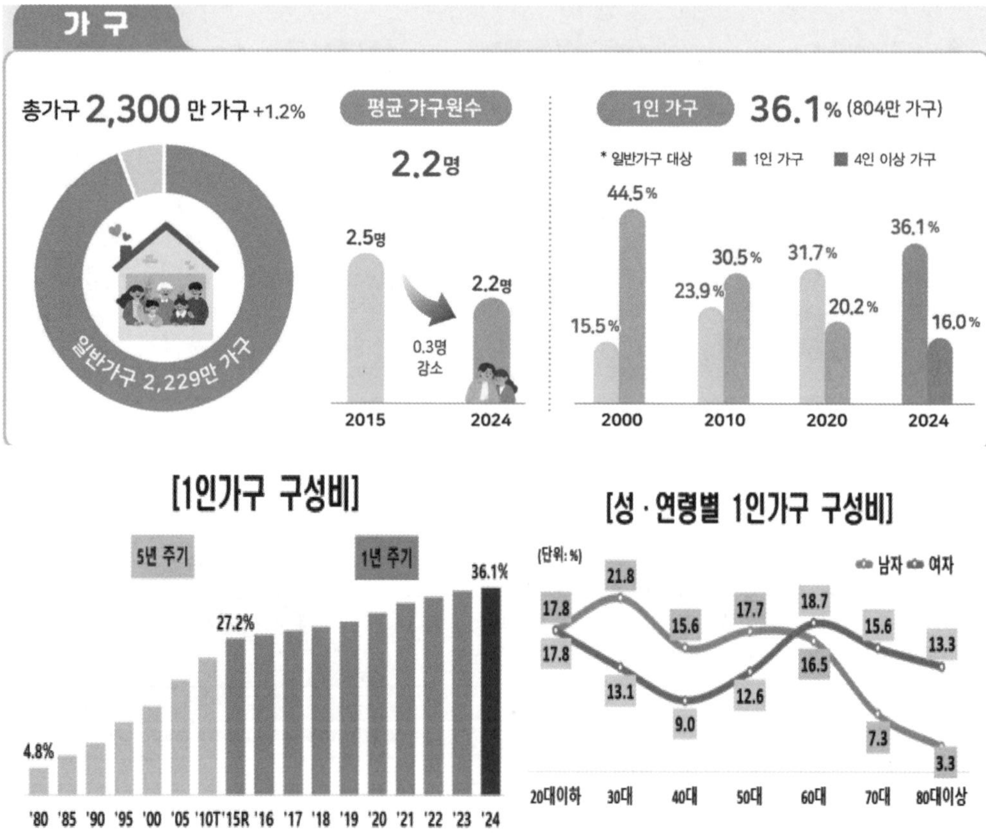

출처: 통계청(2025), 2024 인구주택총조사 결과

〈그림 1-2〉 2024 인구주택총조사

18세 이상 내국인의 미혼율은 29.6%로 나타났고, 미혼인구는 전년대비 0.5% 증가하였는데 남자 미혼율이 34.3%로 여자 미혼율 25.0%보다 훨씬 높았다. 이러한 미혼율 증가는 혼인 감소를 반영하는데, 혼인 감소 배경은 혼인 주 연령층인 20대와 30대의 인구 감소와 결혼에 대한 가치관 변화를 들 수 있다. '2022 사회조사 결과'에 따르면, 20대 중에서 결혼을 해야 한다고 답한 비율이 35.1%로 전체 연령의 평균이 50%에 크게 미치지 못하고 있다.

1인 가구가 증가한 원인은 다음과 같이 정리할 수 있다.

첫째, 개인주의 – 개인의 가치관과 삶의 방식을 중요시하는 개인주의 문화가 확산되면서 혼자 사는 것을 선호하게 됨.

둘째, 결혼 및 가족에 대한 가치관 변화 – 개인 행복과 자아실현을 중요시하게 생각하는 사람들이 늘어나면서 결혼을 하지 않거나 늦게 결혼하는 경향이 나타남.

셋째, 여성의 사회진출 증가 – 여성의 사회진출 증가로 경제적 자립이 가능해짐에 따라 결혼과 가족에 대한 의존도가 낮아짐.

1인 가구의 소비생활은 소형화와 개인 맞춤의 특징을 보인다. 작은 주거 공간에 거주하기 때문에 부피가 작은 제품을 선호하고 가족중심의 소비 보다는 자기 자신을 위한 소비를 하는 경향이 많기 때문에 개인의 취향이나 생활패턴에 맞는 제품이나 서비스에 관심이 높고 포미족For Me, 혼밥, 혼술 등 1인 경제 소비트렌드를 만들고 있다. 또한 직장과 일상을 함께하는 1인 가구는 효율성이 가장 중요한 키워드로 편리하고 신속한 서비스를 선호한다. 실용성과 가성비를 중요시하면서도 새로운 제품에 대한 수요가 높다. 특히 시간과 노동력을 절감할 수 있는 스마트 제품에 관심이 많으며 ICT 접목 제품에 대한 수요도 높다(솔로이코노미, 2018).

3) 교육수준의 향상

소비자들의 교육수준이 높아지게 되면서 과시형 소비보다는 합리적 구매가 늘어나고 가격대비 가치를 중요하게 생각하는 가치지향적 구매가 확산되고 있다. 소비자들은 단순히 가격이 저렴한 상품을 선택하기 보다는 상품의 품질과 가격을 따져서 가성비가 좋은 상품을 선택하는 경향이 늘어나고 있다. 최근에는 브랜드 위주의 값비싼 백화점보다는 코스트코, 트레이더스와 같은 창고형 할인점과 고품질의 무점포의 판매가 늘어나고 있다(이은희 외, 2020).

가치지향적 소비의 다른 형태는 소비자들이 소비를 통해 자신을 표현하는 가치소비이다. 즉 자신의 신념이나 가치관에 맞는 제품을 선택하는 소비를 말한다. 롯데멤버스가 20~60대 남녀 1500명을 대상으로 설문조사한 결과 응답자의 83.5%가 가치소비를 해봤다고 답했는데, 다만 세대별 가치소비 방식은 차이가 났다. 베이비붐세대는 쓰레기 배출을 줄이는 제로 웨이스트(83.6%)나 업사이클링(63.8%)에 대한 경험이 많은 반면, X세대는 플라스틱 프리(86.6%)나 리사이클링(80.2%) 등 생활 속에서 자연스럽게 실천할 수 있는 가치소비를 가장 많이 하였다. MZ세대는 기부상품 구매(60%), 비건 동물보호(54%), 선행업체 제품을 적극 구매하는 '돈쭐내기'(41.2%), 조깅하며 쓰레기를 줍는 '플로깅'(40.2%) 등 상대적으로 적극적인 소비 형태를 경험해 보았다고 답하였다(연합뉴스, 2022년 7월 5일자).

4) 여성의 취업증가에 따른 맞벌이 가구 증가

여성의 교육수준이 향상되면서 여성들의 취업이 꾸준히 증가하고 있다. 우리나라 취업여성의 특징은 기혼여성이 75.5%로 미혼여성보다 많은 비율을 차지하고 있다. 기혼여성의 취업은 출산율 감소와 아동 보육시설의 확충, 가사노동을 경감시켜주는 가정용 전자제품과 가사노동 관련 서비스의 발달, 시간제 근무와 재택근무 등으로 더욱 촉진되고 있다. 여성의 취업 증가로 인해 식기세척기, 로봇청소기, 의류건조기 등 가사노동 절약형 가전제품의 판매가 증가하고 있으며, 가사대행 서비스, 육아대행 서비스, 반찬배달 서비스, 즉석요리 및 인스턴트식품에 대한 수요가 확대되고 있다. 그리고 쇼핑시간이 부족한 이들을 위해 새벽배송, 당일배송 등을 내세운 인터넷 쇼핑 플랫폼에 대한 이용도 늘어나고 있다(이은희 외, 2020).

5) 소득과 소비의 양극화

장기적인 불황의 영향으로 고용여건이 악화됨에 따라 소득의 양극화가 더욱 심해지고 있다. 통계청이 발표한 가계동향에 따르면, 2024년 3분기 가구당 월평균 소득이 전년대비 4.4%증가하였는데, 상위 20%는 소득 대비 6.5% 증가한 반면 하위 20%는 5.4% 증가에 그쳐 소득의 양극화가 심화되고 있는 것으로 나타났다.

이러한 소득격차의 확대는 소비자 욕구와 소비자 구매패턴의 양극화 현상을 보여주고 있다. 소비자 욕구의 양극화 현상은 소비자들의 욕구가 점차 극단적인 이원화 모습을 보이는 것을 의미한다. 예를 들면, 알뜰구매를 위해 다이소와 같은 초저가 상점에서 구매하는 소비자들이 있는 반면에 고가의 프리미엄 상품을 구매하는 소비자들도 있다. 소비자들의 구매패턴이 양극화됨에 따라 중간 가격대 상품의 판매가 감소하고, 초저가 상품과 최고 고급상품의 판매가 상대적으로 호조를 보이고 있다(이은희 외, 2020).

3. 소비자의 소비가치의 변화

1) 물질적 풍요에서 가치소비로(이민규, 2024)

대량생산과 대량소비로 특징지어지는 현대 산업사회에서 소비자는 물질적 풍요가 부의 척도이자 행복의 필수요건으로 생각하였다. 물질주의적 가치관이 팽배하면서 소비자는 자신이 갖고 있는 물질을 통해 자신의 사회적 지위를 드러내고 많은 물질을 소유하는 것이 곧 개인의 성공을 판단하는 기준이 되면서 소비자들은 과잉소비를 하게 되었다. 소비사회가 고도로 발달하면서 필요 이상으로 과잉생산이 이루어지고 소비자들은 무분별하게 소비하고 과잉폐기를 부추기는 일상이 반복됨에 따라 자원고갈과 환경오염, 생태계의 파괴, 기후 온난화로 인한 폭염과 산불 등 환경문제가 전세계적으로 심각하게 되었다. 점차 소비자들은 이러한 문제의 심각성을 깨닫고 지속가능한 소비로의 전환을 위해 가치소비를 실천하기 시작하였다.

가치소비는 개인의 가치관, 신념 등을 반영하는 제품이나 서비스를 구매하는 것을 의미하는 것으로 여러 가지 형태로 나타나고 있다. 예를 들면, 환경오염을 줄이는 친환경제품, 윤리적인 생산방식을 선택하는 기업의 제품구매, 동물실험을 하지 않는 기업의 화장품구매, 플라스틱 쓰레기를 줄이거나 리사이클링 제품 구매 등이다. 점차 소비자들은 다양한 형태의 가치소비를 통해 환경문제를 줄이고 지속가능한 소비환경을 만들기 위해 노력하고 있다.

2) 소유에서 공유로(이은희 외, 2020)

현대 산업사회는 개인의 물질적 소유를 강조함에 따라 소비자들은 과잉소비와 과잉폐기를 일삼게 되었고 이는 결국 자원고갈과 환경문제를 야기하게 되었다. 이러한 문제를 해결하기 위해 새로운 형태의 소비방식이 필요하게 되었고 '공유경제'라는 새로운 경제방식이 등장하였다. 공유경제sharing economy는 2008년 하버드대학교의 로렌스 레식Lawrence Lessig교수에 의해 확립된 개념으로, 자원이나 서비스를 소유하기 보다는 필요한 만큼 다른 사람과 공유하거나 교환하는 경제모델을 말한다.

공유경제가 등장한 배경을 살펴보면, 첫째, 인터넷과 모바일 플랫폼 등 디지털 기술의 발전으로 사람들이 쉽게 상호작용을 하고 정보와 서비스를 공유할 수 있는 환경이 조성되었다. 둘째, 2008년 글로벌 금융위기 이후 경제적 불확실성이 커지면서 소비자들은 자원을 효율적으로 사용하려는 경향이 강해졌고, 이에 따라 많은 소비자들이 공유경제에 참여하여 소득을 얻거나 비용을 줄이려고 하였다. 셋째, 자원의 낭비를 줄이고 지속 가능한 소비를 하려는 움직임이 커지면서 자원을 효율적으로 사용하는 공유경제에 관심이 커지게 되었다.

공유경제의 대표적인 예는 '에어비앤비'Airbnb와 '우버'Uber가 있다. 에어비앤비는 숙박 공유시스템으로 자신이 사용하지 않는 빈 집이나 방을 다른 사람에게 임대하는 것이고, 우버는 모바일 앱을 이용하여 개인 차량을 가지고 있는 사람이 차량이 필요한 다른 사람에게 차량을 빌려주는 것이다. 그 외에도 많은 도시에서 공공 자전거와 전동 스쿠터를 대여해 주는 서비스, 공유 사무실에서 여러 기업이나 개인이 같은 공간을 함께 사용하는 공유 사무공간 서비스 등이 있다.

3) 시간가치의 변화: 미래에서 현재로(이은희 외, 2020)

민보경(2024)의 '미래세대의 사회인식과 가치관 특성'의 보고서에 의하면, 요즘 소비자들은 불확실한 미래의 행복보다는 현재의 행복을 중요하게 여김에 따라 소비의 성격도 변화하고 있다. 많은 소비자들은 물건을 소유하려는 욕심보다는 다양한 경험을 중요하게 여겨 자신이 가치있다고 생각하는 곳에 아낌없이 돈을 지불하려는 경향이 있다. 예를 들면, 여행이나 자기개발, 엔터테인먼트에 대한 지출이 증가하고 있다. 이러한 경험소비를 통해 새로운 도전과 학습의 기회를 얻고 자기계발을 할 수 있으며, 새로운 라이프스타일에 도전할 수 있는 기회를 가지면서 성취감을 느낀다.

4. 세대별 소비자 특성과 소비

소비자집단은 연령, 성별, 결혼유무 등 다양한 요인에 따라 구분할 수 있는데, 이러한 소비자집단의 특성을 이해하는데 도움이 되는 개념 중 하나가 세대이다. 세대generation는 '공통의 체험을 바탕으로 공통의 의식과 풍속을 발달시키는 일정한 범위의 연령층'을 의미한다(남윤주, 남승규, 2022). 세대가 다르다는 것은 특정 대상이나 이슈에 대한 가치관이나 판단의 체계가 차이 남을 말하기 때문에, 세대에 대한 연구에 있어 특정 세대는 다른 세대와 다른 독특한 라이프스타일이나 사고방식을 가지고 있다. 특정 세대는 단순히 연령상의 차이만을 반영하지 않는다. 일반적으로 동일한 시기에 출생하여 특정한 시기에 사회적으로 중요한 사건을 경험한 사람들을 '코호트cohort'라고 하며, 세대를 '코호트'의 개념으로 보는 관점도 있다. 이는 시간이 흘러도 유지되는 소비자들의 라이프스타일을 반영하는 지표가 되며, 특정 집단의 소비자 행동을 이해할 수 있는 유용한 변수이다.

우리나라의 경우 일반적으로 가장 많이 언급되는 세대는 베이비붐세대, X세대, M세대, Z세대이다. 이들 세대를 구분하는 출생 연도에 대한 합의된 명확한 기준은 없지만 많은 선행연구에서 사용하는 세대의 구분은 다음의 표와 같다. 여기서는 최근 소비의 중심으로 떠오르는 MZ세대의 특성과 소비패턴을 중심으로 살펴보기로 한다.

〈표 1-2〉 세대별 구분과 특징

구분	인구수* (전체인구 중 비중)	구매력	소비특성
베이비붐 세대 (1955~1963년생)	6,993,520명 (13.5%)	풍부한 재력 강력한 구매력	오프라인과 홈쇼핑 위주 젊음과 건강에 대한 욕구 교육 중시, 합리적 소비
X세대 (1964~1979년생)	8,424,726명 (16.3%)	Young Forty 소비시장 큰손 구매력 가장 높음	오프라인과 온라인 모두 중시 소비 지향적, 여가 중시 합리적, 실용적 소비
M세대 (1980~1995년생)	11,343,614명 (22%)	새로운 소비 권력 구매력 높음	모바일, PC, 인터넷 구매 포인트/마일리지 혜택 중시 워라밸 중시 자유롭고 가치지향, 플렉스 소비
Z세대 (1996~2004년생)	5,475,627명 (10.6%)	미래 소비시장 선두 간접 구매력	모바일, PC, 인터넷 구매 광고보다 1인 방송 콘텐츠 영향 소유보다 경험 중시, 공유경제 자기중심적 소비

* 2022년 1월 기준 주민등록 인구통계자료.

출처:남윤주, 남승규(2022). 세대별 소비자 행복: MZ세대를 중심으로, p132

1) 베이비붐 세대

베이비붐 세대는 한국전쟁 이후 신생아 출생률이 급격히 증가하기 시작한 시기에 태어난 집단으로 일반적으로 1955년부터 1963년생을 일컫는다. 이들 베이비붐 세대는 1960~1970년대까지 경쟁적인 사회에서 교육을 받고 1980년대 취업과 결혼으로 가정을 형성하면서 경제성장기에 한국 사회의 중추 세력을 형성한 인구집단이다. 이들은 교육을 체계적으로 받기 시작한 세대로서 교육을 중요시하며, 합리적인 선택을 하는 소비 양식을 보이고, 저축에 큰 가치를 두고 있다. 이전 세대에 비해 상대적으로 은퇴준비가 잘 되어 있고 경제적인 여유가 있어 강력한 구매력을 가지고 있다. 소비특성으로는 오프라인과 홈쇼핑을 위주로 쇼핑하고, 젊음과 건강에 대한 욕구로 인해 헬스케어 등에 소비가 많으며, 합리적인 소비특성을 보인다.

2) X세대

X세대는 신세대의 등장을 지칭하기 위해 미국으로부터 빌려온 것으로 1964~1979년생으로 구분한다. X세대는 실질 구매력이 가장 높은 세대로 오프라인과 온라인을 모두 이용하는데 소비생활에서 계획적인 알뜰구매를 중요시 여기고, 합리적이며 실용적인 소비를 하고 있다. 이 세대는 서구화, 자기중심주의, 현세주의, 감각주의, 권위 부정, 인내심 부족, 가치관 상실, 감성 패션주의적 이미지, 여가 중시, 과정보다는 결과 중시 등의 특징을 보인다.

3) MZ세대의 특성과 소비패턴

MZ세대는 밀레니얼 세대와 Z세대를 합친 말로서, 일반적으로 M세대는 1980~1995년 사이에 출생한 사람과 Z세대는 1996년에서 2004년 사이에 출생한 사람을 지칭한다. 최근에 MZ세대는 우리 사회에서 소비를 이끄는 주요 세대로 부각하면서 기업이나 마케팅 분야에서 중요하게 주목받고 있는데, 이들 세대가 이전 세대와 다른 특성과 소비패턴을 살펴보기로 하자(뷰티풀코리아, 2024; 소비자평가, 2022).

(1) 디지털 환경에 익숙 → 온라인 플랫폼과 소셜 미디어 활용

MZ세대는 디지털 네이티브digital native라고 불릴 정도로 인터넷에 익숙하고 디지털 기기를 활용하여 자신을 기록하고 표현할 뿐만 아니라 그 속에서 취미를 가지기도 한다. MZ세대는 어릴 때부터 디지털 환경을 접해왔기 때문에 학습할 때도 연필이나 볼펜보다는 아이패드에 익숙하고 교과서와 신문보다도 e-book과 인터넷 뉴스에 익숙한 세대이다. 이들은 새로운 기술이 나오더라도 어색함을 느끼지 않고 금방 적응하여 그에 익숙해진다. 또한 MZ세대는 온라인 플랫폼과 소셜 미디어를 통해 제품과 서비스에 대해 정보를 얻고 구매하는 경우가 많다. 그리고 구매 후에는 소셜 미디어를 통해 자신의 소비경험을 공유하고 다른 소비자와의 의견 교환에 적극적이다.

(2) 환경 및 사회 이슈에 민감 → 지속가능성과 윤리적 소비, 가치소비

MZ세대는 환경과 사회 이슈에 민감하기 때문에 친환경적이고 윤리적 소비를 지향하고 있다. MZ세대는 제품을 선택할 때 환경이나 윤리적인 부분을 고려하고 생산과 유통에 있어서 아동복지나 동물복지 등을 살피며, 자신의 가치관에 부합하거나 기업의 윤리성과 투명성까지 고려하여 구매를 결정하는 'ESG(환경, 사회, 지배구조)소비', '가치소비', '지속가능소비' 등의 소비 형태를 보인다. 그리고 이들은 자신의 소비를 SNS로 알리는데 적극적인데, 자신이 구매한 제품의 후기를 남기거나 쓰레기를 줄이는 제로 웨이스트, 사회적 기업이나 공정무역 제품 구매, 착한 가게 공유 등을 통해 타인에게 영향력을 행사하고 있다.

(3) 자신의 취향과 개성을 중시 → 개인화와 맞춤화 선호

MZ세대는 사회가 정한 기준이 아닌 자신의 기준을 따르고 자신의 취향과 개성을 중요시하기 때문에 개인화된 제품과 서비스를 선호하는 경향이 있다. 예를 들어 커스터마이즈드 패션과 개인 맞춤형 피트니스 프로그램, 개인화된 쇼핑 추천을 활용한다.

최근 MZ세대를 중심으로 자신이 좋아하는 영역을 깊게 파고드는 디깅소비가 확산되고 있다. '디깅digging'은 채굴한다는 뜻으로 자신이 좋아하는 분야에 적극적으로 관심을 보이며 그와 관련된 활동을 이어나가는 것을 말한다. 'MZ세대의 디깅소비'는 선호하는 영역에 깊이 파고들며 관련 제품을 소비하고 다양한 분야에서 덕질하듯 디깅을 하는 MZ세대를 뜻한다. 이들은 자신의 취향과 개성에 부합하는 제품의 정보를 얻기 위해 적극적으로 행동하며 제품의 정보를 찾는 과정에서 즐거움을 느끼며, 자신이 가치있다고 생각하는 분야에는 지출을 아끼지 않는다.

(4) 편리함과 간편함, 편의성 추구→온라인 쇼핑 선호

MZ세대는 시간을 절약하고 편리함을 중요시하여 온라인쇼핑, 음식배달, 스트리밍 서비스와 같은 편리한 소비방식을 선호하는 경향이 있다. 그리고 MZ세대는 꼭 필요한 물품이라도 구매하기 쉽지 않거나 가치있는 소비를 행하는데 방해요소가 존재한다면 굳이 그 불편함을 감수하지 않는 경향이 있다. 그와 관련하여, 좋은 성능을 자랑하는 다양한 제품과 서비스를 공유하며 편리함과 프리미엄을 결합한 신조어 '편리미엄'이 떠오르고 있다. '편리미엄'은 소비자들이 시간과 노력을 아낄 수 있는 편리한 상품이나 서비스를 선호하는 현상을 의미한다. 대표적인 편리미엄 예로는 광고 없이 영상을 즐길 수 있는 '유튜브 프리미엄'이 있다.

(5) 상품보다 경험 중시

MZ세대는 물질적 소유보다는 경험에 더 많은 가치를 두는 경향이 있다. 그들은 여행, 라이브 공연, 이벤트, 학습과 같은 경험을 통해 이것이 자신의 성장과 개인적 만족감에 기여한다고 보고 이러한 경험에 많은 지출을 한다.

<사례 1-1: MZ세대의 대표 트렌드 키워드 살펴보기>

① 나를 표현하는 가치소비, '미닝 아웃(Meaning Out)'

미닝 아웃(Meaning Out)은 'Meaning(의미)'과 'Coming out(드러내기)'의 합성어로, 자신의 신념이나 가치관에 맞는 제품을 선택하는 소비를 말한다. MZ세대의 경우 친환경과 윤리적 소비를 중심으로 미닝아웃을 실천하는 경향이 두드러지고 있다. '2021 MZ세대 친환경 실천 및 소비트렌드' 보고서에 따르면, MZ세대 10명 중 7명은 기업의 친환경 정책 및 활동이 필수라고 생각하며, 가격 및 조건이 동일한 제품 중 친환경 활동 기업의 제품을 선택할 의향이 있다고 답하였다. MZ세대의 미닝아웃은 여러 기업에 영향을 미치고 있는데, 예를 들면 MZ세대 사이에서 환경보호 운동과 채식을 하는 비건 트렌드가 확산하자, 국내 식품업계와 편의점에서 비건 도시락, 비건 라면 등 다양한 비건 식품을 출시하였고, 유통업계에서도 종이테이프, 다회용 보냉박스 등을 도입하였다.

② 중고거래를 즐기는 '세컨슈머'

세컨슈머(secondsumer)'는 'second'와 'consumer'의 합성어로, 당장의 편리함보다는 환경, 사회문제를 중시하여 지속가능한 삶을 추구하는 소비자를 의미한다. 중고거래는 단순히 재활용을 넘어 쓰레기를 만들지 않는 '프리사이클링(pre-cycling)'의 일환으로, 친환경적인 소비를 추구하는 MZ세대 사이에서 새로운 소비문화로 부상하고 있다.

③ 더 나은 나를 위한 도전, '갓생 살기'

'갓생(GOD生)은 갓(GOD)과 인생(人生)의 합성어로, 현실에 충실하며 열심히 사는 삶을 의미한다. 요즘에는 성취감을 느낄 수 있는 생산적인 활동에 관심을 갖고 '갓생 살기'에 도전하는 '갓생러'들이 증가하고 있다. 'MZ세대의 여가 생활과 자기계발 트렌드' 보고서에 의하면, MZ세대의 70.3%가 '사소한 성취도 내 삶에 큰 의미가 된다'고 응답하였다. 예를 들면, 이른시간에 일어나서 운동, 독서 등을 실천하는 '미라클 모닝 챌린지'부터 직무 역량을 기르고자 엑셀, PPT등 실무 강의를 듣는 것 등이 있다. 이에 공부를 하거나 일을 하는 자신의 일상을 담은 브이로그(v-log) 역시 MZ세대에게 인기를 얻고 있다.

④ 미코노미

'미코노미'는 Me(나)와 Economy(경제)의 합성어로, 자신을 위한 소비에 돈을 아끼지 않는 소비 트렌드를 의미한다. 처음에는 내가 주체가 되는 경제활동으로 사용되었으나 최근에는 '나를 위한 소비'로 의미가 확장되었다. '미코노미'는 팬데믹, 뉴노멀을 경험하면서 예측 불가능한 미래보다는 현재에 충실한 것이 더 가치있다는 생각과 개인 중심적 사고가 복합적으로 작용하면서 MZ세대의 중심으로 부각되었다. MZ세대는 나에게 주어진 선택지 중 가장 좋은 것을 선택하는 형태로 미코노미를 실현한다. 마음에 드는 상품이 있으면 가격이 비싸더라도 구매하지만 마음에 들지 않으면 아무리 제품이 좋고 저렴해도 구매하지 않는다. 미코노미는 나를 위한 나만의 소비활동'으로 볼 수 있는데, 이것의 특징을 살펴보면 다음과 같다.

첫째, 심리적 만족.

예를 들면, 피규어나 게임기 등을 구매하며 어린 시절 추억을 공유하는 키덜트 소비, 고급 호텔에서 하루를 보내는 호캉스, 1인 테이블에서 고퀄리티 높은 음식을 먹고 행복해하는 것(오마카세) 등은 나를 위한 소비이다. 자신을 위한 소비를 통해 위안과 만족감을 얻는 것으로, MZ세대는 단순히 과소비나 충동소비로 이해하지 않고 충분히 가치있는 소비로 받아들인다.

둘째, 취향 존중.

개인의 개성이나 취향에 따라 식음료를 비롯해 화장품, 패션까지 커스터마이징(customizing)을 즐긴다. 이것의 대표적 예는 '써브웨이'인데, 빵의 종류뿐 아니라 채소와 다양한 소스 등을 개인의 취향에 따라 주문할 수 있다. 최근에는 무지방, 저지방, 얼음량, 시럽 등을 선택할 수 있는 카페도 등장하였다.

셋째. 나를 위한 경험.

개인의 건강과 발전을 위해 필라테스, 요가, 골프 등 스포츠 활동에 아낌없이 투자하고, 하루를 쉬더라도 좋은 호텔에서 숙박하는 등 이러한 활동을 SNS에 공유한다. 이들은 SNS에 공유하는 것이 단순히 자랑이 아니라 자신의 일상과 취향을 공유하며 타인의 경험을 간접 체험한다. 이들에게는 SNS를 통해 최적의 선택에 대한 팁을 공유하는 것이 새로운 놀이문화가 되었다.

출처: 김지수(2023). MZ세대 대표 트렌드 키워드 3가지
현대해상 블로그(blog.hi.kr), MZ세대의 소비트렌드 '미코노미'.

5. 시장에 대한 이해

1) 시장과 시장경제체제

우리는 생산 과정에 참여해 소득을 얻고 시장에서 원하는 상품과 서비스를 구매한다. 우리의 경제 활동의 장이 되는 곳이 시장이다. 시장market은 상품이나 서비스를 사려고 하는 사람과 팔려고 하는 사람이 유용한 결과를 기대하며 모이는 장소 혹은 매매가 이루어지는 매개체이다(이은희 등, 2020). 과거에는 시장이 물건을 파는 사람들이 실제 만나서 교환이 이루어지는 물리적이고 구체적인 장소(예, 신세계백화점, 남대문시장)를 의미했다면 최근에 시장은 물리적 장소보다는 어떤 제품이나 서비스의 실제 또는 잠재적 구매자들의 집합을 의미한다. 교통과 통신의 발달로 TV, 전화, PC 인터넷, 스마트폰 등을 통해 소비자와 판매자는 물리적 만남 없이 상호 교환을 할 수 있다. 이러한 시장은 자금, 기부금 등 더 영역을 확대해서도 적용된다(안광호 등, 2023). 또한 시장은 판매자 집단과 구매자 집단의 특정 상품에 대한 수요와 공급에 의해 상품의 가격이 형성되고 교환이 이루어지는 매개 장치 또는 메커니즘이다. 효용의 극대화를 추구하는 소비자들인 수요자와 이윤의 확대를 추구하는 생산자들인 공급자의 힘의 균형에서 일반적으로 우리가 가격이라고 부르는 균형가격이 결정된다(이은희 등, 2020).

경제활동의 근간이 되는 가계는 기업에 대해 노동력, 기술, 자본 등의 생산요소를 제공하고 그 댓가로 소득을 얻으며, 기업은 가계가 제공한 생산요소를 이용하여 상품과 서비스를 생산한다. 또한 가계는 시장을 통해 상품과 서비스를 구입하고 이를 제공한 기업은 판매수입을 얻는다. 경제활동의 주체는 가계와 기업에만 국한되지 않고 국가의 비중도 상당한데, 국가는 경제활동을 수행하며 가계와 기업의 경제활동을 지원하고 지도하는 역할을 한다.

일반적으로 경제활동의 기본적인 문제는 무엇을, 얼만만큼, 누구를 위하여, 어떻게 생산할 것인가에 대한 문제이다. 경제체제는 기본적으로 시장경제market economy를 지향하는 자본주의체제와 계획경제planned economy를 지향하는 사회주의체제로 양분된다. 자본주의체제는 기본적인 경제 문제들을 시장에 참여한 모든 경제 주체들의 자유로운 선택에 의해서 결정하는 시장경제체제인 반면, 사회주의 경제체제는 정부 관료들의 계획, 통제, 조정에 의해 경제 문제들을 해결하는 계획경제, 명령경제, 통제경제이다(이은희 외, 2020).

2) 시장의 역할

시장은 자율적인 거래를 위해 소비자와 판매자들이 적정 이익을 추구하도록 하고 건전한 경쟁을 촉진시킨다. 시장에서의 경쟁은 생산자들이 가치 있는 상품들을 제공하게 하고 기술 발전과 혁신을 활성화한다. 시장은 수요와 공급의 원리에 따라 효율적인 자원 배분을 가능하게 해준다. 시장의 이러한 역할들은 개별 경제주체들의 만족과 효용을 가져다주고 사회 전체의 안정과 복지를 성취하게 해준다(이은희 외, 2020).

(1) 자율적인 거래를 통한 이익 추구

시장은 소비자와 생산자가 각자의 이익을 위해 자율적인 거래를 하도록 해준다. 시장에서 다수의 생산자와 소비자가 각각 자신의 이익에만 집중하여 경제활동을 하더라도 시장이 경제활동을 조직화하여 거래주체의 경제적 복지수준을 전반적으로 향상시키는 역할을 한다.

(2) 건전한 경쟁을 촉진

시장에서 소비자와 판매자가 거래를 할 때 서로 상반된 이해관계를 갖는다. 다수의 판매자들은 서로 경쟁을 하면서 소비자들에게 가장 좋은 조건으로 상품을 판매하고자 노력하는 반면, 다수의 소비자들은 경쟁관계에 있는 판매자들로부터 가장 좋은 조건으로 상품을 구매하려고 한다. 이러한 경쟁을 통해 시장활동에 참여하는 소비자와 판매자는 최선의 선택을 하게되고, 경쟁의 결과 소비자와 판매자 모두는 좋은 성과를 얻을 수 있다.

(3) 생산자들의 가치 있는 상품 제공과 혁신 활성화

시장에서의 경쟁은 생산자들로 하여금 소비자의 선호에 부응하기 위해 품질 좋은 상품을 저렴한 가격에 공급하도록 유도한다. 시장 경쟁에서 살아남기 위해 기업은 끊임없는 기술개발을 통해 혁신적인 상품을 생산하도록 노력하며, 이로 인해 소비자의 삶의 질이 향상되고 있다.

(4) 효율적인 자원 배분

시장은 상품의 수요와 공급을 조절하여 생산과정에서 자원을 적절하게 배분하는 기능을 수행한다. 소비자들의 수요와 선호는 시장가격에 영향을 주고 그에 따라 생산자는 무엇을 얼마나 생산할 것인지를 결정한다. 예를 들어, 소비자의 수요량이 공급량보다 많으면 생산자는 시장가격을 인상하거나 공급량을 늘려 증가한 수요에 따른 공급의 균형을 이룬다. 반면에 소비자의 수요량이 공급량보다 적으면 생산자는 가격을 인하하거나 공급량을 줄여서 수요 감소에 대한 공급을 조절한다. 이렇게 시장은 수요자와 공급자의 힘의 평형을 유지하는 시장가격을 이룸으로써 전체적으로 자원을 효율적으로 배분하게 만든다.

3) 시장의 형태

(1) 시장구조의 결정요인

시장구조는 개별 기업들의 경쟁 정도에 따라 완전경쟁시장과 불완전경쟁시장으로 나눌 수 있으며, 불완전경쟁시장은 다시 독점시장, 과점시장, 독점적 경쟁시장으로 구분된다. 이러한 시장구조의 형태를 구분하는 기준은 다음의 다섯 가지 요인들이 주로 사용된다(김영신 외, 2012).

① 기업의 수

시장의 구조를 결정하는 가장 중요한 요인은 시장에서 상품을 공급하는 기업의 수이다. 완전경쟁시장과 독점적 경쟁시장은 산업 내에서 다수의 기업들이 존재하는 반면, 순수독점시장은 하나의 기업이 그리고 과점시장은 소수의 기업만이 존재한다.

② 상품의 동질성 또는 유사성

상품의 동질성은 시장에서 거래되는 상품이 질적으로 동일한지 여부를 의미하는데, 질적인 차이가 없을 경우 경쟁을 강화되고 질적인 차이가 클수록 경쟁은 약화된다. 쌀, 채소, 육류 등 농수산물은 완전 동질적인 상품에 속하기 때문에 완전경쟁시장으로 분류된다. 그러나 생산자가 다수이고 상품이 물리적으로 동질적이라 하더라도 어떤 기업이 만들었느냐에 따라 차이가 있는 경우 독점적 경쟁시장이 된다. 예를 들면, 의류산업의 경우 디자인이나 색상, 상표, 품질 등을 차별화시키면 어느 정도 독점력을 행사할 수 있다. 상품의 질적인 차이가 커서 동종의 동질적인 상품이 전혀 없다면 그 기업은 경쟁이 전혀 없는 독점기업이 될 것이다.

③ 시장가격에 대한 통제력

완전경쟁시장에서는 한 산업 내에 많은 기업들이 존재하기 때문에 개별 기업이 시장가격에 영향을 미치기는 어렵다. 그러나 독점기업의 경우는 개별 기업이 시장가격과 거래량에 큰 영향을 미칠 수 있다. 독점적 경쟁기업과 과점기업은 완전경쟁시장의 기업보다는 시장가격에 더 큰 영향력을 행사할 수 있지만 독점기업보다는 크지 않다.

④ 자유로운 시장진입과 탈퇴

이것은 어떤 특정 산업에 새로운 기업이 들어오거나 기존의 기업이 빠져나가는 것이 자유로운지를 의미한다. 완전경쟁시장이나 독점적 경쟁시장에서는 일반적으로 신규기업의 진입장벽 또는 퇴거장벽이 없다. 그러나 자동차와 반도체산업과 같은 과점시장의 경우 시장에 진입하기 위해서는 너무 많은 투입비용이 들기 때문에 기업의 신규진입이 상당히 어렵다. 그리고 전력, 철도와 같은 독점시장의 경우는 진입장벽이 너무 커서 신규진입이 거의 봉쇄되어 있다고 볼 수 있다.

⑤ 비가격경쟁 유무

비가격경쟁이란 가격과 품질이 평준화된 상품에 있어서 가격 이외의 수단으로 경쟁하는 것을 의미한다. 예컨대, 디자인 또는 상품품질 향상, 상표 이미지 개선, 신제품 개발, 서비스 개선 및 광고 등으로 차별화하여 소비자들에게 자사의 상품에 대해 좋은 이미지를 가지도록 하는 것이다.

완전경쟁시장의 경우 가격경쟁이 더 중요하기 때문에 비가격경쟁은 거의 존재하지 않는다. 반면에 독점적 경쟁기업이나 과점기업의 경우 가격경쟁은 서로에게 매우 위험하기 때문에 비가격경쟁에 상당한 비중을 둔다. 자동차나 가전회사는 매년 신형 모델의 제품을 선보인다든지 의류회사가 새로운 디자인으로 소비자의 관심을 끄는 것이 비가격경쟁의 예이다. 독점기업도 비가격경쟁을 하는데, 이를 통해 기업이미지 개선, 지속적인 시장 확대, 경쟁기업의 잠재적 출현 억제 등의 효과를 얻을 수 있기 때문이다.

(2) 시장의 형태

시장은 경쟁정도에 따라 다수의 기업들이 자유로이 경쟁하는 완전경쟁시장과 하나의 기업이 시장을 지배하는 독점시장은 상반된 극단적인 시장구조이며, 이들 두 극단사이에 과점시장과 독점적 경쟁시장이 있다(김영신 외, 2012).

① 완전경쟁시장(perfectly competition market)

완전경쟁시장은 자본주의 경제체제의 기본이 되는 시장으로 가장 이상적인 시장구조에 해당한다. 완전경쟁시장의 예는 현실에서 거의 찾아보기 어려움에도 불구하고 다른 시장의 원리는 규명하는데 하나의 기준으로서 유용한 분석모형을 제시하기 때문에 이론적으로 완전경쟁시장을 가정하는 경향이 있다.

완전경쟁시장이 성립하기 위해서는 다음의 조건들이 충족되어야 한다.

첫째, 다수의 생산자와 수요자가 존재해야 한다. 개별 생산자와 개별 수요자는 시장의 매우 작은 부분을 구성하고 있어 시장 가격에 전혀 영향을 줄 수 없으며,

<표 1-3> 시장구조 형태별 특성

구분	시장내 기업수	상품의 동질성	가격 통제력	진입여건	비가격 경쟁	예시
완전경쟁 시장	다수	동질적	가격 순응	진입자유	없음	농수산물, 주식시장
독점시장	하나	단일제품	가격 설정	진입장벽 존재	PR광고에 국한	전력, 철도
독점적 경쟁시장	제한적 다수	차별적	타기업에 의존적인 가격설정	완전경쟁시장 보다 진입 자유 약함	중요	의료, 의류 소매업
과점시장	소수	동질적 혹은 차별적	임의의 상당한 가격설정	독점시장보다 진입 장벽 약함	중요	*동질적 과점: 철강 *이질적 과점: 자동차, 가전

출처: 장경채(2014), 경제학의 이해

단지 시장 전체의 수요량과 공급량에 의해 결정된 시장가격에 순응하는 가격수용자로 존재할 뿐이다.

둘째, 거래되는 상품은 동질적이어서 완전대체가 가능해야 한다. 상품의 동질성은 품질뿐만 아니라 판매방식, 서비스 등 관련된 모든 조건이 같음을 의미하기 때문에 소비자는 누구에게 구입하느냐에 대해 관심을 갖지 않는다.

셋째, 모든 생산자원이 자유롭게 이동되어야 하고, 개별기업의 산업에 대한 신규 진입과 탈퇴의 자유가 보장되어야 한다.

넷째, 정부는 기업에 대해 조세나 보조금 부과, 생산량 내지 수요량과 공급량 통제 등 어떠한 간섭도 하지 말아야 한다.

다섯째, 개별 공급자와 개별 수요자는 시장에 대해 완전한 정보를 가지고 있거나, 정보를 아무런 비용 없이 얻을 수 있어야 한다.

② 독점시장(monopoly market)

독점시장은 완전경쟁시장과 정반대 개념으로, 어떤 상품에 대한 공급이 하나의 기업에 의해 이루어지는 시장형태를 말한다. 독점시장의 특성은 다음과 같다.

첫째, 독점기업은 산업 내의 유일한 공급자이기 때문에 한 상품의 시장전체 총공급을 지배한다. 독점기업은 이윤 극대화를 위해 산출량과 가격수준을 탄력적으로 조절하는 가격결정권을 가진다.

둘째, 독점기업은 대체재를 생산하는 경쟁기업이 존재하지 않기 때문에, 기업 간 상호 의존성이나 경쟁관계를 경험하지 않는다.

셋째, 독점시장은 자원의 이동이 제한적이며, 잠재기업이 진입할 수 없는 장벽이 있다. 기업의 독점력은 진입장벽에 의해 발생하는데, 진입장벽이 존재하는 원인을 살펴보자. 예를 들면 과거 외국 담배의 수입이 전면 금지되던 시기에 우리나라의 KT&G는 담뱃잎 생산농가로부터 수확물을 공급받아 담배를 제조하여 판매하는 독점기업이었다. 이는 정부가 대량생산에 따른 비용 절감차원에서 규모의 경제 이점을 활용하기 위해 인위적으로 하나의 기업만을 지정하여 시장을 독점하도록 법적으로 허용한 경우이다. 그리고 수도와 전기, 철도와 같이 막대한 자본이 투자되지만 자본회수율이 더디어 민간 기업이 하지 못하는 공공재의 생산도 독점시장이지만 이는 정부가 국민 복지를 위해 생산과 가격책정을 하는 독점시장이라고 볼 수 있다(이은희 외, 2020).

③ 과점시장(oligopoly market)

과점시장은 시장 내 소수의 기업들이 존재하고, 각 기업은 서로 대체가능한 유사한 상품을 생산하여 같은 시장에서 상호 경쟁하는 시장형태를 말한다. 현실 경제에서 대부분의 산업이 과점시장 형태를 가지는데, 예를 들면 자동차, 반도체, 핸드폰, 정유, 영화관, 맥주 등의 시장이 과점시장에 속한다. 과점시장의 특성은 다음과 같다.

첫째, 소수의 사업자가 시장 공급량의 대부분을 장악하고 있기 때문에 가격의 경직성과 치열한 비가격경쟁이 있다. 과점기업 간에는 밀접한 상호 의존관계를 가지기 때문에 서로 가격 인하 경쟁으로는 시장 우위의 지배력을 차지할 수 없다는 것을 알기 때문에 기업들은 가급적 가격경쟁을 회피하고 광고나 상품차별화 등 비가격경쟁에 의존한다.

둘째, 과점시장에서의 상품은 동질적일 수도 있고 기업들마다 조금씩 다를 수도 있다. 철강과 같이 거래되는 상품의 질이 동질적이어서 완전대체가 가능한 경우도 있고, 자동차와 가전제품처럼 상품의 질이 차별적인 경우도 있다.

셋째, 시장에 대한 진입은 독점시장보다는 용이하지만 상당한 정도의 진입장벽이 존재한다. 일반적으로 과점시장의 경우 생산시설 규모가 크고 막대한 자본이 필요하기 때문에 신규기업의 진입을 막는 장애요인이 된다.

넷째, 과점기업들 간에는 상호 협조적인 성격이 강해서 담합, 기업연합, 합병, 또는 묵계에 의한 가격선도 등과 같은 비경쟁행위를 하려는 경향이 있다.

담합collusion은 기업들이 서로 의논하여 가격을 결정하거나 거래상대방을 제한함으로써 그 분야의 실질적인 자유경쟁을 방해하는 행위이다.

기업연합carrel, 카르텔은 시장통제나 독점화를 목적으로 동일한 사업에 속한 독립기업들이 협정에 의해 결합한 기업연합체이다. 대표적인 국제 규모의 카르텔은 석유수출기구OPEC가 있다.

인수합병Merger & Acquisition, M&A에서 인수는 하나의 기업이 다른 기업의 경영권을 얻는 것이고, 합병은 둘이상의 기업들이 하나의 기업으로 합쳐지는 것이다. 일반적으로 합병은 기업의 규모를 성장시키거나, 시장을 확보하거나, 경쟁자를 제거하거나, 기술을 획득하는 등 이윤을 창출할 목적으로 두 기업이 합병하게 된다.

가격선도price leadership는 한 기업이 가격을 결정하거나 변경하면 다른 기업들은 그 결과에 암묵적으로 따라 가도록 되어 있는 것을 말한다.

④ 독점적 경쟁시장(monopolistic competition market)

독점적 경쟁시장은 독점적 요소와 경쟁적 요소를 동시에 가지고 있다. 독점적 요소는 개별 기업이 약간씩 다른 이질적인 상품을 생산하여 독점시장에서처럼 어느 정도 가격 결정에 영향을 미칠 수 있는 힘을 가진다는 점이고, 경쟁적 요소는 동일한 종류의 상품을 생산하는 다수의 경쟁상대가 존재하여 어느 정도 경쟁이 이루어진다는 점이다. 현실에서 흔히 볼 수 있는 서점, 식당, 약국, 체인점, 스포츠센터, 숙박업, 미용실, 카페, 제과점 등이 여기에 속한다. 독점적 경쟁시장의 특징을 살펴보면 다음과 같다.

첫째, 독점적 경쟁시장에는 다수의 수요자와 공급자가 존재하여 각 기업은 경쟁기업의 행동을 고려하지 않고 독자적으로 의사결정을 한다. 즉 사업자의 수가 충분히 많기 때문에 한 사업자의 행동이 시장에 거의 영향을 미치지 않는다.

둘째, 독점적 경쟁기업은 동일한 종류의 상품을 생산하더라도 타 기업과 약간씩 다른 차별화된 상품을 생산하여 경쟁을 한다. 따라서 가격경쟁보다는 비가격경쟁을 하게 된다. 비가격경쟁은 품질의 개선, 광고, 디자인, 신제품 발매 등을 주요한 수단으로 삼아 자사의 상품이 다른 회사의 상품과 다르다는 것을 강조한다.

셋째, 완전경쟁시장만큼 자유롭지는 않지만 새로운 기업의 시장 진입과 탈퇴가 상당히 자유롭다.

참고문헌

김정은, 이기춘(2008), "소비자 시민성의 개념화 및 척도개발", **소비자학 연구**, 19(1), 47~71.

김지수(2023), MZ세대 대표 트렌드 키워드 3가지. BMW 코리아 미래재단. https://blog.naver.com/bmwfuture/222495191415

남윤주, 남승규(2022), "세대별 소비자행복: MZ세대를 중심으로", **한국심리학회지:소비자·광고**, 23(2), 129~152.

민보경(2024), **미래세대의 사회인식과 가치관 특성: 세대별 비교 분석**, 국회미래연구원. 24-06호.

뷰티풀코리아(2024)(블로그 lovelystar.tistory.com), MZ세대의 소비패턴 진화, 2024.04.18.

솔로이코노미(2018), "1인 가구의 소비특징 4가지 알아보기", 2018년 7월 19일.

소비자평가(2022), "저희 MZ세대는 이렇습니다!", 2022년 7월 8일.

심영(2009), "소비자의 사회적 책임에 관한 연구", **소비자학 연구**, 20(2), 81~119.

안광호, 하영원, 유시진 (2023), **마케팅원론(8판) 고객지향적 접근**, 학현사.

연합뉴스(2022), "10명 중 8명이 가치소비 해봤다. MZ세대가 가장 적극적", 2022년 7월 5자.

위키백과사전

이기춘, 김정은 (2012), **소비자교육의 이론과 실제(개정판)**, 교문사.

이민규(2024), "과거의 소비, 미래의 가치 변화하는 소비문화와 경제적 우선순위", https://blog.naver.com/nziojsvyj/223599898711

이성근, 배수현(1996), **새유통관리론**, 무역경영사.

이은희, 제미경, 김성숙, 홍은실, 유현정, 윤명애(2020), **디지털시대의 소비자와 시장**, 시그마프레스.

장경채(2014), **경제학의 이해 3판**, 무역경영사.

조현승(2016), **베이비붐 세대의 은퇴로 인한 고령층 소비구조 변화**, 산업경제분석.

통계청(2024), 2024 고령자 통계.

통계청(2025), 2024 인구주택총조사.

현대해상 블로그(blog.hi.kr), "MZ세대의 소비 트렌드 '미코노미'".

Kotler, Philip and Kevin Keller (2009), *Marketing Management(13th Edition)* (**마케팅관리론 제13판**; 윤훈현 옮김), 서울: 석정.

2장

마케팅과 브랜드

2장에서는 소비자 시장에서 기본적인 마케팅과 브랜드 관련 핵심들을 다룬다. 마케팅의 정의, 핵심개념들, 대상들, 마케팅 관리철학들을 먼저 다룬다. 다음은 STP 전략들과 4P 전략들을 간단히 소개하고 현대마케팅과 마케팅의 중요성, 역할을 다룬다. 후반부는 기업경영의 핵심인 브랜드로 여행한다. 브랜드의 의미, 정의, 중요성에서 시작하고 브랜드 아이덴티티와 브랜드명, 로고, 캐릭터 등의 구성요소들로 간다. 브랜드여행의 마지막 종착지는 브랜드자산이다. 브랜드자산이 무엇인지 설명하고 왜 중요한지 다루고 브랜드자산의 핵심 요소들을 설명한다. 남이섬 '나미나라' 마케팅, 말보로의 획기적인 재포지셔닝, 애플의 영혼마케팅, 코카콜라와 산타, 고디바의 감성과 스토리텔링 마케팅, 블로그와 유튜브에 브랜드관리 기법을 도입한 저자의 실제 사례, 미국 렌트카 2등 브랜드인 에이비스 렌탈카 Avis의 솔직한 브랜드 슬로건, 버진Virgin의 활기찬 개성, 하나금융의 손흥민 후원 등 많은 흥미 있는 사례들을 이 장의 여행 곳곳에 제시해서 마케팅과 브랜드를 생생하게 간접 체험하게 해 준다.

---

* 2장의 브랜드 내용은 김우성(2012)의 내용을 수정, 삭제, 첨가해 저술함.

1. 마케팅의 기본

1) 교환과 마케팅의 정의

최근 우리 생활 주변에서 마케팅이란 말을 많이 접할 수 있다. 신문, 인터넷, 다른 사람과의 대화, 홍보지, 판촉전단 등에서 우리는 헤아릴 수 없이 많은 마케팅(예, 스타마케팅, 체험마케팅, 가격마케팅, 덤마케팅, 커플마케팅, 실버마케팅, 키즈마케팅, 1+1마케팅, 매복마케팅, 관계마케팅, 영화마케팅, 스포츠마케팅, 레저마케팅, 문화마케팅, 서비스마케팅, 연예마케팅, 관광마케팅, 정치마케팅 등)을 만난다. 현대 경영에서 마케팅은 중요시되고 있고 마케팅은 우리 생활 주변에 파고들어서 우리에게 친숙한 용어가 되었다(김우성, 2007).

마케팅은 무엇인가? 마케팅은 어떤 제품이나 서비스의 실제 또는 잠재적 구매자들의 집합을 의미하는 시장market에서 나왔다. 즉 market+ing로서 market에서 하는 활동을 의미한다. 초기부터 마케팅은 기업과 고객 사이에 효율적인 교환 수단을 의미했다. Bagozzi(1975)는 마케팅을 교환 관계를 창출하고 해결해 나가는 과정이라고 정의했다. 교환은 "마켓 참여자가 무엇인가를 다른 참여자에게 제공하고 자신이 원하는 무엇인가를 획득하는 행위이다(이학식과 임지훈, 2015). 교환이 발생할 때 우선 소비자는 필요, 욕구, 수요를 요청하고 기업을 포함한 조직체는 소비자에게 적합한 시장 제공물들(예, 제품, 서비스, 정보, 체험)을 주고(1차적인 교환) (임창희, 2013). 소비자는 2차적인 교환으로 금전적인 대가를 가격을 통해 지불한다. 이때 마케팅은 효율적 교환을 촉진하는 활동이다. 단지 여기에 끝나지 않고 교환은 서로 간의 정, 좋은 감정, 신뢰, 반향(공감)을 포함하고 상호 관계는 깊어지고 장기적으로 된다(3차적인 교환).

1960년대 말까지 학계와 실무에서 마케팅은 이익추구를 목적으로 하는 기업의 활동을 의미했다. Kotler와 Levy(1969)는 기업만이 마케팅 활동을 하는 것이 아니라 학교, 교회, 박물관, 미술관, 정부기관, 경찰서 등 비영리조직체들도 마케팅 활동이나 마케팅 유사행위를 수행한다는 진화적인 주장을 내세웠다. 마케팅 핵심은 상거래가 아니라 교환에 있기에 교환 활동을 하는 어떤 조직도 마케팅을 수행하는 것으로 볼 수 있고 기존의 기업에 적용되는 마케팅 기법들이나 전략들을 이러한 비영리 조직체에 확대해야 하고 마케팅의 범위scope를 확대하고 마케팅 개념을 확대해야 한다고 주장 했다(Kotler & Levy, 1969; 이학식과 임지훈, 2015).

오세조 등(2012)은 이러한 교환관계를 시장지향적 관점에서 보고 가장 근본이 되는 마케팅 활동은 기업과 최종소비자와의 교환 관계이고 관련된 다양한 시장 구성요소들과의 교환과정은 부수적인 마케팅 활동이라 설명한다. 오세조 등(2012)은 시장지향적 관점에서 마케팅을 "기업이 최종 고객들과의 교환 과정을 통해 그들에게 최대한의 가치를 제공해 주기 위해 아이디어, 제품, 서비스의 개념정립 및 제품 기획, 촉진, 유통, 가격 결정을 계획하고 집행하는 과정이고 기업 내부의 가치생산 고객들과 기업 외부의 가치촉진고객들의 상호작용을 지속적으로 관리하는 것"이라고 정의한다.

전통적으로 마케팅의 대상은 소비자들(고객들)이었는데 현대 마케팅에서는 이를 확대해서 소비자들 및 관련대상자들을 포함하는 확대된 대상들을 다루고 이것은 다음의 AMA에서 제정한 정의에서도 명백하다. AMA의 정의(2004에 새로 만들고 2017에 공인)에 따르면 마케팅은 "고객들, 협력자들, 더 나아가 사회 전반에게 가치 있는 것을 만들고, 알리고, 전달하고, 교환하기 위한 활동과 제도 및 과정들"이다. Kotler와 Keller(2009)는 마케팅 관리는 "표적시장을 선택하고 우월한 고객가치의 창조, 전달 및 알림을 통해 고객을 획득, 유지, 확대하는 기술과 과학"이라고 정의한다.

위의 Kotler와 Keller(2009)의 마케팅관리의 정의에서 마케팅은 기술과 과학이라고 했다. 과연 마케팅은 과학, 기술, 더 나아가 예술인가? 마케팅이 과학과 기술인가에 대해서 과거에 논의가 되어 왔고 학자들은 대체로 동의한다. 마케팅은 응용 사회과학인 경영학의 한 분야로서 체계적 가설 점검, 묘사, 설명, 예측하는 과학의 성격을 가진다. 또한 마케팅은 이러한 지식과 원리들을 STP 전략들, 4P전략들, 브랜드전략들에 적용해 고객을 사로잡고 매출, 이익, 장기 관계를 얻는 기술이다. 마케팅의 일부 분야들인 제품 디자인, 브랜드 로고 및 상징물, 광고 등에서는 예술적인 감각과 창의성이 적용되기에 이런 점에서 마케팅은 예술이라고도 할 수 있다는 것이 저자들의 생각이다.

2) 마케팅의 핵심 개념들과 대상이 되는 10가지 유형들

마케팅의 핵심 개념들에는 필요, 욕구, 수요, 가치, 교환, 시장, 시장제공물이 있다. 필요need는 본원적 욕구로서 기본적 만족의 결핍을 느끼고 있는 상태이고 욕구want는 문화와 개성 등의 영향을 받아 형성된 구체적이고 수단적인 욕구이다. 또한 필요를 만족시킬 수 있는 구체적인 제품이나 서비스에 대한 바람이다. 수요는 특정 제품이나 서비스에 대한 욕구가 구매의사와 구매능력에 의해 뒷받침될 때의 욕구이다. 소비자들은 대부분 선택할 두 개 이상의 대안들을 가지고 있고 대안들의 가치를 비교해서 구매의사결정을 한다. 대안의 가치는 소비자의 선택에 있어서 지침이 되는 개념으로 가격, 품질, 제품의 속성들과 혜택들을 고려한 대안의 총합이고 고객만족과 관련된다. 교환은 앞에서 자세히 설명했고 마케팅의 정의에서도 나와 있는 것 같이 중요한 개념이다. 교환은 가치 있는 제품이나 서비스에 대가를 제공하고 획득하는 행위이다(Kotler et al., 2013; 안광호 등, 2023).

시장제공물은 “고객의 욕구를 충족시키기 위해서 시장의 고객에게 제공되는 제품, 서비스, 정보, 경험의 조합물”이다(Kotler et al., 2013). 마케팅은 시장제공물을 통해 고객의 수요 창출이나 시장 창출 행위를 한다(이학식과 임지훈, 2015). 하지만 유럽에서 너무 많은 관광객들이 성수기에 몰릴 때 수요를 억제하는 행위들, 마약, 흡연 등의 피해를 알려 건강에 해로운 제품들 사용을 막는 행위들, 10대와 20대를 대상으로 하는 클럽이 중년, 장년층의 입장을 제한해서 전체 분위기를 유지하고 주요 고객들의 만족과 유지를 성취하기 등은 수요억제, 시장 억제 행위이다. 이것을 디마케팅demarketing이라고 한다. 즉 뺀다는 의미의 ‘de’와 ‘marketing’을 합쳐 만든 용어이다.

현대마케팅에서 다루는 대상들은 광범위하다. Kotler와 Keller(2009)는 이를 다음의 10가지 유형들로 제시한다: 제품, 서비스, 경험, 행사, 사람, 장소, 소유권, 조직체, 정보, 아이디어. 먼저 제품은 가장 오래전부터 마케팅에서 다루어온 것으로 좁은 의미의 제품은 물질적 재화라고 불린다. 서비스는 제품과 달리 무형성, 이질성, 비분리성(동시적인 생산과 소비), 소멸성의 4가지 주요 특징들을 가지고 있어 제품과 다른 마케팅 전략들을 요구하는 경우가 상당히 있다(Zeithaml et al., 2009). 경제가 성장하면서 서비스의 비중은 더 커지고 선진국들에서는 서비스가 70~80% 이상을 차지한다. 패스트푸드 식당서비스, 약국 서비스, 놀이시설, 여행지 체험 등과 같이 제품과 서비스의 혼합된 시장제공물 형태가 많이 존재한다. 경험은 보통 서비스와 제품을 결합해 고객이 실제 느끼고 행동하는 일이다. 행사는 경축 행사, 전시회, 이벤트, 스포츠행사 등과 같이 시간과 공간을 필요로 한다. 사람은 정치가, 최고경영자, 스포츠선수, 일반인 등으로 마케팅과 브랜딩을 필요로 한다.

장소는 국가, 주, 도, 도시, 타운, 섬, 관광장소 등을 포함하고 여행객들, 공장, 본사, 사람들을 끌어들이기 위해 마케팅을 필요로 한다. 1970년대 나온 “I love New York.”, 2002년에 나온 “하이 서울(Hi Seoul)”과 같이 주요 도시들은 자기 도시를 나타내는 압축된 메시지를 잘 사용해 큰 효과를 본다. 강원도 춘천 남이섬은 대학교 때 MT 장소로 유명하고 KBS에서 대히트한, 배용준과 최지우 주연의 <겨울연가> 촬영지로 유명하다. 남이섬은 한류열풍을 이용하고 적극적인 장소마케팅으로 아시아에서 매우 인기 있는 관광지로 각광을 받고 있다. 남이섬은 2006년 ‘나미나라 공화국’을 선포하고 해외 마이크로 국가 개념을 도입해 통화, 국기, 우표, 문자 등을 만들었다. 홍미와 이벤트로 관광객들에게 자체 여권도 발급하기도 한다(Kotler et al., 2013). 남이섬의 이런 장소마케팅 노력은 국내외 관광객들에게 매우 호평을 받아서 뛰어난 경치와 입지, K－드라마 효과와 더불어 남이섬을 국내와 아시아의 대표 관광명소들의 하나로 만들었다.

〈그림 2-1〉 겨울연가와 남이섬

소유권은 실물(예, 부동산), 금융자산(예, 주식), 골프회원권 등에 대한 무형적인 소유권이다. 소유권은 판매, 구매, 소유된다. 조직체는 기업, 학교, 박물관, 공공기관들로 고객의 마음 속에 좋고 강력하고 독특한 이미지를 심으려고 노력하고 해당 조직체의 시장제공물을 팔려고 노력한다. 정보는 서적, 교육기관 발행물, 공공기관 출간물, 인터넷 제공물 등 다양하고 생산되고 시장에 출시되고 유통 된다. 현대사회는 정보의 사회로 정보를 선택하고 추리고 활용하는 것이 중요하다. 마지막으로 아이디어는 조직체가 시장제공물 속에 바탕으로 포함시킨 생각, 이념이나 조직체가 제공하는 독자적인 생각이다. 아이디어는 Nike의 오랜 광고 슬로건이었던 "Just Do It."과 같이 브랜드의 구성요소로서 표현될 수 있다.

3) 마케팅 관리철학

마케팅 관리철학이란 마케팅의 구체적인 전략, 전술을 계획, 실행하는데 바탕이 되는 기본적인 사고이다. 기업중심적 마케팅철학은 생산개념, 제품개념, 판매개념을 포함하고 고객중심적 마케팅철학은 마케팅 개념, 사회적 마케팅 개념을 포함한다(안광호 등, 2023; 이학식과 임지훈, 2015). 아래에 이 5가지 마케팅 관리철학들을 설명한다(안광호 등, 2023; 이학식과 임지훈, 2015; Kotler et al., 2013).

(1) 생산개념

고객들은 편리하게 그리고 싸게 구매할 수 있는 상품을 선호한다고 믿는다. 수요가 공급을 초과하는 경우, 원가를 낮추어야만 하는 경우에 적절한 사상이고 생산의 효율성과 광범위한 유통망의 확보와 효율성을 중시한다. 여기에 중점을 두는 기업들은 자신들의 업무의 향상에만 전력하기에 고객의 욕구를 만족시키고 고객 관계를 구축하는 데에는 부족할 위험이 있다.

(2) 제품개념

소비자들은 최고의 품질과 성능을 가진 제품을 선호한다고 믿는 철학이다. 우수한 혁신적 제품을 만들고 이를 지속적으로 개선하는데 주력하고 연구개발 담당자들과 엔지니어들이 제품 개발을 주도한다는 철학이다. 제품 자체에만 중점을 두면 마케팅 근시안적 사고의 위험에 빠질 수 있다.

(3) 판매개념

고객들은 자발적으로 제품이나 서비스를 충분히 구입하지 않는다고 믿고 이를 극복하기 위해서 적극적인 영업 및 촉진활동의 전개가 필요하다는 철학이다. 보험, 헌혈 등과 같이 고객들이 평상시에 구매에 대해 별 생각을 하지 않는 비탐색재에 적합한 유효한 전략이다. 이 사고는 가망고객들을 찾아내어 그들에게 제품편익들과 혜택을 적극적으로 설득하는데 적합하다. 이러한 사고는 장기적인 관계를 구축하기 보다는 단기적인 거래를 성사시키는데 치중하게 만든다.

(4) 마케팅 개념

마케팅 개념marketing concept은 고객들의 필요와 욕구를 찾아내어 경쟁자들보다 더 효과적이고 효율적으로 충족시키고자 하는 것을 기업 목표로 한다. 생산한 것을 판매한다는 제품중심의 철학에 비해서 마케팅개념은 고객 욕구를 감지하고 대응하는 철학이다(안광호 등, 2023; Kotler et al., 2013). 마케팅 개념은 1950년대에 나타났는데 이를 체계화해서 처음 제시한 사람은 Keith(1960)라고 보편적으로 여겨진다. Keith(1960)는 필스베리Pillsbury 기업의 부사장으로 자신의 기업의 역사를 대조되는 마케팅 사상과 실행 원칙들로 설명하고 마케팅개념의 기초가 되는 아이디어를 제공했다. 이후 학자들이 정리한 마케팅 개념의 3가지 핵심들은 고객 중심, 전사적마케팅, 고객만족으로 상호적이고 장기적 이익의 추구이다.

첫째, 마케팅 개념은 기술이나 기업 주도가 아니고 시장과 고객 중심이다. 둘째. 고객만족을 위해서 마케팅 부서 외에 모든 조직(생산, 재무, 인사, 회계, 연구 등)의 통합적 노력이 필요하고(전사적 마케팅) 기업의 조직, 기능이 마케팅목표를 중심으로 통합하는 마케팅이 필요하다. 셋째, 고객과 조직체의 상호적, 장기적 이익을 추구하고 조직체는 고객만족을 통한 적정 이익을 추구 한다(이학식과 임지훈, 2015).

Johnson & Johnson은 마케팅개념을 오랫동안 핵심으로 여겨 온 기업이다. 기업윤리를 강조하고 고객을 최우선으로 하는 경영을 채택해 왔다. 1982년 미국 시카고에서의 타이레놀 사건을 극복하였고 'Red Face Test'라고 하는 자신의 경영 결정, 행동을 자기가족에게 먼저 설명하고 얼굴이 붉어지지 않는 경우에만 해당 정책들을 실제 시장에서 채택한다. Johnson & Johnson은 사랑받는 기업의 대표적 예들에도 들어가고 오랫동안 세계 시가총액 1위 제약기업으로 군림했는데 최근 일라이 릴리에게 1등을 내주고 2등 기업이 되었다.

(5) 사회적 마케팅개념

사회적 마케팅개념에서는 사회 전체의 이익, 소비자의 욕구 충족, 기업이윤 간에 조화와 균형을 추구한다. 특히 현대마케팅에서 기업의 사회적 책임, 인본주의, 윤리경영이 중요시되고 비영리기업들의 마케팅활동이 확대되면서 사회적 마케팅개념은 더 중요하게 자리 잡았다. 조직체는 고객관계관리도 잘 해야 하지만 파트너관계관리도 잘 해야 한다. 2013년 세계 최대 탄산음료 업체인 Coca-Cola는 사회적 이익에 부합하기 위해서 비만과의 전쟁에 동참하겠다고 발표했고 이후 이를 달성하기 위해 전사적인 노력을 하고 있다.

과거에 효율, 이익, 고객 만족, 혁신 등을 추구하여 성공한 '위대한 기업들'에서 새로운 형태의 기업들인 '사랑받는 기업들'이 등장하게 되었다. 이들 기업들은 모든 이해당사자 집단들의 이익을 전략적으로 정렬함으로써 모두로부터 사랑을 받는 회사들을 지칭한다. 이들 기업들은 경쟁, 대립, 질투와 같은 용어들보다 애정, 사랑, 진실, 공감, 숭고함 같은 단어들을 중요시하고 기업의 사회적 책임을 매우 중요시한다. 사랑받는 기업들은 고객의 지갑을 얻는데 중점을 두기보다는 고객의 마음을 얻는데 치중한다. 코스트코Costco, 혼다Honda, 도요타Toyota, 홀푸드Whole Food, 사우스웨스트항공Southwest Air, 파타고니아Patagonia, 구글Google, 이케아IKEA, 뉴발란스New Balance, 존슨앤존슨Johnson & Johnson 등이 이런 기업들에 속한다. 이들은 직원, 고객, 투자자, 공급업자와 같은 파트너, 사회의 5가지 중요 당사자들을 다 중요시하고 조화를 이루려고 한다. 고객과 다른 당사자들의 사랑은 중기, 장기 이익으로 연결된다. 조사에 따르면 수익 면에서도 사랑받는 기업들은 위대한 기업들과 비교해서 3년은 차이가 없었지만 5년을 비교해서는 1.7배, 10년을 비교해서는 3.1배로 앞섰다(Sisodia et al., 2011).

2. STP 전략과 전략적 마케팅관리

1) STP 전략

기업은 대부분의 경우 주어진 시장의 모든 소비자들을 대상으로 마케팅 활동을 수행하여 효과적이고 효율적인 이익을 얻을 수 없다. 소비자들은 욕구들과 특성들에서 다르기 때문에 전체 시장을 세분화한 뒤 가장 유리한 세분시장들을 선택하고 그 시장들의 고객들을 만족시켜 이익을 최대한 창출하는 전략들을 개발해야 한다. STP 전략은 Segmentation시장세분화, Targeting표적시장 선정, Positioning포지셔닝의 영어 첫 글자를 딴 acronym이다. STP 전략은 기업의 4P 전략을 집행하기에 앞서서 하는 기본 마케팅 전략으로 보통 사용된다.

(1) 시장세분화와 시장표적화

기업은 시장을 나누어 공략하는데 다음과 같은 3가지 마케팅 유형들의 하나를 택할 수 있다(안광호 등, 2023).

- 대량마케팅: 전체 시장을 세분하지 않고 하나로 보고 하나의 제품을 시장 전체에 제공하여 규모의 경제와 경험곡선을 활용하는 마케팅
- 제품다양화 마케팅: 제품의 형태, 질, 크기 등에서 차이를 보이는 2가지 이상의 제품을 생산하고 제공하는 마케팅, 전체 시장을 하나로 보지만 소비자들은 변화와 다양성을 추구한다는 데에 중점을 둠
- 표적시장 마케팅: 하나 또는 복수의 세분시장을 선택, 각각 시장에 적합한 제품 및 마케팅 믹스를 개발하고 제공하는 마케팅

여기에 개인화한 개인 마케팅을 더할 수 있다. 개인마케팅은 시장을 집단들로 나누지 않고 개인에게 맞춤마케팅을 하는 것이다. 전문서비스 같은 데에서 적합할 수 있다.

• 개인 마케팅: 개개인에 맞추어 제품이나 서비스를 제공하는 마케팅

이 중에서 조직체가 가장 많이 채택하는 마케팅 유형은 표적시장 마케팅이다. 시장세분화는 구매자 집단별로 다른 제품이나 마케팅 프로그램을 제공하기 위해 전체시장을 욕구, 특성들, 구매행동 등에서 서로 다른 구매자집단들로 나누는 과정이고 세분시장은 기업의 마케팅 노력에 대해 유사한 반응을 보이는 소비자 집단이다(Kotler et al., 2013). 시장세분화는 집단 내에서는 제품 욕구, 구매 행동 등이 유사하고 집단 간에는 상이한 몇 개의 집단으로 구분하는 것이다. 2000년대 이후 기업들은 VIP 마케팅, 애호도 프로그램 등 브랜드 애호도가 높은 고객들을 대상으로 집중적인 공략을 해서 큰 효과를 보고 있다. 시장 세분화의 기준에는 다음과 같은 4가지 유형들이 있다(안광호 등, 2023; Kotler et al., 2013):

• 지리적 변수: 국가, 도, 도시, 지역, 인구 밀도, 기후 등
• 인구통계학적 변수: 나이, 성별, 가족구성원의 수, 가족 생애주기, 소득, 직업, 교육수준, 종교, 인종, 국적, 사회계층 등
• 심리도식적 변수psychographics: 가치, 라이프스타일, 개성(성격) 등
• 행동적 변수: 구매 또는 사용 상황, 소비자의 편익, 제품 사용 경험, 사용 정도, 애호도, 제품에 대한 태도, 구매자의 인지/관심/구매의사

전체시장을 복수의 세분시장들로 나눈 후 기업은 하나 혹은 몇 개의 세분시장들을 선택할 수 있다. 시장표적화는 각 세분시장의 매력도를 평가하고 하나 혹은 몇 개의 목표 세분시장(들)을 선택하는 과정이다(Kotler et al., 2013). 시장세분화와 시장표적화는 소비자들은 여러 가지 점들에서 다르고 조직의 한정된 자원을 효과적으로 사용하고 표적 시장에 집중적으로 자원 투입을 하기 위해 필요하다.

(2) 포지셔닝

포지셔닝positioning은 목표 소비자들의 마음속에 경쟁 제품들과 비교해서 명확하고 차별화하고 바람직한 위치에 자사제품이 자리 잡도록 하고 자사브랜드의 포지션을 기억시키는 노력이다(Kotler et al., 2013). 이러한 포지셔닝은 흔히 브랜드관리면에서 행해지기에 브랜드 포지셔닝이라고 불린다. 포지셔닝은 마케팅에서 3가지 면들에서 특히 중요하다고 할 수 있다. 첫째, 포지셔닝은 마케팅이 중요시하는 지각과 밀접하게 관련된다. 둘째, 포지셔닝은 타 브랜드와 차별화되는 전략을 구사하는 것이다. 셋째로 포지셔닝은 현재 이미지를 유지, 개선, 변화시키는 기본적이고 핵심적인 기업의 마케팅 노력이다. 포지셔닝의 기준들에는 다음과 같은 6가지가 있다:

- 제품속성(예, 죽염 치약, 밀키스, 자일리톨)
- 사용상황, 혜택(예, Gatorade, 컨디션)
- 도구적, 최종적 가치(예, Pontiac, Volvo, Nike)
- 제품군(예, 녹차, Dove)
- 제품사용자(예, Johnson & Johnson, 라네즈)
- 경쟁제품이나 브랜드(예, Avis, 7-Up, 칠성사이다)

기업은 신중하게 고객 가치를 파악하고 시장세분화, 표적시장을 선정하고 적절한 포지셔닝 전략을 잘 구사해서 이를 유지, 강화시켜야 한다. 하지만 처음의 포지셔닝이 잘못 선정되었거나 사회의 변화, 시장의 변화 등으로 변화가 필요할 때는 신중히 생각하여 재포지셔닝repositioning을 구사할 수 있다. 재포지셔닝은 소비자의 기호변화, 경쟁 브랜드의 진입 등으로 기존의 포지셔닝이 우위를 상실했을 때 브랜드의 위치를 재조정하는 것이다. 재포지셔닝의 핵심은 소비자의 마음속에 자리 잡은 자사 브랜드의 이미지를 바꾸는 활동이다.

성공한 고전적인 예들에는 Miller 맥주, Marlboro 담배가 있다. 필립모리스Philip Morris는 1969년과 1970년에 밀러Miller 맥주를 인수했다. 밀러의 대표적 브랜드인 Miller High Life는 병맥주의 샴페인으로 광고되었고 고품질의 이미지에 상류층 소비자들, 여성들이 마시는 맥주로 인식되어서 시장점유율이 저조했다. 필립모리스사는 밀러를 인수한 후 새로운 이미지로 변신하기 위해 선원들이 파도를 헤치고 항해하는 장면, 소방수들이 화재 현장에서 불을 끄는 장면, 젊은이들이 모험을 즐기는 장면 등을 광고로 계속 보여주고 “It's Miller time.” 등의 광고 메시지를 반복하여 맥주의 대량 소비층인 노동자층과 젊은층에 소구하는 노력을 계속하였다. 1970년대 말에 Miller High Life는 미국의 대표 맥주 브랜드인 버드와이저에 이어서 당당히 2위의 자리에 오른다.

더 극적이고 성공적인 예는 <그림 2-2>에서 보여주는 것과 같이 필립모리스사의 말보로 재포지셔닝이다. 말보로는 1920년대부터 매우 순한 필터 담배로서 광고되었고 1950년대까지 여성용 담배로 포지셔닝 되어 있었다. 1950년대 필립모리스사는 담배를 많이 피우는 남성흡연자들로 재포지셔닝하기 위해 브랜드 명 외에 모든 것들을 변화시켰다. 담배의 맛을 보다 풍부하게 하고 패키지의 브랜드 명 로고를 부드러운 흘림체에서 딱딱한 느낌을 주는 활자체로 변화시켰다. 특히 강인한 미국의 남성상을 가진 카우보이를 모델로 등장시키는 광고를 개발하여 막대한 돈을 들여 집중적인 광고를 하여서 필립모리스사는 미국 담배시장의 1등 기업으로, 말보로는 1등 브랜드로 당당히 부상하게 되었다(이학식과 임지훈, 2015). 이 예는 마케팅의 힘을 보여주는 대표적 사례들 중의 하나이고 재포지닝의 고적적인 성공 사례이고 고전적 조건화의 대표적 성공 사례로 꼽힌다.

〈그림 2-2〉 Marlboro의 리포지셔닝 전략(왼쪽의 처음 포지셔닝 광고와 오른쪽의 리포지셔닝 광고)

2) 마케팅믹스(4P) 전략

조직체는 효과적인 교환과 고객가치 창조와 제공을 위해 여러 가지 노력들을 한다. 마케팅 믹스4P는 조직체가 통제할 수 있는 변수들로 제품product, 가격price, 촉진promotion, 유통place을 포함한다. 원래 유통distribution에서 P로 시작하는 Place로 바꾸어 4P로 맞추어 마케팅 믹스 도구들인 4P가 탄생했다(McCarthy, 1960). 마케팅관리자의 업무는 마케팅 목적을 달성하기 위해서 통제 가능한 요소인 마케팅믹스 변수들을 적절히 결합하여 통제가 불가능하고 변하는 시장 환경에 맞추어 적절히 적용하는 것이다(이학식과 임지훈, 2015). 다음에는 간단히 4P의 정의를 제시하고 4P 전략들을 간단히 설명한다(안광호 등, 2023).

(1) 제품관리

제품 관리는 제품, 제품의 구색, 이미지, 상표, 포장 등에 관한 관리이다. 넓은 의미의 제품은 물리적 재화와 서비스로 구분된다. 제품은 쇼핑습관에 따라 편의품, 선매품, 전문품의 3가지 유형들로 구분되고 내구성에 따라 내구재와 비내구재(소모품)로 분류된다.

(2) 가격관리

가격관리는 상품가격의 수준과 범위, 가격결정 기법, 판매조건을 결정, 집행하는 것이다. 가격은 소비자들이 제품을 획득하기 위해 시장에서 지불하는 금액(예, 상품가격, 요금, 수업료, 수수료)을 의미한다. 가격결정의 핵심 3요소들은 원가, 소비자, 경쟁자이다.

(3) 촉진관리

촉진관리는 광고, PR, 판매촉진(판촉), 인적 판매, 인터넷 촉진 등을 통해 고객 및 일반대중에게 전달하는 활동의 관리이고 4가지 대표적인 전통적 촉진믹스는 다음과 같다:

① 광고: 스폰서가 돈을 내고 제품, 서비스, 아이디어 등을 사람이 아닌 다른 매체를 통해 알리고 촉진하는 커뮤니케이션 활동

② PR공중관계: 조직체가 이미지를 제고하거나 자사에 대한 호의적인 평판을 얻거나 비호의적인 평판을 제거 또는 완화시키려는 커뮤니케이션 활동 등을 통해 해당 조직체와 직, 간접적으로 관련된 여러 유형의 집단들과 좋은 관계를 유지해 나가는 것으로 홍보는 PR의 하나이다.

③ 판매촉진: 제품이나 서비스의 구매를 촉진하기 위한 단기적인 동기부여 수단 일체

④ 인적판매: 제품이나 서비스의 판매를 목적으로 하는, 기존 또는 잠재 고객에 대한 판매 프리젠테이션 또는 대화 등의 개인적 커뮤니케이션

(4) 유통관리

유통관리는 유통경로의 설계, 물류 및 재고관리, 도·소매상 관리를 위한 계획의 수립, 실행을 다룬다. 요약해서 <그림 2-3>은 마케팅믹스의 4P들과 각 P의 구성요소들을 제시한다.

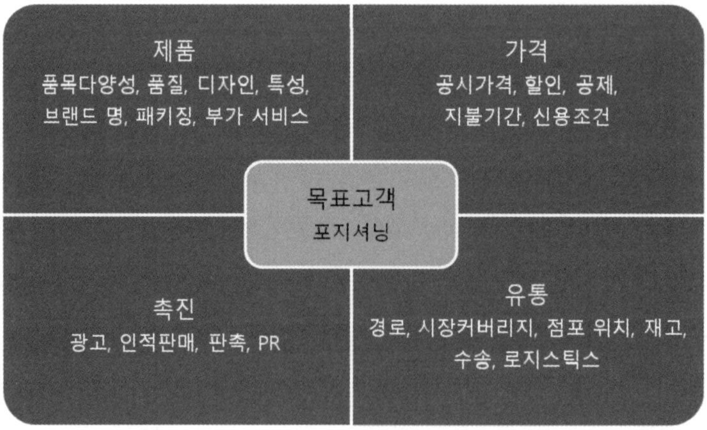

출처: Kotler et al., 2013

〈그림 2-3〉 마케팅믹스의 4Ps

4P에 대한 비판도 있다. 가장 중요한 관점은 4P 개념이 시장을 구매자의 관점이 아니라 판매자의 관점에서 본다는 주장이다. 4P는 구매자의 관점에서 4C로 표현될 수 있다.

4P	4C
제품(product) 가격(price) 촉진(promotion) 유통(place)	고객문제 해결(customer solution) 고객 비용(customer cost) 커뮤니케이션(communication) 편의성(convenience)

기업의 입장에서 제품을 판매하는 것이지만 고객의 입장에서는 가치를 구매하거나 문제의 해결책을 구매하는 것이다. 고객은 단순한 가격에만 관심이 있는 것이 아니라 획득, 사용, 처분하는데 드는 총비용에 더 관심이 있다. 고객은 쌍방향의 다차원 커뮤니케이션을 원하고 편리하게 구입하기를 원한다(Kotler et al., 2013).

3. 현대마케팅과 마케팅의 중요성

1) 마케팅 3.0

Kotler(2010)는 마케팅의 흐름을 이성에 바탕을 둔 마케팅 1.0 시대, 이성과 감성에 바탕을 둔 마케팅 2.0 시대, 고객의 영혼을 사로잡는 마케팅 3.0 시대로 나누었다. 마케팅 3.0 시대는 제품 중심의 1.0 시대, 소비자 지향시대인 2.0 시대를 지나서 진화한, 가치 주도의 시대이다. 마케팅 3.0을 실천하는 기업들은 더 이상 사람들을 단순한 소비자들로 대하지 않고 이성과 감성에 더해서 영혼을 지닌 전인적 존재로 바라보는 접근방식을 취한다. 소비자들도 자신이 선택한 제품이나 서비스가 기능이나 정서적 만족감을 충족시키는 데에서 더 나아가 영적 가치까지 제공하기를 원한다. 3.0 마켓에서 고객들을 잡기 위해서는 영혼을 감동시키는 영혼마케팅을 실행해야 한다. 마켓 3.0은 참여의 시대, 세계화 패러독스 시대, 창의적 사회의 시대가 동시에 영향을 미치는 마켓으로서 협력, 문화, 영성의 3가지가 핵심이 된다(김우성, 2012). <표 2-1>은 1.0 시장, 2.0 시장, 그리고 3.0 시장의 주요 특성들을 대조한다.

Kotler가 제시한 영혼마케팅은 Lindstrom(2006)이 제시한, 종교적 관계와 같이 브랜드를 중심으로 강한 애호도를 가진 고객들을 결속시키는 궁극적인 브랜딩의 역할 모델과 밀접히 관련된다. Lindstrom의 궁극적 브랜드의 10가지 핵심적 구성요소들은 1)독특한 소속감, 2)목표의식이 있는 명확한 비전, 3)경쟁사를 명확히 규정과 차별화, 4)진실성, 5)일관성, 6)완벽한 세계에 대한 동경을 반영, 7)감각에 호소, 8)의식적 행사, 9)상징을 활용, 10)영감과 경외를 일으키는 신비감이다.

마케팅 3.0의 예들에는 시세이도, 애플, 바디샵Body Shop 등이 있다. 시세이도는 사회적 책임 마케팅개념을 실현하고자 노력했고 직원 스스로 자신의 영혼을 살찌우고 고객들의 혼에 호소하도록 했다. 마에다 사장은 판매사원들에 대한 호칭인 뷰티 컨설턴트들에 대한 평가에서 매출 대신 고객들의 판매사원에 대한 평가를 평가항목으로 사용해서 대성공을 했다. 또한 기업 내 대학인 '에콜 시세이도'를 2007년 개교해서 철학, 문학 등을 포함하는 다양한 커리큘럼을 제공했다(이지훈, 2010). <사례 2-1>은 영혼마케팅을 하는 애플의 성공전략들을 다룬다.

더 나아가 후에 Kotler 등은 마케팅 4.0과 마케팅 5.0도 제시한다. 마케팅 4.0은 4차 산업혁명인 디지털마케팅을 전통적 마케팅과 구분하여 칭하는 개념이다. 마케팅 5.0은 고객의 체험 가치를 창출, 전달, 제공, 강화하기 위해 AI, 블록체인, 증강현실, 로봇공학, 사물인터넷 등의 새로운 첨단기술들을 적용하는 마케팅을 의미한다(안광호 등, 2023).

〈표 2-1〉 1.0 시장, 2.0 시장, 3.0 시장

요소	1.0 시장	2.0 시장	3.0 시장
목표	제품 판매	고객 만족 및 유지	더 나은 세상 만들기
동인	산업혁명	정보화 기술	뉴 웨이브 기술
기업이 시장을 보는 방식	물리적 필요를 지닌 대중 구매자들	이성과 감성을 지닌 영리한 소비자	이성, 감성, 영혼을 지닌 완전한 소비자
핵심 개념	제품 개발	차별화	고객 가치
기업의 지침	제품 명세	제품과 기업의 포지셔닝	기업의 미션, 비전, 가치
가치 명제	기능	기능과 감성	기능, 감성, 영성
소비자와의 상호작용	일대다 거래	일대일 거래	다대다 협력

출처: Kotler, 2010

출처: 안광호 등, 2014

〈그림 2-4〉 THE BODY SHOP

<사례 2-1: 애플의 고객의 영혼을 잡는 마케팅 전략>

Kotler(2010)는 마케팅 3.0의 시대에서는 이성과 감성을 넘어 협력, 문화, 영성을 바탕으로 고객의 영혼을 사로잡는 마케팅 전략이 필요하다고 주장했다. 애플의 성공 비결은 이런 전략과 연결되고 구체적으로 다음의 3가지로 설명되어질 수 있다.

◆협력과 집중화 전략: 아이팟이나 아이폰의 성공은 음원제작자들이나 앱제작자들과 윈윈하는 상생 비즈니스모델 덕이다. 이것을 통해 애플은 내용물인 콘텐츠를 지속적으로 확보할 수 있었고 콘텐츠 제공자들은 콘텐츠 제공으로 발생하는 수입을 직접 챙길 수 있었다. 잡스는 하나의 성공 요인을 철저히 활용하는 것으로도 유명하다. 아이패드, 아이팟, 아이폰의 3부작의 기기들과 콘텐트들은 제각각이지만 이를 접목시키는 방식은 똑같다. 잡스는 아이튠즈라는 온라인 음원 시장과 아이팟을 연결시켰다. 이 방식은 앱스토어와 아이폰으로 이어졌다. 잡스는 또 동시에 여러 모델들을 출시하지 않고 단 하나의 제품에 올인해서 제품에 대한 주목도와 집중도를 높인다.

◆사용자를 최대한 고려하는 전략: 잡스는 평소 "내가 갖고 싶은 물건을 만든다"고 강조한다. 매장에서 고객들이 제품을 직접 사용해 볼 수 있게 해 편리성을 체험하게 하는 것도 그의 전략이다. 특히 디자인과 매뉴얼을 최대한 단순하게 만들어 소비자가 질리지 않게 하는 게 그의 재능이다. 단순한 디자인은 어린이와 노인도 고객으로 만든다. 잡스는 단순히 기기를 파는 게 아니라 사용자가 다양한 경험을 할 수 있는 공간을 제공하려 한다. 아이폰 이용자는 앱스토어를 통해 내려 받은 프로그램으로 자신만의 아이폰을 만들 수 있다. 이런 과정에 동화된 소비자는 애플의 단점까지 인간적인 것으로 받아들인다고 한다.

◆고객의 호기심을 끄는 신비주의 전략: 잡스는 비밀에 싸여 있던 제품을 적당한 타이밍에 노출시키는 것으로 유명하다. 미국의 인기 코미디언 스티븐 콜버트는 1월말 그래미 시상식에서 아이패드를 꺼내 후보자를 호명했다. 아이패드가 출시되기 전이었다. 현지 IT 전문기자들이 아이패드를 먼저 사용해 볼 수 있도록 한 것도 같은 맥락이다. 출시와 동시에 게재된 사용기는 관심이 높을 수밖에 없다. 때로는 잡스가 직접 깜짝쇼를 하기도 한다. 아이패드 출시를 한 달 앞두고는 잡스는 평소의 검은 티셔츠에 청바지 차림과는 전혀 다른 턱시도 차림으로 아카데미 시상식에 나타났다.

출처: 중앙일보, 2010년.

2) 고객체험과 체험마케팅

2000년대 이후 조직체들은 고객의 마음을 잡기 위해 고객의 실제 현장에서 체험을 중요시하게 되었다. 브랜드의 실제 현장에서 체험, 스포츠 경기에서의 체험, 여행 투어나 패키지여행에서 경험하는 체험, 가수의 콘서트에서의 체험을 감동적이고 인상적이고 지속하게 만들기 위해서 조직체들은 더 많은 노력을 하고 이것은 브랜드 태도, 브랜드 구매와 재 구매에 연결된다. 고객들도 블로그, 유튜브 등에 체험 경험을 글이나 영상들, 사진들로 올려서 자신의 체험을 정리하고 다른 고객들에게 큰 영향을 미친다. 마케터들의 입장에서는 고객들에게 기업이 바라고 각 고객에게 도움이 되는 고객경험이 일어나도록 적당한 환경과 장치를 제공할 필요가 있다(Schmitt, 1999).

경험은 경험 자체, 경험 과정 및 경험 학습의 결과를 모두 포함하는 포괄적 개념이다(고경순, 2004). 체험도 경험과 비슷하게 일상생활에서 사용되어지고 때로는 경험과 서로 교환해서 사용되지만, 체험은 경험에 비해 대상과의 보다 직접적이고 전체적인 접촉을 의미 한다(www.naver.com). Robinette, Brand, Lenz(2003)는 상호작용과 교환의 시각에서 체험의 정의를 내린다. 그들에 따르면, 체험은 "조직체의 직원과 소비자가 감각적 자극, 정보, 감성을 교환하는 접점들의 집합"이다. Schmitt(1999)는 체험experience을 "어떤 자극에 대한 반응으로 일어나는 사적인 사건들"로 정의하였다. 이런 관점에서 본다면 체험은 사적이기 때문에 개인에 따라 달리 지각, 해석되어질 수 있다. Schmitt(1999)는 감각, 인지, 감성, 행동, 관계의 5가지 고객체험의 유형들을 제시했다. 김우성과 허은정(2007)에 따르면 체험마케팅은 "고객의 행동을 중심으로 총체적 반응을 일으켜서 고객에게 강하고 감동적이고 지속적인 기억을 남기는 마케팅"으로 정의된다.

아모레퍼시픽의 체험마케팅은 대표적 예들 중 하나이다. 체험마케팅에서 이론들과 전략들을 제시해 온 미국 컬럼비아대학의 번트 슈미트Schmitt 교수가 꾸준히 경영 컨설팅해 온 기업이다. 10대 후반과 20대가 주 고객인 라네즈는 피부예보제를 도입하여 날씨에 따라 변하는 피부에 맞는 미용정보를 제공하고 디아모레샵을 운영했다. 30~40대 위주인 아이오페는 홈페이지를 통해 문화행사에 초청해 아이오페 브랜드를 느끼게 했다. 40~50대 이후가 주 고객인 설화수는 한방 성분의 화장품을 강조하고 고객에게 허브농장 체험 제공 등을 했다. 머리 염색제 브랜드인 미쟝센은 대형버스를 미용실로 개조해 이동 헤어샵을 운영했다.

3) 마케팅의 중요성

마케팅의 중요성은 소비자, 조직체, 사회 전반, 경제면에서 살펴볼 수가 있다. 먼저 소비자를 대상으로 보면 고객만족은 경영의 핵심인데 고객만족은 마케팅에서 주로 다루어진다. 마케팅은 고객 가치를 창출하고 마케팅은 소비자들에게 즐거움과 오락을 제공 한다. 조직체 면에서 마케팅은 시장을 파악하는 분야로서 그 중요성으로 전사적 마케팅이 행해진다. 다양한 조직체들 및 개인은 마케팅을 사용하고 여러 분야들(예, 정치, 문화, 스포츠, 레저 등)에서 사용 된다.

사회전반에서 마케팅은 혁신제품 확산, 문화의 전파 등을 통해 사회에 큰 공헌을 한다. 또한 사회적 마케팅개념을 바탕으로 기업의 사회공헌은 광범위하다. 마지막으로 경제면에서 보면 많은 분야들에서 마케팅이나 유사분야(예, 소비자학, 소비자심리) 전공한 사람들에 대한 꾸준한 수요가 있고 불황기에도 마케팅은 비교적 수요가 있다. 인터넷 사업, 유튜브 사업 등 새로운 업종들은 마케팅과 크게 관련된다(안광호 등, 2023; Kotler et al., 2013).

4) 마케팅의 피해와 현대마케팅의 역할

마케팅의 홍수 속에서 잘못된 마케팅 관행으로 인한 사람들의 피해도 우리 주변에서 쉽게 찾아볼 수 있다. 예를 들면, 지나가는 사람들을 성가시게 하는 이벤트 행사들, 단기적 성과에 급급한 일부 판촉 행사들, 판촉성 스팸 메일, 판매 강요 행위를 우리 주변에서 가끔 접할 수 있다. 또 다른 예들에는 사회적 물의를 일으킨 광고들(예, 베네통의 일부 광고들), 표현의 자유와 예술을 빙자하여 성적이나 신체적으로 지나친 노출을 이용한 광고나 판촉행사가 있다. 아동들이나 청소년들의 모방심리, 판단 능력 부족, 예민한 감수성 등을 악용하는 일부 마케팅 행위가 또 다른 예에 속한다. 마지막으로, 마케팅의 중요성에 지나치게 집착해서 수익에 악영향을 줄 정도로 지나치게 많은 돈을 마케팅 비용으로 지출하는 경우도 있다. 이런 경우 해당 조직체에게 주는 수익성 악화 문제도 있지만 소비자들도 가격 인상 등을 통해 직접적인 피해를 볼 수 있다(김우성, 2007).

마지막으로 현대마케팅의 역할을 요약하면 다음과 같다(김우성, 2007).

① 마케팅은 고객에서 출발하고 고객에게 진정한 가치를 주는 것을 바탕으로 함
② 마케팅은 소비자의 필요와 욕구 충족에서 더 나아가 창조를 위해 노력
③ 마케팅은 건전한 경쟁을 통해 소비자 시장의 안정성과 건전성에 기여함
④ 마케팅은 고객에게 즐거움을 주고 고객이 좋은 소비 관련 체험을 하는데 도움을 줌

4. 브랜드의 의미와 중요성

1) 브랜드의 정의

현대경영과 현대마케팅에서 브랜드는 중요성을 인정받고 있고 전략적인 브랜드관리는 기업, 비영리 조직체, 국가, 도시 등에서 광범위하게 적용되고 있다. 브랜드brand는 우리 생활 속에 깊이 침투해 있고 우리생활의 일부분이 되어있다고 할 수 있다. 우리는 소비자로서 하루 일과를 보내는데 우리가 구매하고 사용하고 체험하는 제품들, 서비스 대부분(예, 스마트폰, 태블릿, 인터넷 검색엔진, 유튜브, 버스, 식당, 볼펜 등)에는 브랜드 이름이 부착되어 있다. 기업들은 브랜드의 가치를 높이려고 다방면에서 노력하고 있다.

브랜드란 무엇인가? 브랜드는 초기에는 한 제조업자의 제품을 다른 제조업자의 제품으로부터 식별하기 위한 수단으로서 사용되었다. 예를 들면 옛날에 브랜드는 가축의 주인들이 그들이 키우는 동물들을 확인하기 위해 동물들의 몸에 찍어둔 낙인이었다. '브랜드brand'란 단어는 '태운다burn'는 의미를 가진, 옛날 노르웨이 단어인 'brandr'에서 비롯되었다(Keller, 2008). 이러한 식별 기능은 브랜드의 정의에서 아직도 반영되어 있다. 예를 들면, 미국 마케팅학회AMA는 브랜드를 "특정 판매업

자나 판매업자들로 구성된 집단이 제품이나 서비스를 확인하고 다른 경쟁업자들의 제품과 식별하고자 하는 목적으로 사용되는 이름, 말, 표시, 상징, 디자인 또는 이들의 결합체"라고 정의한다.

브랜드와 브랜딩branding은 구분해야 한다. 브랜드란 브랜드 활동을 하는 주체(브랜드를 생명체가 있는 실체처럼 본다면), 활동의 대상, 결과인 반면에 브랜딩은 브랜드를 구축, 유지, 강화하는 브랜드경영과 관련된 활동이다. 기업들이 실제로 브랜드전략을 차별화된 경쟁우위의 중요한 마케팅 도구로 인식한 것은 1879년 Procter & GambleP&G의 아이보리 비누의 예가 효시로 널리 알려져 있다(안광호 등, 2008).

이전에는 상인들은 비누를 팔 때 봉처럼 잘라서 무게로 달아서 판매했는데 P&G의 창업자들 중의 한 명인 Harley Procter는 소비자들에게 편리하게 작은 크기로 일정하게 잘라 포장을 하고 희고 순수함을 의미하는 아이보리Ivory라는 브랜드명을 새겨 넣음으로써 다른 브랜드들과 차별화를 시도했다. 이후 1881년 아이보리는 물에 뜨고 99와 44/100% 순수하다는 것을 진술하는 첫 번째 아이보리 광고를 종교 관련 주간지에 내보냈는데 이것은 후에 성공한 광고 슬로건의 전통이 될 정도로 대성공을 거두었다(Aaker, 1991). 이후부터 오늘날까지 아이보리는 지속적인 광고들, 순수하고 온화하고 물에 뜨는 것을 강조하는 브랜드 포지셔닝, 브랜드 명, 아기들과의 연상 등에 힘입어 높은 인지도, 긍정적이고 독특하고 강한 연상, 높은 애호도를 바탕으로 대표적인 비누 브랜드들의 하나로서 시장에서 장수하고 있다.

현대마케팅에서 브랜드는 복합적인 실체로서 소비자들이 브랜드에게 할당하는 상징적이고 심리적인 의미를 포함한다. 즉, 브랜드는 여러 수준들에서 의미를 전달 할 수 있는 복잡한 상징물이다. 상당수의 브랜드 연구자들은 소비자의 마음속에 자리 잡고 있는, 실체인 제품과 관련된 지각되어진 것으로 브랜드를 생각한다. 비록 기업들이 마케팅 프로그램들과 다른 주요 활동들을 통해 브랜드 창조를 위한 동력을 제공하지만, 브랜드란 궁극적으로 소비자들의 마음속에 자리 잡고 있는 실체에 대한 지각물이다(Keller, 2008).

브랜드는 소비자들의 마음속에 나타나는 상호 연결된 개념들의 네트워크로 설명될 수 있다(Tybout and Carpenter, 2001). Sherry(2005)는 브랜드의 의미를 강조하면서 마케터들, 소비자들 및 공공정책자들은 의미를 발견, 창조, 번역, 변형, 변환하는 영원한 게임을 하는데 브랜드들은 의미의 저장소와 발전소로서 우리의 소비문화를 지속하도록 하는 의미를 부호화하고 생성한다고 주장한다.

제품과 달라서, 브랜드는 경쟁자들에 의해 쉽게 모방될 수 없고 잘 관리된 브랜드는 영구적일 수 있다. Kotler(2003)에 따르면, 아래의 Mercedes-Benz의 예와 같이 브랜드는 속성들, 혜택들, 가치들, 문화, 개성 및 사용자들과 연관된다.

- 속성: 브랜드는 속성들을 생각하게 한다. 예로 Mercedes-Benz는 고가격, 잘 만들어짐, 기술적임, 내구적임, 높은 긍지를 지님과 같은 속성들을 가지고 있다.
- 혜택: 브랜드가 가진 속성은 기능적인 또는 감정적인 혜택과 연관된다. 예를 들면 Mercedes-Benz의 고가격이란 속성은 감정적 혜택인 "그 자동차는 나에게 중요하면서도 근엄한 느낌을 준다."와 연관된다.
- 가치: 브랜드는 속성, 혜택과 관련된 가치에 대해서 말해준다. Mercedes-Benz는 고성능, 안전, 위신 등의 가치들을 나타낸다.
- 문화: 브랜드는 문화를 표출한다. Mercedes-Benz는 조직성, 효율성 및 높은 품질과 관련된 독일의 문화를 대표한다.
- 개성: 브랜드는 독특한 특성들인 개성을 표출한다. Mercedes-Benz는 허튼 짓을 하지 않는 상사나 강력한 상사를 암시한다.
- 사용자: 브랜드는 해당 브랜드를 구입하고 사용하는 소비자들을 암시한다. Mercedes-Benz를 타고 다니는 사람들은 55세 전후의 최고경영자들일 가능성이 많다.

2) 제품과 브랜드의 차이

제품은 "소비자들의 필요와 욕구를 충족시키고 주의, 획득, 사용, 소비를 위해 시장에 제공 되어지는 것"이다. 따라서 제품은 물리적 제품, 서비스, 소매점, 사람, 조직, 지역place, 심지어 생각을 포함한다. 여기서 지역은 도시, 주, 국가 등을 포함한다. 브랜드는 "같은 필요를 만족시키도록 디자인된, 다른 제품들로부터 어떤 제품을 차별화시키는 다른 차원들이 더해진 제품"이다(Keller, 2008). 브랜드개념도 제품과 같이 넓게 생각할 수 있다. 즉, 브랜드개념도 물리적 제품, 서비스, 소매점, 사람, 조직, 지역, 생각 등에 적용될 수 있다. 브랜드와 브랜드가 없는 제품의 핵심 차이는 브랜드에서는 소비자의 지각과 상징적, 정서적, 무형적 특성들이 있다는 것이다. 우리가 브랜드에 대한 넓은 관점을 택하면 현대사회에서 브랜드는 도처에 있고 우리생활에 깊숙이 스며들어 있다는 것을 쉽게 발견한다. 우리가 전통적으로 브랜드라 생각하지 않았던 것들도 현대사회에서는 브랜드로 생각한다. 이런 예들에는 도시(예, 서울, 바르셀로나), 국가(예, 대한민국, 미국), 대학교(예, 서울대학교, 스탠포드대학교), 개인(예, 나이키 창업자인 필 나이트, 임영웅) 등이 있다.

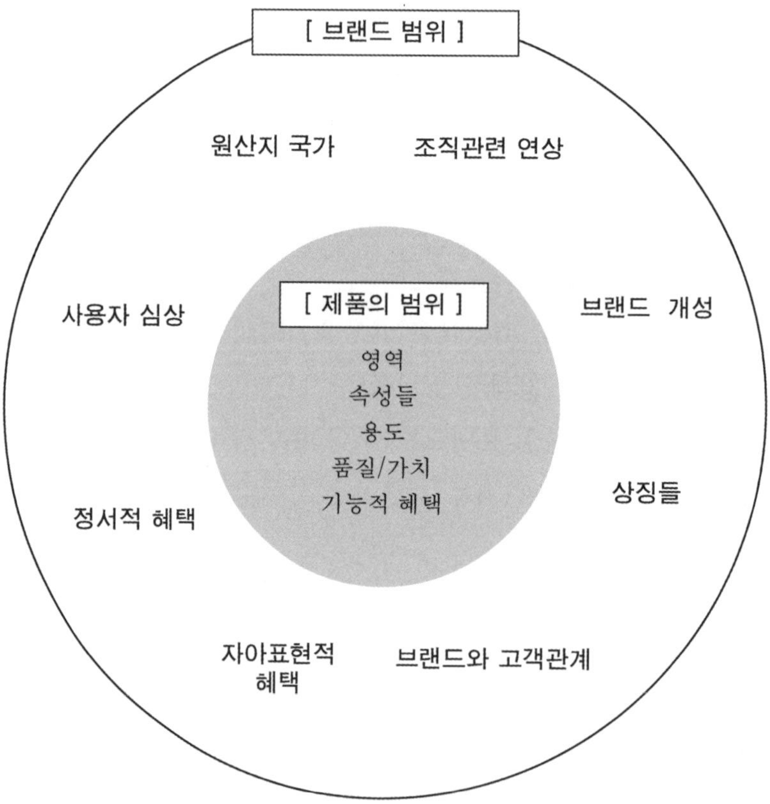

출처: Aaker and Joachimsthaler, 2000

〈그림 2-5〉 브랜드와 제품 간의 비교

<그림 2-5>는 브랜드와 제품의 차이에 주목하여 각각이 포함하는 범위를 나타낸다. 제품은 제품 영역, 제품 속성들, 품질/가치, 용도들, 기능적 혜택들을 포함한다. 브랜드는 이러한 특성들뿐만 아니라 사용자 심상, 제조된 또는 브랜드가 소속된 국가country of origin, 조직과 관련된 연상들, 브랜드개성, 상징물들, 브랜드와 고객과의 관계, 자아표현적인 혜택들, 정서적 혜택들을 포함한다(Aaker and Joachimsthaler, 2000). 즉 브랜드는 제품보다 포괄하는 범위가 넓다.

3) 브랜드의 중요성

Kotler(2010)에 따르면 지난 60년 동안의 마케팅은 세 가지 핵심을 바탕으로 역할을 해왔다. 이 세 가지 핵심은 제품, 고객, 브랜드이었는데 시대에 따라 중점이 변했다. 1950년대부터 1960년대까지는 마케팅의 핵심은 제품관리에 초점이 맞추어져 있었고, 1970년대부터 1980년대까지는 고객 관리에 중점을 두는 쪽으로 진화했다. 이후 감성마케팅, 체험마케팅, 브랜드자산 등을 바탕으로 1990년대와 2000년대에서는 브랜드관리가 마케팅의 핵심으로서 자리 잡았다. 최근 30년간 브랜드관리는 4P, 서비스마케팅의 7P 등을 통한 마케팅 관리에서 마케팅믹스 요소들을 통합하는 핵심으로서 큰 역할을 했다고 할 수 있다. 2020년대 이후에도 브랜드는 조직체의 경영 및 마케팅에서 핵심으로 자리 잡을 것이고 뒤의 브랜드의 일반적인 중요성에서 설명하는 것과 같이 브랜드 개념은 우리 사회 곳곳에서 더 많이 사용될 것이다. <사례 2-2>에서는 고품질, 명품 고디바 초콜릿이 스토리텔링마케팅과 브랜드 구성 요소 관리를 통해 고객들에게 다가가고 매출과 수익을 꾸준히 올리는 것을 보여준다.

<사례 2-2: 고디바 초콜릿 패키지와 레이디 고디바>

벨기에의 고급 초콜릿인 고디바는 브랜드명, 패키지, 스토리, 광고 등을 잘 활용해 최고급 브랜드의 초콜릿으로 명성을 유지하고 꾸준한 매출과 수익을 거두고 있다. 고디바는 브랜드 명, 브랜드 생성, 브랜드 패키지, 광고 등에 스토리를 활용하는 마케팅인 스토리텔링 마케팅을 활용한다. 고디바(Godiva)의 포장 상자에는 말을 타고 있는 벌거벗은 여인인 Lady Godiva가 그려져 있는데 이 여인과 관련한 유명한 전설이 있다.

전쟁과 폭정으로 신음하던 11세기 중엽에 영국의 코번트리에서는 영주 레오프릭의 가혹한 세금으로 농민들이 몰락해가는 것을 안타깝게 여긴, 영주의 두 번째 부인인 17세의 고디바는 농민을 위해 세금을 경감해달라고 남편에게 간청했으나 영주는 부인의 간청을 철없는 동정이라고 비웃었다. 하지만 고디바의 애원이 계속되자 영주는 장난삼아서 실오라기 하나 걸치지 않은 채 말을 타고 마을을 한 바퀴 돈다면 고려해보겠다는 난처한 조건을 걸었다. 고디바는 고민 끝에 실행에 나섰고 주민들은 자신들을 위해 수치를 마다 않는 영주 부인에게 존경심을 보낸다는 뜻에서 모든 집들의 창문을 커튼이나 나무로 가렸다. 결국 고디바의 나체 시위로 농민들은 세금을 경감 받았다. 벨기에의 초콜릿업자들은 1926년부터 고디바 초콜릿을 출시하였는데 특이한 브랜드 명과 레이디 고디바의 스토리가 성공에 크게 기여하였다.

고디바 패키지

레이디 고디바

출처: 김우성, 2012

브랜드의 일반적인 중요성은 크게 다섯 가지 면들에서 설명될 수 있다(Kim, 2007). 첫째로, 마케팅은 흔히 지각의 게임이라고 하는데, 브랜드는 소비자의 지각에서 큰 역할을 한다. 지각의 게임에서 승리하기 위해서는 소비자의 마음속에 경쟁 브랜드들과 차별화시켜서 자기 브랜드의 강점을 부각시키는 것이 중요하다. 소비자들에게 브랜드가 잘 알려져 있고(브랜드 인지도) 좋은 특성, 혜택, 광고 모델 등이 자연스럽고 빨리 연상되는 것은(브랜드 연상) 큰 장점이 된다. 예를 들어, 삼성전자란 상위 브랜드는 우리에게 잘 알려져 있고 TV, 스마트폰, 냉장고, 모니터 등의 전자제품들을 생각하면 쉽게 떠올려진다. 해당 제품에 따라 비스포크Bespoke, 하우젠, 지펠, 파브, 센스, 갤럭시, 연아폰 등의 공동브랜드명 또는 하위브랜드명을 가진다. 삼성전자는 전자제품, 높은 품질, 뛰어난 애프터서비스, 슬림 디자인, “또 하나의 가족”이란 광고 슬로건, 이재용 회장, 광고 모델 김연아 등과 연관된다.

둘째, 최근에는 대량마케팅, 표적시장 마케팅을 넘어서 개인마케팅을 중요시하고 고객의 소비 상황과 실제 체험을 중요시하는데 브랜드는 고객과의 일대일 관계 형성, 유지 및 제고에 기여 한다. 소비자들은 브랜드를 통해 자신의 자아표현을 하고 가치를 분출시키고 독특한 문화와 연관된다. 기업은 브랜드관리를 잘해서 고객만족, 고객감동을 가져올 수 있고 이것은 고객유지로 이어진다.

셋째, 브랜드는 범주category로서 지식통합의 역할을 한다. 우리는 생활을 하면서 처리할 일들을 많이 가지고 있는데, 체계적인 카테고리의 개념을 사용하여 종종 편리하고 손쉽고 단순하게 처리할 수 있다. 예를 들어, 대학교로 오는 교통수단이란 범주는 도보, 자신의 차, 전철, 학교버스, 일반버스, 몇 가지 수단들의 혼합 등을 포함한다. 비슷한 방식으로 브랜드 자체가 범주를 형성할 수 있고 브랜드 범주는 브랜드에 속하는 모든 제품들에 공통적인 기본적인 연상들을 가진다.

학계에서도 범주로서의 브랜드의 역할은 일부 연구자들(예, Boush, 1993; Calder, 2005; Joiner and Loken, 1998)에 의해 다루어졌다. Calder(2005)는 브랜드를 지각과 제품들의 분류로부터 생겨나는 개념으로 고려했다. 개념이란 브랜드에게 특별한 의미를 주고 다른 브랜드들로부터 차별화시키는 특성들과 연상들의 조합이다. 이런 관점은 브랜드를 디자인하고 포지셔닝 하는데 특별히 유용할 수 있다. 일부 연구자들은 모 브랜드와 그것의 모든 확장제품들을 하나의 브랜드 범주로서 고려했다(Boush, 1993; Joiner and Loken, 1998). 버진Virgin이란 브랜드 범주는 항공기, 의류, 콜라, 비디오 테이프 등과 같이 버진 브랜드를 사용하는 다양한 제품들/서비스를 총괄하는 범주로서 도전적이고 당돌한 브랜드개성 및 즐거움의 최종적 가치를 공유한다.

넷째, 어떤 브랜드가 우수하면 현재의 제품 영역들에서 뿐만 아니라 현재의 제품영역과 관련된 새로운 제품 영역들에 들어가서 추가적인 매출, 수익을 올릴 수 있다. 이것을 브랜드확장이라 칭한다. 브랜드확장은 소비자들이 시장에서 증명된 좋은 브랜드를 새로운 제품 영역에서 계속 사용함으로써 새로운 브랜드와 관련된 위험을 회피하도록 해주고, 기업들에는 현존하는 브랜드를 최대한 활용하는 전략으로서 비용 절약 및 추가적인 성장 동력 확보를 위한 좋은 전략이 될 수 있다.

다섯째, 브랜드의 개념은 단순히 영리기업의 제품/서비스뿐만 아니라 대학 브랜드, 병원 브랜드, 도시 브랜드, 주 브랜드(예, 미국의 캘리포니아주 브랜드)나 도 브랜드(예, 한국의 경상남도 브랜드), 국가 브랜드 등으로 적용되어질 수 있고 개인의 자기관리에도 브랜드 개념을 효과적으로 적용할 수 있다. 최근, 브랜드개념을 개인의 경력, 생활 관리, 블로그 관리, 유튜브 관리에 적용하고자 하는 시도가 상당히 나타났다. 사람에게 신분증이 있고 그 사람에 대한 설명, 통합적 심상이 필요하듯이 브랜드도 브랜드 아이덴티티가 있고 브랜드 연상과 이미지가 있다. 경쟁이 심한 우리나라 사회에서 취직, 직장에서의 승진, 장기간 근무 등을 위해 자기관리는 특히 중요하고, 여가, 건강, 삶의 질과 행복을 위해서도 자기관리는 중요하다. 블로그 관리와 유튜브 관리에서도 브랜드개념을 적용할 수 있다.

저자들 중 한명은 조기 은퇴 후 지내다가 최근 블로그(블로거 명: Gduck)와 유튜브(유튜브 명: Woo Kim-탐험과힐링 여행) 운영을 한다. 블로그는 국내외 여행과 문화체험, 자산관리, 소행(소소하고 행복한의 약자) 일상과 음악의 3개 카테고리들을 포함하고, 현재까지 1년 2개월 반 만에 약 980개의 글들을 올렸다. 해당 블로그는 현재 이웃 약 800명, 클릭 수 23,100건으로 초기부터 순항해 왔다. 유튜브는 초기에 매우 고전했지만 1년 3개월 반 만에 구독자 수 168명, 누적 조회수 71,000번 이상을 기록하고 있다. 현재 동영상은 284개가 업로드되어 있다. 저자가 경험한, 5시간 만에 동해시 두타산의 험난한 베틀바위길 완주와 같은 마의 구독자 100명을 2025년 초에 넘어서 초보 단계를 벗어났다. 유튜브에서는 전문가들과 경험자들이 가장 어려운 구간은 초기에 구독자 수 100명을 돌파하는 것이고 유튜브를 시작한 사람들 중 90% 이상이 이 구간을 못 넘겨서 포기한다고 한다. <사례 2-3>은 저자가 쓴 <5개월 되어가는 중급 블로거의 블로그와 유튜브 브랜드관리>에 대한 블로그 글을 소개한다.

Aaker(1991)의 브랜드자산의 5 요소들을 자기관리에 적용시킬 수 있다. 예를 들어, 나는 다른 사람들에게 잘 알려져 있는가?(인지도); 나는 부지런하고 신뢰가 있는 사람으로 인식되는가?(연상); 다른 사람들은 나를 종합적으로 어떻게 묘사하고 설명할까?(이미지); 내가 거쳐 오거나 현재 있는 조직에서(학교, 동우회, 기업 등) 나를 인정해주고 추천해주는 사람들은 많은가?(애호도); 나는 전반적으로 우수한 학생으로서, 뛰어난 인간으로서 인식되는가?(지각된 품질); 나는 독특한 경험(예, 철인3종 경기 완주, 미국 동서를 자동차로 완주 경험)이나 유용한 자격증(예, 공인회계사, 자산관리사)을 가지고 있는가?(독점적 자산) (김우성, 2006).

자기관리에서 중요한 것은 나만의 개성(브랜드 개성)을 살리고 어떤 사람이 되고자 하는가를 심사숙고해서 결정하고(브랜드개념과 목표 선택) 그것을 포기하지 않고 지속적으로 실천(브랜드 전략의 집행)하는 것이다. 다양한 커뮤니케이션 방법들을 조화 있게 사용하여(통합적 마케팅커뮤니케이션) 나를 잘 알리고 내가 세운 목표를 실제 달성하는 것이다. 브랜드 이미지 관리에서의 FUSC의 원칙들(favorable/ unique/ strong /consistent; 긍정적이고, 독특하고, 강한 이미지를 지속적으로 유지)을 자기관리에 적용할 필요가 있다.

<사례 2-3: 5개월 되어가는 중급 블로거의 블로그와 유튜브 브랜드관리>

저는 블로그는 처음부터 핵심 카테고리들과 포함할 카테고리들을 설정하고 컨셉도 스케치는 하고 자연스럽게 재활성화(사실상 시작)했어요. 처음 클릭 수와 공감 수가 적어서 고전했지만 블로그 운영법 등 공부하고 다른 사람들의 관련 영역 블로그들도 분석하고 보면서 자연스럽게 성장하고 있는 중입니다. 공개 여행 유튜브는 제가 좋아서 여행하면서 기존에 만들어 놓은 영상들과 사진들의 영상 만들기로 시작했어요. 1개월 쯤 전 기존 짧은 영상들로 유튜브 쇼트형 만들기, 힐링여행 영상 만들기로 조회 수 등 호응이 매우 좋아졌어요.

제 유튜브 브랜드아이덴티티와 카테고리들 명확히 잡기와 콘텐츠 정리를 했고 아직도 정리는 진행 중. 6개월 되는데 조회 수는 늘어나고 있는 중이고 많은 영상들 중에는 한 달도 안 되어 500 조회 수 넘은 것들도 있고 2주 안에 100회 넘은 것들은 많아요. 문제는 구독자 수가 20명 정도라서 이걸 우선 50명, 100명으로 늘리려고 노력합니다. 유튜브 운영법에 관한 동영상들을 보니 구독자 100명 늘리기가 가장 어렵고 유튜브 시작한 사람들 80~90%가 이 마의 구간을 넘지 못하고 실망, 포기한다고 해요. 저도 절실히 체험하고 있어요. 지금도 시간 날 때 유튜브 운영 공부하고 있어요. 타인 좋은 여행 영상들도 상당히 올려 놓았는데 내 유튜브에 도움이 안되고 산만해져서 일부는 이미 제 비공개 유튜브로 옮기고 삭제, 몇 일 안에 나머지도 모두 옮기고, 삭제합니다.

블로그, 유튜브에서 가장 중요한 것은 어떤 영역과 분야에서 창작물들을 만드는가를 명확히 하고 표적고객들을 머리에 그리고 운영해야 되는 것 같아요. 내 블로그를 보는 사람들과 유튜브 보는 사람들, 잠재적 고객들을 생각해 그들이 원하는 정보형 창작물들을 만들어야 해요. 많은 선배자들과 전문가들의 조언이고 저의 체험에서 나오는 이야기. 블로그는 서로이웃들을 잘 활용해 서로 윈윈할 수 있고 서이웃의 이웃들이나 서이웃들로 자연스럽게 확장할 수 있어요. 제 블로그는 최근 약 1달 간은 조회 수도 늘었지만 공감률이 엄청 높아요. 보통 공감률은 5% 정도인가? 10% 넘어도 높은데 요즈음 25%-30%는 흔하고 어떨 때는 50%, 70%까지 찍어요. 좋은 사인, 애호도가 있는 고객들이 많아졌다는 것입니다. FUSC 브랜드관리법을 적용하는 것도 중요해요. 마지막이지만 매우 중요한 것은 포지셔닝(positioning)으로 고객의 마음 속에 핵심 내용들과 이미지를 명확히 전달하는 것입니다.

@제 블로그와 유튜브 아이덴티티(Identity)

***블로그: 생생 정보와 행복한 체험을 여행/문화체험, 자산관리, 소행일상 영역에서 전달하는 Happy 블로그**

***유튜브: 탐험, 학습, 힐링 여행체험을 전달하는 여행 유튜브**

출처: 김우성 블로그글, 2024

5. 브랜드 아이덴티티와 구성요소들

1)브랜드 아이덴티티

(1) 브랜드 아이덴티티의 중요성과 구조

브랜드 아이덴티티identity; 정체는 브랜드관리에서 중요한 개념들 중의 하나이다. 브랜드 아이덴티티는 브랜드가 무엇인지를 나타내는 것이다. Aaker와 Joachimsthaler(2000)는 브랜드 아이덴티티를 "브랜드전략가가 창조하거나 유지하기를 열망하는 브랜드 연상들의 집합"이라고 정의한다. 이들에 따르면 브랜드 아이덴티티는 조직체가 고객에게 제공하는 약속이다.

브랜드 아이덴티티는 뒤에서 다룰 브랜드 자산과 구분해야 한다. 브랜드 아이덴티티는 브랜드에 대한 묘사인 반면에 브랜드 자산은 브랜드의 진짜 가치와 관련된다. 브랜드 아이덴티티는 브랜드 이미지와도 구분될 수 있다. 브랜드 아이덴티티와 브랜드 이미지 둘 다 브랜드 관련 연상들에 바탕을 두지만, 브랜드 아이덴티티는 상대적으로 브랜드가 어떻게 객관적으로 묘사되는가와 관련되는 반면에, 브랜드 이미지는 소비자들의 마음속에 브랜드가 어떻게 주관적으로 지각되어지는가와 관련된다.

(2) 브랜드 구성요소 선택

브랜드 구성요소는 브랜드를 확인하고 차별화하는데 역할을 하는 등록상표화할 수 있는 수단이다(Keller, 2008; Kotler and Keller, 2009). 예를 들면 삼성전자는 '삼성'이란 기업 브랜드명, 파란 타원형 바탕에 흰 글씨의 영어로 된 SAMSUNG 로고(<그림 2-6>을 참고), "이제는 가전을 나답게"란 광고슬로건을 가지고 있다. 브랜드 구성요소들은 브랜드를 연상시키고 브랜드 인지도를 높이거나 소비자들에게 긍정적인 태도를 형성시킬 수 있다. 예를 들어, 코카콜라는 젊은 여성의 아름다운 육체를 상징하는 병 모양만으로도 브랜드를 연상시키는 강력한 효과를 발휘하였고, 나이키는 TV광고에서 브랜드 명을 나타내지 않고도 스워시 로고만 사용하여 오히려 소비자들에게 더 강력한 인상을 심어주고 있다.

브랜드 구성요소를 선택하는데 사용하는 일반적인 여섯 가지 기준은 다음과 같다(Keller, 2008).

- 기억의 용이성: 재인이 쉬움, 회상이 쉬움
- 의미성: 묘사적임, 설득력이 있음
- 호감성: 즐거움을 주고 흥미로움, 풍부한 시각적 요소와 언어적 심상화, 미학적으로 즐거움을 줌
- 전이성: 제품군 내에서와 제품군을 가로질러서 잘 전이됨, 지역적인 한계들과 문화를 가로질러 전이됨
- 적응성: 유연함, 최신화 가능성
- 보호가능성: 법적으로 보호가능성, 경쟁자들로부터 보호가능성

다음에서는 브랜드 아이덴티티를 형성하는데 중요한 핵심적인 구체적 구성요소들인 브랜드명, 로고, 상징물, 캐릭터, 슬로건, 징글, 패키지를 설명한다.

2) 브랜드 구성요소들

(1) 브랜드 명

브랜드는 브랜드를 식별하게 하는 이름(브랜드 명)을 가진다. 브랜드 명은 해당 브랜드가 무엇이고 무엇을 할 수 있는지를 소비자들에게 외적으로 보여주는 수단으로서 제품 품질, 지위 상징 등의 기능까지 전달한다. 브랜드 명은 브랜드 아이덴티티의 형성과 유지에 있어서 가장 중요하고 강력한 구성요소들 중의 하나이다(안광호 등, 2008). 과거에는 소금, 설탕과 같은 생필품들 중에서 기본적인 기능적인 속성만 가진 제품에 브랜드 명을 붙이지 않고 내용(예로 소금)만 표시한 무상표품들generic brands도 시장에 간혹 있었다. 하지만 브랜드가 경영과 마케팅에서 중요한 위치를 차지하는 현대에서는 브랜드명을 가지지 않는 제품은 거의 없다.

브랜드 명을 결정하는데 학계와 실제 시장에서 적용하는 원칙들이 있다. 실제로 브랜드 명을 결정하는 데에는 상황에 맞추어 창의력을 발휘하는 것이 중요한

것 같다. 마케팅이 과학인가? 기술인가? 심지어 예술인가? 라는 흥미 있는 논의도 있어 왔지만 브랜드명 결정은 이 3가지를 어느 정도 다 포함한다고 할 수 있다. 브랜드자산을 위해서는 인지도를 증진시키고 연상 면에서 도움이 되는 브랜드명을 선택하는 것이 좋다. 1)단순하고 발음하고 철자화하기 쉽고 2)친숙하고 의미 있고 3)색다르고 차별화되고 특별한 브랜드명이 브랜드 인지도에 도움이 된다. 또한 긍정적이고 독특하고 강한 연상을 일으키는 브랜드명이 좋은 연상을 형성하는데 도움이 된다(Keller, 2008). 좋은 브랜드명의 예로 미국의 썬키스트를 제시한다.

<썬키스트(Sunkist)>

썬키스트(Sunkist)는 1908년 미국 켈리포니아주 농장주 연합이 도매상의 횡포에 대항해서 자신들의 과일들을 보호하고 광고, 유통 등을 통해 공동으로 브랜드관리를 하기위해 세계 최초의 과일브랜드로서 오렌지에 붙인 농산품브랜드이었고 이후 레몬, 자몽에도 같은 브랜드를 사용했다. Sunkist는 과일이 켈리포니아의 강렬한 햇빛을 받고 자라서 싱싱하다는 것을 나타내는 'Sun Kissed'를 줄여서 같은 발음의 Sunkist라는 브랜드 명을 만든 것이라고 한다. 썬키스트 그로워즈(Sunkist Growers Inc.)에 의해 현재 썬키스트 라이선스로 생산되는 제품은 청량음료, 캔디, 스낵, 비타민 등 약 600 종류가 있으며, 세계 45개국 이상에서 판매되고 있다.

출처: www.encyber.com

(2) 로고, 상징물, 캐릭터

로고, 상징물, 캐릭터는 브랜드 명을 보조하거나 기업 이름이나 브랜드 명을 시각적으로 보여주기 위해서 사용된다. 로고는 브랜드명 자체를 시각적 요소로 반영하는 구체적 형태의 로고(예, 코카콜라의 로고, 삼성의 로고)와 브랜드 명이나 기업명과 직접 관련 없이 브랜드의 의미를 강화시키기 위한 목적의 추상적인 로고(예, 나이키의 스워쉬 로고, 벤츠의 로고, 롤렉스 시계의 왕관 로고)의 두 가지 형태로 구분된다(안광호, 2003). 상징물symbol은 특정의 디자인으로 표시된 기업명이나 브랜드 명인 워드마크wordmark가 아닌, 브랜드의 의미나 핵심적 속성을 대표하거나 브랜드를 상징하는 개체를 의미한다.

<그림 2-6>은 우리에게 잘 알려진 슈퍼 브랜드들인 삼성, 나이키, 구글의 브랜드 로고들을 보여준다. 때로는 특별한 기념일을 기념하거나 특별한 사건이나 행사에 관심을 주고 상기시키기 위해 기본적인 브랜드 로고를 바탕으로 관련된 추가적인 요소를 더해 스페셜 브랜드 로고를 만드는 경우도 있다. <사례 2-4>는 로고의 형체가 궁금증을 자아내서 더 관심을 가지게 하는 브랜드 로고들 중의 2 가지 대표적 예들인 애플과 스타벅스의 로고들을 다룬다.

삼성　　　　나이키　　　　구글

〈그림 2–6〉 잘 알려진 브랜드 로고들

잘 알려진 상징물의 예들에는 맥도날드McDonald's의 금빛 아치arch, 푸르덴셜Prudential 보험의 바위, 국민은행의 별, BC카드의 빨간 사과 등이 있다. <사례 2-5>는 코카콜라가 비수기인 겨울에 코카콜라의 매출을 올리기 위해서 산타클로스에게 코카콜라를 상징하는 색깔인 빨간색 옷을 입혔는지를 흥미 있게 설명한다.

캐릭터는 브랜드 상징물의 특별한 유형인, 인간적 또는 다른 생물의 특성들을 가진 상징물이다(Keller, 2008). 잘 알려진 캐릭터의 예들에는 켄터키 프라이드 치킨KFC의 창립자인 샌더스 할아버지, AFLAC 보험의 오리duck, 플레이보이Playboy의 토끼bunny, 제너럴밀즈General Mills의 Betty Crocker라는 여성, 말보로의 카우보이, 헬로키티의 고양이, 물먹는 하마의 하마 등이 있다. <그림 2-7>은 우리에게 잘 알려진 말보로의 카우보이, 헬로키티의 고양이를 시각적으로 보여준다.

로고, 상징물, 캐릭터는 일반적으로 네 가지 혜택들을 가진다(안광호 등, 2008; Keller, 2008). 첫째, 로고, 상징물, 캐릭터는 종종 브랜드 명보다 쉽게 인식되고 제품을 식별하는 데 유용하게 쓰일 수 있다. 둘째, 로고, 상징물, 캐릭터는 종종 색채가 풍부하고 심상이 풍부하기 때문에 관심과 주의를 끌게 되고 브랜드 인지도를 생성하거나 높이는데 유용하다. 사람들은 그림이나 사진과 같이 강한 시각적인 자극을 단어로 구성된 자극보다 일반적으로 더 잘 인식하고 기억하는 경향이 있다.

셋째, 로고, 상징물, 캐릭터는 브랜드와 관련한 풍부한 연상을 일으키고 다른 브랜드들과 명확히 차별화하는데 도움을 준다. 푸르덴셜Prudential 보험회사는 강인함, 안정성, 역경의 극복을 의미하는 지브랄타르 해협의 바위라는 상징물을 통해 다른 보험회사들과 브랜드 이미지를 차별화하여 자사 브랜드의 확신성, 안전성을 소비자들에게 강하게 심어 줄 수 있었다. 말보로는 여성스러운 브랜드 이미지를 카우보이 캐릭터와 잘 집행된 광고 등 촉진을 통해서 남성적인 브랜드 이미지로 대전환한 재포지셔닝의 대표적인 성공한 사례로 꼽힌다.

이러한 연상에는 제품의 핵심적인 기능적인 속성이나 혜택도 있는데 제품의 기능적 특성을 적절하게 나타낼 수 있는 상징물이나 캐릭터를 사용할 경우 효과적일 수 있다. 예를 들어 필스베리Pillsbury의 도우보이Doughboy는 제품의 신선함을, 미쉐린Michelin의 비벤덤Bibendum은 튼튼하고 안전한 타이어를 각각 캐릭터를 통해 형상화해서 효과를 보았다.

넷째, 로고, 상징물, 캐릭터는 호감도를 향상시키고 때로는 브랜드를 즐겁고 흥미 있는 존재로 지각하게도 한다. 특히 생명체가 있고 개성이 있는 캐릭터를 사용할 때 이런 효과가 강하게 나타난다. 물먹는 하마의 하마 캐릭터는 익살스럽고 물먹는 하마의 제품의 효력을 상징하는 하마를 통해 친근하게 소비자들에게 다가가는데 성공했다. KFC는 샌더스 할아버지를 통해 가족들이 언제라도 찾을 수 있는 친근한 레스토랑 브랜드로 지각되는데 큰 도움을 받았다.

[사진=책손]

말보로 카우보이　　　헬로키티 고양이

〈그림 2-7〉 잘 알려진 캐릭터들

<사례 2-4: 애플과 스타벅스 로고>

티저(teaser) 광고는 소비자를 궁금하게 만들어 관심을 유도한다. 수십 년의 역사를 자랑하는 기업 로고에도 일종의 티저 기법이 숨어 있다는 사실을 아는 사람은 많지 않다. 대표적인 사례가 애플 컴퓨터와 스타벅스가 아닐까?

사과 한쪽을 베어 먹은 듯한 모양의 애플 컴퓨터 로고에는 온갖 해석이 난무한다. 우선 '깨물다(bite)'라는 영어 단어에서 컴퓨터 연산단위인 '바이트(byte)'를 떠올리도록 만든 언어유희라는 풀이가 있다. 또한 애플 창업자 스티브 잡스가 창고에서 컴퓨터를 만들 때 사과를 한입 먹고 컴퓨터 위에 올려놓은 것에서 아이디어를 얻었다는 설도 있다. 창세기에 나오는 이브가 사과를 따먹고 원죄를 지었듯 컴퓨터의 발명은 인류에게 중요한 전환점이라는 걸 표현했다는 거창한 설명도 있다. 다양한 설들 중에서 가장 유력한 것이 천재 수학자 앨런 튜링에 대한 존경심에서 만들어졌다는 설이다. 옥스퍼드대 교수였던 튜링은 1940년 독일군의 암호를 해독하는 컴퓨터를 개발해 연합군 승리에 결정적으로 기여한 인물이다. 그러나 동성애자인 그는 1952년 남자를 밝혔다는 죄명으로 영국 정부에 체포됐고 괴로워하다가 결국 청산가리를 넣은 사과를 먹고 자살했다. 스티브 잡스는 평소 튜링에 대한 존경심을 회사 로고에 재치 있게 담았다고 한다.

세계적인 커피숍 체인인 스타벅스 로고 한가운데에는 긴 머리의 여자가 있고, 이 여자의 양쪽으로 인어 꼬리 모양이 있다. 가장 흔한 해석은 이 로고가 그리스 신화에 나타난 꼬리가 두 개 달린 인어 '사이렌'을 표현했다는 설이다. 사이렌이 아름다운 노래로 뱃사람을 유혹한 것처럼 커피로 고객을 유혹하겠다는 뜻을 담았다는 해석이다. 하지만 사이렌은 예전부터 커피 운반선에 다는 깃발에 그려졌기 때문에 '커피를 안전하게 수호해온다'는 뜻이 있다는 설명도 있다. 또 다른 해석은 고대 이집트에서 숭배된 풍요의 여신 '이시스'라는 설명이다. 여섯 갈래로 난 머리카락이 이시스 여신의 상반신을 덮고 있는데 이는 6대륙을 상징한다고 전해진다.

브랜드컨설팅사인 인터브랜드코리아의 박상훈 사장은 "애플과 스타벅스처럼 소규모 창업으로 시작된 회사는 로고를 만들 때 큰 의미를 부여하거나 회사 정체성을 담으려는 생각을 하지 못했기 때문에 뚜렷한 해석이 존재하지 않는다."고 풀이한다.

출처: 매일경제, 2005년

<사례 2-5: 코카콜라와 빨간 산타클로스>

산타클로스의 기원은 소아시아의 주교이었던 성 니콜라스로 거슬러간다고 한다. 원래는 산타클로스는 굴뚝을 잘 타고 내려갈 수 있도록 날씬한 몸매를 지녔고 녹색 옷을 주로 입는 것으로 묘사되었다고 한다. 이후 1860년 뉴욕의 <하퍼스위크리>지의 전속만화가인 토마스 내스트가 크리스마스 삽화에서 산타클로스를 뚱뚱하게 그렸고 북극에 사는 것으로 만들었다고 한다. 이후에도 산타는 빨간색보다는 녹색 옷을 주로 입었다.

지금과 같이 빨간 옷을 입은 산타클로스는 코카콜라가 콜라 판매의 비수기인 겨울에 판매량을 늘리기 위한 아이디어로서 겨울과 콜라를 연결시키기 위해서 산타를 광고모델로 등장시키면서 탄생했다. 코카콜라의 로고를 연상하게 하는 흰색 털이 달린 붉은 옷을 입고 콜라의 탄산 거품을 연상하게 하는 흰 수염을 지닌 산타클로스는 코카콜라의 마케팅 전략으로서 탄생했다. 1931년 미국 <새터데이이브닝포스트>지에 선드블롬이라는 일러스트 작가가 만든, 뚱뚱하고 붉은 옷을 입은 산타가 코카콜라를 들고 있는 광고가 실린 것이 대대적인 인기를 끌면서 코카콜라와 산타와의 관계가 시작되었다고 한다. 이후 코카콜라를 마시며 어린이들에게 동화책을 읽어주는 산타클로스의 모습은 자연스럽고 전형적인 것으로 받아들여졌고 코카콜라의 글로벌 브랜드 구축에 큰 역할을 하였다.

출처: www.naver.com

(3) 슬로건과 징글

슬로건slogan은 브랜드에 대해서 묘사하거나 설득적인 정보를 의사소통하는 짧은 문구이다(Keller, 2008). 슬로건은 브랜드 명을 슬로건에 포함시키거나 브랜드 명과 제품군을 연관시키는 슬로건을 사용해서 인지도를 높이거나 브랜드의 포지셔닝과 바람직한 차별점을 강화하는데 도움을 줄 수 있다. 그 결과 브랜드의 아이덴티티를 명확히 하고 브랜드자산을 구축, 유지하기 위해 매우 효율적인 수단으로 사용된다. 이러한 슬로건은 무엇이 특정 브랜드를 특별나게 하는지 소비자가 파악하는데 도움을 주는 갈고리나 핸들로서의 기능을 할 수 있다.

슬로건은 마케팅 프로그램의 의도를 요약하고 변환하는데 절대 필요한 수단이다(Keller, 2008; Kotler and Keller, 2009). 슬로건은 두 가지 종류가 있을 수 있는데 하나는 광고에서 브랜드에 대한 핵심을 짧게 표현한 광고 슬로건이고 다른 하나는 브랜드와 관련해 강조하고 싶은 것을 브랜드 앞에 붙여서 직접 수식하는 브랜드 슬로건인데 대부분의 브랜드의 경우에는 광고 슬로건만 사용하고 있다.

슬로건은 신중하게 만들어야 하고 때로는 많은 시간과 시행착오를 통해 불후의 슬로건이 만들어지기도 한다. “최고의 카드로 사려하는 마음을 전하고 싶다면(When You Care Enough to Send the Very Best)”는 홀마크 카드의 슬로건으로 미국 산업계에서 가장 성공한 슬로건들 중의 하나로 여겨진다. 홀마크는 “홀마크 카드는 여러분이 전하고 싶은 것을 여러분이 원하는 방식으로 전해줍니다!”라는 장황한 슬로건 등 여러 번의 수정 끝에 홀마크의 배려의 의미를 강조하는 간결하고 압축적인 멋진 슬로건을 만들었고 이것은 홀마크의 포지셔닝과 비즈니스 목표 설정과 집행에 영향을 미쳤다(Robinette et al., 2003). 삼성전자의 “또 하나의 가족,” 오리온 초코파이의 “정,” Nike의 “Just Do It,” State Farm의 “Like a Good Neighbor, State Farm is There”, GM Pontiac의 “We Build Excitement”, Avis의 “We Try Harder” 등은 오랜 기간 성공적으로 사용된 광고 슬로건의 예들이다. <사례 2-6>은 경쟁자에 대비해 포지셔닝해서 성공한 대표적 예들 중의 하나인 Avis의 “We Try Harder.” 광고 슬로건을 설명한다.

징글jingle은 브랜드를 중심으로 만들어진 짧은 음악적 메시지이다. 징글은 일반적으로 직업적인 작사/작곡가에 의해 만들어진다. 징글은 제품의 의미를 간접적이고 추상적으로 전달하기 때문에 그것이 생성하는 연상은 느낌, 개성, 다른 무형적 자산과 주로 관련된다(Keller, 2008). 징글은 크게 2가지의 정의들을 가지고 있다. 하나는 협의의 정의로서 광고 속에서 반복되는 짧은 사운드나 단어를 의미하고 학계에서는 이 정의를 주로 채택한다. 이 정의에 해당하는 징글의 성공한 예들에는 하이마트의 "하이마트로 가요!", 인텔의 "인텔 인사이드, 두두두둥", 미국 육군의 "Be All That You Can Be". 등이 있다. 다른 하나는 광의의 정의로서 협의의 의미인 징글뿐만 아니라 CM송까지 모두 포함하는 것으로서, TV, 라디오, 인터넷 광고 속에 삽입되는 브랜드와 관련한 음악, 멜로디 등을 모두 의미한다. 광의의 정의의 징글에는 새우깡, 브라보콘, 미녀는 석류를 좋아해 음료의 CM송 등도 포함된다.

징글은 네 가지 효과를 가진다. 첫째, 징글은 소비자들의 관심을 끌어 인지도에 도움을 준다. 둘째, 징글의 청각적 처리를 통해 브랜드에 대한 정보를 시각적과 청각적으로 동시에 처리하도록 해서 정보를 입력하고 기억을 하는데 도움을 준다. 셋째, 징글은 브랜드들 떠올리는 또 하나의 단서로 사용되어 브랜드명의 인출을 도울 수 있다. 넷째, 광고에서 사용되는 징글은 소비자들의 기분을 좋게 만들 수 있다.

<사례 2-6: 에이비스(Avis)의 "We Try Harder." 슬로건>

브랜드 자산을 구축하기 위해 광고 슬로건을 사용해 성공한 예에는 Avis가 있다. 에이비스는 "We Try Harder"란 단순하지만 의미 있는 광고 슬로건을 내세운 캠페인으로 렌트카 사업에서 1위 브랜드인 Hertz라는 경쟁자에 대비해 Avis를 성공적으로 포지셔닝했다. 에이비스가 41년이 되던 해인 1963년 이 캠페인이 개발되었을 때 에이비스는 시장 선도기업인 Hertz 다음으로 2번째인 자동차 렌트 기업으로 널리 인식되고 있었고 당시에 손실을 보고 있었다. DDB광고대행사의 관리자가 에이비스 관리자들에게 "경쟁사보다 무엇을 잘 할 수 있는가"라고 물었을 때 에이비스 관리자는 "우리는 노력해야만 하기 때문에 열심히 노력 한다"라고 응답했고 이것이 이후 광고 캠페인의 핵심이 되었다. 에이비스는 솔직하고 정직했기에 그 캠페인을 처음에는 방송하기를 주저했지만 약속대로 전달해야만 했다. 그러나 에이비스의 구성원들, 특히 일선 종업원들이 "We Try Harder."를 받아들이고 열심히 노력했기에 이 기업은 이에 맞는 문화와 브랜드 이미지를 창조할 수 있었고 비록 1등은 하지 못하지만 꾸준히 노력해 2위를 주로 하는 성실하고 신뢰성 있는 기업으로 고객들의 마음속에 자리 잡았다.

출처: Kotler and Keller, 2009

(4) 패키지

패키지는 포장이라고도 하며, 제품의 상품 가치를 높여주는 동시에 그것을 보호하기 위한 적절한 재료, 용기 등을 제품에 적응시키는 기술 및 적용시킨 상태로 정의된다(www.naver.com). 코카콜라의 S라인 병은 오랜 기간 동안 코카콜라를 상징하는 패키지로서 브랜드자산 형성에 기여하였다. 미국에서 소금 브랜드로 유명한 모톤Morton은 패키지를 통해서 강력한 브랜드를 구축한 사례이다.

1800년대만 하여도 소금은 종이봉지에 담겨서 팔렸는데 비가 오면 습기 때문에 소금이 쉽게 눅눅해졌다. 모톤은 이를 예방하기 위하여 습기로부터 보호할 수 있는 두꺼운 재질의 원통 모양의 용기를 개발하였다. 또한 비가 오는 날에 비에 젖은 포장지가 찢겨져서 종이 봉지에 든 소금을 사서 집에 가는 소녀가 소금을 조금씩 흘리면서 가고 있는 삽화그림을 용기에 그려 사용하였다. 모톤의 이 패키지는 100년이 넘도록 일관적으로 사용되어 오면서 모톤의 브랜드 아이덴터티를 창출하는데 크게 기여했다(안광호 등, 2008).

마케터들은 마케팅 목표들을 성취하고 소비자들의 필요들을 충족시키기 위해서 패키지의 미학적 및 기능적 구성요소들을 정확하게 선택해야만 한다(Keller, 2008). 패키지는 다음과 같은 기능들을 가지고 있다(Keller, 2008; www.naver.com).

- 브랜드를 식별하도록 하고 경쟁 상품과 선명하게 구분시킨다.
- 패키지 안의 내용물을 보호한다.
- 제품을 묘사하고 소비자를 설득하는 정보를 전달하는 디스플레이 효과를 갖는다.
- 사용하고 소비하는 데 편리를 준다.
- 제품 수송과 보관을 용이하게 한다.
- 소비자의 구매력을 자극한다.
- 패키지의 심미적 속성은 소비자의 해당 브랜드에 대한 미적 감각을 자극한다.

3) 브랜드 개성

원래 개성은 심리학에서 중요하게 생각하는 개념으로 일반적으로 내성적/외향적 등 'Big Five'의 5가지 차원들로 묘사, 설명된다. 개성은 가치, 라이프스타일과 같이 사이코그래픽스psychographics를 구성하는 요소로서 소비자행동에서 중요하게 여겨져 왔다. 브랜드도 브랜드를 나타내는 지속적이고 독특한 특성으로 묘사될 수 있다. 브랜드개성은 어떤 브랜드와 관련된 인간적인 특성들로 설명된다. 현대 마케팅에서 브랜드의 동적이고 감성적인 개념과 브랜드와 고객과의 관계가 강조되면서 1990년대 중반 이후 브랜드개성이 부각되기 시작했다. 브랜드개성은 브랜드 아이덴티티 형성 및 유지에 중요한 요소들 중의 하나이고 브랜드 이미지에 영향을 주는 중요 요소들 중의 하나이다.

Jennifer Aaker(1997)는 브랜드의 특성들에 대한 광범위한 조사 및 분석을 통해 브랜드개성을 브랜드 연구에서 부각시켰다. 그녀는 성실sincerity, 활기참excitement, 유능함competence, 세련됨sophistication, 억셈ruggedness의 5가지 'Big Five' 상위 차원들과 42개의 하위 차원들을 브랜드개성 척도BPS: Brand Personality Scale로서 제시했다. 5개의 상위 차원들과 각각에 해당하는 하위 차원들은 다음과 같다.

① 성실sincerity: 현실적인, 가정적인, 소도시의, 정직한, 성실한, 실제적인, 건강한, 독창적인, 즐거운, 우수어린, 친근한

② 활기참excitement: 과감한, 첨단의, 활기차게 하는, 활발한, 침착한, 젊은, 환상적인, 독특한, 최신의, 독립적인, 현대적인

③ 유능함competence: 믿을만한, 열심인, 안전한, 지적인, 기술적인, 조직에 속한, 성공적인, 선도적인, 자신 있는

④ 세련됨sophistication: 상류층의, 매혹적인, 잘 생긴, 매력적인, 여성적인, 부드러운

⑤ 억셈ruggedness: 야외를 좋아하는, 남성적인, 서구적인, 거친, 억센

<사례 2-7>은 버진 기업이 최고경영자 브랜슨의 도전과 즐거움의 독특한 개성과 활기찬 브랜드 개성을 활용해 커뮤니케이팅 전략과 브랜드 전략을 펼치는 것을 다룬다.

<사례 2-7: 활기찬 브랜드, Virgin의 브랜드 전략>

Virgin(버진)은 활기찬 브랜드 개성을 가진 기업이다. 1970년에 리차드 브랜슨(Richard Branson)과 몇몇 친구들은 작은 우편주문 회사인 버진 음반회사(Virgin Records)를 영국 런던에서 설립하였고 이것이 버진(Virgin) 기업의 시초가 되었다. 버진은 브랜슨이라는 최고경영자의 개성과 같이 도전, 반항, 즐거움의 독특한 개성을 가진 기업이다. 버진의 홈페이지에 따르면 버진은 차이를 만드는 것을 신봉한다고 되어 있다. 버진은 가격 대비 가치, 품질, 혁신, 즐거움, 경쟁적 도전감을 상징한다.

***브랜드 아이덴터티, 자산, 확장**

버진은 우상 파괴의 브랜드 진수를 바탕으로 독특한 브랜드 아이덴티티를 가진 것으로 잘 알려져 있다. 버진의 브랜드 아이덴티티의 주된 구성요소들은 다음과 같다:

- 제품으로서의 브랜드: 서비스 품질에 집중, 혁신적인 제품들, 좋은 가치와 적당한 가격
- 조직체로서의 브랜드: 즐거움과 오락을 주는 기업, 가치지향적인 기업; 영국 기업
- 사람으로서의 브랜드: 기존 규칙들을 깔보는, 때때로 뻔뻔스럽고 유머감 있는, 언더독 기질의, 능력 있고 높은 표준을 가지는
- 상징물로서의 브랜드: 브랜슨과 라이프스타일, 날려 쓴 버진 필기체 활자 로고

버진의 기업 명 및 브랜드 명은 여자 동료들 중 한 명이 회의에서 젊음을 의미하고 동시에 사업에 자신들이 처음 들어가는 것을 의미하는 숫처녀라는 'Virgin'을 제안해서 채택되었다. 로고는 화장실을 잠깐 가던 리차드 브랜슨이 브랜드 디자이너가 로고 그림을 낙서해 놓은 것을 우연히 보고 마음에 들어 채택한 것이라고 한다.

버진의 브랜드 아이덴티티와 이미지와 리차드 브랜슨 창업자 겸 최고경영자는 강한 연관이 있다. 리처드 브랜슨은 선천성 난독증으로 고교를 중퇴한 사람으로 모험심이 강하고 자유분방하고 창의적이다. 그의 독특한 개성의 상당 부분이 기업브랜드 버진에 스며들어서 브랜드개성과 즐거움을 주는, 도전적인, 좋은 가치라는 브랜드 이미지를 형성했다.

버진은 세계 30개 국가들에서 300개 이상의 브랜드화된 기업들을 창조함으로써 브랜드확장을 해왔고 대략 50,000 명의 사람들을 고용하고 있다. 2008년에 버진의 전세계 버진 브랜드를 통한 전체 수입은 110억 파운드(미국달러로 환산해서 약 170억

달러)를 초과했다. 버진은 레코드 사업부터 시작해서 콜라, 결혼 예복, 화장품, 철도 여행, 금융서비스, 이동통신, 인터넷서비스, 와인, 항공여행 등 다양한 기업들 및 제품군들로 확장되었다. 버진이 붙여진 기업들과 제품들은 매우 넓은 범위에도 불구하고 하나의 범주로서 즐거움과 가치로 대변되는 범주 일치성이 있다 이것은 버진의 경영진이 수익성만 보지 않고 명확한 브랜드 가치 기준을 정해놓고 사업승인을 하는 것에 상당히 기인한다. 버진 어틀랜틱항공사(Virgin Atlantic Airway)의 경우에 1984년에 설립되었는데 유럽에서 취항하는 항공사들 중 3번째로 높은 시장 점유율을 가진다. 상대적으로 낮은 가격에도 뛰어난 고객서비스를 제공해 고객가치를 극대화하려하고 있다. 브랜드 이미지는 배려함, 정직, 가치, 즐거움, 혁신과 관련되고 이는 대체로 버진의 기업브랜드의 이미지에 항공사의 특성상 신뢰성과 공감성이 첨가된 것이다. 캐릭터는 'Flying Lady'란 가상 캐릭터를 사용하고 있다.

***커뮤니케이션 전략**

버진은 즐거움과 당돌함의 브랜드 가치를 커뮤니케이션을 통해서 명확히 실현시킨다. 공중에 뜨는 열기구를 타고 세계 일주를 하는 것, 걸프전 대 바그다드로 인질구조 비행을 한 것 등은 언론의 주목을 받아 흥미 있는 홍보사건으로 다루어져 브랜슨과 버진을 크게 알렸다.

창의적이고 즐거움을 주는 이벤트들도 가끔 벌인다. 버진 콜라를 출시할 때는 미국의 상징인 코카콜라를 제압하겠다며 뉴욕 5번가에서 탱크를 타고 코카콜라 간판에 총을 쏘는 이벤트를 벌였는데 관심을 끌어서 다음 날 아침 TV쇼에 인터뷰가 나갔다. 싱가포르 텔레콤과 합작으로 버진 모바일 출시 때는 직접 사자탈을 쓰고 사자춤을 추었다.

***마케팅 전략**

버진은 사람 중심 경영을 한다. 브랜슨은 돈보다 직원과 고객의 행복, 도전에 더 큰 의의를 둔다. 브랜슨은 주말에는 전 직원들과 함께 호텔에서 야영을 하면서 즐기기도 한다. 버진에서는 직원들에 대한 대우가 좋고 회사의 구조가 계층적이 아니라 가족과 같이 유연하게 연결되어 있다. 브랜슨은 자신에게는 직원이 최우선이고 고객이 두 번째이고 세 번째가 주주라고 공언한다. 버진에서는 권한 이양이 잘 되어 있다. 고객들의 피드백을 받고 반영을 시키는 데도 열심이다. 버진은 펀(fun) 경영이라는 즐거움의 경영을 한다. 브랜슨의 인생 및 버진의 경영철학의 큰 핵심도 즐거움이다 브랜슨에 따르면 버진은 즐거움을 파는 기업이고 브랜드 벤처캐피털 기업이다.

버진의 직원들과 제휴 기업 직원들은 일상적인 아이러니와 유머감각, 그리고 솔직한 커뮤니케이션으로 고객들을 이끌고 있다.

높은 품질과 혁신을 바탕으로 한 상품 전략을 사용한다. 예를 들면 버진 항공사는 항공사 최초로 개인 마사지, 라이브 락밴드, 카지노 등을 제공하면서 상품 혁신을 주도했다. 일등석을 없애고 상위클래스를 신설했는데 중간 요금대로 일등석 요금 수준의 서비스를 제공했다.

출처: 김우성, 2012; Aaker and Joachimsthaler, 2000; Kotler and Keller, 2009; www.virgin.com; Zeithaml et al., 2009

6. 브랜드 자산

1) 브랜드자산의 정의와 중요성

현대마케팅에서 브랜드는 더욱 중요하게 여겨지지만 브랜드관리는 더 어려워지고 있다. 브랜드관리의 어려움은 브랜드 관리자들에게 난제들을 제공하는, 시장에서의 많은 새로운 상황들에 기인한다. 그런 도전이 될 만한 상황들은 다음과 같다(Shocker et al., 1994).

- 정보에 정통한 소비자들
- 더 복잡해진 관련된 브랜드들 및 포트폴리오
- 성숙한 시장
- 더 복잡해지고 심화하는 경쟁
- 차별화에서의 어려움

- 많은 제품 영역에서의 감소하는 브랜드 애호도
- 유통업자 브랜드들의 증가
- 증가하는 거래의 힘
- 단편적인 미디어의 도달 범위
- 소멸하는 전통적인 미디어의 효과
- 나타나는 새로운 커뮤니케이션 수단들
- 증가하는 촉진 지출들
- 감소하는 광고 지출들
- 증가하는 신제품 도입 및 지원 관련 비용
- 단기적인 성과 지향성
- 증가하는 직장 이직률

1980년대 브랜드가 각광을 받으면서 생겨난, 가장 인기 있고 중요한 마케팅 분야에서의 개념들 중의 하나가 브랜드 자산brand equity이다. 브랜드 자산은 브랜드의 가치를 측정하고 이해하고 브랜드와 관련된 중요한 전략적, 전술적 결정을 하는데 유용한 개념이다. 연구자들에 따라 브랜드자산에 대한 다양한 정의가 있다(예, 브랜드 이름으로 발생되는 증가하는 현금흐름, 브랜드의 평판(goodwill), 추가된 가치, 남겨진 가치, 브랜드 이름의 미래 가치, 제품과 서비스에 부여되는 부가적인 가치) (Farquhar, 1989; Kotler and Keller, 2009; Moran, 1995; Rangaswamy et al., 1993). 브랜드자산에 대한 많은 정의들 중에서 Aaker(1991)의 정의와 Keller(2008)의 정의가 브랜드 관련 문헌 연구에서 유명하고 영향력이 크기에 여기에 두 가지 정의를 특별히 언급한다.

Aaker(1991)에 따르면, 브랜드자산이란 "브랜드를 소유한 기업 또는 고객들에게 제품이나 서비스의 가치를 더하거나 빼게 하는, 브랜드와 관련된 한 벌의 자산과 부채"이다. 그는 브랜드자산의 각 자산이 다양하게 다른 방식으로 가치를 창조하고 브랜드자산은 해당 기업 및 고객들에게 가치를 창조한다는 것을 강조한다. 반면에, Keller(2008)는 브랜드자산을 조직체의 마케팅 덕에 생겨나는 브랜드의 차별적인 효과로 보고 브랜드자산의 힘을 고객기반의 브랜드자산 모델(CBBE: customer-based brand equity model)로 설명한다. 이 모델의 기본 전제는 브랜드의 힘은 고객들이 오랜 기간 동안 브랜드를 경험한 결과로서 브랜드에 대해서 학습하고 생각하고 느끼고 지각하고 보고 듣는 것에 놓여있다는 것이다. Keller(2008)에 따르면 브랜드자산은 "브랜드에 대한 지식이 해당 브랜드의 마케팅에 대한 고객의 반응에 대해 주는 차별적인 효과"라고 정의 내려진다. 고객기반의 브랜드자산은 고객들이 해당 브랜드와 친숙하고 기억 속에 긍정적이고, 강하고, 독특한 브랜드 연상들을 지닐 때 발생한다.

브랜드 자산은 세 가지 면에서 특히 중요하다, 첫째, 브랜드자산은 브랜드의 가치를 측정하는 통합된 개념이다. 기업들은 브랜드자산 가치를 올리려고 노력하고 있고 인터브랜드, 파이낸셜타임즈 등에서 발표하는 잘 알려진 브랜드평가는 브랜드 가치를 객관적으로 판단하는 중요한 척도로서 여겨진다. <사례 2-8>은 인터브랜드가 발표한 베스트 글로벌 브랜드 2024를 제시한다. 둘째, 브랜드자산은 고객 애호도, 지각된 제품 품질 등 다양한 방식으로 창조되어질 수 있고 더 큰 수익, 감소되는 촉진 비용 등과 같이 기업에 이익이 되도록 활용되어질 수 있다. 셋째, 브랜드자산은 전략적 브랜드 결정을 하고 평가하는데 유용한 개념이다.

Keller (2008)는 고객에 기반을 둔 브랜드자산의 장점들을 다음과 같이 열거한다:

- 제품 성과에 대한 개선된 지각
- 더 큰 브랜드 애호도
- 경쟁자의 마케팅 활동들에 대한 취약점의 약화
- 마케팅 위기에 대한 취약점의 약화
- 더 큰 판매마진들
- 가격 증가에 대한 소비자의 덜 민감한 반응의 증가
- 가격 감소에 대한 소비자의 민감한 반응의 증가
- 교역에서의 더 큰 협력과 지원
- 마케팅 커뮤니케이션의 효과의 증가
- 라이선스 기회들
- 추가된 브랜드확장의 기회들

2) 브랜드자산의 핵심요소들

많은 연구자들은 브랜드자산을 다차원적인 개념으로 생각한다(예, Donius, 1995; Keller, 2003). 브랜드자산은 어떻게 구성되어져 있는가? Donius(1995)에 따르면, 브랜드자산은 문화적, 사회적, 심리적, 경제적, 기능적 차원들의 다섯 가지의 바탕이 되는 차원들로 구성되어 있다. Aaker(1991)는 브랜드자산의 다섯 가지 요소로서 1)브랜드 인지도, 2)브랜드 연상들, 3)지각된 품질, 4)브랜드 애호도, 5)다른 독점적 자산들(예, 특허, 등록상표)을 제시한다. 인지도란 그 브랜드가 소비자들에게 알려져 있는가를 말한다. 연상이란 소비자의 마음속에 브랜드의 어떤 것이 부각되는가를 나타낸다. 지각된 품질이란 어떤 브랜드가 소비자들에게 전반적으로 우수하게 지각되는가를 나타낸다. 애호도란 고객들이 그 브랜드에 감성적 애착을 가지고 계속적으로 구매, 사용하는 가를 나타낸다. 마지막으로, 독점적 자산은 특허 등과 같이 모방할 수 없는 독특한 자산이다. <그림 2-8>은 Aaker(1991)가 제시한 브랜드자산의 5가지 요소들을 보여준다. <사례 2-9>는 하나금융이 자사의 브랜드 연상, 이미지, 추구하는 방향과 잘 맞는 한국 남자 축구국가대표팀 주장인 손흥민을 광고모델로 세우고 2018년부터 후원하면서 성공한 사례를 다룬다.

<사례 2-8: 인터브랜드 '베스트 글로벌 브랜드 2024' 발표>

글로벌 브랜드 컨설팅 그룹 인터브랜드가 '베스트 글로벌 브랜드 2024' 순위를 발표했다. 인터브랜드는 지난 25년간 브랜드 가치평가를 통해 글로벌 시장 내 브랜드들의 가치와 성장비결을 분석하고 발표해 왔다. 올해의 베스트 글로벌 브랜드는 새로운 시각의 분석을 제시한다. 인터브랜드는 역대 베스트 글로벌 브랜드가 퍼포먼스 마케팅을 통해 단기적인 이익을 창출해 왔지만, 장기적인 브랜드 전략에 대한 투자에는 소극적인 모습을 보여 최소 3조 5000억달러(USD)의 브랜드 가치 창출에 실패했다고 분석한다. 인터브랜드가 처음 글로벌 100대 브랜드 가치 순위를 발표했을 때 이들의 가치 총합은 9880억 달러였다. 올해 100대 글로벌 브랜드 가치 총합은 3조 4000억 달러까지 성장했다.

**글로벌 시장 내 한국 브랜드 위상 확인

올해 베스트 글로벌 브랜드 리스트에는 4개의 국내 기업이 이름을 올렸다. 5위에 삼성, 30위에 현대자동차, 86위에 기아, 97위에 LG전자가 그 주인공이다. AI 분야 리더십을 공고히 하고 있는 삼성은 2020년 TOP 5에 진입한 이후 현재까지 자리를 굳건히 지키고 있다. 리스트에 신규 진입한 LG전자는 비즈니스 관점에서 'Smart Life Solution'이라는 새로운 비전을 선포하고 사업 영역별로 신성장동력을 발굴한 점과 브랜드 관점에서 대대적인 브랜드 리뉴얼을 통해 고객 커뮤니케이션 방식을 혁신하고 유대감을 강화시켜 나가는 모습을 높이 평가받았다. 현대자동차와 기아는 전년 대비 각각 13%, 15%의 높은 성장률을 기록하며 두 계단씩 순위 상승을 이뤄냈다. 베스트 글로벌 브랜드 발표 이래 100대 리스트에 진입한 국내 기업이 4개를 기록한 것은 올해가 최초다. 이로써 베스트 글로벌 브랜드 순위 내 한국 기업의 브랜드 가치 총합 역시 전년 대비 크게 성장해 16.4%의 성장률을 기록했다.

**12년 연속 1위, 애플

2024년 베스트 글로벌 브랜드 1위는 애플이 차지했다. 12년 연속 1위의 자리를 유지하며 기념비적인 기록을 달성했지만, 올해 처음으로 브랜드 가치가 3% 하락한 점 또한 주목할 만하다. 실제로 애플의 주가는 전년 대비 20% 상승했다. 이에 비추어봤을 때 2025년 베스트 글로벌 브랜드에서는 애플의 브랜드 가치 재상승을 기대해 볼 만하다"고 전했다.

**자동차 브랜드의 약진과 성장 흐름 이어가는 럭셔리 브랜드

자동차 산업군은 베스트 글로벌 브랜드에 랭크인한 100개의 브랜드를 산업군으로 나눠 비교했을 때 가장 큰 비중을 차지했다. 올해에는 총 14개의 자동차 브랜드가 순위권에 이름을 올렸다. 뿐만 아니라 도요타(#6), 메르세데스벤츠(#8), BMW(#10)는 높은 브랜드 가치로 TOP 10 자리를 차지했다. 올해 눈에 띄는 상승세를 보인 산업군을 꼽으라면 럭셔리 산업을 빼놓을 수 없다. 페라리(#62)는 21%로 가장 높은 성장률을 보이며 자동차 산업과 럭셔리 산업의 성장을 견인했다. 에르메스(#22), 프라다(#83)도 각각 15%, 14%의 높은 가치 성장률을 보였다. 인터브랜드의 글로벌 최고 전략 책임자 맨프레디 리카(Manfredi Ricca)는 럭셔리의 브랜드 가치는 총체적인 경험과 밀접하게 관련돼 있다. 럭셔리 브랜드는 브랜드 혁신 및 고객 경험의 고도화가 브랜드의 가치 성장으로 이어질 수 있음을 우리에게 지속해서 증명한다.

2024년 신규 진입 브랜드: 엔비디아, 우버, 판도라, 레인지로버, LG전자, 조던

엔비디아(#36), 우버(#78), 판도라(#91), 레인지로버(#96), LG전자(#97), 조던(#99)은 올해 베스트 글로벌 브랜드에 새롭게 진입했다. 25년간의 데이터를 분석한 결과, 퍼포먼스 마케팅을 통한 단기적인 매출 성장이 오히려 중장기적인 매출 손실에 대응하기 어렵게 만드는 원인이 됐다"고 덧붙였다.

출처: 뉴스문화, 2024

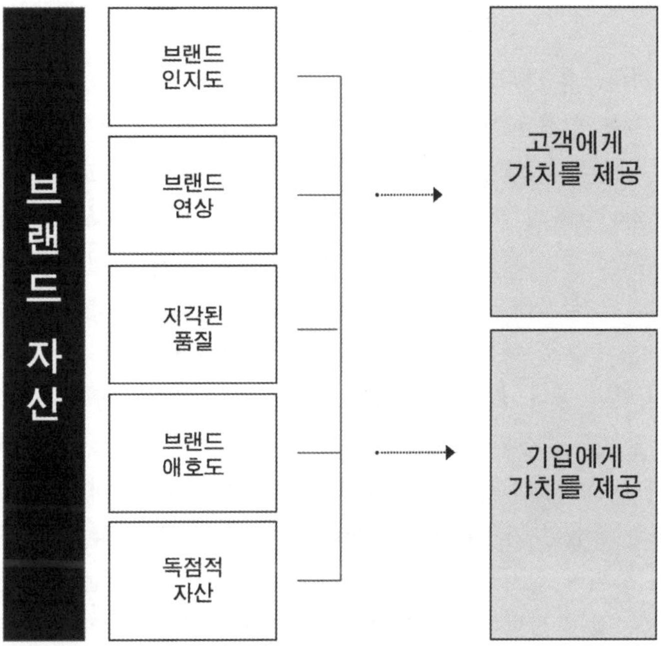

출처: Aaker, 1991로부터 편집

〈그림 2-8〉 브랜드자산과 5요소들

<사례 2-9: 하나금융, 경영철학 부합한 손흥민 통해 브랜드가치 제고>

하나금융그룹과 손흥민은 7년째 동행 중이다. 손흥민이 하나금융의 그룹 미션과 비전에 부합하는 최적의 인물이기 때문이다. 역경을 딛고 성장한 성공 스토리나, 대한민국 국가대표팀을 원팀으로 이끌어가는 그의 모습은 하나금융이 대중에 소구하고 싶은 이미지다. 실제로 업의 연관성은 없지만 마케팅을 통한 전이 효과로 대중에게 동일시된 이미지가 각인됐다. 하나금융을 떠올리면 손흥민의 미소가 오버랩되는 이유다. 이를 바탕으로 하나금융은 돈으로 환산할 수 없는 홍보 및 브랜드 가치 제고 효과를 누리고 있다.

◇ 손흥민, 하나금융 '행복한 금융'에 제격

하나금융의 그룹 미션은 '함께 성장하며 행복을 나누는 금융'이다. 금융업 본연의 역할을 다하면서도 지속 가능한 성장 및 책임 이행을 균형적으로 추구해 손님, 직원, 주주, 사회 등 하나금융의 모든 이해관계자의 행복에 동참하겠다는 의미다. 하나금융은 다양한 방식으로 미션을 수행하고 있으나 단연 눈에 띄는 활동은 축구 후원이다. 1998년부터 시작된 국가대표 후원과 FA컵(현 코리아컵) 후원, K리그 타이틀스폰서, 프로축구단 운영 등으로 행복한 금융의 가치를 실현하고 있다. 축구 마케팅 중에서도 백미는 손흥민의 공식 홍보 모델 기용으로 꼽힌다. 하나금융은 2018년 당시 하나은행장이었던 함영주 회장의 주도로 손흥민과 홍보 모델 계약을 맺었다. 축구협회와 20년 넘게 쌓은 우호 관계 덕분에 계약을 성사했다는 후문이다. 하나금융은 손흥민이야말로 행복한 금융의 가치를 잘 담아낼 인물로 봤다. 하나금융 관계자는 당시 동료를 배려하며 노력과 열정으로 세계적인 축구선수로 성장해 온 손흥민의 스토리는 그룹 경영철학과 잘 부합한다고 모델 발탁 배경을 설명한 바 있다.

손흥민의 이미지 제고 및 마케팅 효과는 톡톡했다. 강원도 소년으로 자라나 혹독한 훈련으로 득점왕에 오른 성공 스토리는 하나금융의 브랜드 이미지에도 긍정적인 효과를 줬다. 광고업계와 금융권에선 가늠하기 어려울 정도로 큰 무형적 가치를 얻었을 것으로 평가한다. 축구 마케팅 효과는 숫자로도 증명된다. 손흥민이 출연한 하나금융 유튜브 광고 영상은 공개 한 달 만에 1000만 조회 수를 기록했다. 앱 하나원큐에서 국가대표 경기 예매 서비스를 연계해 하루 이용자가 평소 대비 10만 명 급증할 정도로 관심을 끌기도 했다. 영상 및 인쇄광고 등에서 꾸준히 상징색인 '초록색'과 '하나'라는 단어를 각인시키며 손흥민과 하나금융을 오버랩 시킨 게 주효했다. 손흥민의 긍정 이미지를 기업에 효과적으로 전이시켜 인물만 기억에 남을 수도 있는 스타 마케팅의 최대 폐해를 비껴갔다.

◇ 경영진의 선구안 적중

하나금융과 동반성장한 손흥민이 국가대표 캡틴으로 자리매김하면서 홍보 모델 전략의 활용범위는 넓어졌다. 이는 함회장 등 당시 하나금융그룹 경영진들의 선구안을 확인할 수 있는 대목이다. 스포츠 선수는 성장 가능성과 인성 등 인물 평판, 기업 비즈니스와의 연계성까지 전반적으로 평가돼야 하는데 결국 이 결정은 최고경영진의 몫이다. 모델 계약을 맺을 때만해도 크게 기대하기 어려웠던 손흥민의 포용적 리더십이 드러나자 하나금융은 그룹 비전 '하나로 연결된 모두의 금융'과 연계한 캠페인 등을 더욱 효과적으로 진행할 수 있었다. 그룹 비전은 함회장이 2022년에 새롭게 선포한 것으로 하나만의 혁신적인 플랫폼을 통해 모든 사람이 마음껏 금융을 즐기고 신뢰를 바탕으로 금융의 새로운 가치를 창출하자는 의미를 담고 있다. 2030 비전을 바탕으로 제작한 그룹 캠페인 영상 전면에는 손흥민이 전면에 등장한다. 손흥민의 솔루션을 믿고 이를 뒤따르는 고객들의 모습을 통해 새롭고 다양하게 변화를 주도하는 하나금융의 의지를 표현했다. 해당 영상은 공개된 해 12월 말 기준으로 1500만회 이상의 조회 수를 기록됐다. 축구 국가대표팀이 카타르 월드컵 16강에 진출한 시점과 맞물리는데, 주장으로서 팀을 이끈 손흥민이 등장해 주목도가 높아진 영향으로 풀이된다.

출처: The Bell, 2024

Keller(1993)의 원래의 고객기반 브랜드자산 모델은 비교적 단순해서 두 가지 핵심 브랜드 요소들인 브랜드 인지도와 브랜드 연상에 집중한다. 하지만 다른 연구들을 통합하고 자신의 관점을 확대해서 Keller(2003)는 브랜드 지식의 다차원적인 요소들을 포함하는 더 넓고 총체적인 관점을 제시했다. 이 새로운 모델에서는 브랜드 지식의 8개의 일차적인 요소들(차원들)과 4개의 이차적인 요소들이 제시되었다. 브랜드 지식의 8개의 일차적인 요소들은 다음과 같다.

① 인지도 : 제품 영역 식별, 브랜드 재인과 회상
② 속성 : 브랜드 제품의 특색을 나타내는 묘사하는 특성들
③ 혜택 : 소비자들이 제품 속성들에 부여하는 개인적 가치와 의미
④ 이미지 : 구체적 또는 추상적 시각적 정보
⑤ 생각 : 브랜드와 관계된 정보에 대한 개인적인 인지적 반응들

⑥ 느낌 : 브랜드와 관계된 정보에 대한 개인적인 감성적 반응들

⑦ 태도 : 랜드와 관계된 정보에 대한 요약적인 판단 또는 전반적인 평가

⑧ 체험 : 구매 및 소비 행동들 및 다른 브랜드와 관련된 사건들

한편 브랜드 지식의 이차적인 원천들은 제품 마케팅 프로그램들을 통해 더 직접적으로 브랜드에 관한 지식을 성취하기 어려울 때 브랜드 지식을 구축하거나 활용하는 수단으로서 사용될 수 있다. 브랜드 지식의 4개의 이차적인 요소들은 다음과 같다.

① 사람 : 종업원들, 브랜드 광고에 나오는 보증인들

② 장소 : 원산지 국가, 경로

③ 사물 : 이벤트, 동기cause, 제3자의 보증들

④ 다른 브랜드들 : 제휴, 구성요소들, 기업, 확장들

참고문헌

고경순(2004), **경험마케팅**, 대구: 대명.

김우성(2006), "브랜드의 시대와 자기관리", **영산대신문**, 72호(10월).

김우성(2007), 마케팅의 홍수와 현대마케팅의 역할, **경상일보**.

김우성(2012), **브랜드와 고객체험**, 파주: 이담 Books(한국학술정보).

김우성(2024), "5개월 되어가는 중급 블로거의 블로그와 유튜브 브랜드관리", https://blog.naver.com/wkblhappy/223614570420

김우성, 허은정 (2007), "소비자 체험마케팅의 핵심적 특성들과 기여에 대한 고찰", **한국생활과학회지**, 16(1), 89~102.

뉴스문화(2024). "인터브랜드 '베스트 글로벌 브랜드 2024' 발표", **뉴스문화**, 2024년 11월 25일.

매일경제(2005), "애플컴퓨터, 스타벅스 로고 무슨 뜻일까", **매일경제**, 2005년 6월 18일.

안광호(2003), **마켓리더의 브랜드 경영**, 서울: 학현사.

안광호, 하영원, 박흥수(2014), **마케팅원론(6판)**, 파주: 학현사.

안광호, 하영원, 유시진(2023), **마케팅원론: 고객지향적 접근(8판)**, 파주: 학현사.

안광호, 한상만, 전성률(2008), **전략적 브랜드관리(제 3판)**, 파주: 학현사.

오세조, 박충환, 김동훈, 김영찬(2012), **고객중심과 시너지 극대화를 위한 마케팅원론(제2전정판)**, 서울: 박영사.

이은희, 제미경, 김성숙, 홍은실, 유현정, 윤명애(2020), **디지털 시대의 소비자와 시장**, 시그마프레스.

이지훈(2010), **혼창통**, 서울: 쌤앤파커스.

임창희(2013), **경영학원론(2판)**, 파주: 학현사.

이학식, 임지훈(2015), **마케팅(4판)**, 서울: 집현재.

중앙일보(2010), "애플 '3부작' 연타석 히트 비결 있었네", **중앙일보**, 2010년 4월 7일.

Aaker, David A.(1991), *Managing Brand Equity*, New York: The Free Press.

Aaker, David A. and E. Joachimsthaler(2000), *Brand Leadership*, New York: The Free Press.

Aaker, Jennifer L.(1997), "Dimensions of Brand Personality", *Journal of Marketing Research*, 34(August), 347~356.

Bagozzi, Richard P.(1975), "Marketing As Exchange", *Journal of Marketing*, Vol. 39 (Oct.), 32~39.

Boush, David M.(1993), "Brands as Categories", in *Brand Equity and Advertising*, David A. Aaker and Alexander Biel, eds. Hillsdale, NJ: Lawrence Erlbaum.

Calder, Bobby. J.(2005), "Designing Brands", in Alice M. Tybout and Tim Calkins (Eds.), *Kellogg on Branding*, Hoboken, NJ: John Wiley & Sons, 27~39.

Donius, James F.(1995), "Brand Equity: A Holistic Perspective", in *Exploring Brand Equity*, ed. by Advertising Research Foundation, New York, NY: Advertising Research Foundation, Inc., 55~64.

Farquhar, Peter H.(1989), "Managing Brand Equity", *Marketing Research*, Sep., 24~33.

Joiner, Christopher and Barbara Loken(1998), "The Inclusion Effect and Category-Based Induction: Theory and Application to Brand Categories", *Journal of Consumer Psychology*, 7(2), 101~129.

Keith, Robert J.(1960), "The Marketing Revolution", *Journal of Marketing*, Vol. 24, No. 1; Jan. pp 35~8

Keller, Kevin Lane(1993), "Conceptualizing, Measuring, and Managing Customer-Based Brand Equity", *Journal of Marketing*, 57(Jan.), 1~22.

Keller, Kevin L.(2003), "Brand Synthesis: The Multidimensionality of Brand Knowledge", *Journal of Consumer Research*, 29 (4), 595~600.

Keller, Kevin L.(2008), *Strategic Brand Management: Building, Measuring, and Managing Brand Equity(3rd Edition)*, Upper Saddle River, NJ: Pearson Education, Inc.

Kim, Woo-Sung(2007), *A Study of Important Factors in Brand Extension*, 파주: 한국학술정보(주).

Kotler, Philip(2003), *Marketing Management (11th Edition)*, Upper Saddle River, NJ: Prentice Hall.

Kotler, Philip(2010), *Marketing 3.0: From Products to Customers to the Human Spirit* (**마켓 3.0**; 안진환 옮김), 서울: 타임비즈.

Kotler, Philip, 안광호, and Gary Armstrong(2013), *Marketing: An Introduction* (**마케팅입문**), Pearson/서울: 석정

Kotler, Philip and Kevin Keller(2009), *Marketing Management (13th Edition)* (**마케팅관리론 제 13판**; 윤훈현 옮김), 서울: 석정.

Kotler, Philip and Sidney Levy(1969), "Broadening the Concept of Marketing", *Journl of Marketing*, 33(Jan.), 10~15.

Lindstrom, Martin(2006), *Brand Sense: How to Build Powerful Brands Through Touch, Taste, Smell, Sight, and Sound* (**세계 최고 브랜드에게 배우는 오감 브랜딩**; 최원식 옮김), 서울: 랜덤하우스코리아.

Mccarthy, E. Jerome(1960), *Basic Marketing*, New York: McGraw-Hill.

Moran, William T.(1995), "Brand Equity: The Durability of Brand Value", in *Exploring Brand Equity*, ed. Advertising Research Foundation, New York, NY: Advertising Research Foundation, Inc., 293~318.

Rangaswamy, Arvind, Raymond R. Burke, and Terence A. Oliva(1993), "Brand Equity and the Extendibility of Brand Names", *International Journal of Research in Marketing*, Vol. 10,

61～75.

Robinette, Scott, Claire Brand, and Vicki Lenz (2003), *Emotion Marketing*(**감성마케팅**; 윤천규 옮김), 서울: 김앤김북스.

Schmitt, Bernd H.(1999), *Experiential Marketing: How to Get Customers to Sense, Feel, Think, Act, Relate to Your company and Brands*, New York, NY: The Free Press.

Sherry, John F. Jr.(2005), "Brand Meaning", in Alice M. Tybout and Tim Calkins (Eds.), *Kellogg on Branding*, Hoboken, NJ: John Wiley & Sons, 40～69.

Shocker, Allan D., Rajendra K. Srivastava, and Robert W. Ruekert(1994), "Challenges and Opportunities Facing Brand Management: An Introduction to the Special Issue", *Journal of Marketing Research*, 31(May), 149～158.

Sisodia, Rajendra S, David B. Wolfe, and Jagdish N. Sheth(2011), *Firms of Endearment*, Upper Saddle River, NJ: Pearson Education, Inc. 권영설과 최리아 역, **위대한 기업을 넘어 사랑받는 기업으로**, 파주: 럭스미디어.

The Bell (2024), "모델로 본 금융사 브랜드 전략: 하나금융, 경영철학 부합한 손흥민 통해 브랜드가치 제고", **The Bell**, 2024년 6월 26일.

Tybout, Alice, M. and Gregory Carpenter(2001), "Creating and Managing Brands", in D. Iacobucci (Ed.), *Kellogg on Marketing*, Hoboken, NJ: John Wiley & Sons.

www.encyber.com(인터넷 두산백과사전).

www.naver.com (네이버 백과사전).

www.virgin.com

Zeithaml, Valarie A., Mary Jo Bitner, and Dwayne D. Gremler (2009). *Services Marketing: Integrating Customer Focus Across the Firm (5th Edition)*, Singapore: McGraw-Hill.

2부

소비자의 현명한 선택

3장

촉진과 유통

3장은 마케팅 4P들 중에서 촉진과 유통을 다룬다. 전반부는 촉진으로 여행이다. 후반부는 유통으로 간다. 촉진의 정의와 효과를 살펴보고 광고, PR 등 촉진의 유형들을 다루고 스타마케팅으로 가서 정의, 6가지 유형들, 효과를 다룬다. 촉진의 마지막은 IMC통합적 마케팅커뮤니케이션로 왜 필요하고 중요한지 설명한다. 유통에서는 가치전달 네트워크와 마케팅 경로의 정의와 필요성, 유통 환경의 변화와 유통업체들의 대처, 도매상과 소매상, 소매상의 유형들, 온라인마케팅을 다룬다.

관련된 사례들로 자극적인 베네통Benetton 광고, 국민 가수 임영웅 효과, 영원한 광고여왕 전지현, <흑백요리사>를 활용한 스타마케팅, 마스터카드Mastercard 디지털캠페인, 하나은행의 빅뱅 GD 모델 추가, 앱솔루트Absolut 보트카의 IMC전략, SPA 유통업체 유니클로UniQlo, '국민가게' 다이소, 코스트코Costco의 성공전략들, 유튜브 성공 스토리 등을 다룬다.

---

* 3장의 촉진 내용은 김우성(2012)의 내용을 수정, 삭제, 첨가해 저술함

1. 촉진믹스와 효과

1) 촉진의 정의와 효과

촉진과 마케팅 커뮤니케이션은 일반적으로는 상호 교환적으로 사용된다. 촉진 또는 마케팅 커뮤니케이션은 조직체가 판매하는 제품과 브랜드에 대해서 직접 또는 간접적으로 소비자들에게 정보를 제공하고 설득하고 해당 브랜드를 생각하도록 시도하는 수단들이다(Kotler & Keller, 2009). 마케팅에서 촉진은 브랜드의 목소리를 대표하고 브랜드가 소비자들과의 대화를 확립하고 관계를 구축할 수 있는 수단이다(Keller, 2008). 최근 들어 많은 마케팅 실무자들과 연구자들이 촉진보다 마케팅 커뮤니케이션이란 용어를 광의의 의미로 해석해서 선호한다. 광의의 의미에서 마케팅 커뮤니케이션은 기업과 고객(또는 개인과 개인) 간에 자신이 전달하고 싶은 의미를 공유하는 과정을 말한다. 이런 정의를 채택할 때 마케팅 커뮤니케이션에는 전통적인 촉진 믹스 외에 브랜드명, 로고, 패키지, 가격 등 브랜드 관련 요소들이나 다른 마케팅믹스 요소들도 포함될 수도 있다(안광호 등, 2008).

조직체는 다양한 촉진 믹스를 사용하여 고객들의 관심을 끌고. 매출 및 수익을 증진시키고 애호도가 있는 고객들을 유치, 유지하려고 한다. 조직체는 촉진을 통해 상징물, 로고, 광고 모델, 장소, 행사 등을 브랜드나 해당 조직체와 연결시키고 주주의 가치에 영향을 준다. 촉진은 브랜드의 인지도, 연상, 이미지 등을 통해 브랜드 자산에도 큰 영향을 준다. 고객기반 브랜드자산 모델(Keller, 2008)에 따르면, 마케팅 커뮤니케이션은 브랜드의 인지도를 생성하고, 브랜드에 대한 주요 연상을 고객의 장기 기억에 있는 해당 브랜드와 연결시키고, 긍정적인 브랜드 판단이나 감정을 상기시키고, 더 강한 소비자와 브랜드 연결과 브랜드 반향resonance을 용이하게 함으로써 브랜드자산에 공헌할 수 있다. <사례 3-1>은 '국민가수' 임영웅을 활용한 촉진전략을 다룬다.

베네통Benetton은 사회적 문제들을 기업광고에 적극적으로 표현해서 소비자들의 관심을 받고 호의적 태도를 대체로 형성해 왔다. 하지만 화려한 색상과 톡톡 튀는 광고로 브랜드 차별화에 너무 치중하고 자극적인 광고들에 너무 심취해서 선을 넘어버린 광고들도 제작 했다. 대표적 예들은 다양한 인종의 사람들이 수갑찬 광고들, 에이즈로 죽은 사람들 묘지를 처참하게 묘사한 광고들이다. <그림 3-1>은 그 중의 하나로 신부와 수녀가 키스하는 광고인데 광고 자체는 검은색과 백색의 대조가 멋있고 백색의 의상으로 뒤덮인 아름다운 수녀의 모습이 디자인 면에서는 매우 훌륭하고 관심을 끄는 광고이었지만 상황 설정 내용이 큰 문제가 되었다. 유럽의 카톨릭 교구와 카톨릭 신자들에서 난리가 나서 대대적인 베네통 불매운동이 벌어졌다. 이런 광고들은 결국 일부 심미성과 감각 면에서 뛰어남에도 불구하고 소비자들의 부정적인 광고 태도를 형성했고 브랜드 광고 태도에도 반영되어 베네통 매출과 이익은 급감했다. 실무계에서 이런 마케팅을 노이즈noise 마케팅이라 한다. 노이즈(소음) 마케팅은 지나친 여배우의 노출, 자극적이고 부정적인 상황 설정 등으로 소비자들을 수군거리게 해서 관심을 끌려는 마케팅이다.

〈그림 3-1〉 베네통의 신부와 수녀 키스 광고

촉진믹스는 기업의 총체적 마케팅 커뮤니케이션 프로그램으로 기업이 마케팅 목표 달성을 위해 사용하는 광고, 인적 판매, 판매촉진, PR 등과 같은 활동의 조합으로 구성된다. 공식적인 5대 촉진 믹스는 광고, 판촉, PR, 인적판매, 인터넷 촉진을 흔히 포함하고 비공식적인 촉진 믹스의 대표적인 예에는 구전마케팅이 있다.

2) 광고의 정의와 효과

광고는 특정 광고주가 자신의 아이디어, 재화, 서비스에 대해 대가를 지불하면서 비인적 매체를 통해서 전달하고 촉진하는 과정이다. 광고는 다양한 기간에 걸쳐서 효과가 있고 인지, 감성, 행동 면에서 비교적 고른 효과를 가져 온다. 광고는 다양한 사람들에게 동시에 전달될 수 있고 동일한 메시지를 반복할 수 있어서 침투성이 뛰어나고, 시각적 요소, 소리, 색상 등을 통해 제품, 모델 등을 예술적으로 다양하게 표현할 수 있다(Kotler & Keller, 2009).

광고에서 등장하는 모델은 해당 조직체 또는 브랜드를 상징하고, 광고에서 주장하는 핵심 속성들 또는 혜택들을 설명하고, 브랜드 자산을 제고하는 등 다양한 역할을 한다. 많은 기업들은 광고에서 스타 모델을 등장시켜서 자사 브랜드와 관련한 인지도, 호감, 연상, 구매 의도 등에서 긍정적인 효과를 얻으려 한다. 스타를 광고모델로 등장시킨 광고가 인기를 끄는 것은 스타가 브랜드자산, 매출, 이익 등에서 일반적으로 긍정적인 효과를 끌어내기 때문이다.

<사례 3-1: 여전한 '영웅 앓이'…'임영웅 모델=매출 증가' 효과 톡톡>

유통업계가 '영웅앓이' 중이다. 가수 임영웅을 광고 모델로 내세우며, 브랜드 파워 확대를 꾀하고 있다. 트로트 오디션 프로그램에 출연한 이후 국민가수 반열에 오르며 소비 핵심인 중장년 여성층의 높은 관심을 받은 만큼 보장된 매출 증가 효과도 누릴 것이란 기대감도 크다. 최근 임영웅을 광고 모델로 내세웠던 식음료 업체 모두 실적 상승, 브랜드 경쟁력 강화 등의 효과를 거뒀다.

9일 유통업계에 따르면 최근 임영웅을 모델로 내세운 식음료 업체들 저마다 매출 확대 효과를 누리고 있다. 제주개발공사는 제주삼다수의 모델로 임영웅을 기용한 뒤 2주간 공식 애플리케이션을 통한 제주삼다수 가정 배송 주문 수가 평소보다 108.5% 증가했다고 밝혔다. 제주개발공사는 지난 3월부터 임영웅을 내세운 제주삼다수 영상 광고를 선보인 바 있다. '믿고 마실 수 있는 물'을 강조한 제주삼다수 브랜드 이미지에 임영웅이 부합해 광고 모델로 발탁했다는 게 제주개발공사의 설명이다.

KGC인삼공사도 5월 가정의 달을 맞아 임영웅 특수를 누렸다. 임영웅 브로마이드와 포토카드 등을 제공한 가정의 달 프로모션 기간 초기인 지난 4월 24일부터 5월 1

일까지 정관장 멤버십에 새로 가입한 고객은 2만 명을 넘었다. 지난해 가정의 달 프로모션 기간과 비교하면 72% 증가한 규모다. KGC인삼공사의 지난 5월 27일부터 5월 31일까지 매출은 작년 같은 기간 대비 69%가 확대됐다.

대상은 지난해 청정원 간장 전문 브랜드 '햇살담은'의 광고 모델로 임영웅을 발탁, 올해 계약을 연장했다. 판매량 증가에 따른 긍정적 효과를 반영했다. 지난해 1분기 햇살담은 간장 판매액은 임영웅 모델 기용 전인 전년 동기와 비교해 약 16% 증가했다. 임영웅을 모델로 앞세운 기업의 반응은 비슷하다. 신뢰와 진심의 이미지에 부합하고, 소비 중심에 있는 중장년 여성의 관심을 바탕으로 즉각적인 브랜드 이미지 개선 효과를 얻을 수 있다고 평가한다.

하나은행은 지난 5월 은행브랜드 평판 빅데이터 분석 결과에서 1위를 기록했다. 한국기업평판연구소가 지난 4월 17일부터 한 달간 국내 11개 은행 브랜드 빅데이터 약 2865만개를 분석해 소비자들의 은행 브랜드 소비행태를 알아낸 결과다. 지난 3월 11일 하나은행 공식 유튜브 채널 '하나TV'에 공개된 '하나은행, 자산관리의 영웅은 하나!' 영상은 지난 5월 29일 기준 1733만 뷰에 달했고, 풀버전도 800만 뷰를 돌파했다.

한편 한국기업평판연구소가 지난 7일 공개한 6월 광고모델 브랜드평판지수에서 임영웅은 1위에 이름을 올렸다. 브랜드평판 지수는 지난 5월 6일부터 6월 6일까지 측정한 광고모델 브랜드 빅데이터를 소비자 행동분석을 통해 광고모델 브랜드에 대한 참여지수, 미디어지수, 소통지수, 커뮤니티지수로 브랜드평판지수를 측정했다. 임영웅 광고 브랜드에 대한 긍정/부정비율 분석에서는 긍정비율 85.80%로 분석됐다고 밝혔다.

출처: 스포츠조선, 2024년

예를 들어, 2001년 대히트한 '엽기적인 그녀'란 영화의 후광을 업고 전지현이 아시아 여러 국가들의 소비자들을 대상으로 하는 잡지 및 텔레비전 광고에 출연했는데, 엘지애드LG AD에 의하면 그녀가 모델로 나온 올림푸스 디지털 카메라는 15% 정도 브랜드 재인이 높아졌다. 1999년 삼성전자 마이젯 프린터 광고로 광고계에 혜성과 같이 등장한 전지현은 더페이스샵, 17차 광고 등을 통해 26년 넘게 광고계에서 특급 모델로 활약을 해왔다. <사례 3-2>는 전지현의 대표적 광고 출연 브랜드들과 해당 브랜드에 미친 효과를 다룬다. 피겨스케이팅 선수인 김연아도 과거 스포츠에서의 업적과 국민적 인기도를 바탕으로 광고 CF퀸으로 등극했고 지금도 일부 광고들에 나온다. 그녀는 삼성전자 하우젠, 삼성애니콜 햅틱, 매일유업, 현대자동차, LG생활건강 라끄베르 등 15건이 넘는 광고에 출연했고 출연한 광고 외에 출연제의가 들어 온 광고는 200개가 넘었다고 한다(이종호 등, 2009).

최근 임영웅은 전 연령층, 남녀, 전 지역에서 좋아하는 국민 영웅으로서 모범적인 생활과 아주 좋은 이미지로 인기 스타 모델로 자리 잡았다. 그 외 상당수 멤버들이 군대 근무하고 있어서 전성기보다는 못하지만 BTS방탄소년단도 광고를 꾸준히 하고 있다. BLACKPINK블랙핑크는 개별 또는 그룹 활동을 계속하면서 다양한 광고모델들로 세계적으로 큰 인기를 끌고 있다. 최근 글로벌 명품 브랜드들이 한국의 셀럽들을 브랜드 홍보대사로 활용한다. 빅뱅의 지드래곤GD, 블랙핑크의 제니가 프랑스 명품 브랜드 샤넬에, 송혜교가 이태리 패션 브랜드 펜디에 글로벌 홍보대사에 선정된 것이 그 예들이다(이학식 등, 2024).

3) 판촉의 정의, 종류, 효과, 장단점

판촉(판매촉진)은 제품 또는 서비스의 시용이나 구매를 촉진시키기 위한 단기적이고 다양한 자극책으로서의 수단이다. 판촉은 소비자와의 커뮤니케이션(주의 끌음, 정보 제공), 즉각적인 유인책, 권유와 유인의 3가지 두드러진 장점들을 가진다(Kotler & Keller, 2009). 광고는 일반적으로 소비자들에게 사야만 할 이유를 제고하지만 판촉은 소비자들에게 살 유인책을 제공한다. 경쟁 브랜드들 간의 경쟁의 심화, 많은 기업들에서 단기적인 분기별 성과 평가의 빈번한 실행과 업적 반영, 혼란스러운 미디어 환경과 단편적인 청중들로 인해 광고 효과의 감소, 점포에서의 구매 의사결정의 증가, 소비자들의 브랜드 애호도의 전반적 감소, 유통업체들의 힘의 증가 등이 1980년대와 1990년대에 판촉의 급격한 증가를 가져왔다(Keller, 2008).

판촉에는 판촉의 대상에 따라 소비자 판촉, 중간상 판촉, 판매원 판촉이 있다. 가장 중요한 소비자 판촉의 수단들에는 가격적 판촉인 가격할인, 쿠폰 제공, 리펀드/리베이트 등이 있고 비가격적 판촉인 무료 샘플 제공, 사은품 증정, 프리미엄 제공, 판촉성 이벤트, 컨테스트, 애호도 제고프로그램, 구매시점 진열 등이 있다. 판촉의 주요 장단점들은 다음과 같다.

* 판촉의 장점

- 소비자들의 즉각 구매 유도
- 조직체와 소비자들 간의 좋은 관계 형성
- 소비자들에게 흥미와 구경거리를 제공
- 소비자들의 시용을 유도
- 현존하는 고객들의 반복구매를 자극하고 구매 빈도를 증가

<사례 3-2: 전지현과 광고 효과>

1999년 삼성전자의 잉크젯프린터 '마이젯' 광고는 우리나라 전역에 센세이션을 일으켰다. 현란하고 섹시한 테크노댄스를 추는 전지현을 화면 가득 잡아낸 광고는 일대 파란을 일으키며 "당시 PC방의 모든 컴퓨터 배경에는 마이젯 동영상이 깔렸다." 라는 말까지 나올 정도가 되었다. 이 CF 한편으로 그녀는 삼성 프린터를 업계 1위로 올려놓으며 일약 광고계의 최고 스타로 발돋움 했다. 마이젯은 그 해 연간 잉크젯 프린터 시장점유율 39.3%를 달성하였고 이듬해 1/4분기에는 44%로 삼성 프린터를 부동의 1위로 올려놓는 기염을 토했다.

각 편마다 이어지는 뮤직비디오와 같은 음료 '2% 부족할때' 의 광고는 '가! 가란 말이야!' 라는 국민 유행어를 만들기도 했고 브랜드를 소비자들에게 정확히 인지시켰다. 라네즈에서는 귀여운 뱅헤어를 하고 올챙이 송을 부르며 율동을 하기도 했고 입고 있던 옷을 찢어버리며 '섹시한 전지현'을 어필하기도 했다. 삼성전자의 애니콜

또한 미니스커트, 슬림앤제이 등 여러 기종에 걸쳐 전지현을 기용하여 그 파워를 입증하였다. 의류 브랜드 지오다노는 전지현과 정우성을 통해 중저가 브랜드 이미지를 고급화하는데 성공을 거두기도 했다.

'엘라스틴 했어요'는 이제 전지현 아닌 다른 이를 상상조차 할 수 없게 되어버린 경우이다. 엘라스틴 광고는 전지현만이 남아서 이미 9년째 모델자리를 지키고 있어 그녀의 트레이드마크인 긴 생머리를 뒤로 넘기는 모습과 함께 장수브랜드로 자리매김하고 있다. '몸이 가벼워지는 시간, 17차'도 전지현과 동일시된 브랜드들 중 하나이다. 섹시한 모습부터 시작하여 백만 불짜리 몸매의 소유자인 자기도 열심히 관리한다는 자연스럽고 솔직한 모습까지 그녀의 다양한 색깔을 보여주며 승승장구하고 있다.

드라마 '해피투게더'에서 신인에 가까웠던 전지현은 '베스킨라빈스 31'의 아르바이트생으로 나왔다. 그녀를 짝사랑하는 차태현이 항상 아이스크림 가게에 등장하기도 했다. 방영 당시 베스킨라빈스 31은 한 달 만에 200% 이상의 매출 신장을 기록하며 '전지현이 광고하면 무조건 뜬다'는 '전지현 효과'의 시작을 알렸다.

그녀가 장난스러운 표정으로 여행 가방을 들고 '있을 때 잘하지 그랬어~ 안녕~'이라며 귀엽게 앙탈을 부리던 '네이버 카페'는 전지현을 내세워 재미를 톡톡히 본 케이스이다. 광고 방영 당시 웹사이트 분석업체 랭키닷컴의 분석에 따르면 전지현 광고가 나가면서 일평균 방문자수가 한 달 만에 3배로 급증하여 기존 1위를 고수하던 다음을 제치고 인지도와 점유율 면에서 처음 1위로 등극하기도 하였다.

2001년엔 LG생활건강의 '엘라스틴'이 전지현 효과를 누렸다. 전지현 광고 후 시장점유율 15.8%를 기록하며 업계 브랜드 1위를 차지한 것이다. 엘라스틴은 그 이후로 2009년까지 전지현을 9년째 모델로 기용하며 엘라스틴=전지현 이라는 등식을 성립시키고 있다. 화장품 브랜드 '라네즈'의 '백만불짜리 몸매 만들기 동영상'은 주요 포털 사이트 및 모바일에 공개된 후 동영상 트래픽, 링크 접속 등 거의 모든 동영상 관련 데이터의 신기록을 달성했을 정도이다. 동영상에 대한 관심은 곧바로 오프라인에서 판매 실적으로 연결되었는데 실제로 해당 상품은 광고 이후 출시 20일 만에 11만개 이상의 매출효과를 누렸다.

올림푸스 카메라는 전지현을 앞세워 디지털 카메라 시장을 공략하며 2004년 말까지 국내 디지털카메라 시장 1위를 고수했다. 그녀를 모델로 기용한 기간 동안 일본 우익교과서와 관련한 반일감정 때문에 잠시 매출이 주춤한 적도 있었지만 전지현 효과는 충분히 증명되었다. 남양유업의 '몸이 가벼워지는 시간, 17차'는 전지현을 모델로 기용하기 전 해는 상반기 20억원의 매출을 기록한 평범한 브랜드였다. 하지만 전지현을 광고 모델로 기용한 직후 상반기 400억원이 넘는 매출을 기록해 동 기간과 비교해 20배에 달하는 매출 상승으로 함박웃음을 지었다는 후문이다. 17차 또한 이후 전지현을 장수모델로 계속 내세우고 있다. 전지현은 자신의 청순하거나 섹시한 이미지를 적절할 때 효과적으로 드러내는 한편 신비주의 마케팅 전략을 일관되게 밀어붙임으로써 스타로서의 입지를 굳히는 데 성공했다.

17차 광고

네이버 광고

출처: 한경닷컴, 2009; 김우성, 2012 내용을 삭제, 편집함

* 판촉의 단점

- 빈번한 판촉은 소비자들이 사용하는 준거가격을 변화시킬 가능성을 높임
- 소비자가 판촉을 자주하는 브랜드에 대해서는 구매하지 않고 판촉까지 기다림
- 소비자들과 유통업자들에게 산만성이 증가
- 지각된 품질과 연상에 부정적 영향을 주어서 브랜드 이미지를 손상할 수 있음
- 다른 경쟁업체들의 비슷한 판촉으로 대응과 해당업체의 재 대응을 통해 무모한 판촉 경쟁을 유발

4) PR의 정의, 효과, 도구

PRPublic Relation: 공중관계은 기업이 자사의 이미지를 제고하거나 호의적인 평판을 얻거나 비호의적인 평판을 제거 내지 완화하기 위해서 커뮤니케이션 활동을 함으

로써 기업과 직, 간접적으로 관련이 있는 여러 유형의 집단들과 좋은 관계를 유지하는 것이다(안광호 등, 2023). PR은 높은 신뢰성으로 많은 예상 잠재 고객들에게 접근이 가능하고, 소비자들의 경계심을 배제하는데 도움을 주고 기업과 제품을 극대화시킬 수 있는 장점들이 있다(Kotler & Keller, 2009). PR은 광고보다 훨씬 적은 비용으로 공중의 브랜드인지도를 구축하고 이미지 향상에 도움을 준다. 공중관계를 잘 활용하면 정보 개발, 유통과 이벤트 관리에 드는 약간 비용 외에는 돈을 들이지 않고 미디어 지면이나 시간을 확보할 수 있다(Kotler et al., 2013). PR에는 다양한 도구들이 있는데 대표적 도구들은 다음과 같다.

- 홍보publicity: 비용을 들이지 않고 매체의 기사나 뉴스에 기업이나 제품을 소비자에게 알리는 것
- 언론관계, 커뮤니티 관계, 로비활동, 투자자 관계
- 사회봉사활동
- 최고경영자의 연설, 간담회, 기자회견
- PR성 이벤트: 공중관계 개선을 위해 기업이 특정 기간, 특정 장소에서 특정 집단을 대상으로 메시지를 직접 전달하기 위한 행사
- 기업광고: 기업에 대한 호의적 이미지 형성을 위하거나 비전, 철학을 전달하기 위한 광고
- 스포츠마케팅(스포츠를 통한 마케팅):스포츠를 이용하여 조직체나 브랜드의 인지도를 향상. 이미지를 제고, 고객들과 긍정적인 관계를 형성하고 유지하는 등의 목적을 가지고 수행하는 마케팅(예, 하나은행의 남자 성인 축구국가대표 후원－후원의 예이기도 함(KFA News & TV, 2023))
- 후원(협찬, 스폰서십(sponsorship)): 특정 사람, 단체, 팀, 드라마, 영화, 프로그램 등을 지원하거나 물품이나 서비스를 제공하는 활동(예, 현대자동차 월드컵 축구 후원, 삼성의 올림픽 후원)
- 제품삽입PPL: 영화나 드라마 등에 제품을 자연스럽게 등장시켜서 커뮤니케이션 효과를 얻음(예, 007 영화들에서 코카콜라, 벤츠 등 새 자동차 모델의 제품삽입, 스타벅스의 'I am Sam.' 영화를 통한 PPL, 페덱스의 'Cast Away' 영화를 통한 PPL, JTBC

TV 인기 스포츠예능 프로그램 <뭉쳐야찬다-시즌3>에서 스포츠 드링크 하이뮨 프로틴 밸런스 액티브를 선수들이 축구경기 전, 후반 사이 휴식시간에 마시는 PPL)

삼성의 기업 웹사이트에 가면 브랜드아이덴티티 섹션이 있다(www.samsung.com). 삼성 기업이 추구하는 핵심 가치들인 사람 중심, 진취적인 혁신, 도전적 낙관주의, 진실과 투명성, 사회기여의 5가지가 제시되고 사진들과 함께 잘 설명되어 있다. 비록 실제 삼성 경영진의 행동들은 이것에 비해 상당히 미흡했지만. 삼성의 기업광고들은 광고 슬로건을 중심으로 핵심개념을 전달해 왔다. 메인 광고 슬로건은 1997년부터 10년간 대박이 난 "또 하나의 가족," 2007년부터는 "How to Live Smart," 2020년부터는 "이제는 가전을 나답게,"로 변신해 오고 삼성의 기업광고 메시지도 맞추어 변해 왔다. "또 하나의 가족"에서는 감성과 가족의 정을 강조하는 IT 기업, "How to Live Smart"에서는 삼성 제품들을 사용하면서 스마트해지는 소비자들을 도와주는 삼성, "이제는 가전을 나답게"에서는 전자 제품들과 생활가전들을 내 라이프스타일에 맞추고 체험에 사용하는 소비자들을 위한 삼성을 부각시켜 왔다. 여전히 대박을 낸 감성과 정의 삼성은 바탕으로 남아 있다. 이 세 가지 광고 슬로건들을 통해 감성, 인지, 행동으로 기업광고의 핵심을 변경해 왔다.

5) 인적판매, 인터넷 촉진, 구전마케팅

인적판매는 한 사람 또는 그 이상의 잠재구매자와 직접 대면하면서 상호작용을 통해 판매 제시를 하며 질문에 응답하고 주문을 획득하는 방법이다. 인적판매는 인적 대면으로 유대관계를 형성하고 높은 반응성을 보이며 대상자의 주의를 끌 수 있는 장점들이 있다. 인터넷 촉진(상호작용적 마케팅)은 고객 또는 예상고객들을 몰입시키고 인식을 고취하고 이미지를 개선하거나 제품과 서비스의 판매를 유도하기 위해 설계된 온라인 활동과 프로그램이다. 인터넷 촉진은 고객 개별화, 최신 내용 업데이트의 용이, 상호작용, 다양한 멀티미디어 활용의 장점들이 있다. <사례 3-3>은 마스터카드, '디지털 프라이스리스 익스피리언스' 캠페인을 다룬다.

<사례 3-3: 마스터카드, '디지털 프라이스리스 익스피리언스' 캠페인 개시>

마스터카드가 세계적 수준의 디지털 콘텐츠를 집에서 편하게 무료로 즐길 수 있는 '디지털 프라이스리스 익스피리언스(Digital Priceless Experience)' 캠페인을 시작한다고 4일 밝혔다. 세계적 팝 가수인 카밀라 카베요(Camila Cabello)의 흥겨운 어쿠스틱 공연에 이어, 두 번의 그랜드슬램 우승에 빛나는 테니스 선수 나오미 오사카(Naomi Osaka)의 요리 강습, 그리고 럭비 레전드로 불리는 브라이언 하바나(Bryan Habana)의 재치 넘치는 토크쇼 등 마스터카드 홍보대사들이 참여하는 다양한 프로그램이 제공된다.

마스터카드는 여행과 쇼핑, 음악, 스포츠, 요리와 같은 일상에서의 즐거움이 어느 때보다 소중한 지금, 오프라인 이벤트를 온라인으로 옮긴 '디지털 프라이스리스 익스피리언스' 캠페인을 진행하기 위해 역량을 기울이고 있다. 라자 라자마나르(Raja Rajamannar) 마스터카드 최고마케팅커뮤니케이션책임자(CMO)는 "고객에게 최고의 경험과 가치를 제공하는 '프라이스리스 익스피리언스'를 오랫동안 운영해온 마스터카드는 소비자들이 자신의 열정을 계속 이어나갈 수 있도록 변함없이 지원할 것"이라며 "마스터카드가 보유한 파트너십을 활용해 평생 간직될 수 있는 순간을 각 가정에 전달하기 위해 새로운 디지털 방식의 후원을 기획하고 있다"고 말했다.

해당 콘텐츠들은 마스터카드의 체험형 라이프 스타일 허브인 '프라이스리스닷컴(Priceless.com)'에서 만나 볼 수 있다. 음악 공연, 프로 게이머들의 플레이 팁, 유명 셰프의 개인 요리 강습, 유명 피트니스 강사들과 함께하는 트레이닝 세션, 세계 유명 오페라 하우스들의 비하인드 투어 외 많은 콘텐츠들을 즐길 수 있다. 또한 마스터카드 홍보대사와 유명 스타들, 각계 전문가들이 참여하는 전용 콘텐츠들도 확인할 수 있다. 현재 600여개의 콘텐츠를 즐길 수 있으며 앞으로도 추가로 계속 업데이트될 예정이다. 러스텀 다스투어(Rustom Dastoor) 마스터카드 아태지역 마케팅커뮤니케이션 수석부사장은 "전 세계 90개 이상의 국가에서 접속 가능한 '프라이스리스닷컴'을 통해 마스터카드 고객들에게 세계 정상급 엔터테이너, 운동선수, 스타 셰프들과 함께 할 수 있는 유례없는 경험을 선사하고자 한다"고 말했다.

일부 프로그램은 생중계되며, 누구나 무료로 이용할 수 있다. 다만, 몇몇 콘텐츠들은 마스터카드 소지 고객 및 파트너에게만 제공된다. 마스터카드 파트너들은 API 솔루션을 통해서도 '디지털 프라이스리스 익스피리언스'를 이용할 수 있다.

출처: 파이낸셜투데이, 2020

구전마케팅은 제품이나 서비스의 구매나 사용에 대한 장점이나 경험과 관련되는, 사람 대 사람의 구두적 또는 전자적 커뮤니케이션이다. 구전마케팅은 진실성, 시용효과(전달자에 따라 생동감 있는 대리경험도 가능), 쌍방향 개인적 커뮤니케이션의 장점들이 있다(Kotler & Keller, 2009).

2. 스타마케팅

1) 스타마케팅의 배경과 정의

스타마케팅은 대중에게 잘 알려진 스타를 조직체와 관련된 좋은 연상 형성, 브랜드 이미지 확립, 브랜드 인지도 향상 등 조직체나 브랜드의 목표 달성에 이용하는 마케팅이다. 스타마케팅에 등장하는 스타에는 연예인, 운동선수, 유명 정치인, 유명 문화인사 등이 있다. 스타마케팅에 등장하는 스타의 가치는 스타의 현재 업적, 대중적 인기도, 평판, 연상, 이미지 등을 기반으로 형성된다(김우성, 2010; 2011).

광고, 마케팅에 사용되는 모델의 유형들은 다양하다. 사람이 모델로 나오는 광고의 경우에는 최고경영자 모델, 해당 제품관련 전문가 모델, 일반인 모델, 유명인(스타) 모델 등이 있다. Freiden(1984)은 광고에서 유명인, 최고경영자, 전문가, 일반소비자의 4가지 유형들과 성gender이 소비자 반응에 주는 효과를 조사하였고, 이전의 연구들처럼 광고모델의 유형들은 소비자들의 반응에 다른 효과를 주는 것을 발견하였다. 유명인celebrity이나 스타star가 광고 모델로 널리 상용되는 것은 유명인이 광고에 대해서 관심을 끌고 주의를 집중하게 하는데 효과적이기 때문이다(이호배와 정이규, 1997).

2000년대 들어서 스타마케팅으로 큰 효과를 가져온 우리나라 스타들에는 개인 연예인으로 전지현, 이영애, 김남주, 이효리, 김태희, 보아, 장동건, 이승기, 강호동, 유재석, 임영웅, 유명 연예그룹으로 핑클, 소녀시대, 블랙핑크, BTS, 스포츠 스타로 박지성, 박세리, 이승엽, 김연아, 박태환, 손흥민 등이 있다. 스타를 이용한 대박을 기대하며 많은 기업들이 상품가치가 있는 '빅모델'을 찾다보니까 전지현,

이영애, 김태희, 김연아 등은 한창 잘 나갈 때 각각 출연하는 광고들로만 그녀의 하루시리즈가 만들어질 정도로 많은 광고들에 겹치기 출연을 했다. 때로는 한 브랜드가 두 명의 스타들을 동시에 스타마케팅으로 이용하기도 한다. 이전에 삼성 애니콜은 이효리, 전지현의 쌍두마차를 동시에 등장시키기도 했고, 라네즈도 전지현과 이나영의 두 스타들을 동시에 스타마케팅에 이용했다. <사례 3-4>는 지드래곤 GD를 새로 모델로 기용한 하나금융의 스타마케팅 사례를 다룬다.

2) 스타의 정의, 의의, 특성

마케팅이나 광고에서는 잘 알려진 사람이란 뜻으로 유명인celebrity이란 용어를 많이 사용한다. 유명인이 어떤 브랜드 광고에 등장해서 해당 브랜드와 연관되고 소비자들의 해당 브랜드 태도와 구매의도에 영향을 미칠 때 유명인 광고 보증자celebrity endorser가 된다. 유명인 광고 보증자는 "공적인 인지를 즐기고 광고에서 소비자 제품과 같이 나와서 해당 제품 편에서 이러한 인지를 이용하는 개인"으로 정의 내려진다(McCracken, 1989).

순수하게 업적 면에서 스타나 슈퍼스타를 정의내리면 스타란 어떤 분야에서 상당한 업적을 성취한 개인으로 생각할 수 있다. 슈퍼스타란 어떤 분야에서 탁월한 업적을 성취한 사람으로 볼 수 있다. 순수한 업적 면에서의 스타에는 대중적인 명성이 포함되지 않기에 유명인보다 포괄적인 개념으로 이해 할 수 있다(박종원과 현호섭, 2005). 하지만 광고, 마케팅, 스포츠에서 스타는 업적과 함께 소비자들에게 알려진 정도를 포함한다. 따라서 스타마케팅에서의 스타는 어떤 분야에서 상당한 업적을 성취하였고 소비자들에게 널리 알려진 개인이라고 정의 내려진다.

김재범(2005)은 문화산업 면에서 스타의 의의를 수요자와 생산자 면에서 살펴보았다. 수요자의 입장에서 문화상품은 경험재의 특성을 가지기 때문에 구매와 소비 전에 품질의 단서를 찾는데 스타는 외부적 단서로서 작용한다. 둘째, 스타파워가 상품의 차별성을 가져온다. 생산자 면에서는 문화산업의 고수익, 고위험의 특성은 불확실성을 극복하기 위해 스타를 활용하게 된다.

김재범(2005)은 문화상품에서의 스타라는 상품의 속성을 흥행성, 희소성, 가변성, 인위성의 네 가지로 설명한다. 흥행성은 양방향을 가지는데 상품의 흥행성에 의해서 스타가 탄생되지만 스타에 의해 상품은 흥행성을 가진다. 희소성은 스타의 수가 수요에 비해서 현저하게 적다는 것을 말한다. 가변성과 관련해서 스타라는 상품은 제품수명주기를 정확히 알 수 없으며 스타의 인기와 흥행여부는 수시로 변화하여 예측하기가 힘들다. 과거에는 실력이 탁월한 스타가 약간의 운을 업고 스스로 스타가 된 예들이 상당히 있으나 지금은 기획사의 치밀한 계획, 전략수립과 집행, 스타 훈련, 기회 포착을 통해 시장에 나가 스타가 탄생하는 경우가 대부분이라고 한다.

이러한 인위성에 기반한 스타나 스타 그룹들에는 조성모, 보아, 원더걸즈, 소녀시대, 핑클, 동방신기 등이 있었다. 예를 들어, 보아는 SM 엔터테인먼트회사가 세계 음반시장을 목표로 선발하였고 치밀한 계획을 통해 훈련을 거친 뒤 무대에 데뷔하였다. SM은 10살부터 보아에게 세계에서 유명한 아티스트들로부터 춤과 노래를 배우도록 했고 세계시장 진입을 위해 영어와 일본어를 가르쳤으며 이미지, 인터뷰, 포즈 등도 훈련을 시켰고 치밀한 언론 플레이를 통해 등장과 동시에 언론의 조명을 받았다고 한다(김재범, 2005). 문화산업에서의 특성들은 스포츠산업에서의 특성들과 상당히 유사하기에 위에서 설명한 스타의 의의와 속성도 비슷하다. 스타의 대표적 예들이 연예인과 스포츠 스타이기에 이러한 특성들은 스타를 활용한 마케팅에서도 큰 의의를 가진다.

3) 스타마케팅의 여섯 가지 유형

스타마케팅은 스타를 활용한 광고, 스타를 활용한 이벤트, 스타 후원, 스타를 활용한 네이밍 마케팅, 스타를 활용한 디자인과 제품 제작 마케팅, 스타의 기업 활동에 직접참여를 통한 마케팅의 여섯 가지 유형들을 포함한다(김우성, 2011).

(1) 스타를 활용한 광고

스타를 활용한 광고는 스타마케팅에서 가장 흔한 유형이다. 스타를 활용한 광고는 스타를 활용하지 않은 경우보다 일반적으로 좋은 성과를 가져온 것으로 나타났다. 과거에 이효리는 갓 태어난 망고음료 시장을 단숨에 거대한 시장으로 끌어올렸고 김태희는 후발브랜드인 LG 생활건강의 '오휘'를 주요 브랜드로 성장시켰다(박문기와 브랜드38연구소, 2006). 하지만, 광고 모델은 브랜드에 악영향을 미칠 수도 있다. 황수정이 마약스캔들로 도중에 하차했을 때 참이슬 등 그녀가 광고에 등장한 브랜드들은 큰 타격을 받았고 2024년 트로트 유명 가수 김호중은 중대한 음주사건 범인으로 구속되었고 광고 취소도 있었고 막대한 위약금도 배상했다. 과거 타이거 우즈도 불륜스캔들이 터졌을 때는 나이키 등 상당수의 스폰서들과 광고주들은 악영향을 우려해 계약을 취소했다.

(2) 스타를 활용한 이벤트

이벤트event는 특정 기간 동안 특정 장소에서 매출을 올리거나 공중관계를 개선하기 위해서 행하는 기업의 스포츠, 문화, 예술, 오락 등의 활동이다. 이벤트는 소비자들의 관심을 끌고 좋은 관계를 형성하고 기업의 제품을 간접적으로 자연스럽게 판매하는 암묵적인 효과가 있다(Kotler & Keller, 2009). 미국 대학 농구팀의 시즌 첫 공개연습을 제도화시킨 대학 농구 프로그램들의 '미드나이트 매드니스'는 자신의 대학 팀의 스타들에 관심이 있는 팬들을 참여시키는 성공적인 이벤트 전략이었다. 미국의 케이블 스포츠채널인 ESPN은 미식축구리그인 NFL의 비시즌동안 팬들의 관심을 끌기 위해서 신인선수 선발드래프트 자체를 17시간 동안 생중계하면서 드래프트 대상 스타들을 중심으로 한 TV이벤트로 재구성해 큰 성공을 거두었다(Rein et al., 2009).

미국 ESPN College Game Day는 미국 최고 인기 대학 스포츠인 남자 풋볼football 경기에서 다양한 쇼들을 경기 중계 몇 시간 전인 토요일 아침에 경기 현지에서 진행하는(밑의 <그림 3-2>와 같이) 프로그램으로 장수하고 엄청난 인기를 끌고 있다. 그 주의 가장 빅 경기 사이트 넓은 광장(주로 캠퍼스 도서관 앞 광장 등)에서 홈Home 팀의 주요 졸업생 스타(들)을 미리 초대하고 보통 몇 천명 되는 많은 프로그램 관람객들 앞에서 추첨해서 선정된 일반인이 멀리서 필드골 차서 성공하면 큰 상금 주기, 초대 스타와 진행자들의 경기 예측 등의 다채로운 이벤트들로 큰 인기를 끌어오고 있다. 진행하는 커크 허브스트라이트, 리 코르소, 에드먼드 하워드 등은 대학 풋볼 유명 팀들인 오하이오주립대, 플로리다주립대, 미시건대 전직 주전 선수들이었고 유명 해설가들로 재치 있고 흥미 있는 진행으로 이 프로그램을 대박 프로그램으로 만들어 왔다.

〈그림 3-2〉 ESPN Game Day 실제 예들

(3) 스타 후원

후원sponsorship은 특정 개인, 팀, 경기, 문화행사, 드라마나 영화, 대의활동에 재정적, 물리적, 심리적 도움을 줌으로써 자사의 기업브랜드와 제품브랜드에 효과를 주는 활동을 의미한다. 기업은 스타를 후원함으로써 눈에 띄는 효과를 생성할 수 있다. 삼성은 90년대 말 떠오르는 여자골프 스타인 박세리에 대한 후원을 시작하였는데 그녀가 골프선수로 성장하면서 미국 LPGA의 많은 대회들에서 우승하면서 후원의 효과는 투자한 비용을 엄청나게 초과하는 '박세리 효과'를 누렸다.

<사례 3-4: 하나금융 새얼굴 GD, 금융권 스타 마케팅 치열>

하나금융그룹이 새 광고모델로 지드래곤(G-Dragon·GD)을 기용하면서, 금융업계의 스타마케팅이 관심을 모으고 있다. 13일 금융권에 따르면 지난 11일 밤 11시 11분 하나금융그룹 관계사인 하나은행 소셜네트워크서비스(SNS)에는 지드래곤을 연상케 하는 'GD' 이미지가 등장했고, 같은 시간 GD의 SNS에는 검지 손가락으로 하나를 의미하는 포즈와 함께 손톱에는 하나금융 로고를 네일아트로 표현한 사진이 공개됐다. 하나금융 측은 "지드래곤은 아티스트이자 혁신과 시대의 아이콘"이라며 "'하나로 연결된 모두의 금융'이라는 비전 아래 '하나'만의 혁신적인 플랫폼을 구축하고 금융의 새로운 가치를 창출해 온 하나금융의 방향성과 부합하기 때문에 새 모델로 선정했다"고 설명했다.

GD에 앞서 하나금융은 건강한 리더십을 강조한 축구선수 손흥민, 중장년층의 인기를 모으고 있는 가수 임영웅, 시니어 세대의 공감을 이끄는 앰배서더로 방송인 강호동 등을 모델로 발탁하며 홍보에 심혈을 기울였다. 새로운 방식으로 GD를 광고모델로 공개한 하나금융은 새로운 시너지 창출 등 최적화된 브랜딩 활동을 선보인다는 계획이다.

금융권은 브랜드 가치를 올리면서, 신규 고객 유치를 위한 스타 마케팅을 진행 중이다. 금융권 관계자는 "은행 등 금융권 광고모델은 평판 조회 등 상당 부분을 검토한 뒤 발탁 여부를 결정하고 있다"며 "인지도가 높다고 기용하는 것이 아니며, 금융기관별로 추구하는 방향과 맞아야 하는 부분도 존재한다"고 말했다. 또 다른 관계자는 "홍보 등에서 도움이 되기에 스타 모델을 발탁하고 있는 것"이라며 "광고대행사와 논의를 거쳐 후보들을 정한 뒤 내부 회의를 거쳐 선정하고 있는데, 광고업계의 현황을 알 수 없어 대행사를 통해 관련 정보를 얻는 등 발탁까지 수개월이 소요된다"고 설명했다. 이어 "글로벌 채널에서도 효과적인 홍보를 위해 국내뿐만 아니라 해외 인지도가 있는 연예인을 모델을 선정하고 있다"고 덧붙였다.

신한금융그룹은 배우 김수현을 작년 11월 대표 모델로 발탁, 작년 12월 계약 기간이 만료된 걸그룹 뉴진스는 약 2년간 신한은행·신한카드 등의 광고모델로 등장했다. IBK기업은행은 배우 이제훈을, 배우 고윤정과 변우석은 NH농협은행 광고모델로 활동 중이다. 우리금융그룹은 2022년 아이유를 광고모델로 낙점한 뒤 작년 4월 재계약하며 인연을 이어갔고, KB국민은행은 피겨스타 김연아, 배우 박은빈, 걸그룹 에스파 등을 자사 브랜드 모델들로 내세웠다.

출처: EBN, 2025

SK텔레콤 스포츠단은 박태환을 후원해 왔는데 2009년 여름 로마 세계선수권대회에서 출전한 전 종목 결선 탈락이라는 부진한 성적을 거두자 대한수영연맹과 함께 특별강화위원회를 꾸렸다. SK텔레콤 스포츠단은 훈련 지원을 위해 볼 코치를 영입했고 코치비, 지원팀 비용, 전지훈련비 등으로 연간 15억원 정도를 지출했다(스포츠한국, 2010). 이러한 후원을 통한 투자와 노력은 박태환이 2010년 광저우 아시안게임에서 부활해서 3개의 금메달을 포함해 출전한 7개 모든 종목에서 메달을 차지한 좋은 결과로서 나타났고 SK텔레콤은 브랜드자산에 긍정적 효과를 얻었다. 하나은행은 2018년부터 국가대표 축구선수인 손흥민 선수를 후원해서 하나은행과 손흥민 선수의 브랜드 연상과 이미지, 품질을 꾸준히 부각시켜서 좋은 효과를 얻고 있다(그림 3-3).

〈그림 3-3〉 손흥민과 하나은행

(4) 스타를 활용한 네이밍 마케팅

스타 네이밍naming 마케팅은 스타 이름을 제품에 붙여 인지도를 높이거나 좋은 연상, 이미지를 형성하는 마케팅이다. 우리나라에서 네이밍 마케팅은 박찬호가 명성을 날릴 때의 롯데삼강의 '찬호박' 아이스크림, 개그맨 김국진을 활용한 삼립식품의 '국진이빵' 등에서 나타났다. 하지만 체계적인 브랜드 및 마케팅 전략을 바탕으로 한 본격적인 네이밍 마케팅은 삼성전자가 2005년 애니콜 슬림 슬라이드폰 모델로 가수 이효리를 기용하고 '효리폰'(애니콜 SCH-V840)이란 이름을 붙이면서 시작된 것으로 업계에서 보고 있다.

에르메스는 전 모나코 왕비 그레이스 켈리의 이름을 딴 명품백 'Kelly Bag'을 출시해 큰 인기를 얻었고 나이키도 전설의 NBA 스타 마이클 조던의 이름을 딴 Air Jordan 브랜드를 성공적으로 계속 보유하고 있고 조던은 현재도 광고 수입으로 하루에 몇 십억을 번다고 한다. 나이키는 WNBA 2023년 정규시즌 역대 3점 슛 기록을 보유하고 2024년 올스타전에서 같은 거리에서 3점 슛 성대결을 해서 NBA 유명 남자 선수 스테판 커리에 간발의 차이로 마지막 슛에 패배했던 오리건대 출신 NY Liberty 여자프로팀 스타인 포인트가드 사브리나 이오네스쿠Sabrina Ionescu 선수의 이름을 넣은 시그너처 브랜드 농구화를 2023년 출시했다,

(5) 스타를 활용한 디자인과 제품 제작 마케팅

스타 디자인마케팅은 스타가 디자인한 사은품 등을 주면서 고객들을 끌어들이는 마케팅이다. 대량 판매하지 않고 사은품이나 한정 선물용으로 희소성을 살리는 게 특징이다. 과거 현대차는 '투싼 ix' 출시 기념으로 탤런트 한채영이 직접 디자인한 '투싼 ix 티셔츠'를 선보였다. 현대차는 한정 제작한 한채영 티셔츠 6000장을 홈페이지와 매장 경품 행사 등으로 투싼 ix 고객들에게 무료 배포했다. 신세계백화점의 '이보영백'과 롯데마트의 '이효리백'도 비슷하게 제작되었다. 이를 통해 스타 디자인 제품을 활용해 쇼핑백 대신 장바구니를 갖고 다니자는 취지의 친환경 콘셉트도 살리고, 고객을 매장으로 끌어들이는 효과도 얻었다(국민일보, 2009). 2022년 독일 고급 스포츠카 브랜드 포르셰는 블랙핑크 제니와 함께 디자인한 '타이칸 4S 크로스 투리스모 포 제니 루비 제인'을 공개했다(이학식 등, 2024).

스타를 상품제작에 참여시켜서 스타마케팅을 하는 예들도 있다. 2025년 들어서 버거 · 치킨 프랜차이즈 업체가 일제히 넷플릭스 요리 경연 프로그램 '흑백요리사 시즌1' 출연 셰프들과 손잡고 새 제품을 선보이고 있다. 롯데리아는 흑백요리사 우승자 권성준 셰프와 협업한 '나폴리맛피아 모짜렐라 버거' 2종을 판매하고 있다. 2015년 첫 선보인 모짜렐라 버거는 월평균 100만개 팔릴 정도로 대표 제품으로 꼽힌다. 권셰프의 손길이 닿은 이번 협업 제품은 바질, 모짜렐라 치즈, 토마토를 활용한 특제 소스를 적용했다. 현재까지 예상 판매 목표치의 2배를 웃돌고 있

으며, 일부 점포에선 품절 사태도 빚을 만큼 호응을 얻고 있다. 토종 버거, 치킨 프랜차이즈인 맘스터치도 해당 방송의 준우승자인 에드워드 리 셰프를 내세운 컬렉션 3종으로 맞불을 예고했다. 오는 2월과 3월 각각 순차 출시하는 치킨 1종·버거 2종은 미국의 개성 있는 맛을 담은 것이 특징이다. 글로벌 치킨 프랜차이즈 KFC는 이달 초 한 끼 메뉴로 치킨 텐더와 버터 갈릭 밥을 조합한 '켄치밥' 2종을 출시하고, 오랜 방송 경력을 보유한 최현석 셰프를 홍보 모델로 발탁했다. 지난해 10월 흑백요리사 종영 직후부터 유통가에서 다양한 협업 상품이 쏟아지는 실정이다. 편의점과 식품 제조사 위주로 스타 셰프 이름을 빌려 출시된 도시락, 샌드위치, 라면, 가정간편식 등 셀 수 없이 많다(에너지경제신문, 2025).

(6) 스타의 기업 활동에 직접참여를 통한 마케팅

스타가 기업 활동에 직접 참여하는 것은 그 자체가 마케팅 효과를 가져 올 수 있다. 마이클 조던은 운동선수 시절에 자신의 이름을 딴 나이키 에어조던 농구화의 디자인 등에 관여하였고 은퇴 후에는 이 브랜드라인을 직접 운영하였다. 직접 경영에 스타를 참가시키지는 않지만 사외이사나 홍보이사로 위촉해서 스타를 활용하는 방법도 있다. 교촌치킨은 개그맨 박명수를 홍보이사로 위촉하고 점포 등을 지원해서 상당한 효과를 보았다고 한다.

스타가 기업 주요 투자자로 참여하거나 스톡옵션 등으로 스타를 주주로 만드는 방법도 사용된다. 강호동은 자신의 이름을 딴 '강호동육칠팔' 고기 프랜차이즈 레스토랑에 대주주로 참여하였다. '강호동육칠팔'은 한우 및 제주 돈육을 전문으로 하는 한식 레스토랑으로 국내 및 외국에 지점을 확대했다. 스타가 대주주나 주요 주주로 참여하는 경우 해당 기업은 스타의 보증효과를 이용해 소비자들의 신뢰와 호감을 얻을 수 있지만 간혹 주가조작의 방법으로 악용되기도 한다(박문기와 브랜드38연구소, 2006). SM엔터테인먼트는 소속 가수들 보아, 강타 등이 이사로 꾸준히 참여하고 이들은 스탁옵션으로 주식들도 상당히 보유했다.

4) 스타마케팅의 효과와 문제점

스타마케팅은 다음과 같은 효과를 가진다(김우성, 2012). 첫째, 스타마케팅은 인지도가 높고 일반적으로 좋은 연상을 지닌 모델을 등장시켜서 소비자들의 홍미를 끌고 주의를 집중시킨다. 이러한 홍미와 주의는 상품과 브랜드에 대한 문제인식을 일으킬 수 있다. 둘째, 경쟁이 치열하고 성숙한 시장에서 두드러진 스타를 이용해 브랜드 이미지의 차별화를 달성할 수 있다. 셋째, 모델로서 등장하는 스타는 쉽게 기억에 저장되고 지속되어서 후에 브랜드를 기억할 수 있는 단서로서 사용될 수 있다. 넷째, 스타마케팅은 소비자의 스타를 향한 모방심리를 자극시키고, 소비자에게 자신이 좋아하는 스타와 동일한 브랜드 상품을 소유하고 사용함을 통해 자신의 이상적 자아에 도달한 느낌을 줄 수 있다.

스타마케팅의 성공을 판단하는 데에는 스타모델에게 들어가는 막대한 직접, 간접비용을 감안해야 한다. 스타 모델의 광고 효과는 무형적인 서비스의 광고, 경쟁 브랜드들의 가격과 제품 속성이 비슷한 업종에서의 광고, 시리즈 광고, 자기과시 상품 광고 등에서 두드러진다(임종원 등, 2006). 또한, 여성소비자들, 저학력 소비자들, 저 연령 소비자들에서 스타모델의 효과가 더 나타날 수 있다.

반면에 스타마케팅에는 문제점들도 상당히 있다. 첫째, 유명 모델의 비싼 비용은 기업에 비용을 증가시키고 이것은 해당 브랜드의 높은 가격으로 흔히 이어져서 소비자들에게 부담을 준다. 둘째, 스타마케팅에 등장하는 스타의 인기가 떨어지거나 스캔들이 발생하면 해당 브랜드나 조직체는 큰 타격을 받는다. 셋째, 스타마케팅에 이용되는 스타에게 지나친 광고 촬영, 방송 인터뷰 등은 본업인 연기, 노래, 운동 등에 지장을 줄 수 있다. 넷째, 지나치게 스타마케팅에 의존하게 되면 기업은 브랜드의 본질적인 속성이나 혜택의 향상을 등한시하고 부수적인 스타의 명성과 연상에 의존할 위험을 지닌다. 다섯째, 잘못된 스타마케팅은 소비자들의 스타와 동일시를 통해 허영과 과소비를 부추길 수 있다

5) 스타마케팅과 브랜드 관리

전지현, 손흥민. 김연아, 블랙핑크 등 특급 모델들의 효과는 분명히 있지만 한 스타가 같은 시점에 지나치게 많은 광고들에 겹쳐서 출연하면 스타마케팅의 효과는 일반적으로 떨어지기 마련이다. 하지만 푸르지오의 김남주 등은 브랜드의 핵심 속성과 모델의 연상 및 이미지가 잘 맞았기 때문에 같은 기간 많은 광고들에 겹치기 출연에도 불구하고 해당 브랜드 모델로서 장수했고 스타마케팅의 강한 효과가 있었다. 비슷한 이유로 이영애가 나오는 GS 자이, 장동건의 포스코 더샵, 이효리의 삼성 애니콜, 전지현의 엘라스틴 및 17차 등도 겹치기 광고 출연에도 불구하고 꾸준히 좋은 효과를 냈다.

스타마케팅은 총체적 브랜드관리에 기반을 두고 계획, 실행, 평가되어야 한다. 스타마케팅은 브랜드의 이미지 형성 및 강화, 브랜드 인지도 향상, 고객과의 관계 제고, 브랜드 차별화 등에 큰 도움을 주는 마케팅 활동이지만, 지나치게 스타에만 의존하고 품질개발, 핵심 속성과 혜택 제공, 소비자들과의 관계 유지 및 제고에 소홀하게 되면 브랜드에 도움이 안 되고 경우에 따라서는 스타를 활용해 가격 올림 등을 통해 고객을 착취하는 것으로 인식되어 오히려 브랜드에 부정적으로 작용할 수 있다. 따라서 브랜드의 본질적인 속성들과 혜택들을 향상시켜서 소비자들에게 높은 가치를 전달하는 것이 브랜드 관리의 핵심이고 스타모델은 브랜드 연상과 이미지를 강화하는 보조의 역할을 한다는 것을 명심해야 한다.

3. 통합적 마케팅커뮤니케이션

1) 통합적 마케팅커뮤니케이션의 필요성

1990년대 이후에 마케팅에서 통합적 마케팅커뮤니케이션IMC: Integrated Marketing Communication에 대한 관심이 고조, 확산되었다. 이러한 통합적 마케팅커뮤니케이션에 대한 관심은 약 네 가지 요인들에서 비롯되었다고 할 수 있다. 첫째, 과거의 광고, 판촉, 홍보, 구매시점 진열 등의 커뮤니케이션 수단들이 제각기 별개의 활동으로 진행되어 일관성이 부족하여 개별적인 수단들을 조정, 통제해야 할 필요성이 대두했다. 특히 기업들 간에 경쟁이 더욱 치열해지고 소비자들은 가치에 더 민감해지면서 이 필요성은 더 부각되었다. 각 마케팅 도구들에 대한 조정, 통합의 실패는 마케팅 비용의 불필요한 중복 지출과 소비자들에게 서로 다른 메시지의 전달로 인한 브랜드파워의 약화를 가져올 수 있기 때문이다(안광호 등, 2008). 둘째, 각각의 커뮤니케이션 수단들은 주요 목적들, 장점들, 단점들에서 차이가 있어서 어떤 브랜드 또는 기업에 대한 커뮤니케이션에서 최상의 도구들의 집합을 구성할 필요성이 있었다. 예를 들면 전통적인 4대 촉진믹스들의 촉진 도구들의 주요 목적들을 비교하면 다음과 같다.

- 광고: 이미지, 선호도, 태도 개선, 포지셔닝, 조직체나 브랜드에 대한 정보 전달 등 다양한 목적을 가짐
- 판촉: 단기 매출을 증대
- PR: 고객들의 신뢰를 형성
- 인적판매: 판매 증진에 좋고, 피드백이 가능하고, 판매원과 고객 간에 장기적인 관계를 형성하는데 유리

셋째, 1990년대부터 브랜드자산 개념 등 브랜드의 중요성이 크게 부각되면서 브랜드가 IMC의 도구들의 통합의 구심적이자 최종목표로 사용되었다. IMC의 통합은 일반적으로 브랜드를 중심으로 이루어지고, 궁극적인 목표는 브랜드 인지도 향상, 좋은 브랜드 연상 형성을 통해 명확한 이미지를 가진 강력한 브랜드를 구축하는 것이다. 넷째, 다양한 새로운 커뮤니케이션 도구들이 나타났고 커뮤니케이션 도구들 내의 비중이 달라졌다. 인터넷 커뮤니케이션, 스마트폰 커뮤니케이션, SNS를 통한 커뮤니케이션 등이 새로운 도구들로 등장했다. PR의 비중이 증가하는 추세이고 광고와 판촉이 전체 커뮤니케이션 도구들에서 차지하는 비중이 축소되었다. 광고 내에서도 케이블 TV광고, 인터넷 광고 등의 비중이 늘어난 반면에 전통적인 공중파 TV, 라디오광고, 신문광고, 잡지광고는 대체적으로 축소되었다. 따라서 더 많은 공식적 커뮤니케이션 도구들과 중요성과 비중이 늘어나는 구전 등의

비공식적 커뮤니케이션 도구들의 적절하고 통합적인 관리가 더 필요하게 되었다.

2) 통합적 마케팅커뮤니케이션의 정의와 특징

통합적 마케팅커뮤니케이션은 4가지 촉진믹스 등 다양한 커뮤니케이션 도구들을 이용하여 고객 및 잠재 고객의 행동에 영향을 미칠 수 있는 통합적 커뮤니케이션 프로그램을 개발, 실행하는 과정이다. 통합적 마케팅커뮤니케이션은 다음과 같은 특징들을 가진다. 이 5가지 특징들 중에서 처음 3개는 고객과 관련(각각 종착점, 출발점, 과정)되고 이후의 2개는 개별 도구들의 선택과 통합에 관련된다.

- 목표는 고객의 행동에 영향을 주는 것이다.
- 고객 또는 유망고객으로부터 출발한다.
- 기존고객 유지를 중시하고 고객과 좋은 관계를 형성, 유지, 제고에 주력한다.
- 모든 형태의 유용한 도구들을 사용한다.
- 일관된 브랜드나 조직체 이미지를 중심으로 시너지 효과를 달성한다.

첫 번째, IMC의 목표는 고객의 행동에 영향을 미치는 것이다. 이전의 커뮤니케이션(특히, 광고나 PR)에서는 인지와 감성(주로 태도)에 영향은 주었지만 막상 고객들이 실제 구매하는 데까지 이르지 않은 경우가 많았다. IMC는 인지, 감성을 넘어서 구매, 사용과 같은 행동적 반응을 이끌어 내는데 중점을 둔다. 두 번째 IMC의 특징은 고객 또는 유망고객으로부터 출발하는 것이다. IMC는 커뮤니케이션 도구의 결정에 있어서 기업의 내부에서 출발하는 내부지향적 접근법이 아니라 고객에게서 출발하는 외부 지향적 접근법을 택한다. 세 번째 IMC의 특징은 고객관계 관리를 통해 고객과의 장기적인 관계를 구축하는 것이다. 성공적 마케팅 커뮤니케이션을 위해서는 소비자들과 지속적인 좋은 관계 형성 및 제고를 통해 노력하고 궁극적으로는 애호도 있는 고객들을 확보하는데 커뮤니케이션의 중점을 둔다.

네 번째 IMC의 특징은 모든 형태의 유용한 마케팅커뮤니케이션 도구들, 즉 고객 접촉수단들을 사용하는 것이다. 이것은 마케팅 커뮤니케이션 관리자가 광고뿐만 아니라 다양한 촉진 믹스들을 사용하고 다양한 전달매체들을 적극적으로 사용하는 것을 의미한다. 다섯 번째 IMC의 특징은 선택한 마케팅커뮤니케이션 도구들의 시너지 효과를 달성하는 것이다. 모든 선택한 커뮤니케이션 도구들과 매체들은 일체가 되어서 하나의 목소리를 내어야 하고 각 커뮤니케이션의 효과적인 조정과 통제가 필요하다. 이러한 시너지의 목표는 강하고 긍정적이고 독특한 브랜드 이미지를 일관성 있게 유지하는 것이다(안광호 등, 2008).

통합적 마케팅커뮤니케이션의 성공한 예들에는 미국의 유유 콧수염 공익캠페인, 말보로, 바디샵Body Shop, SMH의 스와치Swatch, 휴렛 팩커드Hewlett Packard, 하겐다즈Haagen Dazs, 앱솔루트 보드카, 삼성전자, 2% 부족할 때 음료가 있다. <사례 3-5>는 앱솔루트 보드카의 IMC 전략을 다룬다.

<사례 3-5: 앱솔루트 보드카>

앱솔루트(Absolut) 보드카 브랜드는 스웨덴 브랜드이다. 한국에서는 보드카는 러시아의 술이라는 인식 때문에 대개 앱솔루트 보드카를 러시아 브랜드라고 생각하고 있으나 실제로는 스웨덴의 보드카 브랜드이다. 보드카는 러시아뿐만 아니라 유럽, 미국, 캐나다 등 세계에서 사랑받는 술이다. 앱솔루트는 전체적으로 향이 무향에 가까우며 뒷맛이 연해서 스트레이트로 즐기기도 좋은 편이다. 술집의 경우, 토닉워터와 함께 얼음을 섞어 하이볼 형식으로 파는 곳이 많다(나무위키, 2025).

앱솔루트 보드카의 IMC 목표는 브랜드 인지도 제고와 패션감 있고 세련되고 지적인 이미지를 확립하는 것이었다. 앱솔루트 보드카는 광고, PR, 판촉, 인터넷 촉진, 술병 패키지 디자인, 구전 마케팅 등을 통해 성공적인 IMC 캠페인을 전개할 수 있었다. 광고에서는 보드카 병 모양의 비주얼과 두 단어로 구성된 앱솔루트 + ______의 헤드라인(예, Absolut Style)을 사용해 관심을 끌고 적절한 변화와 일관성을 유지했다. 제품과 패키지 중심 광고, 항상 다음 편을 기대하는 광고, 일관성을 유지하면서도 변하는 광고, 잡지 위주의 광고 캠페인을 전개했다. 광고는 구전마케팅을 통해 소비자들의 배가된 관심을 불러 일으켜서 광고가 나온 잡지 수집 열풍도 벌어지고 잡지사에서는 광고를 실으려고 먼저 앱솔루트를 교섭하기도 하고 미술관에 일부 광고는 전시되기도 했다. PR은 패션쇼, 전시회 등을 이용해 이벤트를 통해 주로 진행되었고 예술가 후원 등도 병행하였다. 판촉은 소매상 판촉을 중심으로 하였고 홈페이지, 인터넷 광고 등도 활용하였다.

앱솔루트 보드카의 IMC에서 패키지인 병의 역할도 컸다. 앱솔루트 보드카는 미학적이고 독특한 병들을 디자인해 광고에 보여주면서 예술을 마케팅에 활용하였고 Y2K 술병, 크리스마스 술병들 특별한 행사와 관련하여 술병을 디자인하기도 했다. 결론적으로, 앱솔루트 보드카는 IMC의 성공으로 고급스럽고 패션 감각이 뛰어나고 차별화된 보드카 브랜드를 창조, 유지할 수 있었다.

출처: 김재영, 2007; 나무위키, 2025

4. 가치전달 네트워크와 마케팅 경로

1) 가치전달 네트워크

대부분의 기업들은 단독으로 고객들에게 높은 가치를 제공할 수 없고 보다 큰 가치전달 네트워크 내에서 다른 파트너들과 긴밀하게 협력해야 한다. 가치전달네트워크value delivery network는 "전체 거래시스템이 나은 고객가치를 전달하도록 돕기 위해 파트너 관계를 형성한 제조업체, 공급업자, 유통업자, 최종고객 간의 네트워크"로 정의 내려진다(Kotler et al., 2013). 기업은 후방거래 파트너라고 불리는 원료, 부품들, 생산 시설들, 정보, 금융, 전문기술, 완제품들을 공급하는 공급 협력업체와 도매상, 소매상과 같은 전방거래 파트너와 잘 연결되고 효율적으로 거래를 해야 한다. 이것을 관리하는 것은 공급체인Supply chain 관리인데 이러한 관리에만 의존하면 고객 욕구를 파악하기에 제한적이기 때문에 감지하고 반응하는 시장 관점에서 접근하는 수요체인demand chain 관리를 하기도 한다.

2) 마케팅 경로

(1) 유통경로의 정의와 중요성

유통은 4P의 하나로서 기업과 소비자들을 연결한다. 유통관리는 유통경로의 설계, 물류및 재고관리, 도매상과 소매상 관리를 위한 계획의 수립, 실행이다(안광호 등, 2023). 대부분의 제조업체들은 최종 소비자들에게 직접 제품을 제공하기 보다는 시장에서 중간상을 이용한다. 마케팅 경로marketing channel 또는 유통경로distribution channel는 "개인 소비자나 기업 고객이 제품 혹은 서비스를 사용하거나 소비할 수 있도록 공급하기 위해서 서로 돕는 상호의존적인 조직들의 집합"이다(Kotler et al., 2013).

기업의 유통경로 결정은 3가지 면들에서 중요하다(Kotler et al., 2013; 안광호 등, 2023). 첫째, 기업의 유통경로 결정은 다른 마케팅 의사결정에 직접 영향을 준다. 예로 기업이 유통경로로 편의점, 할인점, 백화점, 전문점, 인터넷 경로를 사용하는 것은 기업의 상품의 가격 결정에 직접 영향을 준다. 기업의 신제품개발은 경로 구성원들의 능력에 얼마나 부합하는 지에 영향을 받는다. 둘째, 유통경로는 기업의 성과에 종종 큰 영향을 준다. 엔터프라이즈Enterprise 렌트카 회사는 공항 밖에 렌터카 영업소들을 설치해서 공항에 영업소들을 가지는 1등 브랜드 허츠Hertz나 에이비스Avis와 차별화를 했다. 이런 전략은 저가 전략을 구사하는 버짓Budget에서도 채택해서 좋은 효과를 보았다. 페덱스FedEx는 허브형 거점 물류기지들을 사용하는 창의적인 유통경로 시스템을 개발해서 특송 시장에서 경쟁적 우위를 선점했다. Apple은 온라인 뮤직 스토어인 iTunes를 통해 iPod를 위한 음악을 판매해서 음악 소매시장을 혁신했고 시장의 리더로 자리 잡았다. 셋째, 유통경로 결정은 흔히 다양한 경로 업체들의 구성원들과의 장기적인 관계 형성을 수반하고 있기에 미래의 환경변화까지 고려해서 신중하게 유통경로를 설계하고 관리해야 한다.

중간상은 도매상과 소매상을 포함한다. 도매상wholesaler은 최종소비자에게 판매하지 않고 주로 소매상이나 다른 도매상, 기업고객들에게 판매하는 중간상이고 소매상retailer은 최종소비자들에게 상품을 판매하는 중간상을 의미한다. 중간상 이용은 거래의 경제성을 달성한다. 즉 중간상이 중간에 들어가서 실제 거래되는 수가 줄어든다. 둘째로 중간상 이용은 직접 최종소비자들과 거래하는 것에 비해서 시간 효용, 장소 효용, 소유 효용을 제공한다. 이러한 효용들은 중간상 이용의 비용을 상쇄하고도 남는다. 시간 효용은 소비자가 상품을 원할 때 구매할 수 있게 함으로써 발생하고 장소 효용은 원하는 장소에서 구매를 돕고 소유 효용은 소비자가 상품을 소유하도록 도와줌으로써 발생한다(안광호 등, 2023).

(2) 경로 커버리지 결정

마케터는 유통경로 목표를 달성하기 위해서 얼마나 많은 점포들이 필요하고 각 점포는 어느 정도의 경로서비스를 제공할 지를 결정한다. 경로(시장) 커버리지 또는 유통집중도distribution intensity는 특정 지역에서 자사 제품이나 서비스를 취급하는 점포의 수를 말하며 여기에는 집중적 유통전략intensive distribution, 선택적 유통전략selective distribution, 전속적 유통전략exclusive distribution의 세 가지가 있다.

집중적 유통전략은 가능한 많은 점포들이 자사 제품을 취급하도록 많은 점포들에 제품을 공급하는 경로 커버리지 전략으로 편의품 생산업체와 일상적으로 사용되는 원재료 생산업체가 채택하는 전략이다. 치약, 우유, 빵, 과자, 비누, 세제, 볼펜 등이 여기에 해당된다. 이 전략은 소비자들이 원하는 시간과 장소에 편리하게 제품을 구입하게 하는 것이다. 선택적 유통전략은 집중적 유통전략과 뒤에 나오는 전속적 유통전략의 중간 형태이다. 선택적 유통전략은 자사 제품을 원하고 규모, 판매 역량 등에서 자격을 갖춘 복수의 중간상들에게 제품을 공급하는 경로 커버리지 전략이다. TV, 무선청소기 등 대부분의 소형과 중형 전자제품들, 화장품, 의류 등은 이 전략을 사용한다. 선택된 유통경로 구성원들과 장기적이고 원만한 동업관계를 형성하고 제조업체가 전속적 유통전략보다 더 큰 통제력과 적은 비용으로 충분한 시장 커버리지를 확보하게 해 준다는 장점이 있다. 전속적 유통전략은 생산업체가 제한된 수의 대리점들에게 자신의 맡은 지역에서 독점적인 유통권을 부여하는 경로 커버리지 전략이다. 자동차, 명품 의류, 고급 스포츠용품, 가구에서 찾아볼 수 있다. 전속적 유통은 고품질 브랜드 이미지를 높이고 더 큰 이익을 보장할 수 있다. 전속대리점들의 적극적인 판매활동을 기대할 수 있고 대리점의 판매 가격, 촉진, 서비스를 통제할 수 있다(Kotler et al., 2013; 안광호와 한상린, 2007).

경로 커버리지 전략을 선택하는데 마케터는 점포에서의 고객 쇼핑과 구매행동, 기업의 경로통제 욕구, 점포의 포화 정도와 같은 요인들을 고려해야 한다. 경로 구성원들은 추가로 유통에 관한 다양한 정보 제공, 시장 제공물에 대한 촉진, 잠재고객을 접촉, 구매자 요구에 맞춘 제공물 제공의 주요 업무들과 물적유통, 금융, 위험 감소의 부가 업무들을 수행한다(Kotler et al., 2013).

(3) 경로 구조(경로 길이)의 결정

제조업자는 경로목표를 달성하기 위해서 경로 구조(경로 길이) 결정을 해야 한다. 즉 어떤 유형의 중간상들을 경로 구성원으로 포함시키는 가를 결정한다. 이것은 제품의 유형(소비재 대 산업재)에 따라 달라진다. 여기서는 소비자 제조업자의 유통경로 유형들을 알아본다. <그림 3-4>와 같이 소비자 제조업자가 선택할 수 있는 유통경로 유형들은 4가지가 있다. 각 단계의 마케팅 중간상을 경로수준이라고 한다. 실제 많은 제조업체들은 복수유형들을 동시에 사용한다. 유통경로가 길어질수록 제조업체의 통제력은 약해진다.

유형 1은 직접 마케팅 경로이다. 직접 마케팅 경로는 중간상을 거치지 않고 제조업체가 직접 소비자들에게 제품을 판매하는 마케팅경로이다. 한국야쿠르트, 웅진, 대교, 암웨이는 여기에 속한다. 나머지 유형들은 하나 혹은 두 개 이상의 중간상이 개입한 간접 마케팅 경로이다. 유형 2는 제조업체와 소비자들 사이에 소매상이 들어간 구조이다. 자동차, 가전제품, 가구, 구두 제조업자들이 자사 대리점이나 딜러를 통해 판매하는 것이 이러한 유형에 속한다. 유형 3은 제조업체와 최종소비자 사이에 도매상과 소매상이 참여하는 형태로 가장 전형적인 형태이다. 식품, 생필품들, 의약품 등이 여기에 해당 된다. 마지막으로 유형 4는 도매상과 소매상 사이에 또 하나의 중간도매상이 개입하는 구조로 주로 곡물류, 야채, 과일, 육류, 우유, 잡지, 레코드 등의 경로 구조이다. 경로들 간에는 제품의 흐름, 소유권의 흐름, 결제의 흐름, 정보의 흐름, 촉진의 흐름이 있다(Kotler et al., 2013; 안광호와 한상린, 2007).

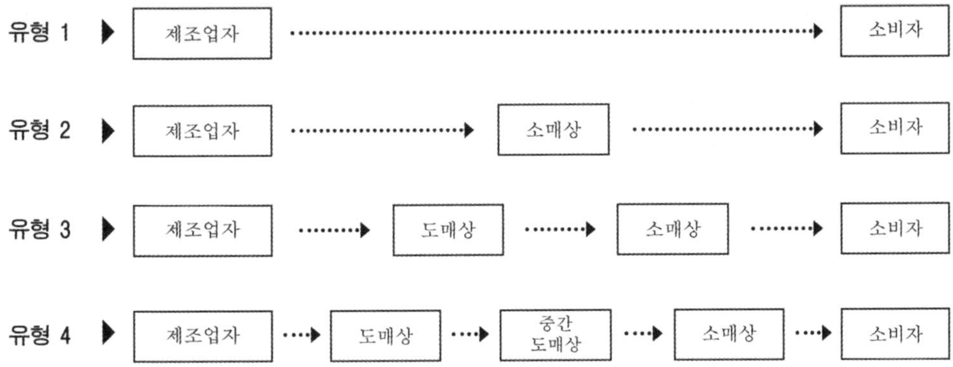

출처: 안광호와 한상린, 2007

〈그림 3-4〉 소비재 유통경로의 유형

3) 물적 유통과 재고관리

물적 유통physical distribution은 "원자재, 제공품, 완제품 및 관련 정보를 발생 시점으로부터 소비 지점까지 효율적이고 효과적으로 흐르도록 계획, 실시, 통제하는 활동으로 정의 된다."(안광호 등, 2023). 이것을 시장로지스틱market logistics라기도 한다. 효율적 물류관리 시스템은 물류비용을 상당히 감소시키고 고객 수요를 창출하기 위한 전략적 도구로 사용될 수 있다. 시장 로지스틱스의 목표는 최소의 비용으로 기업이 목표로 정한 고객서비스 수준을 제공하는 것이다.

물적 유통의 주요 기능에는 창고관리, 재고관리, 수송, 로지스틱스 정보관리 등이 있다. 생산 주기와 소비주기가 서로 일치하지 않는 경우가 대부분이기에 기업은 판매가 될 때까지 제품을 보관해야 한다. 보관은 저장창고 또는 물류센터를 통해 이루어진다. 물류센터는 여러 공장이나 원자재 공급업자에게서 물리적 재화를 공급받고 주문받고 고객들에게 제품을 신속하게 전달할 수 있도록 설계가 된 대규모의 자동화 창고이다. 관리자는 너무 적지도 않고 많지도 않는 적정 수준의 재고를 유지해야 한다. 기업은 제품을 수송하는데 크게 트럭, 철도, 해운, 파이프라인, 항공, 인터넷의 6가지 수송 수단들을 이용할 수 있다. 정보는 고객 주문, 대금 청구, 재고 수준, 고객 관련 데이터와 같은 주요 정보를 관리한다. 현대 경영에서는 통합적 로지스틱스 관리를 채택하는 기업들이 많다(Kotler et al., 2013).

5. 유통 환경의 변화

1) 유통경제 관점에서 변화

유통시장은 1980년대 말부터 시작해서 1996년에 완전 개발되었고 2005년에는 거의 모든 제품과 서비스시장이 개방되었다. 유통시장 개발과 더불어 유통규제 정책이 완화되고 경쟁이 더 치열하게 되었다. 규모의 경쟁이 가속화되고 일부 지방 유통업체들은 여기에 견디다 못해 몰락하게 되었다. 온라인 쇼핑은 두 자리수의 매출 증가율을 보이고 상당수 점포들의 오프라인 쇼핑의 매출은 감소하게 된다. 인수합병은 가속화되고 외국계 유통업체들은 업체에 따라서 성공과 실패를 동시에 경험한다. 대형마트들은 더 점포들을 늘리다가 최근에는 소비 불황과 경기 침체에 오히려 점포들을 줄이는 경우도 많다. 무점포 업태들이 늘어났고 2010년대 이후 다양한 형태의 인터넷 쇼핑이 성장한다. 인터넷 쇼핑은 매출과 이익에서 좋은 성과를 보이고 특히 모바일 쇼핑이 두드러진다.

2) 유통업체 관점에서 마케팅 변화

유통업체 관점에서 7가지 마케팅 변화는 다음과 같다(이은희 등, 2020):

- 오픈프라이스제의 확산

오픈프라이스제open price는 제조업체가 출하가격만을 표시하고 실제 판매가격은 소비자 수요, 비용, 이윤을 고려하여 유통업자가 고려하는 것이다. 가격경쟁의 심화와 관련되고 제조업체들, 유통업체들은 가격경쟁력을 확보해야만 소비자 시장에서 생존과 성장이 가능하다.

- PB의 확산

대형유통업체들은 경쟁력 강화를 위해 PBPrivate Brand 상품개발에 적극적으로 나선다. PB(유통업자 브랜드)는 NBNational Brand라고 불리는 제조업체 브랜드들과 대조되는 개념으로 이마트의 자연주의, No Brand, 데이즈, 코스트코의 Kirkland 등이 잘 알려지고 성공적인 예들이다. 저가격과 고수익을 얻는 장점들이 있기에 유통업체들이 많이 찾는 전략이다. 백화점들은 의류들에서, 할인점들과 편의점들에서는 식품들과 공산품들에서 PB를 많이 내놓는다.

• 제조업체에서 유통업체로의 힘의 균형 이동

유통업체 개방 이후에 제조업체들이 유통시스템을 장악하였던 시대에서 유통업체 지배형으로 전환되었다. 특히 이마트, 코스트코와 같은 파워 유통업체들은 규모의 경제력과 고객들의 구매력을 바탕으로 제조업체들에게 가격 압력을 가하고 소비자들에 대한 정보 자료도 구축해서 힘을 가지게 되었다.

• 제조업체와 유통업체 간 전략적 동맹

제조업체들과 유통업체들은 상품 공동개발과 정보 공유 등을 중심으로 서로 협력을 한다. 이것을 통해 재고 축소, 배송시스템 개선, 가격 인하에 도움이 된다. 미국의 월마트와 생활용품 강자 P&G의 협력이 좋은 예이다. 협력을 통해 월마트와 P&G는 물류비와 재고관리 비용을 획기적으로 감소시켰고 P&G는 월마트에 더 싼 가격으로 상품들을 제공하였다.

• 제조에서 유통까지 통합한 전문소매점SPA 확대

SPASpecialty Store Retailer of Private Label Apparel는 자사의 브랜드 상품을 직접 기획, 디자인, 제조하여 유통하는 전문소매점들을 의미한다. 저렴한 가격에 빠른 상품 회전을 통해 소비자들로부터 좋은 반응을 받는다. 소비자들의 라이프스타일을 정확하고 즉각 파악하여 상품을 기획해서 매장에 내고 본사에서 직접 매장을 관리해서 재고를 파악하고 관리해서 재고 비용을 줄인다는 장점들이 있다. 자라, 미쏘, 스파오, 유니클로, H&M 등이 성공적인 예들이다. <사례 3-6>는 불황에도 승승장구하는 유니클로UniQlo를 다룬다.

• 컴퓨터, 스마트폰 등에서 첨단시스템 기술의 활용

POSPoint of Sale, EDIElectric Data Interchange, 바코드시스템 등 첨단 정보기술은 유통

업체에서 적용되어 재고 파악, 소비자 선호 파악, 서비스 제공 등에서 업무효율화와 저가격과 대고객서비스 증대를 통한 고객 혜택을 준다. 인터넷 쇼핑은 계속 나오는 첨단 정보기술을 활용해 유통업체, 고객들에게 큰 혜택을 준다.

• 포지셔닝 전략의 실행

유통업체들 간의 경쟁은 표적시장을 명확히 하고 업태 개념을 명확히 하게 한다. 포지셔닝이 핵심 생존과 성공 요인으로 부각된다. 제품과 브랜드에서 사용되는 포지셔닝 개념이 유통업체 점포들에도 적용되어 점포 이미지와 관련된 가격, 진열, 운영, 고객서비스에 활용된다. 갭, 베네통, 유니클로, 다이소 등은 표적고객들을 명확히 하고 맞는 마케팅 전략들을 사용해 성공을 오랫동안 누리고 있다. 고객관계관리. 데이터베이스마케팅도 여기에 도움을 준다.

<사례 3-6: 불황에도 승승장구…유니클로 연매출 1조원 대 회복>

국내 패션기업이 소비 불황으로 부진한 실적을 면치 못하는 가운데 합리적인 가격을 내세운 SPA(제조·유통 일원화) 브랜드가 빠르게 성장하고 있다. 이중 유니클로는 매출 1조원을 돌파하며 외형 성장에 주력하는 모습이다. 11일 금융감독원 전자공시시스템에 따르면 한국 유니클로를 운영하는 에프알엘코리아의 2024년(회계연도 2023년 9월~2024년 8월) 매출액은 1조 601억원으로 전년 동기 대비 15% 증가했다. 같은 기간 영업이익은 5.4% 증가한 1489억원을 기록했다.

유니클로는 계절에 따른 내의(히트텍), 운동복 출시와 함께 예술, 아티스트, 캐릭터와 협업해 선보인 'UT' 등 주요 제품의 판매 호조로 호실적을 기록할 수 있었다고 설명했다. 여기에 경기 침체 장기화와 고물가 영향으로 가성비(가격 대비 성능)를 추구하는 소비자가 증가하면서 SPA 브랜드의 선호도가 높아졌다. SPA는 기획, 디자인, 생산, 유통, 판매 등 모든 과정을 제조회사가 맡아 관리하기 때문에 생산·유통 과정에서 발생하는 비용을 절감할 수 있다.

유니클로가 매출 1조원을 넘어선 것은 2019년 이후 6년 만이다. 2019년 일본 정부의 반도체 수출 규제 조치 이후 이른바 노재팬으로 불리는 불매 운동이 전국적으로 확산하면서 유니클로의 매출이 감소하기 시작했다. 불매 운동 전인 2019년(회계연도 2018년 9월~2019년 8월) 유니클로의 매출은 1조3781억원이었다. 이는 2005년 유니클로가 국내에 진출한 이래 최대 실적이다. 그러나 불매 운동이 시작하면서 매출(회계연도 기준)은 2020년 6298억원, 2021년 5824억원으로 절반가량 감소했다. 매출에 직격타를 맞자, 유니클로는 2019년 기준 매장 187개에서 2020~2021년 110개로 줄이며 비용 효율화에 나섰다. 이후 불매 운동이 점차 사그라지면서 유니클로는 매출 2022년 7043억원, 2023년 9219억원을 기록했다.

유니클로는 올해 잠실 최대 규모 매장을 선보인 데 이어 동대문점, 상봉점 등 10개 매장을 추가로 오픈해 12월 기준 전국 132개점을 운영하고 있다. 내년에는 공격적인 매장 확대보다 소비자의 소비 패턴, 니즈 등을 반영한 리뉴얼 작업을 진행할 방침이다. 유니클로 관계자는 "주요 제품의 판매 호조와 함께 전략적인 재고 관리 및 마케팅 커뮤니케이션 강화를 통해 좋은 성과를 기록했다"며 "효율적인 매장 운영을 위해 소비자의 니즈를 반영해 새롭게 리뉴얼하는 스크랩 & 빌드 전략을 지속적으로 진행하고 있다"고 말했다. 그러면서 "호실적을 이어가기 위해 일상복인 라이프웨어 기반의 제품들을 선보일 계획"이라고 덧붙였다.

출처: 파이낸셜투데이, 2024

6. 도매상과 소매상

1) 도매상

도매상은 유통경로에서 가장 복잡하고 다양한 형태의 도매상이 존재한다. 도매상은 중개상, 상인, 배급업자, 중간상 등의 다양한 이름들로 불리기도 하고 제조업자 도매상, 상인도매상, 대리점, 브로커 등 형태에 있어서도 다양하다. 도매상은 제조업체와 소비자들 중간에서 발생되는 시간과 장소의 불일치를 해소해서 생산과 소비를 조절하는 중요한 역할을 수행한다. 도매상은 구체적으로 소유권 이전, 물적 소유에 도움, 판매와 촉진. 구매 구색 맞춤, 보관, 소량으로 구매 가능하게 함, 수송, 금융, 위험 부담, 시장정보 제공, 경영관리 서비스와 지도, 협상, 주문 등의 역할을 담당한다(Kotler & Keller, 2009; 안광호 등, 2023).

2) 소매상

(1) 소매상의 역할

소매업은 "제품이나 서비스를 개인적 혹은 비영리 목적으로 사용하려는 소비자들에게 직접 판매하는 것과 관련된 모든 활동"이고 소매상은 주로 소매업을 통해 매출과 수익을 실현하는 사업자를 의미한다(Kotler et al., 2013). 소비자 의사결정의 약 40%는 매장 내 혹은 매장 근처에서 이루어지기에 소매상의 결정적인 '진실의 순간'에 소비자들에게 다가간다. 최근 많은 마케터들도 이런 것을 감안해서 쇼핑객(쇼퍼) 마케팅 개념을 받아들여 소매점 브랜드자산을 구축하고 매장 내 촉진과 광고 등에 더 힘을 쏟는다. 쇼핑객 마케팅개념은 "브랜드 자산을 최종 판매시장까지 확장하고 자사 제품에 유리한 매장 내 구매의사결정이 이루어지도록 판매시점 광고와 판촉들을 설계, 집행하는 것"이다(Kotler et al., 2013).

소매상은 제조업자 → 도매상 → 소매상 → 소비자로 구성되는 유통경로에서 마지막 단계로서 최종 소비자들과 직접 접촉하기에 제조업자와 도매상의 판매 성과에 큰 영향을 준다. 소매상은 제조업자들과 소비자들에게 여러 가지 기능들을 제공한다. 소매상은 소비자들이 구매하는 제품과 서비스에 대해 가치를 상승시키고 유통을 촉진시키는 역할을 한다. 소매상의 다양한 기능들에는 다음과 같은 것들이 있다(이수동과 여동기, 2006; Levy & Weitz, 2011).

a) 제조업자를 위한 소매상의 기능

- 시장 확대 기능으로 새로운 고객을 창출한다.
- 재고 유지 가능으로 고객의 욕구 충족을 위해 일정량의 재고를 유지한다.
- 주문처리 기능으로 점포 내 POS 시스템을 활용해 주문 처리를 가능하게 한다.
- 정보제공 기능으로 고객의 정보를 제조업자에게 제공 한다.
- 고객서비스 대행 기능으로 제조업자가 제공할 고객서비스를 소매상이 대행한다.

b) 소비자를 위한 소매상의 기능

- 소매상은 소비자가 원하는 상품 구색을 제공한다. 이를 통해 한 장소에서 소

비자들에게 상품 선택을 할 수 있고 상품 선택에 드는 비용과 시간을 절감할 수 있고 선택의 폭을 넓게 해 준다.

- 소매상은 광고, 판매원 서비스, 점포 내 진열 등을 통해 고객들에게 상품 관련 정보를 제공해서 고객들의 상품 구매를 돕는다.
- 소매상은 제조업체나 도매상이 수송비 절감을 위해 대량으로 운송한 제품들을 소비자들이 좋은 크기로 분할해 진열한다.
- 소매상은 재고를 적절히 보관하여서 소비자들이 원할 때 제공하고 소비자의 다량의 제품 보관의 불편함과 비용을 제거한다.
- 소매상은 소비자들이 더 쉽게 상품을 사고 사용할 수 있게 애프터서비스, 배달, 설치, 사용방법 교육 등과 같은 제품에 대한 부가서비스를 제공한다.
- 소매상은 신용카드 사용이나 할부 판매를 통해 소비자들의 구매 부담을 덜어주는 금융기능을 수행한다.

(2) 소매상 유형

소매상은 규모와 형태가 매우 다양하고 계속해서 새로운 형태의 소매상들도 생겨난다. 학자들에 따라 소매점포들 분류도 다양하고 통일되어 있지 않다. 소매 점포는 제공되는 서비스 수준, 상품구색의 폭과 깊이, 상대적인 상품 가격, 점포 조직방법 등과 같은 방법들로 분류 된다. <표 3-1>은 소매 점포들과 소매상들의 분류를 제시한다.

a) 점포형

전문점은 취급하는 상품계열의 폭은 한정되어 있지만 해당 계열 내에서는 매우 다양한 구색을 갖춘 소매점이다. 가전, 오디오, 의류, 운동용품, 가구, 서적 등 제품계열에서 전문점들이 있다. 백화점은 의류, 가정용품, 가정용 가구, 스포츠와 레저용품, 신변 잡화류, 설비용품 등 다양한 제품라인을 폭넓게 취급하면서 각 제품 라인은 각각 분리된 매장에서 전문적인 머천다이저나 구매담당자에 의해 관리되는 형태의 소매점이다. 백화점에서 여성의류가 매출과 수익에서 큰 비중을

〈표 3-1〉 소매 점포들과 소매상들의 분류

점포 유무에 따른 분류	소매점포 믹스전략에 의한 분류	예
점포 소매상	전문점	UniQlo, Zara, 까사미아
	백화점	신세계백화점, JC Penney, Macy's
	슈퍼마켓	Safeway, Krogger, GS슈퍼마켓
	편의점	CU, GS25, 7-Eleven
	할인점	Walmart, 이마트, 롯데마트
	오프 프라이스(Off Price) 소매상	오렌지팩토리아웃렛, Costco
	슈퍼스토어	Walmart 슈퍼센터, 하이마트,
	서비스 제공업소	호텔, 은행, 대학, 영화관, 레스토랑
무점포 소매상	우편통신 판매	
	텔레마케팅	
	TV 판매	
	온라인마케팅	
	방문 판매	
	자동판매기	

출처: Kotler et al., 2013, 안광호 등, 2023을 혼합해 제시

차지하고 여성화장품도 수익에서는 큰 비중을 차지한다. 백화점의 매력은 다양한 제품구매, 편리한 입지, 쾌적한 쇼핑공간이다. 지하 식품관, 고층에 주로 위치한 문화센터, 식당가들도 백화점이 고객들을 끄는 요인이다.

대구 동대구역 신세계백화점, 세계에서 가장 큰 규모를 자랑하는 부산 신세계백화점 센텀시티는 문화센터, 다양한 식당가, 아이스링크, 극장 등 부대시설 등의 뛰어남으로 고객들에게 어필한다. 한편 여의도 <더현대서울>은 매장의 거의 50%를 차지하는 녹지 공간과 휴식공간, 탁 트인 공간관리로 편안한 체험 공간을 제공해 차별화한 것이 성공의 주요 요인들 중 하나이고 대전 신세계 아트앤사이언스백화점도 8층 옥상층에 하늘공원을 설치하여 정원, 미니 연못, 애완견 플레이그라운드, 친환경 식당 및 카페 등으로 고객들을 끌어 들이고 있다. 이 두 백화점들은 상품의 실용적 구매 외에 장소 관람과 쾌락적 쇼핑을 위해 전국과 외국에서 매장을 구경하러 오는 관광객들도 상당히 확보한다. <그림 3-5>는 물리적증거의 예인 물리적 시설들로 다른 백화점들과 명확히 차별화한 4개의 백화점들의 사진

들을 보여준다.

최근 10년 이상 대부분의 백화점들은 상품구성에서 집중화되고 유연한 전문점들과 가격으로 승부하는 할인점들 사이에서 어려움을 겪고 있다. 백화점은 PB들 개발을 늘리고 독립 브랜드 디자이너숍의 비중을 늘리고 있다. 일부사람들은 양판점GMS: General Merchandising Store을 백화점이나 할인점에서 따로 분류하기도 한다(예, 안광호 등, 2023). 양판점은 "다수의 점포망들을 가지고 어느 정도 깊이의 구색을 갖춘 다양한 상품계열을 저렴하게 판매하는 체인업체"(안광호 등, 2023)로 정의된다. 점포형태 및 상품구성은 백화점과 유사하지만 대량 매입과 다점포화, 전체 매출에서 소매업체 자체 브랜드들이 차지하는 높은 비중 등으로 가격에서 백화점보다 저렴한 것이 특징이다. 양판점은 백화점과 할인점의 중간 형태라 할 수 있다. 미국의 Sears, J.C. Penney, Montgomery Ward가 여기에 속하는 예들이다.

더현대 서울

대전 신세계 아트앤사이언스 하늘공원

대구 동대구역 신세계백화점 8층 문화 및 식당센터

부산 신세계 센텀시티 외관

〈그림 3-5〉 물리적 시설로 차별화한 국내 백화점들

슈퍼마켓은 다양한 식료품들과 가정용품들을 취급하는 큰 규모, 저비용, 저마진, 대량 판매, 셀프서비스 형태로 운영되는 소매 점포이다. 슈퍼마켓은 최근 할인점들의 위협과 상류층을 겨냥한 전문식품점들과의 경쟁에서 고전을 한다. 슈퍼마켓은 신선식료품, 즉석 제조 베이커리 등 상품 질 개선과 개선된 매장 환경 등으로 변화를 모색해왔다.

편의점은 주거지역 가까이에 입점하고 365일 24시간 영업한다. 재고회전율이 높은 가공 식품, 문방구, 편의품들을 중심으로 한정된 제품라인을 취급하고 다소 높은 가격에 판매하는 비교적 소규모의 점포이다. 많은 점포들과 아파트 바로 앞 등 편리한 위치에 있는 위치적 효용과 24시간 구매가 가능한 시간상의 편리가 다소 높은 가격을 상쇄한다. 2000년대 이후 자체 PB 상품들의 확장, 취급 상품들의 확대, 택배서비스 취급, 공고요금 수납 등 고객에 대한 서비스 강화 등으로 경쟁을 하고 있다. 매장에 따라 카페형, 이동형, 무인형, 숍인숍 등으로 형태도 다양화하고 있다. CU 등은 일정 금액 이상 구매자들에게 배달 서비스도 도입하였다.

할인점은 저마진과 대량판매를 기반으로 정상 상품들을 저가격으로 판매하는 소매 점포이다. 할인점은 도시 외곽에 주로 위치하고 효율적인 생산방식과 점포운영을 통해 가격을 낮게 책정하고 점포 환경 개선, 고객 서비스 확장으로 좋은 평가를 받고 있다. 미국의 Walmart는 "everyday low price" 정책을 꾸준히 유지해서 싼 가격에 가치를 추구하는 고객들을 잡고 있다. Target, K-Mart, 이마트, 롯데마트 등도 여기에 속한다. 이마트는 신선식품의 제공, 데이즈, 노브랜드 등의 가성비 있고 잘 팔리는 PB 브랜드들 보유, 깨끗하고 넓은 매장, 편리한 입지, 매장 내 스타벅스 카페, 세탁소, 약국 등 입점 등으로 유통의 핵심 업체로 자리를 유지하고 있다.

오프프라이스Off Price 소매 점포는 정규 도매가격보다 낮은 가격에 상품들을 구매해서 소비자들에게 다른 소매상들보다 낮은 가격으로 판매하는 소매 점포이다. 제조업체가 직접 운영하는 제조업체 상설할인매장factory outlet, 독립 사업가가 소유하거나 대규모 소매기업의 한 사업부 형태로 운영되는 독립 오프라인 소매점, 회비를 내는 회원들을 대상으로 한정된 제품들을 아주 싼 가격에 판매하는 창고형 클럽이 3가지 유형들이다. FX는 한섬의 제조업체 할인매장이고 오렌지팩토리 아웃렛은 독립 오프라인 소매점이고 코스트코는 창고형 도매클럽이다. 창고형 도매클럽은 가공식품, 잡화, 과일, 가정용품, 가구, 전자제품 등을 취급한다. 실내장식은 거의 없고 진열대에 상품을 묶음 형태로 많이 쌓아놓고 고객들이 대량 구매하도록 한다. 코스트코는 회원 충성심이 강해서 90%이상의 회원들이 매년 회원 갱신을 한다.

슈퍼스토어는 일상적인 식료품들, 비식료품들을 판매하고 세탁, 우편, 사진현상, 간이식당, 차량 정비 등의 서비스로 소비자들의 모든 욕구를 충족시켜주기 위한 초대형 점포이다. 슈퍼마켓과 할인점을 결합한 슈퍼센터이고 전통적인 슈퍼마켓보다 점포의 규모가 보통 2배 이상 크다. 여기에 포함되는 스페셜 형태는 카테고리 킬러category killer 또는 전문할인점이다. 특정 제품 범주에서 매우 깊은 구색을 갖추고 저가격에 판매하는 스토어이다. 생활용품들을 파는 다이소, 뷰티용품들과 건강용품들을 파는 올리브영, 전자제품들을 파는 Best Buy와 하이마트, 장난감들을 파는 Toys'R'Us, 사무용품들을 파는 Home Depot, 의류를 파는 Gap. Limited가 대표적 예들이다. 마지막으로 서비스 소매상 업소들이 있다. 서비스상품을 전문으로 취급하는 매장으로 호텔, 은행, 항공사 공항 서비스센터, 대학 시설, 병원, 영화관, 레스토랑, 미용실, 세탁소, 테니스클럽 등 광범위한 서비스 제공 장소들이 여기에 속한다(Kotler et al., 2013; 안광호 등, 2023).

소매 점포들이 결합되어 기업형 체인, 임의 체인, 소매상 조합, 프랜차이즈 조직의 형태를 가진다. 이중 우리 생활에 밀접한 형태는 프랜차이즈franchise로 가맹점 본부인 제조업체, 도매상, 또는 서비스 조직과의 계약을 통해 독립적 사업자(프랜차이즈 가맹점)가 프랜차이즈 시스템 내의 가맹 점포를 소유하고 운영할 권리를 구매하는 방식의 계약적 소매조직이라 정의된다(Kotler et al., 2013). <사례 3-7>은 신유통 공룡이 된 한국의 '국민 가게' 생활용품 카테고리킬러인 다이소의 마케팅 전략들을 다루고 <사례 3-8>은 창고형 도매클럽인 코스트코의 성공전략들을 다룬다.

b) 무점포 유형

무점포 소매상은 최근에 유통에서 특히 부각되어 온 소매업체로서 쇼핑에 시간이 부족한 소비자들에게 시간과 장소 효용을 주고 소매업자들에게는 점포 비용의 절감, 목표고객들에게 높은 접근성, 고객의 잠재 수요 자극 등의 이점을 가지기에 앞으로 인터넷과 AI가 가속화되면서 더 성장이 예상된다. 무점포 소매업은 크게 다이렉트 마케팅direct marketing, 방문판매direct selling, 자동판매기로 분류된다. 다이렉트 마케팅은 측정 가능한 반응을 얻거나 거래를 성사하기 위해 1가지나 그 이상의 광고매체를 사용하는 쌍방향 커뮤니케이션의 마케팅시스템을 말한다. 다이렉트 마케팅은 커뮤니케이션 수단에 따라 통신(우편) 판매, 텔레마케팅, TV마케팅, 온라인마케팅의 4가지로 나누어진다.

통신판매는 공급업자가 광고매체를 통해 판매하고자 하는 상품에 대한 광고를 하고 고객으로부터 전화, 팩스, 편지 등을 통해 주문을 받은 상품을 직접 또는 우편으로 배달하는 판매방식이다. 텔레마케팅(전화마케팅)은 전화로 표적소비자층에 상품 정보를 제공한 후 고객이 TV, 우편 광고 등을 보고 주문을 하는 마케팅이다. TV마케팅은 TV 광고를 통해 상품 구매를 하도록 유도하는 방식으로 30초에서 1분의 짧은 TV 광고를 통해 직접반응광고 주문 방식과 홈쇼핑 채널을 이용한 주문 방식의 2가지 방식들이 대표적이다. 온라인마케팅은 인터넷을 통해서 제품과 서비스를 판매하는 방식이다(안광호 등, 2023). 2010년대 이후 인터넷과 월드와이드웹www의 보급으로 급속하게 확산해 온 방식으로 뒤에 다시 알아본다.

방문판매는 가장 오래된 역사를 가진 무점포형 소매업 방식이다. 한국의 한국야쿠르트, 웅진, 대교, 미국의 Tupperware 플라스틱 식기용기, Avon 화장품 등이 대표적 예들이다. 자동판매기는 한국의 경우 1980년대 이후 급성장해 온 무점포형 소매업의 하나이고 지하철역 같은 곳에서 볼 수 있다. 최근에는 키오스크kiosk라고 하는 디지털 기술과 터치스크린 기술을 활용하는 판매기가 널리 보급되어 와서 구식의 자동판매기를 대체해왔다. 호텔, 항공사의 체크인 기계, 상점 내부, 패스트푸드 레스토랑 내부에서 키오스크기계를 자주 볼 수 있다(Kotler et al., 2013; 안광호 등, 2023).

무점포 구매 장점들과 단점들은 다음과 같다. 무점포 구매는 시간과 장소를 구매시 절약하고 편리함, 노력과 스트레스 줄임, 인터넷 쇼핑이 즐거움을 줌, 짧은 시간에 많은 제품 비교 가능, 집까지 배달 및 반품 픽업 등의 장점이 있다. 반면에 사이즈, 품질, 디자인 등에서 불만 발생 가능성 큼, 결제 시 신용정보 노출 위험, 조잡한 상품을 삼, 충동구매의 증가 등의 단점들도 있다.

<사례 3-7: 신 유통 공룡, 국민 가게 다이소의 마케팅 전략>

다이소는 1997년 설립된 대한민국의 생활용품 전문 기업으로 전문할인점인 카테고리 킬러에 속한다. 다양한 품목들과 합리적인 가격을 기반으로 국내 유통업계에서 독보적인 위치를 차지하고 있다. 경기 불황과 전자상거래 활성화로 전통적인 오프라인 유통 강자들이 휘청거리는 상황에서도 전혀 흔들림이 없는 모습이다. 위기에 더욱 강한 다이소의 원동력은 뭘까? 다이소는 온라인 쇼핑이 강세를 보이는 상황에서도 고속 성장을 이어가고 있다. 금융감독원 전자공시시스템에 따르면 아성 다이소의 지난해 매출액은 3조 4605억원이다. 지난해 같은 기간(2조9458억원)과 비교해 17.5% 증가했다.

매출은 꾸준히 오름세다. 다이소의 지난 4년간 연도별 매출액은 2019년 2조 2362억원, 2020년 2조 4215억원, 2021년 2조 6048억원, 2022년 2조 9458억원 등이다. 다이소의 성공 비결은 실용적 소비자 트렌드 변화를 파악하고 계속되는 경기 불황에 저렴하면서도 품질이 좋은 가성비 상품들을 찾는 소비자들의 욕구를 파악해 제품들을 내놓은 데 있다. 특히 최근 몇 년은 디자인과 품질을 더 높이고 아모레와 협력해 성공적인 저가 화장품인 <미모 바이 마몽드>를 내놓는 등 상품의 다양화도 성공적으로 진행했다.

**다이소의 성공 비결

1) 차별화된 제품 전략
- 다양성: 약 7만여 개의 품목으로 소비자 니즈 충족,
- 신속하게 제품 제공: '패스트 리빙'(최신 유행을 반영한 생활용품을 빠르게 생산 또는 판매하는 방식) 전략
- 독창성: 트렌드에 맞춘 상품 개발 및 신속한 출시.
- 품질관리: 국제표준화기구(ISO)가 제정한 품질경영 국제표준인 'ISO 9001' 인증 완성품 판매에만 집중
- PB를 팔지 않고 전 세계 35개국, 국내 800여개업체들로부터 좋은 제품들을 받아 판매.

2) 합리적인 가격 정책
- 균일가 정책: 500원, 1000원, 1500원, 2000원, 3000원, 5000원의 6가지 가격들만 사용
- 비용 절감: 대량 구매와 효율적 공급망 관리로 원가 절감.

3) 전국적 유통망 구축

- 매장 접근성: 전국 1,000여 개 매장을 통해 소비자 접근 용이.
- 효율적 물류 시스템: 빠른 재고 보충과 유통 효율성.

4) 뛰어난 고객 경험 제공

- 셀프 쇼핑 환경: 편리한 매장 레이아웃과 제품 배치.
- 소비자 만족도 관리: 친절한 서비스와 철저한 품질 관리.

학계에서도 다이소의 성공 비결로 저렴한 가격과 접근성을 꼽는다. 이은희 인하대 소비자학과 교수는 "배달비가 없기때문에 다이소에서 직접 물건을 사는 것이 온라인보다 더 저렴할 수 있다"면서 "다이소의 또 다른 특징은 접근성이 좋다는 것이다. 유동하기 좋은 곳에 다이소가 자리하고 있다"고 설명했다. 다이소는 글로벌 확장 전략도 구사한다. 일본, 미국, 중국 등 주요 국가들에 진출해 있고 현지 소비자 맞춤 상품들을 개발하고 현지 유통업체와 협력해 현지화 전략을 구사한다. 다이소의 지속 가능한 성장 전략에는 친환경 제품 개발, ESG 경영, 지역 사회와의 협력, 지역경제 활성화 등이 있다.

출처: 09177002 블로그 글, 2024; 이코노미스트, 2024

<사례 3-8: 위기에 처한 오프라인 유통시장, 코스트코에서 해법 찾아라.>

오프라인 유통기업 코스트코(Costco)는 꾸준한 성장세를 보이고 있어 대비된다. 글로벌 연매출 321조원(2380억 달러) 신화의 주인공인 코스트코의 성공 비결은 무엇일까? 첫째, 차별화된 제품 구성을 꼽을 수 있다. 창업주 짐 시네갈은 현재까지 매장당 5000개 이하의 상품만 취급하고 있다. 이는 잘 팔리는 제품만 원산지나 공장에서 싸게 구입해 판매하는 전략인 셈이다. 또 모든 제품을 팔레트 상태로 진열해 매장 관리비와 인건비를 절감했다. 판매될 상품을 선택하는 MD가 담당하는 품목 개수도 다른 업체의 3분의 1 수준에 불과하다. 여기에 350여 가지 자사브랜드(PB) 상품 '커크랜드(Kirkland)'를 통해 높은 품질의 가성비 상품으로 소비자 신뢰를 구축했다. 코스트코에서 PB 상품 매출이 전체 매출의 25% 이상을 차지하는 것도 이를 보여주는 예다.

둘째, 최저 가격에 대한 변하지 않는 원칙이다. 코스트코는 최대 이익률이 15%를 넘지 않아야 한다는 원칙을 고수하고 있다. 만약 담당 직원이 '15% 이익률' 원칙을 어기면 징계가 내려진다. 15% 이익률은 점포 운영비, 인건비, 마케팅 등 최소 운영 자금에 해당하는 비율이다. 반면 국내 대형마트 이익률은 25% 수준으로 알려졌다. 과거 경기 호황으로 경쟁 업체가 물건값을 올릴 때도 코스트코는 좋은 물건을 최저가로 구매해 최저가로 판매한다는 원칙을 바꾸지 않았다. 한 예로 미국 코스트코에서 판매하는 핫도그는 1985년부터 현재까지 40년간 1.5달러를 유지하고 있다.

셋째, 멤버십을 통한 안정적인 수익 구축이다. 전 세계 870여 개 매장을 갖춘 코스트코는 1억3000만명이 넘는 멤버십 회원을 확보하고 있다. 글로벌 평균 멤버십 가격은 8만 원 대로 이를 통해 코스트코는 연간 8조 원의 꾸준한 수익을 창출하고 있다. 전체 순이익의 70%를 연회비로 충당하고 있는 셈이다. 놀라운 사실은 고객의 멤버십 재가입률이 90% 이상이라는 점이다. 결국 코스트코는 '제로 마진' 정책에도 충성고객의 멤버십을 통해 안정적 수익 구조를 갖추고 있는 것이다.

넷째, 자사 직원에 대한 우대도 빼놓을 수 없다. 미국 코스트코는 동종 업계 대비 높은 임금과 자기계발 기회까지 제공한다. 또한 아르바이트로 시작한 직원이라도 능력에 따라 얼마든지 승진 기회를 준다. 한 예로 론 반크리스 CEO(최고경영자) 역시 지게차를 운행하는 아르바이트로 처음 일을 시작했다. 특히 코스트코는 전 직원에 의료보험 혜택을 제공해 미국의 비싼 의료비 걱정에서 벗어날 수 있게 했다. 이에 따라 임직원이 30만 명이 넘는 코스트코는 최저 이직률과 최장 근속연수를 자랑한다.

이 같은 성과는 주가에도 잘 나타나고 있다. 2000년 5달러로 시작한 코스트코 주가는 2024년 9월 현재 900달러를 넘어섰다. 무려 180배나 늘어난 셈이다. 이에 따라 주식 투자 대가인 워런 버핏과 찰리 멍거도 코스트코 주식을 장기간 보유해 막대한 차익을 거뒀다. 코스트코의 성공 신화는 지난 40년 동안 '어떻게 하면 돈을 더 벌까'가 아닌 '어떻게 하면 더 싸게 팔까'에서 비롯됐다.

출처: 뉴스투데이, 2024

7. 온라인마케팅

인터넷은 우리의 삶을 획기적으로 바꾸어 왔다. 개인 간의 커뮤니케이션이나 비즈니스에서 인터넷이 없는 것을 생각하기 어렵다. 인터넷은 컴퓨터 네트워크의 거대한 공공망으로 세계 전역의 모든 컴퓨터, 스마트폰, 태블릿 사용자들을 서로 연결해주고 정보 시장에 쉽고 편리하게 접속이 가능하게 해준다. 엔비디아, 애플, 마이크로소프트, 아마존 등 세계적 IT 기업들은 인터넷을 사업의 주요 수단으로 사용한다. 많은 온, 오프 통합 기업들도 존재하는데 전통적인 오프라인 사업에 온라인 마케팅을 추가한 사업을 하는 기업들이다.

출처: www.samsung.com

〈그림 3-6〉 삼성전자 홈페이지 브랜드아이덴티티 섹션에 제시된 5개 핵심가치와 4개 브랜드 토널리티(개성)

온라인 마케팅은 크게 웹사이트 활용, 온라인 광고나 프로모션 실시, 온라인 SNSSocial Network Service 활용, 이메일 전송, 스마트폰 등 모바일마케팅 활용의 5가지 유형들로 행해진다. SNS 마케팅은 사람들이 서로 어울리거나 정보와 의견, 사진들, 영상들을 교환하는 페이스북, X, 인스타그램 등의 온라인 커뮤니티 도구를 사용하여 하는 마케팅이다. <그림 3-6>은 고객 대상 웹사이트인 삼성전자 홈페이지 브랜드아이덴티티 섹션에 제시된 5개 핵심가치들과 4개 브랜드 토널리티(개성)

를 보여주는 스크린샷 사진들이다. 모바일 마케팅은 이동 중인 소비자에게 모바일폰, 스마트폰, 태블릿, 또는 다른 모바일 커뮤니케이션 기구를 통해 행하는 마케팅이다(Kotler et al., 2013). 모바일 마케팅은 최근에 가장 급속하게 확산했고 각광을 받는 유형이다. 온라인 마케팅에서 최근에 정보를 교환하고 커뮤니케이션하는 글인 블로그나 영상인 유튜브를 활용한 마케팅도 급격히 늘어났다. <그림 3-7>은 우리나라 국민들의 유튜브 사용 실태를 보여준다.

출처: 지니, 2025

〈그림 3-7〉 유튜브에 푹 빠진 대한민국

<유튜브>

유튜브는 2005년 영상공유 서비스로 나와서 급속히 입소문을 통해 확산되어 2006년 하루 조회 수가 1억 뷰를 이미 돌파했다. 유튜브의 가치를 알아본 구글Google이 약 $16억 5천만이라는 구글 당시 역사상 가장 큰 규모의 인수를 해서 자회사로 두었다. 이게 황금알을 낳는 거위로 꾸준히 급성장했다. 2023년 한해 403억 달러(약 60조원)의 매출을 기록했고 영업이익이 100억 달러(약 14조 5000억원)이

었다. 영업이익률이 약 25%가 되고 2023년 구글 총매출의 약 12%를 차지했다. 검색광고가 50% 이상의 비중을 차지하지만 유튜브를 통한 직접 상품 판매도 하고 있다. 유튜브는 무료인 일반 유튜브와 유튜브 쇼트, 유료인 유튜브 프리미엄과 유튜브 음악 등으로 운영된다. 2023년 유튜브 커머스사업도 시작했다. 유튜브 커머스 사업은 유튜브 플랫폼 내에서 상품 판매와 광고를 중점으로 한 쇼핑 전용 채널을 신설하고 이를 통해 크리에이터들이 자신의 콘텐츠와 상품들을 연결하여 판매하고 수익을 창출하는 것이다. 유튜브 커머스사업은 기존의 영상 콘텐츠와 상호작용을 높이며 시청자들이 쉽게 관심 상품을 구매할 수 있도록 도와줄 수 있다(출처: 지니, 2025).

참고문헌

09177002(2024), “다이소의 성공 전략: 가성비와 접근성으로 이룬 기적”, https://09177002.tistory.com/160.

국민일보(2009), “스타 마케팅 진화”, **국민일보**, 2009년 8월 27일.

김우성(2010), “스타마케팅의 효과와 메커니즘”, **마케팅**, 44권 1호, 51~56.

김우성(2011), “스타마케팅의 작동원리와 유형에 대한 고찰”, **영산논총**, 21집, 135~150.

김우성(2012), **브랜드와 고객체험**, 파주: 이담 Books(한국학술정보).

김재범(2005), **문화산업의 이해**, 서울: 서울경제경영.

김재영(2007), **Brand and Branding: The Science of Branding**, 서울: 비앤엠북스..

나무위키(2025), “앱솔루트 보드카”, 2025년 1월 28일.

뉴스투데이(2024),“(데스크칼럼) 위기에 처한 오프라인 유통시장, 코스트코에서 해법 찾아라”, 뉴스투데이, 2024년 9월 27일.

박문기, 브랜드38연구소(2006), **스타와 CF**, 서울, 두남출판사.

박종원, 현호섭(2005), “광고에서의 슈퍼스타 모델의 관련성과 성취수준이 제품평가에 미치는 효과에 관한 연구”, **경영학연구**, 34(4), 1079~1100.

스포츠조선(2024), “여전한 ‘영웅앓이’…‘임영웅 모델=매출 증가’ 효과 톡톡”, **스포츠조선**, 2024년 6월 9일.

스포츠한국(2010), “박태환 부활 뒤엔 드림팀 있었네, 특별강화위원회 구성, 의학, 과학적인 종합관리”, **스포츠한국**, 2010년 11월 16일.

안광호, 김동훈, 유창조(2008), **촉진관리: 통합적 마케팅 커뮤니케이션 접근(제 2판)**, 파주: 학현사.

안광호, 하영원, 유시진(2023), **마케팅원론: 고객지향적 접근(8판)**, 파주: 학현사.

안광호, 한상린(2007), **유통원론(개정판)**, 파주: 학현사.

에너지경제신문(2025), “스타 셰프 마케팅 부활…외식업계 막차 타기?”, **에너지경제신문**, 2025년 1월 23일.

이수동, 여동기(2006), **소매경영**, 파주: 학현사.

이은희, 제미경, 김성숙, 홍은실, 유현정, 윤명애(2020), **디지털 시대의 소비자와 시장**, 시그마프레스.

이종호, 김용호, 김문태, 옥정원(2009), **현대광고론**, 서울: 경문사.

이코노미스트(2024), “신유통공룡의 등장…1000원짜리 팔아 3조 매출 일군 다이소”, **이코노미스트**, 2024년 6월 17일.

이학식, 안광호, 하영원, 석관호(2024), **소비자행동(제 8판)**, 서울: 집현재.

이호배, 정이규(1997), “유명인 광고모델속성이 광고태도와 상표태도에 미치는 영향”, **광고학연구**, 8(2), 167~181.

임종원, 김재일, 홍성태, 이유재(2006), **소비자행동론(제 3판)**, 서울: 경문사.

지니(2025), "황금거위 유튜브, 어떻게 구글이 가졌을까?" https://m.blog.naver.com/wwk0204/223744246316

파이낸셜투데이(2020), "마스터카드, '디지털 프라이스리스 익스피리언스' 캠페인 개시", **파이낸셜투데이**, 2020년 6월 4일.

파이낸셜투데이(2024), "불황에도 승승장구…유니클로 연매출 1조원 대 회복", **파이낸셜투데이**, 2024년 12월 11일.

한경닷컴(2009), "전지현 스토리", **한경닷컴**, 2009년 6월 19일.

EBN(2025), "하나금융 새얼굴 GD, 금융권 스타 마케팅 치열", **EBN**, 2025년 1월 13일.

Freiden, Jon B.(1984), "Advertising Spokesperson Effects: An Examination of Endorser Types and Gender on Two Audiences", *Journal of Advertising Research*, 24(October/November), 33~41.

Keller, Kevin L.(2008), *Strategic Brand Management: Building, Measuring, and Managing Brand Equity(3rd Edition)*, Upper Saddle River, NJ: Pearson Education, Inc.

KFA(대한축구협회) News & TV (2023), "KFA-하나은행, 공식파트너 계약 2033년까지 10년 연장", **KFA News & TV**, 2023년 6월 21일.

Kotler, Philip, 안광호, and Gary Armstrong(2013), *Marketing: An Introduction*(**마케팅입문**), Pearson/서울: 석정.

Kotler, Philip and Kevin Keller(2009), *Marketing Management(13th Edition)*(**마케팅관리론 제 13판**; 윤훈현 옮김), 서울: 석정.

Levy, Michael and Barton A. Weitz(2011), *Retailing Management*(**소매경영**; 오세조, 박진용, 송영욱, 노원희 역), 서울: 한올출판사.

McCracken, Grant(1989), "Who is the Celebrity Endorser? Cultural Foundations of the Endorsement Process", *Journal of Consumer Research*, 16(December), 310~321.

Rein, Irving, Philip Kotler, and Ben Shields(2009), *The Elusive Fan: Reinventing Sports in a Crowded Marketplace*, (**스포츠팬을 잡아라**; 서원재와 성용준 역), 서울: 한국방송통신대학교출판부.

www.samsung.com

4장

소비자 의사결정

소비자들이 제품을 구입하는 과정은 제품의 종류, 소비자의 개인적 특성, 제품의 구매 상황에 따라 다양한 의사결정을 하게 된다. 고관여이고 최초 구매인 경우 소비자 구매 의사결정은 문제 인식, 정보탐색, 대안평가, 구매, 구매 후 과정의 5단계 모델로 설명된다. 4장에서는 소비자행동의 기본으로 시작하고 소비자 의사결정을 설명하는 이론적 접근방법들을 살펴보고 저관여 소비자 의사결정을 다룬다. 다음으로 구매의사결정 5가지 단계들을 구체적으로 살펴본다. 4장에서 소비자 의사결정 사례들은 블랙핑크BLACKPINK의 성공 요인들, 삼양식품의 불닭볶음면, 더현대서울을 다룬다.

1. 소비자행동

1) 소비자행동의 특성과 중요성

소비자행동은 동적이고 소비자와 조직체, 소비 관련 대상들과의 상호작용을 포함하고 교환을 포함한다. 소비자행동은 제품, 서비스, 활동, 경험, 사람, 아이디어 등을 포함하고 획득, 소비와 체험, 처분의 동적 과정들을 포함하고 많은 사람들을 포함하고 많은 의사결정을 포함한다(Peter and Olson, 2005; Hoyer and MacInnis, 2012). 소비자행동은 개인, 제품 및 상황의 합작이다(Belk, 1975). 상황의 영향에 대해서는 본장의 뒤에서 자세히 알아본다. 소비자행동은 복잡, 미묘하고 변화가 많아 예측이 어려운 경우들이 많다.

세계적 기업들도 미리 마켓 테스트도 대대적으로 하고 막대한 돈을 투자하고 자신 있게 마케팅 전략들을 집행하고도 매우 쓴 경험을 보기도 한다. 고전적인 마케팅 사례들 중 하나는 Pepsi의 새로운 맛의 콜라 출시로 격화된 콜라 전쟁에서 Coca-Cola 기업이 야심차게 내놓은 'New Coke'의 실패와 뒤늦게 원인들을 파악하고 'Classic Coke'를 출시해 펩시의 도전을 물리치고 1위를 고수한 것이다. 'Coke'는 시장에서 코카콜라의 애칭이다.

만년 2위 브랜드 펩시는 1985년에 새로운 맛의 콜라를 개발하고 블라인드 마케팅 테스트에서 대다수 참가자들이 코카콜라보다 맛이 뛰어나다고 평가했다. 펩시는 새로운 신제품을 젊은 층에 특히 소구하는 광고들과 유명 스타들을 동원해서 시장에서 대대적인 광고를 하고 코카콜라의 점유율을 위협했다. 위기를 느낀 코카콜라는 새로운 맛의 콜라를 개발해 'New Coke'이라고 브랜드명을 붙이고 대대적 프리시장 테스트에서 좋은 평가를 받은 후 시장에 출시하고 대대적 광고를 한다. 그러나 뉴 코크는 판매율이 저조하고 일부 소비자들은 저항하고 자신의 삶의 일부인 핵심 음료를 없앴다고 법적 소송도 한다. 뒤늦게 조사를 통해 이유를 파악한 코카콜라회사는 79일 만에 'New Coke'를 시장에서 완전 철수하고 이전과 같은 맛의 콜라 제품을 재 출시한다. 창피하니까 이름만 바꾸어 복고한다는 의미의 고전적 코크의 의미의 'Classic Coke'로. 코카콜라는 점차 옛날의 시장 점유율을 회복하였다는 고전적 사례이다. 코카콜라는 소비자들이 맛도 중요하지만 친숙함, 애착, 편안함을 추구하고 자사의 코크는 생활의 일부인 음료이자 문화 제품으로 소비자들은 코카콜라 원래 제품에 길들여져 있다는 것을 비싼 대가를 지불하고 깨달았다.

소비자행동의 구체적인 예들에는 특정 브랜드 선호, 운동 경기 관람, 광고에 대한 소비자 반응, 특정 제품/서비스의 사용, 제품 사용 후 버리기, 구매 후 만족, 선물 사기, 음식 먹기, 가상현실 경험, 여행 관람지 체험 등이 있다. <사례 4-1>은 연예마케팅, 음악마케팅의 예인 세계적 음악 그룹인 BLACKPINK블랙핑크의 성공 전략들을 다룬다.

소비자행동은 왜 중요한가? 우선, 마케팅의 핵심은 고객들이나 소비자들의 인지, 감성, 행동을 파악해 만족시키고 더 나아가 감동시키는 것이다. 소비자행동은 소비자에 초점을 맞춘다. 현대 마케팅과 현대 경영에서 핵심 관리 대상들에 들어가는 것이 소비자와 브랜드이다. 둘째로 소비자들의 마음을 파악하는 것이 중요하다고 조직체들은 잘 알고 있고 마케팅 조사, 고객과의 대화, 표적시장 연구 등을 통해 잘 파악하고 있다고 생각하지만 실제는 잘 모르는 경우가 흔히 있다. 소비자들은 변덕스럽고 복잡하고 까다롭고 감성적이기에. 마케팅 조사에 뛰어나고 소비자들의 마음을 파악하는데 일가견이 있는 회사들도 간혹 큰 실수를 범해 왔다. 앞의 코카콜라 예도 여기에 속하고 인스턴트 커피instant coffee가 처음 나왔을 때 편리함에도 불구하고 게으른 사람들이 먹는 커피라는 인식이 강해서 업체들이 매우 고전한 사례도 여기에 속한다. 기업들이 광고, PR 등을 통해서 많이 노력한 후 오늘날 소비시장에서 잘 팔리는 인스턴트 커피가 되었다.

2) 소비자행동의 정의

AMA는 "인간들이 삶에서의 교환적 활동을 위해 필요한 정서, 인지, 행동 및 환경적 요소들의 동적인 상호작용"이라고 정의한다(Bennett, 1995). Hoyer와 MacInnis (2012)는 "제품, 서비스, 아이디어의 획득, 소비, 처분과 관련된 의사결정 단위인 소비자들의 결정 전체"라고 정의한다. 임종원 등(2006)에 따르면 소비자행동은 소비자가 자신의 욕구 충족에 합당한 제품이나 서비스를 탐색, 구매, 사용, 평가, 처분하는 과정으로 설명하고 소비관련 항목들에 자원배분을 결정하는 것이다. Hoyer와 MacInnis(2012) 및 임종원 등(2006) 정의에서 나타난 것 같이 소비자 구매의사결정은 실제 현장과 학문에서 소비자행동의 핵심들 중의 하나이다.

3) 소비자행동의 접근방법

(1) 소비자 정보처리적 관점 대 쾌락적/경험적 관점

이전에 소비자행동은 경제학, 심리학, 사회학 등에서 개별적으로 다루어진 개념들을 적용했는데 1960년대 후반부터는 학자들이 사회과학의 이론들과 연구 성과들을 종합한 소비자행동모형들을 개발했다(예, Howard and Sheth 모형, Bettman의 정보처리모형). 이런 모형들은 소비자 정보처리 관점에서 소비자를 설명한다. 이 관점은 소비자를 논리적이고 체계적인 의사결정자로 주로 보고 인지적 면에 치중한다. 이 관점은 소비자행동의 지배적인 개념적 틀로 현재도 자리 잡고 있다. 소비자 정보처리적 관점은 소비자 의사결정과정과 정보 처리를 중심으로 영향을 미치는 요인들을 주로 연구한다(이학식 등, 2024).

1980년대 이후 일부 소비자행동 연구자들에 의해서 소비자 반응을 인지적 관점보다는 정서적, 경험적 관점에서 보아야 한다는 주장이 제기되었다. 쾌락적, 경험적 관점에서는 소비자는 정서적 동기에서 구매를 하고 소비경험을 하고 소비 과정에서 즐거움, 좋은 느낌, 판타지와 몽상을 경험하고자 한다고 주장한다. Holbrook and Hirschman(1982)은 소비자행동 전반에서 정보처리적 관점information-processing view과 체험적 관점experiential view을 대조했다. 상징적 제품들과 서비스, 공연예술, 대중예술, 스포츠 관람, 여행 관람지 체험, 일부 여가활동(예, 스카이다이빙, 번지점핑) 등은 쾌락적, 경험적 관점으로 잘 설명된다. 소비자 구매의사결정과 관련해서 정보처리적 관점에서는 소비자 구매결정의 성공을 평가하는 기준은 기능성과 실용성이고 소비자로서 해야 할 일work을 완수함을 중시한다. 반면에, 경험적 관점에서는 소비자 구매결정의 성공을 평가하는 기준은 종종 심미성, 제품으로부터 발생하는 즐김, 쾌락이고 즐거움fun을 중시한다(김우성, 2012).

쾌락적, 경험적 관점도 의사결정과정과 일부 정보처리 과정을 거친다는 면에서 정보처리적 관점과 완전히 상치되는 것은 아니고 두 관점은 보완적인 성격을 가진다. 두 관점들의 차이는 구매동기와 평가 기준들이 다르다. 구매동기에서 소비자 정보처리적 관점은 제품의 실용적 가치를 강조하고 쾌락적/경험적 관점에서는 상징적 가치를 내세운다. 자동차 구매시 소비자 정보처리적 관점은 연료비, 성능, 장착된 기능적 옵션들 등을 평가기준에서 중요시 하는 반면에 쾌락적/경험적 관점은 디자인, 사용경험과 관련된 느낌, 상징적 의미 등을 평가기준에서 중요시 한다(이학식 등, 2024).

(2) 방법론적 패러다임: 실증주의 대 해석주의

소비자 정보처리적 관점과 쾌락적/경험적 관점은 여러 가지 점들에서 다른 연구방법론적 접근을 하고 있다. 패러다임은 연구자들이 가지고 있고 연구를 수행할 때 적용하는 바탕이 되는 신념들이다. 소비자 정보처리적 관점은 실증주의(논리경험주의, 모더니즘)를 채택하고 쾌락적/경험적 관점은 해석주의(포스트모더니즘)를 채택하는 데에서 대조 된다 <표 4-1>은 이 두 가지 패러다임들의 주요 항목들을 비교한다(이학식 등, 2024).

〈표 4-1〉 실증주의 대 해석주의 방법의 비교

항목	실증주의적	해석주의적
현실	단일의 객관적 진실	사회적 맥락에 따라 복수의 진실이 존재
목표	설명, 예측, 통제	현상의 이해
개발된 지식	시간과 맥락에 상관없이 적용	특정 시간과 맥락 속에서 적용
인과관계	진정한 원인 존재	복수의 동시적 사건 발생
연구자와 연구대상과의 관계	연구자와 연구대상간의 분리	참여를 통해 상호작용과 협조

출처: 이학식 등, 2024

<사례 4-1: 2022 '빌보드 200 1위' 블랙핑크, 글로벌 시장에서 어떻게 흥했나?>

걸그룹 블랙핑크(BLACKPINK)가 K팝 여성 아티스트 최초로 '빌보드 200' 정상에 오르며 영·미 앨범 차트서 동시에 1위를 기록했다. 걸그룹의 양 시장 앨범 차트 석권은 데스티니 차일드 이후 21년 만에 들려온 소식이다. 또한, 걸그룹이 빌보드 200 1위에 오른 것은 14년 전 대니티 케인 이후 블랙핑크가 처음인 것이다. 미국 현지 시각으로 지난 달 25일, 빌보드는 예고 기사에서 블랙핑크의 정규 2집 '본 핑크'가 10월 1일자 '빌보드 200' 차트에서 1위에 올랐다고 발표했으며, 실제로 빌보드 200 공식 홈페이지에서는 '본 핑크' 앨범이 1위를 기록한 것을 확인할 수 있다. YG 엔터테인먼트에 따르면 블랙핑크의 멤버들은 "'본 핑크'를 작업하면서 팀 정체성은 물론이고, 한층 진화된 블랙핑크의 음악을 들려드리고 싶었다."며 "앞으로도 좋은 모습 보여드릴 수 있도록 최선을 다하겠다."라고 남다른 각오를 전했다.

또 다른 메인 차트 '빌보드 100'에서도 좋은 소식이 들려왔다. 빌보드 100은 음원 차트로, 블랙핑크는 8월 19일에 발매된 선공개곡 'Pink Venom'은 첫 주 22위를, 타이틀곡인 'Shut Down'은 첫 주 25위를 달성했다. 셀레나 고메즈, 레이디 가가 등의 팝스타들과 함께 한 컬래버레이션 음원을 제외한 자체 음원으로는 가장 좋은 성적이다.

• 멤버를 앞세워 그룹을 알리는 블랙핑크만의 마케팅

블랙핑크는 어떻게 글로벌 아티스트로 성장할 수 있었을까. SBS '주영진의 뉴스브리핑'에서 김윤하 대중음악평론가는 블랙핑크의 인기가 그룹 자체에서보다 멤버들로부터 나온다고 설명했다. 김윤하 평론가는 블랙핑크 같은 경우에는 기본적으로 인기가 많은 멤버들이라는 게 항상 먼저 이들의 이야기에 앞선다. 예를 들자면 블랙핑크를 구성하고 있는 게 지수, 제니, 로제, 리사 4명의 멤버들인데, 4명이 인스타그램에서 요즘 팔로워 숫자가 국내에서 가장 많은 4명이다. 이어 "한편으로는 지금 세계에서 많은 젊은이들에게 가장 선망과 사랑을 받고 있는 대표적인 셀러브리티라고 할 수 있고 유명인이라 할 수 있는 4명의 뮤지션이자 아티스트들이 모인 그룹이 바로 이 블랙핑크라고 할 수 있다."면서 그룹의 인기가 각 멤버들의 파급력이 모여 만들어 낸 것이라는 점을 강조했다. 그룹 자체의 이미지만을 밀고 갔던 기존의 K팝 그룹과 달리, 개개인 멤버의 이미지와 인기를 적극적으로 활용한 블랙핑크만의 마케팅이 통한 것이다.

실제로 멤버 네 명은 모두 샤넬, 디올 등의 명품 브랜드의 앰버서더(홍보대사)를 맡고 있다. 각 브랜드의 홍보 활동을 국내외로 활발하게 펼치면서 전 세계적으로 인지도를 쌓아온 것이다. 이러한 마케팅 방식은 코로나19 시대에서 특히 효과적이었다. 코로나19로 인해, 지난 2년간 국내외 팝스타들은 공연이나 투어 등의 무대에 서지 못해 어려움을 겪었다. 그러나 블랙핑크는 다양한 온라인 캠페인, 패션쇼, 홍보 영상들 등에 등장하여 꾸준한 활동을 이어 왔다. 실제로 2021년 로제는 '멧 갈라' 패션쇼에 국내 여성 아티스트 최초로 참석하여 많은 이들의 주목을 받았다. 이처럼 개인 멤버의 부상이 그룹의 이미지를 해칠 것이라는 기존의 통념을 깨며 다양한 부분에서 활동했던 이들의 노력이, 포스트 코로나 시대인 2022년 빛을 발한 것이다.

블랙핑크의 또 다른 강점이자 특색은 바로 유튜브이다. 이들의 유튜브 구독자 수는 전 세계 아티스트를 통틀어 1위이기 때문이다. 블랙핑크는 K-팝 걸그룹 뮤직비디오 2억 조회 수를 최단으로 기록하는 한편, 19억 조회 수를 달성한 '뚜두뚜두'를 비롯해 10억 조회 수가 넘는 영상들을 6개를 보유하기도 한다. 이들의 뮤직비디오에서는 한복부터 거문고, 해시계 등의 한국적인 요소와 다양한 서사가 등장하며 듣는 재미에 보는 재미까지 더했다. 즉, 블랙핑크는 자신들이 강조 주고자 하는 시각적인 요소를 가미해 '보이는 음악'이라는 새로운 이미지를 만들어 냈다. 그들이 추구하는 이미지를 음악에 담아 보여줌으로써 블랙핑크만의 정체성을 형성한 것이다.

• 성공적인 컴백, 앞으로의 행보는?

2년의 공백을 깨고 귀환한 블랙핑크는 다가오는 10월 15일 서울 콘서트를 시작으로 월드 투어를 개최한다. 약 150만 관객 동원을 예고한 투어는 아시아 뿐만 아니라 유럽, 북미 등의 다양한 대륙에서 공연을 펼친다. 빌보드의 평론가가 이번 앨범에 대해 "지난 10년 동안 걸그룹이 세기의 전성기에 비해 인기를 끌지 못했다. 하지만 K-팝의 부상은 걸그룹에 대한 집단적인 관심을 불러왔고, 블랙핑크가 오랫동안 그 운동의 선두에 있어왔다는 것은 부인할 수 없다. 그래서 걸그룹의 1위 가뭄을 끝내기 위한 그룹이 있다면 블랙핑크의 성취가 어울린다."라고 평가한 만큼, 전 세계 걸그룹 정상을 차지한 블랙핑크가 더욱 세계적인 팝스타로 성장할 수 있을지에 대한 귀추가 주목된다.

출처: 소비자평가, 2022

4) 상징적 소비자행동과 특별한 소유물들과 브랜드들

상징적 소비자행동도 최근에 중요시되고 있다. 특정 브랜드들에 대해서 몰입하고 정서적 애착을 가지면 이 브랜드들은 소비자들의 생활 속에 스며들고 마음을 차지한다. 이건 브랜드 포지셔닝 이상의 강력한 힘을 발휘한다. 소비자는 특별한 브랜드를 반복적으로 구매하고 기업은 충성고객들을 확보하고 프리미엄 가격을 책정할 수도 있고 제품 대대적 리콜 같은 위기에도 든든한 방어막이 된다. 사람들은 특정 제품들과 동물들에 대해서 자신의 일부로 여기고 소중히 여긴다. 이런 동물들이나 제품들은 자아와 관련되고 정서적 애착이 포함된다. 특별한 소유물들의 전형적인 범주에는 애완동물, 추억이 있는 물건, 업적 상징물, 수집품이 있다. 이러한 특별한 소유물들은 가격에 둔감하게 구매, 판매되고(거의 판매하지 않음) 대체품이 거의 없고 파트너처럼 취급하고 의인화가 종종 행해진다(Hoyer and MacInnis, 2012).

저자들 중 한명은 여행을 좋아하고 국내, 외 여행을 많이 다니고 있고 약 9개월 전 부터는 여행 유튜버와 멀티영역 블로거도 하고 있다. 여행에서 방문 장소마다 기념 마그넷들을 1, 2개씩 사서 모으고 있다. 이 마그넷들을 거실 타공판에 부착해놓고 여행지에서 사온 명화 액자들과 함께 거실 벽의 멋진 배경을 만들고 소중한 추억의 상징으로 여긴다. 애플, 하이드록스, 할리데이비슨, 존스소다와 같은 컬트 제품들은 소비자 애호도, 헌신, 소비자의 영혼까지 파고들어 숭배까지도 불러일으킨다. 대다수의 소비자들은 브랜드와 개인적인 유대감을 느낄 때 브랜드에 더 많은 돈을 지불 할 용의가 있다는 데 동의한다.

2. 소비자 의사결정의 이론적 접근 방법들

소비자 의사결정의 이론적 접근 방법에는 경제학적 접근방법, 심리학적 접근방법, 행동주의적 접근방법의 3가지 방법들이 있다. <표 4-2>는 소비자 의사결정에 관한 접근방법들을 대조해서 요약하고 본문에서 자세히 설명 한다.

〈표 4-2〉 소비자 의사결정에 관한 접근방법들

구분	특징	한계점	주요 이론
경제학적 접근	소비자는 완전한 정보, 일관성 있는 선호를 가지고 예산 제약 하에서 최적의 선택을 한다고 전제함	소비자의 비합리적 행동을 포함하는 의사결정을 포괄적으로 설명하지 못함	소비자수요이론, 특성이론 등
심리학적 접근	소비자 의사결정 연구에 심리적 요인이나 심리적 분석을 적용함	논리적이고 명확한 의사결정 체계를 설명하지 못함	일관성이론, 귀인이론, 피시바인(Fishbein) 다속성 태도 모델 등
행동주의적 접근	다수의 개념과 이론들을 도입하여 종합적으로 소비자 의사결정을 파악함	다양한 견해와 지속적인 모델 개발이 요구됨	니코시아 모델, 하워드-셰스 모델, 엥겔-블랙웰-미니아드 모델

출처: 박명희 등, 2022

1) 경제학적인 접근

(1) 소비자수요이론

경제학자들은 소비자의 상품에 대한 소비 선택은 자신의 효용 극대화를 추구하기 위한 노력이라고 간주한다. 소비자수요이론은 일정한 소득을 얻는 소비자가 자기의 소비 목적을 위하여 가장 합리적으로 그 소득을 지출하려고 할 때 무엇을 얼마만큼 구입 하여야 할 것인가를 설명한다.

① 한계효용이론

일반적으로 소비자의 재화에 대한 욕망은 무한하지만, 그 욕망을 충족시킬 수 있는 소득(자원)은 제한되어 있다. 따라서 소비자는 재화를 구입함에 있어 제한된 소득의 범위 내에서 얻을 수 있는 만족(효용)을 극대화하고자 할 것이다. 총 효용은 한 소비자가 일정기간 동안 일정량의 재화를 소비할 때 얻을 수 있는 주관적인 만족의 총량이라 한다. 일반적으로 총 효용은 그 재화의 소비량이 증가함에 따라 증가하지만, 그 재화의 소비가 어느 정도 한계에 이르면 총 효용은 극대가 되고 그 이상 더 소비하더라도 총 효용이 증가하지 않고 오히려 감소하는 경향이 있다. 이때 '그 재화의 최종 1단위의 추가적인 소비에 의한 총 효용의 증가분'을 한계효용이라 한다. 따라서 일반적으로 어떤 재화의 소비량을 1단위씩 증가시켜갈 때 각 단위의 재화가 소비자에게 주는 한계효용이 처음에는 증가하다가 고점에서 점차 감소하는데 이를 한계효용체감의 법칙law of diminishing marginal utility이라 한다.

이와 같이 한계효용이론은 한 소비자의 소득과 각 재화의 가격이 일정할 때, 소비자가 제한된 소득의 범위 내에서 여러 개의 재화를 구입하면 각 재화에 지불된 화폐 1단위의 한계효용이 균등해야 한다고 본다. 소비자가 최대의 효용을 얻고자 한다면 그 재화에 의하여 얻어지는 한계효용이 같아야 하는데 한계효용균등의 법칙law of equimarginal utilities이라고 부른다.

② 무차별곡선 이론

한계효용이론은 소비자 개개인의 효용 수준이 주관적이므로 현실적으로 효용 수준을 측정하는 것이 어렵다는 한계점을 갖는다. 소비자는 주어진 예산 제약 하에서 자신의 효용을 최대로 충족시켜주는 여러 가지 재화의 배합으로 최적의 선택을 하게 된다. 소비자가 어떠한 배합을 선택하느냐는 소비자의 소득 및 각 재화의 가격, 소비자 개인의 선호에 따라서 달라질 수 있다. 이때 소비자에게 동일한 효용을 주는 재화의 여러 가지 조합을 연결한 곡선이 무차별곡선이다.

무차별곡선의 특징은 음의 기울기를 갖고, 원점에서 멀수록 더 높은 효용 수준을 나타내고, 서로 교차하지 않고, 원점에 대해 볼록하다(김영신 등, 2012). 소비자의 예산 제약 하에서는 시장에서 재화와 용역을 구입할 수 있는 소비자의 객관적 구매 능력, 즉 주어진 소득 내에서 어떤 재화를 더 선택하면 또 다른 재화의 선택을 포기해야 하는 기회 비용opportunity cost을 고려한 선택을 해야 한다. 따라서 소비자의 효용을 극대화하는 합리적인 최적의 선택은 예산 제약선과 무차별곡선이 만나는 접점에 있다고 할 수 있다.

이와 같이 소비자 수요이론은 개별 소비자들이 일반적인 소비 선택 행위를 이해하는데 도움이 되며, 소비자가 특정 재화의 구입을 증가시킬 것인지 또는 감소시킬 것인지를 이해하고 예측하는데 유용하게 활용되었다.

(2) 특성이론

특성이론characteristics theory은 소비자가 특정한 재화와 용역을 선택하는 이유가 재화나 용역 그 자체에서 만족을 얻기 위해 소비하는 것이 아니라 재화나 용역이 가지고 있는 속성이나 특성으로부터 만족을 얻기 위해 소비한다고 설명한다. 소비자는 재화의 특성으로부터 효용을 얻으며, 이때 특성이란 효용을 창출한다고 가정되는 재화의 속성을 말한다. 소비자는 재화의 특성으로부터 만족을 느끼므로 소비자 선택은 특정한 재화가 갖는 다양한 특성들에 대한 상대적인 평가에 달려 있다. 이러한 특성이론은 소비자가 같은 재화이지만 다른 브랜드를 선택하는 구매행동에 관한 설명과 기업이 새로운 제품을 개발하여 소비자의 선택을 받고자 할 때 제품에 필요한 속성을 구성하는데 근거가 된다.

특성이론은 소비자 수요이론과 함께 효용의 개념을 사용하여 소비자 의사결정을 설명하고 주어진 예산 조건에서 최적의 선택을 하는 경제 논리를 적용한다는 점에서 공통점이 있다. 하지만 복잡한 특성을 객관적이고 간단하게 분류하고 측정하는 것이 매우 어렵기 때문에 각 제품의 다양한 특성을 규정하고 측정해야 하는 어려움이 특성 이론의 한계점으로 제기되고 있다.

2) 심리학적 접근

심리학적인 접근에서는 소비자는 효용에 근거한 합리적 선택을 하지 않으므로 소비 선택이나 구매 행동의 이해를 위해 심리적 요인을 고려해야 한다는 시각이 제시되었다. 대표적인 학자로 카토나Katona를 들 수 있는데 그는 '저축은 소득의 함수다'라는 기본 전제의 한계를 지적하며, 사람들의 저축 수준이 소득 수준이 아닌 미래에 대해 긍정적이냐 부정적이냐는 심리적 요인에 따라서 저축 수준이 달라질 수 있어 소비자 의사결정에 대한 심리학적 접근의 중요성을 제안하였다 (김영신 등, 2016). 심리학적 접근의 대표적인 세 가지 이론들을 살펴보자.

(1) 인지 일관성이론

인지 일관성이론cognitive consistency theory은 개인의 사고, 정서, 그리고 행동과 같은 요소들이 개인의 심리적인 조화를 이루고자 하는 동기에 의해 일관성을 유지하고자 한다는 것에 전제를 둔다. 따라서 소비자는 인지 요소들의 비일관성을 이룰 때 긴장이나 심리적 불편함을 겪게 되고 이를 해소하기 위해 태도나 행동 등을 수정하여 인지의 일관성을 유지하고자 된다. 인지 일관성 이론에는 균형이론, 인지부조화 이론 등이 있는데 균형이론에 의하면 제품에 대한 소비자의 태도는 자기 자신(소비자), 타인(모델), 대상(상표)들 간의 관계에서 균형을 이루자 하는 방향으로 형성된다.

(2) 귀인이론

귀인이론attribution theory은 겉으로 드러나는 행동을 보고 그렇게 행동하는 이유에 대한 추론 과정을 설명하는 이론으로, 특정한 행동은 크게 행위자의 기질이나 성격 특성과 같은 내적 요소과 그러한 행동을 할 수 밖에 없었던 상황에 의한 외적 요소에 의해서 발생한다고 본다. 사람들은 타인의 행동의 원인에 대해서 추론하는 과정에서 외적 요소(상황 특성)에 의해 발생했을 가능성과 그 인물의 성향, 기질, 성격 특성과 같은 내적 요소(성격 특성)에 의해 행동이 발생했을 가능성을 개인적 특성, 대상, 처해진 환경 등에 따라서 다르게 귀착시킨다.

(3) 피시바인의 다속성 태도 모델

피시바인Fishbein model의 다속성 태도 모델multi-attribute model은 소비자가 제품을 구입 할 때 어떤 대안이 평가되는 기준이 되는 속성들이 다양하다는 것이며, 소비자는 다수의 속성들을 동시에 고려하여 대상에 대한 태도를 형성하게 된다는 것이다. 소비자의 태도는 그 상품에 관련된 다양한 속성들의 '중요도(또는 평가)'와 그러한 속성들을 그 상품이 지녔다고 생각하는 주관적 판단(신념)으로 정의한다 즉, 어떤 대상에 대한 전반적인 태도는 여러 가지 속성들에 대한 신념과 소비자의 욕구 기준을 반영하는 가중치(중요도)의 결합에 의해서 결정된다고 본다.

3) 행동주의적 접근

소비자 의사결정에 대한 경제학적, 심리학적 접근이 시도가 되었으나 소비자행동을 포괄적으로 설명하는 것에 한계가 나타나면서 체계적이고 총체적인 접근을 시도하고 있다. 여러 개념들과 변수들을 하나의 이론적 틀로 체계화시킨 다 변수 모델인 행동주의적 접근이 시도 되었다. 비록 이론에 근거한 가설적 모델이지만, 이러한 모델은 구매 행동에 관련된 변수들이나 환경의 변화를 시각적으로 쉽게 이해할 수 있고, 문제에 대한 공통된 이해를 촉진할 수 있다. 무엇보다도 소비자 의사결정에 관한 적절한 모델을 이용하여 마케팅 전략을 수립하는데 효과적인 시사점을 얻을 수 있다. 행동주의적 접근의 대표적인 모델은 엥겔-블랙웰-미니아드 모델인데, 다른 모델들의 한계점을 보완하고 정교하게 제시되어 관심을 받게 되었다. 이 모델은 투입, 정보 처리, 의사결정과정, 의사결정의 영향요인(환경적 요인, 개인적 요인)으로 이루어져 있다(Engel et al., 1995; 이은희 등, 2020).

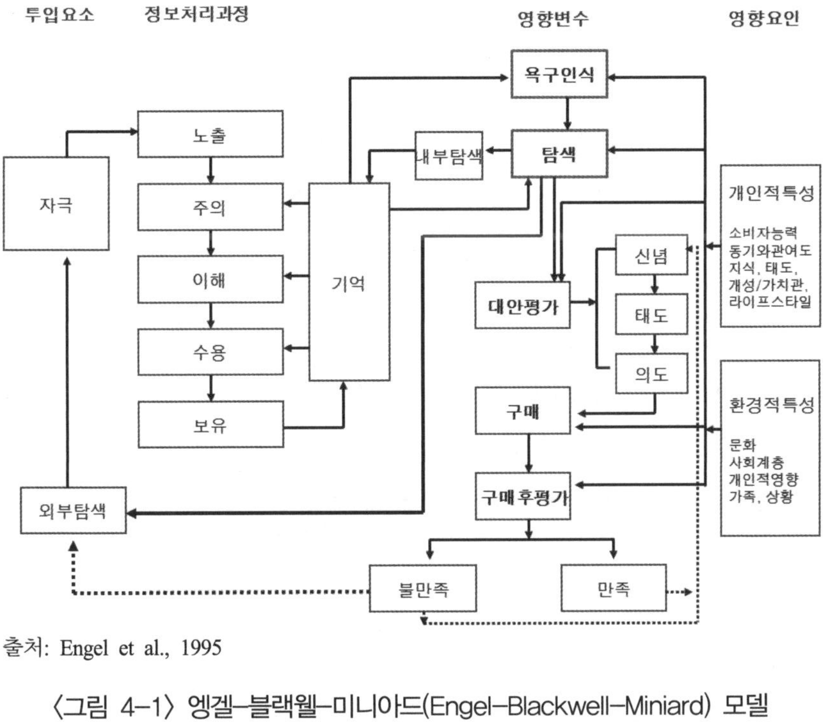

출처: Engel et al., 1995

〈그림 4-1〉 엥겔-블랙웰-미니아드(Engel-Blackwell-Miniard) 모델

엥겔-블랙웰-미니아드Engel-Blackwell-Miniard 모델의 주요 요소들을 설명하면 다음과 같다:

① 정보투입

투입 요소는 자극을 의미하며 주로 광고, 판매원의 권유, 디스플레이, 판매촉진 등의 마케팅 활동을 통해 정보가 유입되어 정보 처리에 이르는 것을 말한다.

② 정보 처리 과정

정보 처리는 외부로부터 자극을 받아들이는 것으로 정보에 대한 노출, 주의, 이해, 수용, 보유 등 5단계의 정보 처리 과정으로 이루어진다. 궁극적인 목적은 메시지가 투입되었을 때 소비자의 정보 처리능력에 따라 정보를 배분하여 정보의 메시지를 해석하고, 설득하는 가운데서 이를 장기기억으로 남겨 기억보존이 되도록 하는 데 있다. 이 과정에서 소비자의 개성, 과거 경험, 제품에 대한 평가 기준과 태도 등도 정보처리 과정에 작용하여 의사결정의 첫째 단계인 문제 인식에 영향을 미친다.

③ 의사결정과정

이 모델의 핵심인 의사 결정 과정은 문제 인식, 정보 탐색, 대안 평가, 구매, 구매 후 평가의 과정을 거치는데 이 5단계는 모든 상황에서 항상 거치는 과정이 아니라 문제 해결의 유형이나 상품에 대한 관여도에 따라 과정을 달리할 수 있다.

④ 의사결정과정에 영향을 미치는 변수

개인적 요인은 소비자의 자원(시간, 재정, 정보 처리능력), 관여도, 소비자지식, 태도, 개성, 가치, 라이프스타일 등이다. 환경적 요인은 그 소비자가 속한 문화, 사회계층, 준거집단, 가족의 영향, 상황 요소 등이다.

3. 저관여 소비자 의사결정

1) 고관여 대 저관여 소비자 의사결정

관여도는 “사물, 사건, 행동에 대한 소비자들의 중요성 또는 개인적 관련성 지각”으로 정의 된다(Peter & Olson, 2005). 구매 의사결정에서 건수 면에서는 대부분의 구매의사결정은 저관여 상황에서 일어난다. <표 4-3>은 고관여 대 저관여 소비자 의사결정을 대조한다.

〈표 4–3〉 고관여 대 저관여 소비자 의사결정

고관여	저관여
1.능동적 정보탐색	1.제한된 정보탐색
2.반박 주장	2.제한된 반박
3.철저한 정보처리	3.대충하는 정보처리
4.태도변화는 어려움	4.태도변화는 빈번하고 일시적
5.구매 후 부조화는 일반적임	5.구매 후 부조화가 적음

출처: 임종원 등, 2006

2) 저관여 의사결정

저관여 소비자 의사결정은 Krugman의 수동적 학습이론에 의해 설명될 수 있다. 수동적 학습이론에 따르면 소비자는 무작위로 정보를 학습하고 소비자는 정보 포착자이다. 수동적 소비자에 대한 광고효과는 강하다. 제품 사용 후에 정확한 브랜드 최종 평가를 하고 최적의 만족을 추구하는 합리적 이성모델과 대조되게 적당한 수준의 만족을 도모한다(Simon의 ‘satisficing’).(임종원 등, 2006)

4. 소비자 의사결정 과정

고관여이고 최초 구매인 경우 소비자 의사결정은 문제 인식, 정보탐색, 대안평가, 구매, 구매 후 과정의 5단계 모델로 보통 설명된다. 결정은 대개 두 개 이상의 대안적 행위들이나 대상들의 선택을 포함하는데 구매의사결정에서는 구매 관련 행동의 선택을 의미한다. 이런 5 단계들을 다 거치는 소비자 의사결정은 인지와 감성을 다 포함하는 과정으로서 환경에서 새로운 정보를 획득하고 해석하는데 포함되는 지각의 이해와 기억으로부터 활성화된 지식, 의미, 신념들의 통합integration 과정이라고 설명할 수 있다(Peter & Olson, 2005).

1) 문제 인식

소비자 의사결정과정의 첫 번째 단계인 문제 인식은 소비자의 실제 상태와 이에 상응하는 바람직한 상태 간의 차이를 지각하게 되면 그 차이를 해소시켜 줄 수 있는 수단에 대한 욕구가 환기된다. 이러한 차이는 2가지 경우에 의해 일어날 수 있는데, 하나는 현재 상태의 하락으로 인해 이상적인 기대와 차이가 발생하는 것이며, 또 다른 하나는 현재 상태의 변화가 없는데 이상적인 기대가 상승하여 불일치가 발생하는 경우이다. <그림 4-2>에 의하면 소비자는 살아가면서 수많은 문제들을 경험하고 다양하고 역동적인 욕구를 가지고 있으나, 문제를 해결하고 욕구를 충족시키기 위한 자원과 시간은 한정되어 있다. 문제 인식이 의사결정과정을 거쳐 구매로 이어지기 위해서는 실제 상태와 바람직한 상태간의 차이가 크고 문제가 매우 중요한 것이어야 하며, 문제를 해결하기 위한 수단이 경제적으로나 시간적으로 가능해야 한다.

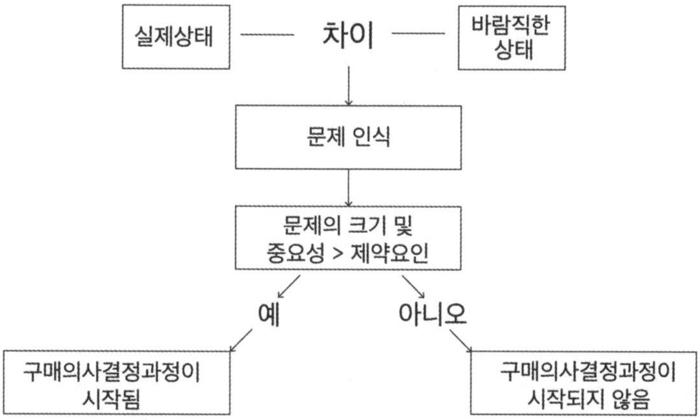

출처: 이학식 등, 2024

〈그림 4-2〉 문제인식과 구매의사결정

<표 4-4>에 의하면 문제 인식은 문제 발생의 예상 여부와 해결의 긴급성에 따라 네 가지 유형들로 나눌 수 있다.

〈표 4-4〉 문제 인식의 유형

문제발생의 예상 여부	해결의 긴급성	
	즉각적 해결이 요구됨	즉각적 해결이 요구되지 않음
문제발생이 예상됨	일상적	계획적
문제발생이 예상되지 않음	긴급적	점증적

출처: 이학식 등, 2024

① 일상적 문제

실제 상태와 바람직한 상태 간의 차이가 발생할 것이라고 예상할 수 있고, 문제가 발생하면 즉각적으로 해결해야만 하는 문제이다. 가정에서 일상적으로 구매하는 다양한 형태의 편의품들을 예로 들 수 있다. 식료품, 치약, 휴지 등은 다 쓰게 되면 즉시 사야 할 필요성을 인식하는 문제가 된다.

② 계획적 문제

문제 발생이 예상되지만 즉각적인 해결이 필요치 않은 문제이다. 예를 들어 승용차 사용자가 몇 년간 자동차를 사용하였다면 기회가 있을 때마다 자동차에 관심을 가지고 정보를 수집할 것이다.

③ 긴급한 문제

문제 발생을 예상하지도 못하였을 뿐 아니라 즉각 해결해야만 하는 문제이다. 전혀 바꿀 생각이 없던 승용차를 운전하다가 큰 사고를 당했는데, 자동차를 수선하는 비용이 너무 커서 폐차를 해야 하는 경우에 즉각적으로 차를 다시 구입해야 하는 경우를 예로 들 수 있다. 이때에도 즉시 신차를 구입하기가 어려운 경우에는 일시적으로 중고차를 사거나 렌터카를 이용하기로 결정을 할 수도 있다. 이렇게 즉각적으로 한 결정은 일시적이고 임시적 해결책이 되고 나중에 보다 근원적인 해결책으로 바뀌게 되고 이렇게 바뀐 문제는 계획적 문제가 된다.

④ 점증적 문제

문제 발생이 예상되지도 않고 즉각적인 해결이 필요하지도 않은 문제이다. 방송과 SNS에서 매우 자주 등장하는 맛집이 있다고 가정해보자. 처음에는 그 맛집과 음식에 대하여 별로 관심이 없었으나 시간이 흐르면서 많은 사람들이 점점 더 관심을 가지고 있고, 그 집에서 음식을 먹기 위하여 오랜 시간을 줄서서 기꺼이 기다리는 사람들을 보면서 나도 한번 그 맛집에서 먹어보아야겠다고 결심하는 경우를 예로 들 수 있다.

2) 정보 탐색

소비자가 어떤 문제를 인식하였을 때 그 문제의 크기와 중요성이 금전적 및 비금전적 비용과 사회적 규범 등의 제약 요인을 극복할 만큼 충분히 크다면 구매를 목적으로 정보를 탐색하게 된다. 이러한 정보탐색은 기억 속에 저장된 스스로의 지식을 통해서 정보를 끌어내는 내적탐색internal search과 시장이나 광고 등과 같이 외부 정보원을 대상으로 정보를 끌어내는 외적탐색external search으로 나누어 볼 수 있다. <그림 4-3>에는 문제 인식부터 정보 탐색과정이 제시되어 있다.

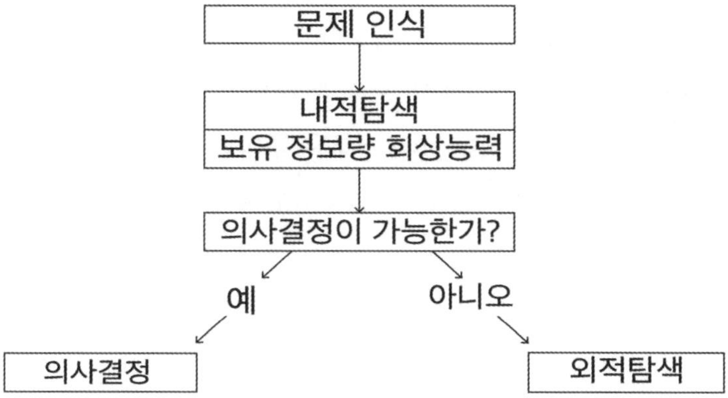

출처: 이학식 등, 2024

〈그림 4-3〉 정보탐색 과정

(1) 정보 탐색의 유형

a) 내적탐색

문제 인식이 지각되면 소비자들은 문제를 해결하기 위해 정보를 찾는다. 내적탐색은 기억으로부터 저장된 정보를 상기하는 과정이다. 소비자의 기억 속에는 자신의 직접적인 경험, 다양한 정보, 감정이 저장되어 있다(Hoyer and MacInnis, 2012). 소비자에게 의사결정을 할 만큼 충분한 정보가 저장되어 있고 회상할 수 있으며 또한 상당히 만족스러운 대안이 있으면 바로 그 대안을 구매하게 된다. 그러나 상품에 대한 지식이 풍부한 소비자라도 제품군에 관한 지식이 불충분하다고 느끼면 외적탐색을 수행하게 된다.

b) 외적탐색

외적탐색은 소비자가 현재 가지고 있는 지식이나 정보만으로는 충분하지 못하다고 느껴서 광고, 기사, SNS, 판매원 등과 같이 외부 정보원들에서 제공하는 정보를 추가로 얻는 과정이다. 외적 탐색은 탐색 시점에 따라 구매 전 탐색과 지속적 탐색(계속적 탐색)의 두 가지 종류를 포함한다. 구매 전 탐색은 문제인식의 활성화에 반응해서 바로 발생하는 반면에 지속적 탐색은 소비자의 선택 여부와 관계 없이 규칙적이고 계속해서 발생하는 탐색이다. 보통 관여도나 관심이 높을 때 지속적 탐색이 발생한다(Hoyer and MacInnis, 2012; 이학식 등, 2024).

소비자들은 어떤 주어진 상황에서 모든 브랜드들을 기억하기 보다는 2~8개 정도의 환기상표군이나 고려상표군을 상기하는 경향이 있다. 환기상표군evoked set은 내부 탐색으로 소비자에게 떠오르는 상표군이고 어떤 제품이나 서비스의 대표 브랜드들, 기억하기 쉬운 브랜드들, 마음속에서 우선 떠올려지는(top of mind) 브랜드들은 상기상표군에 들 가능성이 매우 크다. 고려상표군consideration set은 소비자가 구매 시 고려하는 상표군이다. 환기상표군에다 외부탐색에 의해 고려 대상으로 선택된 대안들을 더한 상표군이다(Hoyer and MacInnis, 2012; Peter and Olson, 2005; 이학식 등, 2024). 소비자는 제품을 지각할 때 카테고리로 분류하여 조직화하기에 기본 수준이 중요하다.

(2) 정보탐색의 결정요인

<표 4-5>는 탐색 유형별 정보 탐색의 결정요인들을 제시한다. 정보탐색의 방식에는 브랜드별 처리, 속성별 처리, 혼합식 처리가 있다. 소비자는 정보탐색을 통하여 자신의 욕구를 가장 저렴하게 충족시켜줄 수 있는 상표를 선택할 수 있는데 이를 정보 탐색의 혜택이라고 한다. 그러나 소비자는 정보 탐색을 하면서 자신의 귀중한 시간을 할애하고 또 특정 정보의 경우에는 돈을 주고 구입해야 하는 등 다양한 비용이 있다. 그러므로 정보 탐색의 정도는 외적탐색에 의하여 기대되는 혜택과 비용을 비교하여 혜택이 비용보다 큰 경우에 외적탐색을 하게 된다. 외적탐색을 많이 할수록 의사결정이 지연되고, 시간적, 금전적 기회비용이 커지고, 정보과부하 문제가 발생한다.

(3) 정보의 원천

소비자 정보의 원천은 다음과 같이 네 가지로 구분할 수 있다(이학식 등, 2024).

① 기업제공 원천

광고, 판매원, 포장, 가격, 점포 내 정보, 유통경로와 같은 수단 등이 포함한다. 이런 정보는 적은 노력으로 경제적 비용을 부담하지 않고 즉시 얻을 수 있고 기업에서 제공하는 정보이기 때문에 상품의 단점보다는 장점만을 일방적으로 제공한다는 점에서 피상적이고 온전히 믿을 수 없다는 단점이 있다.

② 개인적 원천

가족, 친지, 동료 등 마케터의 직접적인 통제를 받고 있지 않은 모든 개인 간의 정보 원천이 포함된다.

③ 경험적 원천

상품을 직접 써보거나 시험조작을 해서 얻는 정보이다.

〈표 4-5〉 정보 탐색의 결정요인

탐색유형	탐색 차원	탐색의 결정요인
내부탐색	탐색 방향	목적 선택상황
내부탐색	탐색 정도	저장된 기억 정보의 양 기억 정보의 적합성
외부탐색	탐색 방향	목적 지식의 정도 환경 구조
외부탐색	탐색 정도	시장 특성, 제품 특성 소비자 특성, 상황 특성

출처: 임종원 등, 2006

④ 중립적 원천

정부산하 기관이나 언론기관의 발행물, 신문, 잡지, 방송뉴스, 통신정보 등에서 제공하는 정보이다. 우리나라에서는 한국소비자원의 <소비자 시대>와 소비자단체협의회의 <월간 소비자>에서 제공하는 정보가 포함된다. 미국의 소비자정보지인 <Consumer Reports>는 상품 비교 테스트 결과를 제공하는데, 가장 좋은 선택안인 'Best Buy'와 가장 나쁜 선택안인 'Worst Buy'로 구매추천을 하고 있어서 소비자가 쉽게 선택을 할 수 있게 해준다.

<사례 4-2>는 기업제공 원천과 중립적 원천을 통해 소비자들이 '불닭볶음면'의 정보를 탐색하고 획득한 사례를 보여준다. 특히 고객의 자발적인 유튜브 동영상을 통해 미국 알파세대를 사로잡은 삼양식품의 마케팅이 인상적이다. 정보탐색과 관련해 마케팅 시사점들은 핵심 정보원천의 파악이 중요하고 광고, 판매원, 포장, 무료 샘플 등으로 기업제공 정보원천의 이용을 촉진시키는 것이 필요하다는 것이다.

3) 대안 평가

대안 평가란 소비자가 문제 해결을 위해서 정보를 탐색한 결과 제시된 몇 가지 대안들의 각 장단점을 비교 분석하여 소비자의 욕구에 가장 부합하는 특정 대안을 선택하는 과정이다. 소비자는 획득한 정보를 기초로 대안에 대한 평가와 선택을 수행하는데, 이 과정에서 많은 대안들 중에서 자신에게 바람직하다고 생각되는 대안들을 걸러내어 '선택 집합'choice set을 구성해 나간다(박명희 등, 2022).

(1) 대안 평가 과정

대안 평가 과정은 신념→태도→구매 의도 등의 3단계를 거쳐서 선택 및 구매에 이르게 된다. 소비자는 신념에 따라 대안을 비교, 평가하는 기준을 선택하고, 평가에 따라 각 대안들에 대한 태도가 형성 혹은 변경되고, 마지막으로 특정 대안에 대한 구매 의도로 평가가 이루어지게 된다.

① 신념

평가 기준의 측면에서 각 대안이 가지고 있는 특성에 대해 소비자가 인지하고 있는 주관적인 믿음을 의미한다. 소비자의 장기기억에 저장된 정보는 신념의 한 요소로 작용하며, 이렇게 형성된 주관적 믿음은 브랜드 이미지로 언급되기도 한다. 신념은 장기간에 걸쳐 형성되는 것으로 외부탐색을 통해 축척된 정보에 의해 나타나기도 하고 추리 과정의 결과와 경험으로 형성된다.

② 태도

태도는 일반적으로 어떤 대상에 대한 전반적인 긍정적 혹은 부정적 평가를 의미한다, 또한 평가 기준과 이에 대한 개념은 각 대안들에 대해 소비자가 호의적 또는 비호의적인 일관된 반응을 하도록 하며, 특정 대안에 대해 일관된 방향으로 지각하고 행동하도록 만든다.

<사례 4-2: 불닭볶음면의 힘, 삼양식품, '미 알파세대' 사로 잡았다.>

삼양식품이 '미국 2024년 알파세대가 선호하는 최고의 브랜드'로 선정됐다. 16일 글로벌 시장조사기관 누머레이터(Numerator)는 작년 한 해 동안 소비자에게 사랑받은 브랜드를 결산하며, '알파 세대 (2010년대 초～2020년대 중반 출생자)가 선호하는 최고의 브랜드' 1위로 삼양(Samyang)을 꼽았다. 누머레이터는 가구 침투율, 매출 성장률, 소셜 버즈량 등의 결과를 토대로 해당 순위를 매기며, 삼양식품에 대해 "소셜 미디어와 디지털 마케팅을 중심으로 알파 세대에게 미치는 영향이 더욱 두드러졌다"고 설명했다. 순위권에는 미국 인기 텀블러 '오왈라,' 천연 비누 '닥터 스콰치,' 온라인게임 '포트나이트,' 과일 아이스크림 '조니 팝스' 등이 이름을 올렸다. 삼양식품은 누머레이터의 '가장 빠르게 성장한 브랜드' 부문 조사에서는 4위에 이름을 올렸다. 누머레이터는 "삼양은 틱톡의 '불닭 챌린지' 바이럴 효과에 힘입어 멜린다(핫소스), 후이퐁푸드(스리라차소스)와 함께 상위권에 올랐다"고 설명했다.

실제로 삼양식품의 미국법인인 삼양아메리카는 2024년 1~3분기 기준 전년 대비 126% 증가한 약 2800억 원(1억 9000만 달러)의 매출을 달성했다. 3분기 매출만으로 2023년 전체 매출(약 1600억원)을 훌쩍 넘어선 셈이다. 이는 불닭볶음면이 맛있게 매운 맛을 지닌 '대체 불가능한 제품'으로 자리를 잡은 데다, 월마트·코스트코 등 주요 유통 업체 입점을 강화한 점이 반영됐다.

여기에 삼양식품은 소비자를 직접 찾아가는 글로벌 마케팅을 펼친 뒤 SNS상에서 자연스럽게 확산시키는 전략이 주효했던 것으로 분석했다. 지난 해 5월 생일 선물로 까르보불닭을 받고 감격해 우는 소녀의 영상이 틱톡에서 조회수 1억회를 넘자 직접 집을 찾아가 선물을 전달하는 깜짝 파티를 열어준 것이 대표적이다. 아울러 덴마크 리콜 조치 해제 이후 연 '불닭 스파이시 페리 파티', 세계 5개 도시에서 약 4만 여명이 참여한 '스플래시 불닭' 캠페인 등이 틱톡, 인스타그램 등에서 좋은 반응을 얻은 것도 이번조사 결과의 중요한 요인 중 하나로 삼양식품은 분석했다. 삼양식품 관계자는 "소비자와 함께 소통하는 마케팅 전략이 좋은 반응을 얻으면서 글로벌 알파세대의 자발적인 소셜 버즈로 이어지고 있다"며 "앞으로도 글로벌 시장 공략을 위해 다양한 활동을 펼쳐 나갈 계획"이라고 밝혔다.

한편, 글로벌 시장조사기관 누머레이터(Numerator)는 브랜드, 마케팅, 상품 및 판매 데이터 등을 통합해 시장 정보를 제공하는 미국 최대 규모의 리서치 기업 중 한 곳이다. 1990년 설립해 전 세계에 2,500명 이상의 직원을 보유하고 있으며, 약 100만명 이상의 미국 소비자 중심으로 구성된 패널을 기반으로 소비자 조사 분석에 나서고 있다.

출처: 이코노미스트, 2025

③ 구매 의도

특별한 행동이 한 개인에 의해 수행될 것이라는 주관적 가능성을 의미한다. 특히, 구매 의도는 소비자가 최종적으로 선택한 대안을 구매하기로 결심한 상태로서 실제도 구매할 의향이 있는지를 나타낸다. 그러므로 하나의 대안에 대해 소비자가 신념에 의한 태도가 형성되고 의도가 있다면 그 대안을 구매할 가능성이 높다는 것이다. 이처럼 의도가 소비자의 태도와 행동을 연결하는 매개체이므로 소비자의 실제 구매 행동 여부는 태도보다 의도가 더 정확한 예측이 가능하다.

(2) 평가 기준

평가기준은 선택기준이라 하기도 하는데 "소비자가 대안을 비교하고 평가하는 데 사용하는 표준과 명세"이다(이학식 등, 2024). 예를 들면 일상 의류의 경우 브랜드, 가격, 편리함, 견고함, 착용감, 디자인, 사이즈 등이다. 소비자는 평가 기준에 의하여 각 대안을 평가하는데 평가 기준은 다음과 같은 특성을 가지고 있다(이학식 등, 2024).

① 평가 기준은 소비자의 구매 목적과 동기를 반영하는 경우가 많다.

평가 기준은 제품을 구매하는 중요한 목적이나 제품으로부터 어떤 편익을 얻으려고 하는가에 따라 다르다. 스마트폰의 다양한 기능들을 자주 사용하는 젊은 소비자는 다양한 기능들이 중요한 평가 기준이 될 것이고, 전화와 문자만을 주로 사용하는 고령 소비자는 가성비가 중요한 평가 기준이 될 것이다. 소비자의 구매 동기는 실용적 동기와 쾌락적 동기로 구분할 수 있다.

② 평가 기준은 상황에 따라 달라진다.

다이어트를 하는 소비자는 주중에는 고단백, 저칼로리, 저염식이 중요한 음식을 선택하는 기준이 된다. 그러나 다이어트를 오랜 기간 지속하기 위하여 1주일에 한번은 다이어트에 방해가 되지만 자신이 좋아하는 고 탄수화물과 고 칼로리의 달고 짠 음식을 섭취하는 경우를 예로 들 수 있다.

③ 평가 기준은 객관적일 수도 있고 주관적일 수도 있다.

커피 구매자는 맛과 가격 같은 객관적 평가 기준을 중요하게 여길 수도 있고, 특정 커피 브랜드가 주는 사회 계층적 이미지 같은 주관적 평가 기준을 중시할 수도 있다.

④ 각각의 평가 기준의 중요성은 다르다.

소비자는 여러 개의 평가 기준들을 고려하지만 평가기준의 중요성은 다르다. 가성비를 중요하게 생각하는 소비자는 가격과 성능이 중요하겠지만, 제품이 주는 즐거움을 중요하게 고려하는 소비자는 그 제품을 통하여 얼마나 많은 쾌락을 경험할 수 있는가가 중요할 것이다.

⑤ 평가 기준의 수는 제품에 따라 다양하다.

가격이 비싸고 관여도가 높고 일생동안 구매할 기회가 몇 번 되지 않는 집이나 자동차 같은 내구재의 경우는 상대적으로 많은 평가 기준들을 고려 하지만 편의품이나 일상적으로 자주 사용하는 관여도가 낮은 제품의 경우는 평가 기준들의 수가 적다. 일반적으로 소비자 의사결정을 할 때 고려되는 평가 기준의 수는 6개 이하인 경우가 대부분이다.

(3) 대안 평가 방법

대안 평가 방법에는 보상적compensatory 방식과 비보상적non-compensatory 방식이 있다. 중요한 비보상적 방법에는 사전편집식 방법, 순차 제거식 방법, 결합식 방법, 분리식 방법이 있다(Bettman, 1979).

① 비보상적 방식

비보상적(비보완적) 결정원칙은 한 평가 기준에서의 약점이 다른 평가 기준에서의 강점에 의하여 보완이 되지 않는 평가방식이다. <표 4-6>에는 소비자가 노트북을 구매할 때 평가 기준들과 평가 기준들의 중요도, 4 종류의 브랜드들에 대한 가상적 평가 점수들이 제시되어 있다.

〈표 4-6〉 노트북의 가상적인 속성 점수표

평가기준	중요도	브랜드			
		A브랜드	B브랜드	C브랜드	D브랜드
무게	5	4	5	3	5
가격	4	5	3	5	2
처리 속도	3	1	2	4	5
브랜드 이미지	2	3	3	4	5
A/S	1	2	4	3	3

*각 제품의 중요도와 속성별 평가 점수는 (가장 낮은) 1~5점 (가장 높은)의 범위를 가진다.

■ 사전편집식 방법(lexicographic rule)

사전편집식 방법은 소비자가 가장 중요하게 고려하는 평가기준에서 가장 높은 점수를 받은 브랜드를 선택하는 것으로, 이때 최상의 브랜드가 2개이면 두 번째로 중요하게 고려하는 평가 기준으로 선택한다. <표 4-6>의 경우 무게가 가장 중요한 평가 기준인데 B브랜드와 D브랜드가 선정되고, 두 브랜드들이 동점이기에 두 번째로 중요하게 생각하는 가격에서 B브랜드가 D브랜드보다 높은 점수를 받아 최종적으로 소비자는 B브랜드 노트북을 선택할 것이다.

■ 순차 제거식 방법(sequential elimination rule)

순차 제거식은 중요한 속성에서 높게 평가되지 못한 대안들을 줄이기 위해 소비자가 고려하는 모든 속성들에 대해 수용기준을 설정하고 수용기준을 만족시키지 못하는 브랜드를 순차적으로 제거하고 끝까지 살아남는 브랜드를 최종적으로 선택한다. <표 4-6>에서 소비자가 수용기준을 각 속성에 대하여 '3점 이상'으로 한다면 첫 번째 중요도 무게에서는 모든 브랜드들이 충족하고 두 번째 중요도로 간다. 두 번째 중요도 가격 기준에서는 D브랜드가 제거된다. 세 브랜드들이 남았기에 다음번 중요도 기준인 처리 속도로 간다. 살아 남은 A. B, C 브랜드만을 비교해서 처리 속도에서 A브랜드와 B브랜드가 최저 점수 미달로 제거되고 C브랜드 하나만 남으니까 과정을 끝내고 소비자는 결국 C노트북을 선택하게 될 것이다. 사전편집식 방법과 순차 제거식 방법은 중요도 랭킹에서 높은 순서부터 가면서 선택하거나 제거해서 하나가 남을 때까지 계속한다.

■ 결합식 방법(conjunctive rule)

결합식은 소비자가 브랜드를 수용하기 위한 최소한의 수용기준들을 모든 속성들에 대하여 마련하고 각 브랜드별로 모든 속성이 최소한의 수용기준을 만족시키는 대안(들)을 선택하는 방법이다. <표 4-6>에서 소비자가 각 속성에 대한 수용기준을 3점으로 둔다면 A브랜드는 처리속도와 A/S에서, B브랜드는 처리 속도에서, D브랜드는 가격에서 최소 수용기준에 못 미치므로 다 충족하는 유일한 C브랜드 노트북을 선택하게 될 것이다. 만약 두 브랜드들이 최소 기준 점수들을 다 넘으면 2개의 브랜드들이 선택된다.

■ 분리식 방법(disjunctive rule)

결합식과 달리 분리식 방법은 중요한 한, 두 가지 속성들에서 최소한의 수용기준을 정해서 그 기준들을 만족시키는 대안(들)을 선택하는 방법이다. 만약 여기서 무게와 가격에서만 최소 점수 3점을 적용하면 무게에서는 다 살아남는다. 가격에서는 최소 점수 3점을 A, B, C 브랜드들이 다 충족하기에 결국 미달한 D브랜드를 제외한 이 3 브랜드들이 선택된다.

② 보상적 방법

보상적 방법은 제품의 일부 기준들에서 단점을 다른 평가 기준들에서 장점으로 보완할 기회를 제공하는 것이다. 즉, 하나 또는 그 이상의 제품 속성에 대해 지각된 약점은 다른 속성의 장점을 통해 보상된다는 것이다. 이 방법은 각 속성의 중요도에다 각 속성의 평가치를 곱한 각 속성의 값을 모두 합한 값이 가장 큰 브랜드를 선택하게 된다. <표 4-6>의 경우는 다음과 같이 계산한 결과 D브랜드 노트북이 61점으로 가장 점수가 높기 때문에 선택된다.

계산)A 브랜드 = 5×4 + 4×5 + 3×1 + 2×3 + 1×2 = 51점
B 브랜드 = 5×5 + 4×3 + 3×2 + 2×3 + 1×4 = 53점
C 브랜드 = 5×3 + 4×5 + 3×4 + 2×4 + 1×3 = 58점
D 브랜드 = 5×5 + 4×2 + 3×5 + 2×5 + 1×3 = 61점

(4) 대안평가 영향 변수들과 다른 평가방법들

a) 의사결정에 영향을 미치는 변수들

① 소비자의 지식: 전문가 대 초보자의 지식을 비교하면 전문가는 지식의 폭, 깊이가 크고 개념들 간의 활성화 속도도 빠르다.

② 준거 기준: 문제를 어떻게 제시하는가와 어떻게 해석하는가가 선택에 영향을 미친다(긍정적/부정적, 손실/이익에 따라). 준거기준과 관련하여 프로스펙트 이론Prospect theory는 효용보다 주관적 가치에 따라 결정되고, 이익일 경우 위험회피 성향이고 손실인 경우 위험추구 성향을 보인다. 선택 대안의 가치는 어떤 식으로 프레임이 구성하여 제시하는가에 따라 달라진다(Kahneman & Tversky, 1979).

③ 환경적, 상황적 영향: 두드러진 환경적 자극, 시간의 제약을 의미한다.

④ 맥락 효과: 고려상표군의 대안들의 수, 종류들이 최종 선택에 주는 영향으로 유인효과, 타협효과 등이 있다.

b) 휴리스틱(heuristics)

소비자들은 보상적 방식, 비보상적방식의 구체적인 규칙을 따르는 방법을 채택하기보다는 실제 구매의사결정에서는 휴리스틱이라고 하는 단순하고 유연하며 상황에 맞추는 소비자 나름의 의사결정방식도 사용한다. 휴리스틱은 대안 선택에서 수많은 요인들을 고려하지 않고 경험, 직관, 또는 논리적 사고에 의해 문제해결의 과정을 단순화시킬 수 있는 규칙 혹은 지침이다. “A이면 B이다.(if and then)”의 형식을 흔히 가지고 사건과 적절한 행동을 연결하는 생산물이다. 휴리스틱은 적응도가 매우 높고 인지적 용량을 조금만 차지하는 장점들이 있다. 휴리스틱에

는 탐색 휴리스틱, 평가 휴리스틱, 선택 휴리스틱의 3가지 유형들이 있다. 휴리스틱은 스크립트 형태로 간편히 장기기억 속에 저장되어 실제 환경에서 필요할 때 자동적으로 활성화되어 사용될 수도 있고 환경에 접해서 즉석에서 만들어서 사용될 수도 있다(Hoyer, 1984; Peter and Olson, 2005; 임종원 등, 2006).

c) 추가적 간단한 대안평가 방식들

- 감성 의존식affect referral 대안평가: 친숙한 제품인 경우 전에 형성된 전반적인 평가를 기억에서 불러내서 대안을 평가하는 방법으로 일상적 문제 해결 시 주로 사용한다(Wright, 1975).
- 후광 효과halo effect: 상품을 평가하는 경우 중요한 한 개의 또는 일부 속성들에 의해 형성된 전체적 인상이 직접적으로 관련 없는 다른 속성들에도 영향을 미치는 것을 의미한다. 예들에는 한 제품에서 잘 알려진 브랜드가 다른 제품군에 영향을 주는 것, 제조국가의 영향 등이 있다. 구체적 예를 들면 BMW라는 브랜드에 의해 생겨난 후광효과 때문에 승차감이나 기타 속성들에서도 현대 제네시스보다 뛰어나다고 생각하는 경우를 말한다.
- 다른 제품군 간의 비교하기 어려운 속성에서의 비교: 오디오간의 비교, 더 넓게 전자제품들(예, TV와 오디오) 사이의 비교는 쉽고 간단하다. 하지만 여름 휴가와 오디오를 비교하면? 이럴 경우 구체적 속성들에서 비교는 힘드니 나에게 주는 전체 행복이나 삶의 가치에 주는 효과 등과 같이 비교가 가능하고 적절한 일반적이고 추상적인 속성에서 비교를 한다. 즉 추상화를 통해 공통 속성을 발견해 내고 이 속성에서 비교를 한다(Johnson, 1984).

4) 구매

(1) 구매빈도/ 신규성에 따른 구매 의사결정의 유형

구매빈도나 신규성에 따른 구매 의사결정의 3가지 유형들은 일상적 의사결정, 제한된 의사결정, 본격적(포괄적) 의사결정이다(임종원 등, 2006). 일상적 의사결정은 우유, 볼펜, 식빵 등과 같이 흔히 구매하는 제품 구매 시에 사용되고 외부 탐색과 대안 평가를 하지 않고 문제 인식에서 내부탐색 후 구매하던 브랜드를 구매한다. 상대적 관여도에 따라 브랜드 애호도에 따른 반복구매와 단순한 반복구매의 두 가지가 있다. 이전 평가가 만족스러운 경우 기억 속의 정보를 가져와서 과거 구매한 대안을 반복적으로 구매하는 유형이다.

두 번째 유형은 제한된 의사결정으로서 일상적 결정과 본격적 결정의 중간 형태이다. 제품군에 대한 지식은 있지만 브랜드, 스타일, 가격 등에 대한 지식을 잊거나 부족한 경우 재구매하는 형태이다. 정보 탐색의 정도나 대안에 대한 평가, 구매 후 평가가 본격적 결정보다 의사결정의 깊이가 얕거나 상대적으로 시간상 짧은 경우가 해당된다. 3번째 유형은 본격적 또는 포괄적 의사결정으로 가장 복잡하고 몰두하는 유형이다. 중요 제품으로서 구매경험이 없고 위험 부담이 큰 경우에 하는 결정이고 구매 의사결정의 5 단계들을 다 거친다.

(2) 구매 행동의 4가지 유형들과 실용적 대 쾌락적 구매

a) 구매 행동의 4가지 유형들

<표 4-7>은 소비자 구매 행동의 4가지 유형들을 2가지 요소들인 관여도와 구매경험에 따라 4가지 유형들로 나눈다. 관여도에 따라 고관여와 저관여의 2 가지 수준들이 있고 구매 경험에 따라 최초 구매와 반복 구매의 2가지 수준들이 있다. 각 셀의 1 라인은 의사결정의 유형을 제시하고 2 라인은 의사결정 단계들의 일반적 순서를 나타낸다. 3 라인은 의사결정과 관련된 학습의 유형을 나타낸다. 이 유형들은 인지적 기반모델을 기본으로 가정하기에 인지(신념)가 감성(평가)보다 먼저 나온다. 괄호로 표시된 단계는 흔히 생략된다. 행동주의적 학습의 2가지 대표적 유형들인 도구적 조건화와 고전적 조건화에 대해서는 다음 장인 5장에서 간단히 설명한다(Peter & Olson, 2005; 임종원 등, 2006).

〈표 4-7〉 소비자 구매 행동의 유형

구매경험 \ 관여도	고관여	저관여
최초구매 (의사결정)	복잡한 의사결정 신념→평가→행동 인지적 학습	제한된 의사결정 신념→행동→평가 수동적학습
반복구매 (습관)	상표애호도 구매 (신념)→(평가)→행동 도구적 조건형성	관성구매 신념→행동→(평가) 고전적 조건형성

출처: Peter and Olson, 2005

① 복잡한 의사결정

관여도가 높고 새로운 제품을 처음으로 구매하는 것으로 포괄적 문제 해결을 의미한다. 브랜드 대안들에 대한 정보를 충분하게 탐색하고 다양한 평가 기준들에 의하여 상세하게 비교하고 평가한 후에 가장 선호하는 브랜드를 구매한다. 예를 들면 자동차는 고가의 제품으로, 소비자는 다양한 브랜드들과 모델, 가격, 연비, 안전성, 유지비용 등을 비교 분석해야 한다. 이 과정에서 소비자는 많은 정보 수집과 대안 검토를 통해 최종 결정을 내리게 된다. 고급 가전제품(예: 냉장고, 세탁기, TV 등)을 구매할 때 소비자는 브랜드, 기능, 에너지 효율, 디자인 등을 꼼꼼히 비교 분석한다. 제품 리뷰와 추천을 참고하여 신중하게 선택한다.

② 브랜드 애호도

고관여 소비자가 자신이 구매한 브랜드에 만족하면 그 브랜드에 대하여 호의적인 태도를 형성하게 되고 동일한 브랜드를 반복해서 구매하게 된다. 이러한 현상을 브랜드 애호도 또는 충성도brand loyalty라고 한다. 브랜드 애호도에 의한 구매는 대안 평가와 신념 형성이라는 인지적 과정을 생략한다. 예를 들면 애플 제품을 사용하는 고객들은 새로운 아이폰이나 맥북이 출시될 때마다 구매하는 경향이 있다. 애플의 생태계에 익숙해진 사용자들은 다른 브랜드로의 전환이 어려워 브랜드에 대한 충성도가 매우 높다. 그리고 나이키의 로고와 슬로건은 많은 소비자에게 각인되어 있다. 나이키의 품질과 스타일을 신뢰하는 고객들은 새로운 운동화나 의류가 출시될 때마다 지속적으로 구매하는 경향이 있다.

③ 제한된 의사결정

관여도가 낮고 최초구매인 경우 제한된 의사결정을 한다. 이런 경우 다양성 추구 행동이 흔히 나타난다. 과거에 구매한 브랜드에 싫증이 나거나 새로운 브랜드에 대한 관심이나 호기심 때문에 다양한 브랜드들을 구매하는 것이다. 예를 들어, 새로운 성분이나 트렌드에 따라 여러 브랜드들의 화장품을 구매하고 사용해 보며, 특정한 피부 문제를 해결하기 위해 새로운 제품을 시도기도 한다.

④ 관성적 구매

제품을 사용해 본 경험이 많은 저관여 소비자가 복잡한 의사결정을 피하기 위해 동일한 브랜드를 반복 구매하는 것이다. 관성적 구매는 브랜드 충성도와 나타나는 현상은 같으나 단지 구매 노력을 덜 하기 위한 것이라는 점에서 가식적 충성도라고 할 수 있다. 예를 들면 많은 소비자들이 자주 구매하는 식료품 브랜드를 고정적으로 선택하는 경향이 있다. 특정 브랜드의 우유, 빵, 시리얼 등을 반복적으로 구매하며, 새로운 브랜드를 시도하기보다는 익숙한 제품을 선택한다. 세탁 세제나 청소 용품을 구매할 때도 소비자들은 자신이 이미 사용해 본 브랜드를 선호하는 경향이 있으며, 제품의 품질이나 효과에 대한 신뢰로 인해 같은 브랜드를 계속 선택한다.

b) 실용적 구매 대 쾌락적 구매

구매는 쇼핑 가치와 관련해서 실용적 구매와 쾌락적 구매의 2가지 형태로 분류될 수 있다. 장 초반에 설명한 소비자행동의 정보처리적 관점과 체험적 관점은 쇼핑 가치와 관련하여 실용적 쇼핑 가치utilitarian shopping value와 쾌락적 쇼핑 가치hedonic shopping value로 나누어질 수 있다. 실용적 쇼핑 가치는 쇼핑 시 목표하는 물건을 사거나 서비스를 제공받는 과업을 완수하는가와 얼마나 쇼핑과업을 효율적으로 하는가와 관련되는 가치로서 쇼핑을 해야 할 일work 또는 심부름errand으로서 하는 쇼핑활동을 설명하는데 적절하다. 대조적으로 쾌락적 쇼핑 가치는 쇼핑의 결과보다는 쇼핑 과정에서 발생하는 주관적이고 개인적인 즐거움fun, 유희성playfulness, 오락성entertainment, 정서적 가치emotional worth, 자아개념 증진self-concept enhancement 등과 관련되고, 과업으로서의 쇼핑활동이 아니라 그 자체가 즐겁고 쾌락적인 활동으로 여기는 쇼핑활동을 설명하는데 적합하다. 구체적으로 실용적 쇼핑 가치는 성취감의 표현과 쇼핑 업무를 완수할 능력 또는 능력의 부재에 대한 만족 또는 실망을 포함하는 반면에, 쾌락적 쇼핑 가치는 순수한 즐거움, 신남, 매혹 상태, 일상탈출, 자발성을 포함한다(Babin et al. 1994).

(3)상황적 요인

a) 상황의 정의와 5가지 유형의 상황

소비자행동에 영향을 미치는 상황적 요인은 "소비자의 특성이나 대상물의 특성과는 독립된 일정 시간이나 장소 특유의 요인"이라고 정의할 수 있다(Engel et al., 1995). 즉 특정한 시간이나 장소에서 관찰되는 소비자의 행동이 개인적 특성이나 환경적 특성 등 명백하게 다른 요인에 있지 않고 그 시간과 장소에서 나타날 수 있는 모든 요소에 대한 개인의 내적 반응이나 해석을 말한다.

과자와 육류제품에 대한 구매 상황에서 개인과 상황이 어떠한 영향을 미치는지 살펴본 연구에 따르면(Belk, 1975), 소비자가 과자를 구매 하는데 있어 개인-제품 간의 상호작용이 22%, 제품-상황 간의 상호작용이 16%를 차지하고, 고기를 구매하는데 개인-상황 간의 상호작용이 26%로 나타나 제품을 구매할 때의 상황에 따라 구매 여부가 달라질 수 있어 상황적 요인이 많은 영향을 미치는 것으로 나타났다. 무엇보다 구매 상황에서 소비자행동을 제어하기 위해 개인 특성을 변화시키는 것보다 상황 요인의 조작에 따라 행동을 제어하는 것이 훨씬 용이하기 때문에 그 중요성은 매우 크다.

Belk(1975)는 <표 4-8>과 같이 소비자행동에 영향을 미치는 상황을 점포의 위치 및 이미지, 제품의 성격 및 날씨 등을 포함하는 물리적 환경physical surrounding, 쇼핑 동반자의 존재나 그들의 역할을 나타내는 사회적 환경social surrounding, 특정 시간이나 시간 압박 등의 시간적 관점temporal perspective, 쇼핑 동기나 구매 의도 등을 의미하는 과업정의task definition, 쇼핑 당시 개인의 기분이나 조건 등을 나타내는 선행상태antecedent state와 같은 5개 차원들로 분류하였다.

〈표 4-8〉소비자행동에 영향을 미치는 상황적 요인

구분	내용	요소
물리적 환경	소비자의 상황을 구성하는 물리적 유형의 특성	지리적 위치, 장식, 음성, 향기, 조명, 기후, 상품의 시각적 상태 등
사회적 환경	상황 안에 타인이 존재하는지 여부	다른 사람의 존재, 그 들의 특성, 뚜렷한 사람간의 상호작용 등
시간적 관점	행동이 일어나는 특정 시점과 같은 시간의 특성이나 상황에 있어서의 참가자의 과거 내지 장래의 일에 관해 측정된 것	하루 중 특정시간, 시간적 압박, 구매의 시간적 간격 등
과업 정의	상황에 있어 소비자가 가지는 특정 목표나 대상	구매나 쇼핑의 원인이나 목적 등
선행 상태	소비자가 상황에서 느끼는 일시적인 기분이나 조건, 보다 지속적인 개인의 특성	기분, 신체적 느낌, 현금 소지 정도 등

출처: Belk, 1975

상황들의 대표적 5가지 유형들에는 물리적 환경, 사회적 환경, 시간, 과업과 구매 목적, 선행 상태가 있다.

① 물리적 환경

대형마트, 백화점, 온라인 쇼핑몰 등 소비자가 쇼핑하는 장소에 따라 소비 경험이 달라질 수 있다. 매장의 조명, 음악, 레이아웃 등 매장 분위기는 소비자의 기분과 구매 의사에 영향을 미친다. 예를 들어 점포의 배색을 할 때 외관은 따뜻한 색으로 내부는 차가운 색으로 하는 것이 소비자의 유입을 늘리는데 도움이 되고(Bellizzi et al., 1983), 슈퍼마켓에서는 느린 음악을 틀면 빠른 음악을 틀었을 때와 비교하였을 때 소비자들의 구매 시간과 구매량이 늘어난다(Milliman, 1982). <사례 4-3>은 여의도에 위치한 '더현대서울'이 매장의 상당 부분을 녹지와 휴식공간으로 단장하고 감성과 체험마케팅에 호소해 성공한 사례를 보여준다.

<사례 4-3: 비웠더니 더 풍성해져, 더현대, MZ 사로잡다>

26일 개점 3주년을 맞이한 서울 영등포구 여의도 '더현대서울'의 성공 요인이다. 가장 백화점답지 않은 백화점으로 꼽히는 더현대서울은 현대백화점의 핵심 매장들 중 한 곳으로 꼽힌다. 연면적의 절반 이상을 빈 공간으로 배치하고 백화점의 주요 타깃층인 40, 50대 대신 MZ세대(밀레니얼+Z세대)를 공략했다. 기존 백화점의 성공 공식을 거스르며 새로운 백화점의 모델을 제시한 더현대서울은 업계 최단 기간 연매출 1조 원을 달성했다.

정주 인구가 적은 데다 강력한 경쟁자인 IFC몰이 있는 여의도는 백화점의 불모지로 꼽혔다. 더현대서울은 입지의 불리함을 극복하기 위해 초기 마케팅부터 파격을 택했다. 점포 명에 '백화점'이라는 단어를 떼고 개점 광고부터 건물 외관을 전혀 드러내지 않고 소비자를 형상화한 모델의 이미지 컷, 더현대서울이라는 상호명만 노출했다. 정용철 현대백화점 커뮤니케이션 팀장은 더현대서울이라는 이름답게 타깃 상권을 서울 전역으로 정하고 호기심을 유발하기 위한 전략이라고 설명했다. 개점 후에는 MZ세대와 외국인을 주요 타깃으로 삼아 홍보를 진행했다. MZ세대 특징을 뚜렷한 취향으로 보고 일반적인 백화점 쇼핑 안내 대신 와인, 음악, 빈티지 등 취향에 집중한 키워드를 주제로 한 매장 광고 영상을 유튜브 등에 내보냈다. 외국인 관광객을 끌어오기 위해 출입국 관리소에서 입국자 수 1~15위 국가 리스트를 받아 해당 국가들에 현지 언어로 된 광고를 2년간 내보냈다.

더현대서울은 '비워내기' 전략을 폈다. 매장의 51%를 공원, 폭포 등 빈 공간과 조형물로 채워 방문객들이 공간 자체를 즐길 수 있도록 디자인했다. 일반적인 백화점이 여러 매장으로 빽빽하게 채워져 있는 것과 달리 더현대서울은 5층에 실내 정원인 '사운즈 포레스트'를 만들고 매장 중앙을 틔워놓은 6층과 이어 높은 천장을 유지함으로써 방문객들에게 탁 트인 전경을 제공했다. 당시 공간을 담당한 김도윤 현대백화점 디자인LAB장은 기존 현대백화점 매장에 있던 옥상정원의 유산을 계승하고자 한 시도라고 설명했다. '크리에이티브 라운지'로 명명된 지하 2층은 MZ세대를 위한 공간으로 꾸몄다. 개점 직전 소셜미디어 데이터를 분석해 MZ세대 사이에서 유행하는 '리셀', '캠핑' 등의 키워드를 추출하고 이를 매장 블록당 키워드 하나씩 배치해 관련 브랜드를 입점시켰다. 여의도역 지하철역과 이어지는 쪽에 팝업스토어 전용 매장을 설치해 지금껏 770여 회 운영했다. '지하 2층은 경영진이 모르는 브랜드로 채워라'라는 제언은 더현대서울의 MZ세대 전략을 상징하는 말로 남았다.

더현대서울의 공간 파격은 체험형 매장의 모범 사례라는 평가를 받고 있다. 현대백화점 관계자는 “태국에 이어 일본 등 다양한 국가와 ‘더현대’ 브랜드를 위한 협약을 검토 중이다”라고 했다. 매장 리뉴얼도 지속적으로 해나갈 계획이다. 지하 2층 크리에이티브 라운지는 개점 전후인 2020~2021년 당시 트렌드에 맞춘 매장이 많아 향후 점포 재계약 시 새로운 트렌드에 맞춘 매장이 필요하다. 추가적인 명품 라인업 보강도 고객층 확대를 위한 과제로 꼽힌다. 현재 더현대서울에는 3대 명품 브랜드로 꼽히는 ‘에루샤(에르메스, 루이비통, 샤넬)’ 중 루이비통만 입점해 있다.

출처: 동아일보, 2024

② 사회적 환경

사회적 상호작용이 소비자 선택과 구매에 영향을 줄 수 있다. 친구나 가족과 함께 쇼핑하는 경우, 그들의 의견이 소비자의 결정에 영향을 줄 수 있다. 온라인 리뷰나 소셜 미디어의 영향력도 소비자의 구매 결정을 이끌어 낼 수 있다.

③ 시간

시간은 구매 시점과 시간 압박을 포함한다. 특정 시간(예: 주말, 명절)이나 시간대에 따라 소비자의 행동이 달라질 수 있다. 시간 압박과 관련해서 급하게 필요한 제품을 구매해야 하는 경우, 소비자는 신속한 결정을 내릴 가능성이 높다.

④ 과업 정의

과업 정의는 구매, 소비에 대한 과업의 목표, 필요성으로 정의 된다. 예로 자신을 위한 구매와 선물 사기 과업에 따라 구매행동이 달라질 수 있다. 구매 목적에 따라 생필품이나 기본적인 필요를 충족하기 위한 구매인 필수구매와 소비자가 개인의 취향이나 필요에 따라 선택적으로 구매하는 선택적 구매는 소비자 구매의사결정에 영향을 준다.

⑤ 선행 상태

선행 상태는 일시적인 생리적, 인지적, 감정적 상태를 의미 한다. 예로 소비자가 느끼는 일시적 감정 상태는 구매 행동에 영향을 미친다. 예로 기분이 좋을 때는 충동구매를 할 가능성이 높다. 스트레스와 불안 상태도 영향을 준다. 스트레스를 느끼는 소비자는 위안이나 즐거움을 찾기 위해 비정상적인 소비를 할 수 있다.

b) 세 가지 구체적 상황들

소비자행동에 상황이라는 요소가 영향을 미치는데도 불구하고, 상황이 너무 많은 요소들을 포함하고 있기 때문에 여기에서는 커뮤니케이션 상황, 구매 상황, 소비 상황 등 세 가지로 나누어 살펴보고자 한다. 구체적 상황들에는 소비 상황(예, 소비 관련 물리적, 사회적 환경, 시간 등), 구매 상황(예, 점포 내 환경, 구매 목적, 소비자의 기분), 커뮤니케이션 상황(인적, 비인적)의 3가지가 있다.

소비 상황은 소비자가 특정 제품이나 서비스를 구매하는 맥락이나 환경을 의미한다. 소비 상황은 여러 요소들에 의해 달라지며, 소비자의 의사결정 과정에 큰 영향을 미친다. 구매 상황은 소비자가 특정 제품이나 서비스를 구매하는 상황을 구체적으로 설명하는 개념으로, 여러 요소들이 복합적으로 작용하여 소비자의 구매 결정에 영향을 미친다. 구매상황은 소비자의 행동을 이해하고 마케팅 전략을 수립하는 데 매우 중요한 요소이다. 소비자의 구매 의사결정 과정을 파악하고 이를 바탕으로 효과적인 마케팅을 전개하는 것이 필요하다.

커뮤니케이션 상황은 사람들이 서로 의사소통하는 맥락이나 환경을 의미한다. 이러한 상황은 다양한 요소들로 구성되어 있으며, 커뮤니케이션의 방식과 효과에 큰 영향을 미친다. 커뮤니케이션 상황을 이해하는 것은 효과적인 의사소통 전략을 개발 하는데 중요하다. 커뮤니케이션 상황의 요소들은 맥락, 참여자, 메시지,

매체, 시간, 문화적 요인이 있다. 커뮤니케이션 상황을 이해하고 적절하게 대응하는 것이 개인적, 직업적 관계를 성공적으로 유지하는 데 도움이 된다.

c) 상황을 이용한 마케팅 전략

브랜드애호도가 클수록, 소비자의 지속적 관여도가 높을수록, 복수 용도의 제품의 구매 시(주로 내구재, 자동차, 컴퓨터, 오디오 등) 상황 변수의 영향력이 상대적으로 작다. 실제 현장에서 상황에 따라 다른 속성을 강조하는 마케팅 전략을 구사하는 것이 효과적이다. 자동차는 출퇴근에 더해 레저/여행을 강조할지 순수한 통근 목적을 강조할지 결정하고 전략을 집행하고 만들어진 식사용 음식은 편의성, 영양과 맛에 중점을 다르게 둘 수 있다. 소비상황을 시장 세분화에 이용할 수 있고 소비자 생활양식 변화를 신제품 개발에 이용하여 제품을 개발하고 촉진 할 수 있다. 예로 운동에 관심이 있고 시간은 부족하고 매일 편리한 운동방법을 찾는 소비자들을 대상으로 가정용 바이크가 많이 팔린다.

(4) 점포 내 행동

a) 점포 관련 구매

최근 15년 정도 무점포 구매가 급속히 확산되어왔다. 무점포 구매는 TV 홈쇼핑, 전화 판매원을 통한 구매, 인터넷 구매, 카탈로그 이용, 스마트폰 구매 등이다. 점포 구매와 관련해서는 점포 충성 소비자들도 상당히 있기에 마케팅 전략 집행에 이것을 고려해야 한다. 점포 브랜드 지각과 관련해 중요한 것은 점포 이미지이다. 점포 이미지는 주 고객들의 특성, 점포의 위치 및 외관, 제품 진열, 판매원의 특성, 음악, 점포 내 향 등으로 구성된 전체적인 점포에 대한 인상이다.

오락 공간으로서의 백화점이나 쇼핑센터도 인기를 끌고 매출과 수익을 잘 올린다. 우리나라 백화점들은 일부 공간을 휴식, 문화센터로 사용해 왔고 전 세계적으로 대형 쇼핑몰들이 큰 도시들에 존재한다. 서울 코엑스 스타필드와 수원 스타필드는 규모도 크고 내부 장식도 현대적이고 멋있고 휴식 공간도 많이 제공해서 쇼핑, 휴식, 문화 등 복합 기능들의 역할을 수행한다. 서울 코엑스와 수원 스타필드

둘 다 실내에 별마당도서관이 들어서 있는데 규모도 어마하고 책들도 상당히 많고 멋진 체험 공간을 제공한다.

〈그림 4-4〉 서울 코엑스몰 스타필드와 수원 스타필드

b) 점포 내 행동

소비자의 실제 구매는 구매시점 전시POP; Point of Purchase, 가격할인, 점포 내 진열, 판매원의 행동과 같은 다양한 형태의 구매 시 촉진 활동에 영향 받는다. 숙련된 판매원은 고객의 눈빛만 보면 고객이 무엇을 원하는지 알 수 있다고 한다. 점포 내 유인상품들이 효과적이고 소비자들은 어떤 물건을 사러 왔다가 다른 제품들도 추가적으로 보통 사기 때문에 추가적인 제품 판매spillover sales가 빈번하다. 고객들은 충동구매가 빈번하기에 충동으로 살 확률이 높은 사탕, 껌, 신문 등 비교적 간단한 충동품목들을 계산대 옆에 배치한다. 중요한 것은 저관여 상품인 경우 점포에서의 브랜드 결정이 상당히 일어난다는 것이다.

c) 충동구매

충동구매impulse buying는 비계획적 구매unplanned buying의 한 형태로 "자극 대상(예, 제품, 패키지 등)에 대한 정서적 반응을 포함하는, 사전 계획이나 생각 없이 행해지는 구매행동"으로 정의 내려진다(Bennett and AMA 1995). 충동구매는 1) 해당 제품을 즉각 구매해야 한다는 강렬하거나 압도하는 느낌, 2) 부정적인 구매 결과가 생길 수도 있는 것에 대한 무시, 3) 행복 도취감 또는 흥분의 느낌들, 4) 통제와 탐닉

사이의 갈등의 특성들을 가진다(Rook, 1987). 충동구매는 일시적인 높은 관여로 합리적인 평가가 부족하다. 하지만 인지 과정을 거친다는 점에서 저관여 의사결정이나 일상적 의사결정과는 구분된다.

5) 구매 후 행동

(1) 구매 후 행동과정

구매 후 만족과 불만족은 제품에 대한 기대 수준과 제품성과의 차이인 불일치 정도에 의해 결정된다. 만족은 성과가 기대 수준보다 높을 때 나타나며, 소비자가 동일한 상표를 재구매할 가능성을 더 크게 함으로써 그 상표에 대한 긍정적인 태도를 강화한다. 그러나 불만족은 소비자의 기대가 충족되지 못하였을 때 나타나고, 부정적인 상표 태도를 형성하게 하며 동일한 상표를 다시 구입할 가능성을 줄인다. <그림 4-5>는 이러한 구매 후 행동 과정을 그림으로 설명한다.

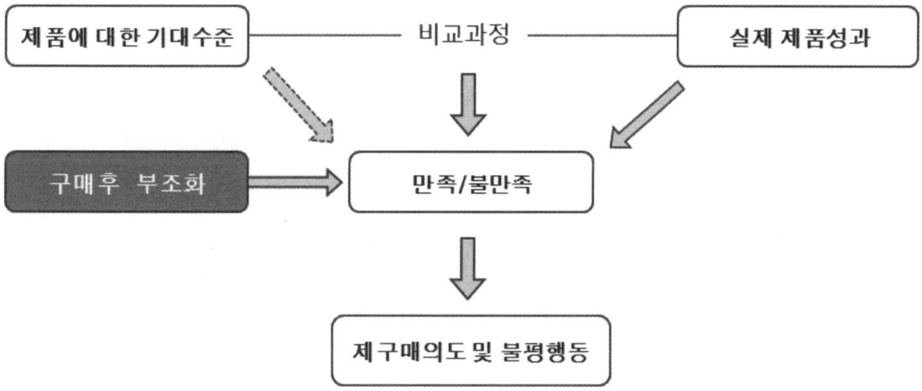

출처: 이학식 등, 2024

〈그림 4-5〉 구매 후 행동 과정

(2) 소비자 만족/불만족의 형성에 관한 대표적 이론들

a) 기대-성과 불일치 이론

기대-성과 불일치 이론은 Oliver(1980)에 의해 처음 제안되었다. 기대-성과 불일치 이론에 따르면 소비자의 제품에 대한 기대와 실제 제품 성과 간의 차이에 대한 지각 정도가 만족/불만족을 결정한다. 기대-성과 불일치 이론은 구매 이전의 기대와 구매 후의 제품 성과에 대해 소비자가 느끼는 불일치 정도를 중요시한다. 긍정적 불일치는 제품 성과가 구매 전 기대보다 높은 경우이고 일치는 제품 성과와 구매 전의 기대가 같은 경우로 이 2 경우들에서는 고객 만족이 일어나다. 제품 성과가 구매전 기대보다 못하는 경우 부정적 불일치가 발생하고 불만족이 일어난다. 만족이나 불만족은 고객의 기억 속에 저장 된다.

b) 공정 이론

공정이론 또는 공평성 이론equity theory은 사회학, 심리학, 조직행위 등에서 연구되었다. 공정이론에서는 소비자는 제품구매를 위한 투입과 산출의 비율과 기업의 투입과 산출 간의 비율을 비교하며 결과에 따라 만족/불만족이 결정된다. 즉 거래의 공평성을 따진다.

기대－성과 불일치 이론과 공정이론의 두 가지 큰 차이점은 다음과 같다. 첫째로 공정이론은 투입과 산출 2가지를 고려하는데 반해서 기대불일치이론은 산출(성과)에만 초점을 둔다. 둘째로 공정이론은 자신과 상대방의 투입과 산출을 비교한 후 서로의 비율들을 비교하는 2단계를 거치는 반면에 기대불일치이론은 한 단계 과정만이 필요하다(이학식 등, 2024).

(3) 불평 행동

불평행동은 사적행동과 공적행동의 2가지가 있다. 사적 행동은 비호의적인 구전활동 전개, 그 브랜드를 구입하지 않음, 개인적 불평을 함을 포함한다. 공적 행동은 회사에 배상 요구, 소비자단체, 정부 등에 불평, 법적 조치를 포함한다. 소비자는 구매 행동에서 불만족하게 되면 다양한 형태의 불만 호소 행동을 한다. <그

림 4-6>에는 소비자 불만 호소 행동의 유형이 무 행동, 사적 행동 및 공적 행동으로 나누어 제시되어 있다.

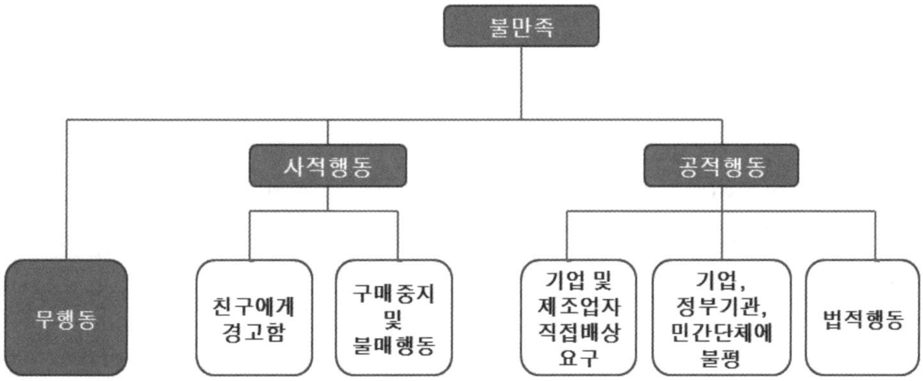

출처: Bearden & Tecl, 1983으로부터 재구성

〈그림 4-6〉 소비자 불만 호소 행동의 유형

(4) 구매 후 부조화 및 귀인 이론

a) 구매 후 부조화

구매 후 부조화는 한 대안을 선택한 후, 선택하지 않은 대안에 대해 바람직한 속성이 있다는 신념을 가지게 되면서 야기되는 선택 후 불안감이다. 인지부조화(예, Festinger)의 한 유형으로 선택된 대안이 선택되지 않은 대안보다 못할 경우 발생한다. 구매 후 부조화는 제품이 만족스러운지 여부에 대해 소비자가 결정을 내리기 전에 발생한다. 일반적으로 소비자는 하나의 제품을 선택한 후 자신의 선택이 옳은지에 대해 의심을 가지게 된다. 예를 들면 소비자가 비싼 가격의 자동차를 구매한 후, 다른 모델이나 브랜드가 더 나은 성능이나 가격을 제공함을 알게 되면 후회할 수 있다. 특히 친구나 가족이 다른 모델을 추천하거나 긍정적인 후기를 들었을 때 부조화가 발생할 수 있으며, 최신 스마트폰을 구매한 소비자가 이후에 더 많은 기능이나 저렴한 가격의 신제품이 출시된 것을 알게 되면 불안감을 느낄 수 있다. 요약 하면 구매 후 부조화는 구매결정을 돌이킬 수 없을 때, 마음에 드는 대안이 여러 가지 있었을 때, 선택이 어렵고 근접했을 때, 관여도가 높

은 제품의 경우에 발생할 가능성이 높다. 마케터 입장에서는 고객들에게 구매 후 지속적으로 강화광고를 할 필요가 있다. 판매 후 마케터는 안내책자, 전화, 인터넷 등으로 선택의 올바름을 강조하기도 한다.

b) 귀인이론attribution theory

귀인이론은 자신이나 다른 사람의 행동의 이유를 외부적 상황이나 내부적 성향으로 돌리는 이론이다. 소비자가 구매한 제품에 대하여 만족하거나 불만족하게 되면 의식적이든 무의식적이든 그 원인을 인과적으로 추론하는 것이다. 일반적으로 결과의 원인을 소비자가 자신의 탓으로 돌리는 내적 귀인과 제조업자나 판매업자에게 돌리는 외적 귀인으로 구분할 수 있다. 사건의 원인이 지속적이고 기업의 잘못이고 통제가 가능한 것이라고 생각되면 불만족의 가능성이 크다.

(5) 제품 처분

제품 처분의 대안은 1)사용하지 않고 보관, 2)내버림, 주어버림, 교환함, 판매함의 옵션을 가지는 영구적 처분, 3)임대함(아는 사람에게 빌려 줌을 포함하는 일시적 처분을 포함)이다(이학식 등, 2024). 소비자들은 애착을 가지는 특별한 소유물들은 처분하지 않는다.

지금까지 구매 의사결정의 5단계 모델을 자세히 알아보았다. 구매의사결정 5단계 모형을 따르지 않는 경우들은 구매와 소비가 동시에 일어나는 서비스가 있다. 5단계를 거치지만 정보 탐색과 대안 평가를 동시에 하는 경우도 있고 중간에 이전 단계로 돌아가기도 한다. 같은 제품이나 서비스를 여러 번 구매해서 충분한 경험이 있으면 앞에서 설명한 것과 같이 일상적 의사결정을 한다. 저관여 상황에서는 제한된 의사결정을 한다.

(6) 구매 후 행동에 관한 마케팅 시사점

구매 후 행동은 다음과 같은 마케팅 시사점들과 힌트들을 준다.

- 소비자에게 과다한 약속을 하지 말라.

- 약속된 품질을 보장하라(결과 품질과 과정 품질).
- 소비자 만족시스템을 잘 운영해라.
- 종업원에게 소비자 불만을 즉각 처리하도록 재량권을 주어라.
- 소비자들이 불만을 쉽게 토론할 수 있는 의사소통 기구를 설치해라.
- 소비자 불만은 즉각 해결해라.
- 소비자 불만이 일어나지 않도록 최선의 조치를 해라.
- 최고경영자로부터 소비자 만족을 우선시하는 경영문화를 정착시켜라.

참고문헌

김영신, 서정희, 송인숙, 이은희, 제미경(2012), **소비자와 시장 환경(제4판)**, 시그마프레스.

김영신, 이희숙, 정순희, 이영애(2016), **새로 쓰는 소비자 의사결정**, 교문사.

김우성(2012), "소비자 구매의사결정에 나타난 세대 차이", **마케팅관리연구**, 17(4), 115~137.

동아일보(2024), "비웠더니 더 풍성해져, 더현대, MZ 사로잡다", **동아일보**, 2024년 9월 19일.

박명희, 박명숙, 제미경, 정주원, 최경, 조소연(2022), **가치소비와 소비자 의사결정**, 교문사.

소비자평가(2022), "'빌보드 200 1위' 블랙핑크, 글로벌 시장에서 어떻게 흥했나", **소비자평가**, 2022년 10월 6일.

이코노미스트(2025), "불닭볶음면의 힘, 삼양식품, '미 알파세대' 사로 잡았다", **이코노미스트**, 2025년 1월 16일.

이학식, 안광호, 하영원, 석관호(2024), **소비자행동(제8판)**. 집현재.

임종원, 김재일, 홍성태, 이유재(2006), **소비자행동론(제3판)**, 서울: 경문사.

Babin, Barry J, William R. Darden, and Mitch Griffin(1994), "Work and/or Fun: Measuring Hedonic and Utilitarian Shopping Value", *Journal of Consumer Research*, 20(March), 644~656.

Bearden W. O. & J. E. Teel(1983), Selected Determinants of Consumer Satisfaction and Complaint Reports. *Journal of Consumer Research*, 20.

Belk, Russel W.(1975), Situational Variables and Consumer Variables. *Journal of Consumer Research*, Vol.2, 157-163.

Bellizzi, J. A., Crowley, A. E. & Hasty, R. W.(1983), "The Effects of Color in Store Design", *Journal of Retailing*, 59, 21~45.

Bennett, Peter D.(1995), Dictionary of Marketing Terms(2nd Edition), Chicago: American Marketing Association.

Bettman(1979), James R.(1979), *An Information Processing Theory of Consumer Choice*, Reading, MA: Addison-Wesley.

Engel, J. F., Blackwell R. D., and Miniard P. W.(1995), *Consumer Behavior(8th ed)*. Dryden Press.

Holbrook, Morris B. and Elizabeth C. Hirschman (1982), "The Experiential Aspects of Consumption: Consumer Fantasies, Feelings, and Fun," *Journal of Consumer Research*, 9(September), 132~140.

Hoyer, Wayne D. (1984), "An Examination of Consumer Decision Making for a Common Repeat Purchase Product", *Journal of Consumer Research*, Dec., 822~829.

Hoyer, Wayne D. and Deborah J. MacInnis (2012), *Consumer Behavior(5th Edition)*, South-Western, (**소비자행동론**, 이명식, 김찬목, 이성수 역), 서울: Cengage Learning.Johnson, Michael D.(1984), "Consumer Choice Strategies for Comparing Noncomparable Alternatives",

Journal of Consumer Research, 11, 741~753.

Kahneman, Daniel and Amos Tversky(1979), "Prospect theory: An Analysis of Decisions Under Risk", *Econometrica*, 47(March), 263~291.

Milliman, R. E.(1982), Using Background Music to Affect the Behavior of Supermarket Shoppers. *Journal of Marketing*, 46, 86~91.

Oliver, Richard L.(1980), "A Cognitive Model of the Antecedents and Consequences of Satisfaction Decisions", *Journal of Marketing Research*, 17(4), 460~469.

Peter J. Paul and Jerry C. Olson(2005), *Consumer Behavior and Marketing Strategy(7th Edition)*, New York, NY: McGraw-Hill/Irwin.

Rook, Dennis W.(1987), "The Buying Impulse", *Journal of Consumer Research*, 14(Sep.), 189~199.

Wright, Peter (1975), "Consumer Choice Strategies: Simplifying Vs. Optimizing", *Journal of Marketing Research*, 12, 60~67.

5장

소비자 의사결정에 영향을 주는 요인

소비자 의사결정은 소비자를 둘러싼 환경 요인들의 자극에 대한 행동 주체인 소비자의 반응을 말한다. 소비자 구매의사결정과 행동은 개인이 속하는 문화적, 사회적, 개인적, 심리적 특성들에 의해서 크게 영향을 받는다. 이 요인들은 소비자들의 구매에 지대한 영향을 미치기 때문에 마케터는 이 요인들을 이해하고 소비자 의사결정에서 반드시 고려해야 한다. 5장에서는 소비자 구매의사결정에 영향을 미치는 이러한 요인들의 대표적 예들에 대해 살펴보고자 한다.

현대백화점의 문화마케팅, 블랙핑크BLACKPINK 리사와 현대 VVIP카드, 나이키Nike 조던 월드 오브 플라이트 서울, 다이소가 아모레퍼시픽과 협업해 출시한 미모 바이 마몽드, 스타벅스 매장 60 소개 매거진, 마스터카드Mastercard의 'Priceless' 대박 캠페인을 장 곳곳에서 홍미 있게 다룬다. 기억에서는 포메라니안 셀럽 강아지들인 루디와 퐁키도 장기기억에서 예들로 사진들과 같이 소개 한다.

<그림 5-1>에 제시된 것 같이 소비자 구매행동은 문화적, 사회적, 개인적, 심리적 요인에 의해서 크게 영향을 받는다. 이런 요소들은 마케터가 대부분의 경우 통제할 수 없지만 이 요인들은 소비자들의 태도와 구매에 지대한 영향을 미치기 때문에 마케터는 이 요인들을 이해하고 마케팅 의사결정에서 반드시 고려해야 한다(Kotler et al., 2013).

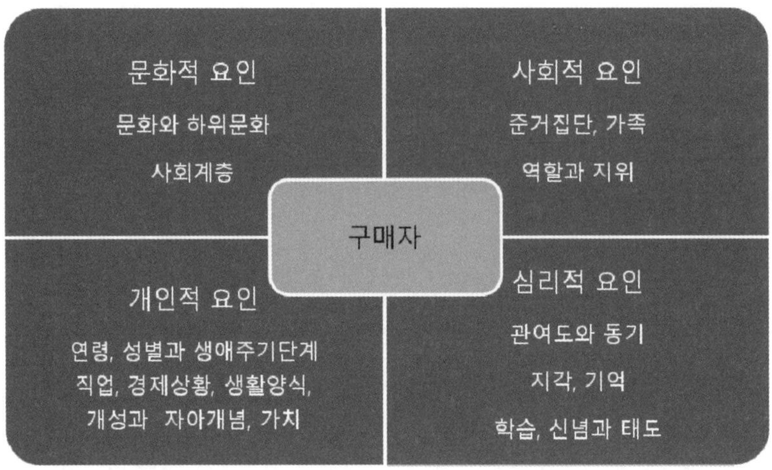

출처: Kotler et al., 2013을 수정해 편집

〈그림 5-1〉 소비자행동에 영향을 미치는 요인

1. 문화적 요인

문화적 요인은 소비자행동에 광범위하고 깊은 영향을 미친다. 대표적인 문화적 요인들에는 문화와 하위문화, 사회계층이 있다.

1) 문화와 하위문화

(1) 문화의 정의

문화는 사람의 욕구와 행동의 기본이 되는 요인이다. 여러 세대를 거쳐서 물려받은 사회적 유산으로 사회의 테두리 안에서 성장하며 개인이 가족 또는 다른 중요한 집단으로부터 학습하는 사회 특유의, 환경에 적응해 살아가는 방식을 반영한다(이학식 등, 2024; Kotler et al., 2013). Tylor(1871)는 오래 전에 문화를 “개인이 사회구성원으로서 획득하는 지식, 신념, 기술, 도덕, 법, 관습 및 기타 능력과 습관 등이 포함된 복합적인 전체”로 정의 하였다. Kotler et al.(2013)은 문화를 “사회의 한 구성원이 가족과 다른 주요 기관들로부터 학습한 기본적 가치, 지각, 욕구, 행동의 집합”으로 정의 했다. 각 문화는 더 작은 하위문화를 가질 수 있다. 하위문화는 흔히 국적, 종교, 인종, 지리적 범위 등을 포함한다. 하위문화는 “공통의 인생경험과 상황에 기반하여 서로 비슷한 가치관을 가지고 있는 사람들의 집단의 문화”이다.

예를 들면 미국에서 히스패닉 하위문화가 있는데 이 문화는 과거 스페인과 포르투갈의 지배를 받았던 중미와 남미의 사람들이 미국으로 이민 와서 살면서 형성한 문화이다. 2010년대 중반에 이미 5000만 명을 넘어선 이 집단은 브랜드력이 있고 좋은 품질의 제품을 선호하고 쇼핑 자체를 즐기고 아이들의 의견을 많이 반영하고 브랜드애호도가 강하다. P&G, Verizon, McDonald's, Walmart, Toyota 등의 기업은 특히 히스패닉 집단을 겨냥한 세분 마케팅 전략을 중요시 한다(Kotler et al., 2013).

(2) 문화의 구성요소들과 특성

문화의 구성요소들은 물질적 요소(예, 컴퓨터, 비행기, 고속전철), 사회적 기관(대학, 대중매체), 언어(국가 언어, 지방 사투리, 집단의 언어), 가치와 신념체계, 관습과 의례(결혼식, 장례식, 돌잔치, 생일), 심미적 요소 등을 포함한다(임종원 등, 2006). 문화는 다음과 같은 특성들을 가진다(이학식 등, 2024; 임종원 등, 2006).

① 문화는 포괄적이다.
② 문화는 획득되고 학습한 것이다.
③ 문화는 행동의 기준이 되며 규범을 제공한다.
④ 개인은 문화를 의식하지 않는다.
⑤ 문화는 지속적인 동시에 동태적이고 변한다.
⑥ 문화는 구성원들에게 공유된다.

⑦ 모든 인간사회에 보편적인 문화가 있고 각 사회마다 특수한 문화가 존재한다.

(3)문화의 중요성과 활용

문화는 다음과 같은 점들에서 소비자행동에서 중요하다. 문화는 구성원들에게 긍지와 소속감을 준다. 문화를 통해 구성원들은 공통적인 특성들을 가지고 집단의 특색 있는 소비자행동을 보여준다. 문화는 다른 집단의 소비자들과의 차이를 선명하게 보여준다. 문화는 글로벌 기업의 마케팅전략들의 개발의 기초가 되는 하나의 핵심 요소이다. 문화마케팅은 예술의 전당, SM엔터테인먼트 등과 같은 문화산업 종사자들의 마케팅인 문화의 마케팅과 구매자를 대상으로 LG, 삼성, 포스코와 같은 일반 기업들이 문화을 이용하는 마케팅인 문화를 통한 마케팅의 두 가지 유형들이 있다. <사례 5-1>은 현대백화점의 문화마케팅을 다룬다.

문화를 이용해 많은 기업들은 다양한 마케팅 전략들을 구사해 왔다. 오리온 초코파이 '정' 시리즈는 1989년 이래 지속적으로 대표적 한국적 감정인 정의 컨셉을 유지하여 장수제품으로서 국내와 해외에서 막강한 브랜드 파워를 유지해왔다. 마케팅의 대상을 어린이에서 어머니로 바꾸고 집단주의의 문화를 반영했다.

Y세대는 1980년에서 1995년 사이에 출생한 세대로서 개성과 다양성이 특징이다. 개인적이고 반항적인 직전 X세대와 비교해서 집단 속에서 나를 찾으려는 경향이 강한 세대이고 M세대, 밀레니움세대라고 불리기도 한다. 감성적이고 쇼핑을 즐기고 컴퓨터에 익숙한 세대이다. 우리나라 인구의 20%에 해당한다. 이들에게는 '우리' 전용이 중요하다. SK 초기 011 TTL, 밀리오레 상점이 이점을 파고들어 성공한 예들이다.

한류는 1990년대 후반 중국에서 시작이 되었다고 하는데 겨울연가 드라마의 히트는 남이섬을 아시아 사람들이 즐겨 찾는 장소로 만들었고 대장금 드라마의 외국에서 인기는 한국의 전통 문화와 전통 음식에 대한 외국인들에 대한 관심을 일으켰다. BTS, 블랙핑크BLACKPINK, 보아, 임영웅 등 그룹들이나 개별 가수들의 인기도 한류 열풍을 가속화했다. 한류는 K-드라마, K－영화, K팝, K－Food, K－뷰티 등으로 확산이 되어가고 있다. <그림 5-2>는 한류 열풍의 예들을 보여 준다.

〈태양의 후예〉 드라마 장면

BTS 뉴욕스퀘어공연

대한민국 국기

K–Pop 사인

〈그림 5–2〉 한류 열풍

<사례 5-1: 예술품 전시에 진심인 현대백화점>

현대백화점이 본격적으로 ‘아트 마케팅’에 시동을 걸었다. 국내에 소개된 적 없는 세계적인 예술가의 작품을 처음 선보이는가 하면 미술관 수준의 전시를 여는 등 아트테인먼트(Art+Entertainment) 콘텐츠 강화에 박차를 가하고 있다. 현대백화점은 오는 5월까지 더현대 대구 1층 더스퀘어에서 세계적 예술가 듀오 ‘루시+호르헤 오르타’의 대표작 ‘구름의 메테오로스II’를 전시한다고 20일 밝혔다. 구름의 메테오로스II가 국내에 전시되는 건 이번이 처음이다.

루시+호르헤 오르타는 자연에 대한 메시지를 예술적으로 풀어내 세계적인 명성을 떨치고 있는 부부 작가다. 이들의 작품은 영국 빅토리아 앤 앨버트 뮤지엄, 미국 뉴욕 현대미술관 등 세계적인 미술관에 전시돼 있다. 이번에 더현대 대구에 전시되는 구름의 메테오로스II는 구름을 형상화해 자연의 아름다움과 중요성을 상기시키기 위해 2014년 선보인 작품이다.

현대백화점은 아트 마케팅을 강화하기 위해 전국적으로 대규모 예술작품을 선보인다. 더현대 서울에서는 오는 2월 에디 강과 마음스튜디오가 협업해 에디 강의 회화 속에 등장하는 '상상 속 수호천사 예티'를 대형 조형물로 구현한다. 에디 강은 미국 로드아일랜드 스쿨 오브 디자인 출신으로 회화와 조각, 미디어 아트에 걸쳐 활동하고 있는 다재다능한 작가다. 전문 미술관 수준의 전시회도 연다. 현대백화점 무역센터점 10층 문화홀에서는 이달 말까지 'Here I am(히어 아이 엠), 현대를 살고 있는 나에게' 전시회를 통해 강준영·이태수·조광훈 등 국내외 작가 40여명에게 직접 의뢰해 제작한 작품을 소개한다. 현대백화점 판교점 5층 '현대어린이책미술관 MOKA(모카)'에서는 오는 3월23일까지 이탈리아 일러스트레이터이자 그림책 작가인 파비안 네그린의 초기 작품부터 미공개 신작까지 총 80여점을 선보이는 전시회가 열린다.

현대백화점은 오는 4월에는 국내외 작가들의 작품을 바로 집으로 가져갈 수 있는 '아트 투고(Art To Go)' 전시도 기획하고 있다. 현대백화점 관계자는 "문화 예술을 선도하는 기업을 목표로 고객 목소리를 반영한 현대백화점만의 전시를 지속적으로 선보일 것"이라며 "전문성과 대중성을 갖춘 다양한 예술 작품으로 고객들과 소통하겠다"고 말했다.

출처: 경향신문, 2025

2) 사회계층

(1) 사회계층의 정의와 분류 기준

거의 모든 사회는 사회계층 구조를 가지고 있다. 사회계층social class은 비슷한 가치관, 관심, 라이프스타일 및 행동패턴을 공유하고 있는 사람들로 구성된 비교적 영속적이고 동질적이고 계층적인 집단이다(Kotler et al., 2013). 사회계층은 소득, 직업 등 한 가지 요소로 결정되지 않고 여러 가지 요인들이 합쳐서 결정되고 본인의 노력에 따라서 변할 수 있다. 사회계층의 대표적 분류 기준들은 소득과 소유물(봉급, 재산, 자동차, 주택 등), 직업, 교육 수준, 사교 활동, 개인적 성취 정도, 가치관(정치적 이상, 경제체제에 대한 견해, 가족에 대한 가치관 등)이다(임종원 등, 2006).

(2) 사회계층의 특성

- 사회계층은 지위, 서열의 의미를 포함
- 다차원적 개념(소득, 직업, 주택, 교육, 가치관 등)
- 계층적 구조를 가짐
- 행동과 사고에 대한 구속력을 가짐
- 같은 사회계층에 속한 사람들은 대체로 동질적이고 다른 계층에 속한 사람들은 상이한 가치, 태도, 행동을 보임
- 시간의 경과에 따라 변할 수 있음(이학식 등, 2024)

(3) 사회계층의 분류

Warner ISCIndex of Status Characteristics는 최상류층, 상류층, 중상층, 중하층, 하류층, 최하류층으로 나누고 Coleman-Rainwater 분류는 교육과 직업에 더 큰 비중을 두어서 최상류층, 상류층, 중상층, 중산층, 근로층, 빈민층, 최하류층으로 사회계층을 나눈다. 한국의 사회계층 구조 변화를 보면 IMF 이전에는 비교적 건전한 구조를 가졌는데 1997년 12월 IMF 구제금융 요청 이후 중산층 감소, 하류층 증가, 상류층 소득 비중 증가, 계층 간의 갈등 심화, 소비 지출의 양극화 심화가 일어났고 이후 회복되었다가 다시 2008년 미국 서브프라임 금융위기의 전 세계 전파, 2020년 3월 이후 본격화된 코로나 위기 등을 겪으면서 중산층의 감소와 상류층과 하류계층의 큰 차이와 갈등은 고착화되었다.

(4) 사회계층과 마케팅 전략들

사회계층은 시장세분화의 기준이 된다. 제품과 브랜드 전략에서 스포츠업체, 문화업체들은 스포츠 관람료, 연극이나 음악 관람료를 차등화해서 각 소득 계층에 맞춘다. 갭은 비슷한 의류를 바나나 리퍼블릭과 올드 네이비로 각각 브랜드화하여 상류 계층과 중, 하류 계층에 어필하며 성공했다. 가격 전략 면에서 소비의 양극화에 주목해서 고가 화장품들(예, 태평양의 헤라, 설화수, 외국 유명 브랜드들)의 인기도 있고 저가 화장품들(예, 미샤, 다이소의 미모 바이마몽드)의 선풍적인 인기도

계속된다. 부유층 대 중산층, 빈곤층의 양극화 소비가 최근 우리사회에서 두드러진다. 고객 가치와 차별화된 이미지 전달의 중요성이 더욱 부각된다. 유통 전략에서 서울의 상류층은 고급의상실, 특화된 현대백화점, 갤러리아백화점, 롯데 에비뉴엘관 등 상류 지향 백화점들을 주로 찾고 백화점의 VIP 룸과 고급의상실은 사교장으로 이용된다. 광고 전략에서 상류층은 상징적, 자기 표현과 관련된 메시지를 일반적으로 선호하지만 중, 하류층은 일반적으로 실용적, 직접적인 메시지를 선호하기도 한다(임종원 등, 2006).

최근 10여년 이상 전 세계에서 많은 제품/서비스에서 귀족마케팅이 성황 중이다. 귀족마케팅은 4P 전략들과 다 관련이 된다. 2% 마케팅, 5% 마케팅 등으로 구매력 있고 애호도 있는 상류층 고객들을 공략하는 아파트, 자동차, 은행 서비스 등이 대표적 예들이다. 삼성전자의 비스포크와 하우젠, LG의 디오스와 시그니처 키친 스위트Signature Kitchen Suite, 현대자동차의 에쿠우스와 제너시스, BMW, 벤츠 등은 성공 예들이다. 샤넬, 에르메스, 루이뷔통. 불가리 등 세계적 명품들이 유행하고 일부에서는 모방 심리로 짝퉁 모조품들도 인기가 있다. <사례 5-2>는 블랙핑크 리사가 사용하는 현대 VVIP 카드를 설명한다.

<사례 5-2: 블랙핑크 리사도 쓴다…1000명만 가질 수 있다는 VVIP 카드>

그룹 블랙핑크 리사가 최근 75억원에 달하는 성북동의 단독주택을 매입한 사실이 알려져 화제를 모은 가운데, 그녀가 쓰는 VVIP 카드 또한 덩달아 주목받고 있다. 블랙핑크 멤버 지수가 지난 1일 유튜브에 공개한 브이로그에서 리사는 독일 쾰른의 크리스마스 마켓을 찾았다. 그녀는 한 와인 가게에서 마음에 드는 술을 발견하고선 이를 구입하기 위해 카드지갑을 꺼냈다. 카드 지갑에는 우리나라 최초 VVIP 카드로 알려진 현대카드 '더 블랙'이 담겨 있어 이목을 끌었다.

현대카드는 2005년 '더 블랙' 출시 당시 '상위 0.05%만을 위한 카드'라는 슬로건을 내걸었다. 이후 2017년 '더블랙 에디션2', 2021년 '더블랙 에디션3'를 선보였다. '더블랙 에디션3'는 연회비만 250만원에 달하는 국내에서 가장 비싼 카드로, 가입조건도 상당히 까다로운 것으로 알려져 있다. 자산과 소득 등 경제적 능력뿐만 아니라 사회적 지위와 명예까지 갖춘 1000명만이 소지할 수 있다. 현대카드가 자체 기준에 부합된다고 판단하는 이들에게 먼저 발급 의사를 묻는 초청장을 보낸 뒤 고객이 가입 신청서류를 작성하면 심의위원회에서 만장일치로 가입 승인을 받아야 카드를 소유할 수 있다.

혜택은 바우처, 항공, 여행, 골프 등 다양하게 제공한다. 발급 이후 이용 금액이 1000만원 이상(발급 초년도 기준)이면 몽클레르, 덕시아나, 바카라 등 브랜드에서 사용할 수 있는 150만원 상당의 바우처와 국내 특급호텔, 파인다이닝에서 쓸 수 있는 50만원 상당의 바우처 등을 기본으로 제공한다. 항공권을 퍼스트·비즈니스 클래스로 업그레이드 해주는 서비스와 여행 시 예약대행과 콘텐츠 추천을 해주는 컨시어지 서비스도 이용 가능하다. 인천공항의 마티나 골드 라운지도 무료 이용할 수 있으며, 주중 경기도 남양주·이천 지역 제휴 골프장 회원 대우 혜택도 제공한다.

현재까지 알려진 바로는 배우 이정재, 그룹 방탄소년단 진 등이 '더 블랙'을 소유하고 있다. 방탄소년단 정국 역시 2019년 외국의 한 공항에서 과자를 사먹기 위해 블랙카드를 사용하려는 모습이 포착된 바 있다. 2021년 정태영 현대카드 부회장은 페이스북에 이정재와 함께 찍은 사진을 올리며 “20년 친분이고 항상 차원이 다른 상상력으로 영감을 주는 귀한 지인. 오징어게임을 기념하기 위해 그의 블랙카드에는 드라마의 456번을 부여하고 나는 ‘오일남’의 1번, 이 두 번호가 골든글로브로 간다”고 밝힌 바 있다.

출처: 한경닷컴, 2023

2. 사회적 요인

1) 준거집단

(1) 준거집단의 정의와 중요성

준거집단은 “어떤 대상과 관련된 소비자의 태도 형성이나 행동에 직접 혹은 간접적으로 준거점으로 작용하는 집단”으로 정의된다(이학식과 임지훈, 2015). 준거집단은 개인이 행동, 가치 등을 위해 참고로 찾는 집단, 개인의 행동에 직, 간접적으로 영향을 미치는 사람들이다. 가족도 준거집단인데 중요하고 독특한 특성들을 가지기에 따로 분리해서 독립된 요인으로 보통 분류한다. 준거인은 준거점으로 작용하는 개인을 말하다. 패션의류나 스포츠용품, 레저용품 등에서는 의견선도자

opinion leader의 역할이 중요하다. 의견선도자는 특별한 기술, 지식, 개성 등을 가지고 있어서 다른 사람들에게 영향을 미치는, 준거집단 내의 사람을 의미한다(Kotler et al., 2013).

준거집단이나 준거인은 상당수의 사회심리학자들이 사회적 순응의 힘의 파워로 그 중요성을 설명했다. 연구자들은 2차 세계대전 때 독일의 상당수의 군인들, 공무원들, 일반인들이 독일의 나치에 최소한 수동적으로 협력해서 결국 유태인들 등 다른 인종과 국가의 많은 사람들을 잔인하게 희생시키는 일들에 관여한 것에 충격을 받고 그 원인들과 메커니즘을 찾으려 했다.

예일대학교 스탠리 밀그램 교수의 권위와 힘을 가진 사람(예일대 유명 심리학 교수)의 지시에 따라 전기쇼크(실제는 전기쇼크가 가지 않고 줄만 연결해 놓고 연구조력자가 거짓 연기를 한 거짓 쇼크) 가하기 실험, 짐바르도 교수의, 스탠포드 학부 대학생들이 스탠포드대학 심리학과 시설 내에 만든 모의 감옥에서 간수복이나 죄수복을 입고 참여한 경찰서 간수/죄수 역할 수행 실험에서는 외부 일반인들이나 학생들이 전문가이고 힘이 있는 교수의 지시나 자신의 역할에 따라 실험대상자들에게 전기쇼크를 주거나 죄수 역할의 학생들에게 엄격하고 무자비하게 역할을 수행하는 것이 명확히 발견되어 사회적 순응의 힘을 증명했다. 밀그램 교수의 실험은 실험 후 정신적 충격을 받은 일반인들에 대한 심리 치료도 행해졌고 미국심리학회로부터 윤리적 문제에 대한 중대한 지적도 있었다. 짐바르도 교수의 실험은 학생들이 받은 심리적, 육체적 충격의 문제가 커서 계획한 몇 주 기간보다 더 일찍 실험을 아예 중단했다. 사회적 힘을 가하는 발원지가 개인이 아니라 준거집단이 되고 멤버들이 만장일치가 되어 압력을 가하면 그 힘은 굉장히 강할 수 있다.

솔로몬 애쉬Asch 교수의 유명한 실험은 만장일치의 힘과 집단적 압력을 증명했다. 길이가 다른 두 개의 선들을 보여주고 두 개의 선의 길이가 같은지 질문하는 단순한 질문에서 피실험자를 제외한 참가자들은 연구자의 실험을 도와주는 보조자들이었고 그룹 중의 한명만 피실험자들이었고 당연히 피실험자는 이것을 몰랐다. 핵심은 피실험자에게 제일 마지막에 개별적 질문을 하는 것이다. 나머지 조력자들에게 차례로 개별적으로 질문을 하고 이들은 길이가 명확히 다른 두 개의 라인들을 미리 계획대로 같다고 일부러 거짓말을 한다. 마지막으로 질문 받은 피실험자의 선택은? 이 명확한 물리적 현상에 대해 놀랍게도 절반을 훨씬 넘는 피실험자들이 묵시적인 집단 압력에 굴복하여 라인 길이가 같다고 했다. 놀랍지 않은가?

실제 견해가 다양하고 다를 수 있고 견해 자체가 없을 수 있는 정치, 사회 문제에 이것을 적용하면 더 많은 사람들이 집단 압력에 굴복하여 그릇된 판단을 할 수 있고 본인의 의사와 반대가 되는 선택을 할 수 있다는 것을 강력히 증명하는 실험이었다. 소비자는 근접성이 클수록, 접촉 빈도가 클수록, 집단 응집성이 클수록 준거집단의 구성원이 될 가능성이 큰 것으로 나타난다(임종원 등, 2006).

(2) 준거집단이 소비자 행동에 미치는 영향

준거집단이 소비자 행동에 미치는 영향에는 크게 3가지 유형들이 있다(Park and Lessig, 1977). 먼저 정보적 영향informational influence은 준거집단이 소비자들에게 제품/서비스에 대한 정보를 제공하는 영향이다. 규범적 영향normative influence은 준거집단의 보상을 받거나 처벌을 회피하려 하는 영향이고 실용적 영향utilitarian influence이라고도 한다. 가치 표현적 영향value-expressive influence은 소비자가 집단과 심리적으로 연관하려 하고 자아 이미지와 일체감을 유지하려는 영향이다.

(3) 구전커뮤니케이션과 효과

a) 구전 커뮤니케이션의 정의와 효과

구전커뮤니케이션Word-of-Mouth Communication: WOM은 소비자 시장의 특정 주제에 관한 개인들 간의 비공식적 의사소통이다. 구전에 의해 전달되는 내용들에는 제품에 대한 정보, 구매 선택에 대한 의견, 사용 경험 등이다. 이것은 Buzz Marketing 입소문 마케팅과 관련되는데 미국 소비재 판매의 70%가 영향을 받는다고 한다. 과거 독일 폭스바겐의 Beetle car, Nike 신발들, 포켓몬, 햄토리, California Cooler 등이 입소문마케팅의 큰 혜택을 받았다.

구전커뮤니케이션의 효과가 제품 구매에 미치는 영향이 매우 큰 이유는 정보원천의 높은 진실성, 상호작용(쌍방 커뮤니케이션의 흐름), 2차적(상상된, 대리의) 시용

효과들, 다른 사람의 경험이 직접 전달되는 정보의 생생함에 있다.

b) 온라인 구전의 정의와 핵심

온라인 구전은 인터넷에 존재하는 구전 커뮤니케이션으로 구체적으로 인터넷을 통해 소비자 간에 발생하는 제품정보, 사용경험, 추천 또는 조언 등의 정보교환이다. net전, Word of Mouse, 전자적 구전e-WOM등으로 불린다. 온라인 구전은 소비자간 적극적이고 능동적인 상호작용적 커뮤니케이션 형태이고 온라인 구전은 버즈 마케팅, 바이러스 마케팅(바이러스처럼 급속히 전파되는 마케팅) 기법으로 흔히 소개 된다(임종원 등, 2006).

(4) 브랜드 커뮤니티

브랜드 커뮤니티는 "브랜드의 애호자들 사이에서 발생하는 구조화된 사회적 관계들에 바탕을 둔, 특수하고 지리적으로 한정되지 않은 공동체"라고 정의 된다. 소비 커뮤니티의 구체적인 형태이다. 브랜드 커뮤니티의 4가지 핵심 특성들은 다음과 같다(Muniz and O'Guinn, 2001).

- 브랜드 커뮤니티의 구성원들 간에 동질의 의식이 있다.
- 구성원들은 도덕적 책임을 느낀다.
- 구성원들은 의식들, 상징물들, 전통들을 공유한다.
- 구성원들은 해당 브랜드에 대한 개인적 경험들을 계속해서 공유한다.

(5) 준거집단과 구전을 이용한 마케팅

빼빼로 과자와 빼빼로 데이(11월 11일)의 대성공은 젊은 소비자들의 자발적인 행사 참여로 폭발적인 홍보 효과를 가져왔다. 1983년 롯데제과에서 초코 빼빼로를 처음 출시하였다. 1990년대 중반 영남 지역 소재의 여학생들 사이에서 "빼빼로처럼 빼빼하게 되길 바란다."는 의미로 빼빼로를 주고받는 것이 유행이 되고 있다는 내용이 해당 지역 신문에 기사화된 것이 빼빼로데이의 시초로 여겨진다. 당시 날씬해질 수 있는 완벽한 효과를 얻기 위해서는 11월 11일 11시 11분 11초에 맞춰 먹어야 한다는 전제가 붙었는데 이런 장난스런 계기가 주변 지역으로 퍼졌고, 1997년부터 롯데제과가 마케팅에 적극적으로 활용하면서 전국적으로 성공적으로 확산되었다(네이버 지식백과).

구전과 준거집단의 영향이 큰 예들에는 외국 거주경험자들이나 유학생들의 입소문에 의존해 성공한 브랜드들인 한국 파파존스 피자, 스타벅스 커피, 코스트코가 있다. 한국 파파존스 피자는 유학생들의 입소문에 의존했고 처음 강남과 분당 지역을 중심으로 급성장했다. <사례 5-3>은 조던이라는 전설의 농구스타와 농구문화의 영향을 업고 나이키의 '조던 월드 오브 플라이트 서울 홍대'가 오픈해서 잘 운영되는 사례를 다룬다.

2) 가족

(1) 가족의 정의와 중요성

가족은 두 사람 이상으로 구성된 혈연, 결혼, 입양 등으로 형성된 집합으로 가장 영향력이 큰 준거집단이다. 핵가족은 부부와 자녀들로 구성되고 확장가족은 핵가족에 그 이상을 포함한다. 가족가구family household는 가족으로 구성된 가구이다. 가구 또는 가계household는 한 거주단위를 지칭하는 기술적 용어이고 가족보다 흔히 다양한 대상들을 포함한다(이학식 등, 2024; 임종원 등, 2006). 2000년대 들어서 분리된 가족이 많아서 사회 문제도 발생 하고 기러기, 펭귄 아빠 등 신 용어들도 등장했다. 가족은 구매행동에 강한 영향을 주고 사회에서 가장 중요한 구매조직들 중 하나이다.

가족은 소비자행동에서 왜 중요한가? 가족은 개인의 구매에 영향이 큰 집단으로 가장 중요한 준거집단이다. 가족 단위로 구매가 많이 이루어진다. 가족은 개인의 사회화과정에 큰 영향을 미친다. 소비자사회화는 "소년기 아이들이 소비자로서 기능을 수행하는데 적합한 기술, 지식, 태도 등을 습득하는 과정"이라고 정의된다(Kotler et al., 2013).

(2) 가족을 활용한 마케팅 전략

- 가족 구성원의 새로운 변화에 적응: 여성 고용 증가(맞벌이 부부), 자녀 수 감소, 결혼 방법/생활의 변화, 이혼 증가, 재혼 증가 등에 맞는 마케팅 전략들(햇반, 컵라면 등 시간 절약 제품들의 인기)
- 가족 사랑을 주제로 한 광고의 인기: 오리온 초코파이 광고, 삼성생명의 어머니 광고, 미래에셋자산관리에서 '내 아이' 관련 펀드들 출시 등
- 자녀들의 구매 힘의 증가: 어린이들 및 청소년들에 맞춘 저축 및 주식 상품, 보험 상품들의 개발, 장난감들 및 게임들의 다양화
- 여행사의 가족여행 패키지 상품 등 가족을 단위로 한 새 상품 개발
- 어른용 브랜드에서 변형한 이름으로 어린이나 청소년에 맞는 브랜드 개발
  (예, 베이비 갭, 폴로 보이즈, 아디다스 키즈, 르카프 키즈 등) (임종원 등, 2006)

3) 사회적 역할과 지위

소비자는 가족, 대학, 취미 클럽, 블로그 서이웃 집단, 주말에 알바 하는 패스트푸드 레스토랑 등 다양한 집단들에 소속되어 있을 수 있다. 각 집단에서 해당 사람에게 집단의 사람들이 수행할 것으로 기대하고 실제로 수행하는 역할과 역할에 상응한 계층적인 지위가 있다. 사람들은 자신의 역할과 지위에 맞는 제품들과 서비스를 보통 선택한다(Kotler et al., 2013).

<사례 5-3: 나이키, '조던 월드 오브 플라이트 서울 홍대' 오픈>

나이키가 조던 월드 오브 플라이트 서울 홍대를 오는 23일 오픈한다. 밀라노, 도쿄 시부야에 이어 세 번째로 선보이는 조던 월드 오브 플라이트 서울 홍대는 서울의 패션, 디자인, 예술, 스포츠를 잇는 문화적 교차로 홍대에 문을 열었다. 이 매장은 농구 문화의 과거와 현재, 미래가 진정성 있는 스토리텔링을 통해 만나는 커뮤니티 공간을 표방한다.

나이키코리아 GM 킴벌리 창 멘데스(Kimberlee Chang Mendes)는 "조던 월드 오브 플라이트 서울 홍대는 점프맨이 상징하는 농구 문화의 다양한 표현과 가치, 그리고

잠재력을 보여줄 수 있는 공간"이라며 "조던 브랜드에서 영감을 받아 자신감과 창의적인 에너지를 공유하며 상호작용을 하는 허브 역할을 할 수 있기를 바란다"고 언급했다. 1041㎡(약 315평), 총 2층 규모의 조던 월드 오브 플라이트 서울 홍대는 여성, 남성, 키즈 등 최고의 조던 브랜드 신발과 의류 제품을 경험할 수 있다.

매장에는 소비자들의 자기 표현을 더욱 독려하기 위해 워크샵 공간도 마련돼 에어조던1(Air Jordan 1) 등을 활용해 나만의 조던 제품을 직접 커스텀화할 수 있다. 이 공간에서는 스니커즈 관리와 보존에 대한 안내 및 교육 튜토리얼도 제공한다. 더라운지(The Lounge)는 조던 브랜드의 역사와 농구에 대한 이야기를 나누며 멤버들이 휴식을 취할 수 있도록 조성한 공간이다. 스포츠를 통해 커뮤니티가 서로 자유롭게 소통하고 농구 문화의 미래를 만들어갈 수 있게 돕는다.

지역 커뮤니티에서 영감을 받은 이 매장에는 총 6명의 국내 아티스트 작품이 반영돼 각기 다른 표현으로 매장을 장식하고 있다. 농구 문화를 반영한 벽면 설치물도 포함된다. 국내 작가들의 시선으로 바라본 다양한 형태의 아트워크들이 매장 곳곳에 마련돼 조던 브랜드의 스토리텔링을 더욱 강화한다.

출처: 한국섬유신문, 2023

3. 개인적 요인

개인적 요인은 개인의 인구동태적 특성들, 직업, 경제적 상태, 라이프스타일, 개성과 가치, 자아개념 등과 관련된 요인들이다.

1) 연령, 성별, 생애주기 단계

사람들은 자신이 속한 연령에 따라 구매하는 제품과 서비스를 바꾼다. 음식, 옷, 가구, 자동차, 스포츠 제품들과 서비스, 레저용 제품들과 서비스 등과 같은 특정 제품 유형들은 나이와 관련이 있다. 최근 고연령층 소비자들의 구매 파워, 활동, 금전적 힘이 커지면서 마케터들도 달라진 이들에 적극적으로 초점을 만들고 포지셔닝하고 다가간다. 수명이 전 세계적으로 연장됨에 따라 사람들은 자신들의 노년기 삶의 의미를 재정의 한다. 실제 저자가 작년 10월 말 동해 두타산 베틀바위, 마천루, 대표 폭포들을 약 5시간에 등산 완료했는데 50대나 60대 이상의 등산객들이 매우 많고 열정적으로 등산을 하는 것을 직접 체험하면서 목격했다. 최고의 고품질의 뛰어난 등산/아웃도어 점퍼, 아웃도어 신발 등을 제조하는 국내 브랜드 K2의 구매자들에는 고연령층 소비자들이 큰 비중을 차지하고 유튜브 크리에이터들이나 구독자들의 상당한 비율이 60대 이상이다. 노화 방지와 피부 관리 화장품들, 건강용품들, 스포츠용품들, 레저용품들에서 고연령층은 주요 소비자들이다.

남자, 여자 성별도 소비자 구매에 큰 영향을 미친다. 의류, 악세서리, 레저와 스포츠용품, 인터넷 게임 등에서 성별 차이가 많이 나타난다. 한편으로 유니섹스가 가능하고 사이즈만 맞추어 선택하는 의류 제품들도 상당히 늘어난다. 가족에서도 남편 구매 주도와 아내 구매 주도의 전통적 제품 유형들도 구분의 차이가 작아졌다. 소비자 행동은 가족 구성원들이 시간이 지나면서 겪는 생애주기 단계에도 영향을 받는다. 생애 단계의 변화는 인구통계학적인 특성들과 삶을 변화시키는 중요한 사건들인 결혼, 자녀를 가짐, 주택 구입, 자녀의 대학진학, 이사, 은퇴, 자녀의 독립 등에 의해 발생한다(Kotler et al., 2013). <사례 5-4>는 10대, 20대를 주로 겨냥해서 뷰티 시장에서도 강자를 새로 입증한 다이소의 성공 비결들을 설명한다.

2) 직업

개인의 직업은 제품과 서비스 구매에 영향을 준다. 생산직, 이공계 관리직, 사무직, 이사급 이상의 회사 간부들은 직장에서 복장이 보통 다르다. 직업에 특화된 전문 제복들도 있다. 또한 직업은 일상생활에서 소비자의 제품과 서비스 선택, 브랜드 선택에 상당한 영향을 준다.

3) 경제적 상황

소비자의 경제적 상황도 소비자 구매에 큰 영향을 미치고 경제 상황의 변화도 전체 소비자들의 경제 상황에 영향을 미치기에 마케터들은 이것을 모니터링 하고 맞추어 마케팅 전략들을 개발해야 한다. 미국의 할인점에 속하는 Target은 2010년대 중반 경제 상황이 나빠지자 과거의 멋, 디자인, 가치 중심에서 가격과 가치를 강조하는 방향으로 유통업체의 캠페인 방향을 바꾸어서 좋은 반응을 받고 있다. 'The Great Save' 캠페인을 전개하고 광고 슬로건으로 "Expect More. Pay Less."를 사용해서 저렴한 가격과 뛰어난 가치를 강조해 왔다(Kotler et al., 2013).

4) 생활양식(라이프스타일)

(1) 라이프스타일의 의미

사이코그래픽스psychographics는 인간의 심리적 특성들에 바탕을 둔 인간에 대한 묘사로서 개성personality, 가치value, 라이프스타일lifestyle을 포함한다. 전통적으로 라이프스타일의 측정에 한정되었으나 현대에서는 개성, 가치, 라이프스타일의 3가지를 다 포함한다. 라이프스타일은 개인이 삶을 사는 방식이다. 라이프스타일에서는 AIOactivity, interest, opinion가 핵심이다. 이것은 사람들이 시간을 소비하는 방법(활동), 환경에서 중요하다고 생각되는 것(관심), 사람들이 그들 주위의 세상과 그들 스스로를 생각하는 것(의견)의 3가지 유형들이 포함된다(임종원 등, 2006). 같은 문화, 사회계층, 직업, 연령, 성별에 속하더라도 개인마다 생활방식이 다를 수 있다.

라이프스타일은 소비자 개인마다 가지는 독특한 삶의 양식으로 소비 행동에 영향을 미치고 이로부터 영향을 받는다. 라이프스타일은 개인이 속한 사회, 문화, 준거집단, 가족의 영향을 받아 형성되며 소비자의 개성과 가치를 반영하기 때문에 소비자 행동에 중요한 영향을 미치게 된다(김영신 등, 2012). 트라이엄프Triumph 모토사이클은 단지 모토사이클만 판매하는 것이 아니라 독립적 라이프스타일을 판매한다. 할리데이비슨Harley-Davidson 모토사이클도 모토사이클에 더해서 탐험, 자유로운 삶, 동료 라이더들과의 관계를 판다.

<사례 5-4: 뷰티 시장에서도 강자 입증, 다이소, 성공 비결은 트렌드 선점과 전략적 협업>

다이소가 합리적인 가격과 다양한 상품군을 앞세워 지속적인 성장세를 보이고 있다. 특히 다이소는 전략적인 브랜드 협업을 통해 시장 경쟁력을 더욱 강화하고 있다. 그 대표적인 사례가 아모레퍼시픽의 스킨케어 브랜드 '미모 바이 마몽드(MIMO by MAMONDE)'와의 협업이다. 다이소 입점 4개월 만에 누적 판매 100만 개를 돌파한 '미모 바이 마몽드'는 다이소의 폭넓은 유통망을 활용하며 빠르게 소비자들에게 다가갔다. 업계 안팎에서는 다이소의 유통 전략과 미모 바이 마몽드의 제품력이 결합한 성공적인 협업 모델로 평가받고 있다.

■ 다분야 브랜드 협업, 신속한 트렌드 반영

먼저 다이소는 단순한 생활용품 매장에서 벗어나 다양한 분야의 브랜드와 협업하며 소비자의 요구를 충족하는 전략을 펼치고 있다. 최근 다이소는 1020세대 소비자를 겨냥한 뷰티 및 패션 카테고리를 강화하는 중이다. 가성비 높은 뷰티 제품에 대한 수요가 늘어나면서, 글로벌 및 국내 브랜드와의 협업을 지속 확대하고 있다. 이에 힘입어 '미모 바이 마몽드'는 다이소몰에서 'SNS 핫템'으로 선정되는 등 온·오프라인에서 큰 주목을 받으며, 주요 제품인 '로지-히알론 리퀴드 마스크'와 '피어니-티놀 트러블 밤'은 빠른 품절과 재입고 요청이 이어지고 있다. 이는 다이소가 단순한 제품 판매를 넘어, 소비자 트렌드를 반영해 신속하게 대응하는 능력을 갖추고 있음을 시사한다. 실제로 다이소는 뷰티 제품뿐만 아니라, 건강 및 라이프스타일 카테고리에서도 지속적으로 신제품을 도입하며 소비자의 변화하는 요구를 충족하는 데 집중하고 있다.

■ 지속 성장 위한 카테고리 확장·소비자 경험 강화

다이소는 지속적인 매출 성장을 위해 신제품 카테고리 확장뿐만 아니라, 소비자 경험 강화에도 집중하고 있다. 부산 해운대 마린시티점에서는 체험형 쇼룸을 운영하며, '미모 바이 마몽드' 전 제품을 고객들이 직접 사용해볼 수 있도록 했다. 또한 다이소는 물류 시스템을 최적화하고, 온라인 판매를 강화하는 방향으로 사업 전략을 수립하고 있다. 최근에는 다이소몰을 통해 온라인 시장 확대에 나서고 있으며, SNS를 활용한 마케팅 전략도 적극 도입 중이다. 이를 통해 다이소는 오프라인뿐만 아니라 온라인에서도 강력한 유통 채널로 자리매김하고 있다. 뿐만 아니라 글로벌 시장 확장에도 박차를 가하고 있다. 일본과 동남아시아를 중심으로 해외 매장을 확대하면서, 국내에서 성공한 유통 전략을 해외 시장에서도 적용하는 움직임을 보이고 있다. 이러한 글로벌 확장 전략은 장기적인 브랜드 경쟁력 강화와 함께, 다이소의 지속적인 성장을 이끄는 핵심 요소로 작용할 전망이다.

이처럼 다이소는 전략적인 브랜드 협업, 소비자 경험 확대, 유통망 최적화를 통해 지속적인 성장을 도모해 앞으로도 국내외 시장에서 더욱 강력한 유통 플랫폼으로 자리매김할 것으로 기대된다. 아성 다이소 관계자는 "다이소는 앞으로도 고객에게 놀라움과 감동을 선사할 수 있는 상품과 서비스를 지속 선보일 예정"이라고 말했다.

출처: 오늘경제, 2025

(2) 라이프스타일 활용하기

먼저 라이프스타일에 따른 시장세분화(예, 홈쇼핑채널의 소비자 분류)가 있다. 상품기획(예, 음주 문화와 컨디션, 스포츠 드링크의 등장(게토레이), 찜질방들과 고급 목욕탕들의 등장), 촉진(예, 인터넷 광고, SNS의 활용), 유통(예, 24시간 편의점들의 활성화, 김밥나라 등 24시간 문을 여는 간이음식점 체인들의 호황), 가격(예, 이동전화들의 소비자들의 라이프스타일에 맞춘 다양한 요금제도들) 전략들에서 라이프스타일을 사용한다(임종원 등, 2006).

<사례 5-5>는 스타벅스가 소비자들의 라이프스타일을 반영해 <꼭 가봐야 할 매장 60곳> 매거진을 첫 발간한 사례를 다룬다.

<사례 5-5: 스타벅스, '꼭 가봐야 할 매장 60곳' 매거진 첫 발간>

스타벅스 코리아가 특별한 공간에서 차별화된 경험을 할 수 있는 매장을 선별해 소개하는 스토어 매거진 '60 STARBUCKS STORES: The Must-Visit Destination'(꼭 가봐야 할 스타벅스 매장 60)을 24일 선보인다. 스토어 매거진은 특색 있는 매장의 방문을 앞둔 고객의 이해도를 높이기 위해 스타벅스가 처음으로 제작한 가이드북이다. 이를 위해 스타벅스는 스페셜 스토어를 포함해 특별한 스토리텔링으로 고객에게 다양한 영감을 줄 수 있는 매장 60개를 선별했다. 각 매장의 정보를 담은 스토어 매거진은 전국 스타벅스 매장에 비치되어 고객에게 아직 가보지 못한 매장들에 대한 간접 체험의 기회와 공간에 대한 긍정적인 경험을 전달할 예정이다.

스페셜 스토어 챕터에서는 스타벅스 코리아 1호점인 '이대점', 탁 트인 의암호 전경을 통유리창으로 즐길 수 있는 '더춘천 의암호R점' 등 특화된 인테리어와 메뉴가 돋보이는 11개 매장을 만나볼 수 있다. 다가오는 설 가족들과 방문하기 좋은 고즈넉한 분위기의 한옥 매장도 있다. 100년 이상의 역사를 지닌 고택을 활용한 '대구종로고택점', 개량식 기와 건물과 서까래로 한국 고유의 멋을 현대적으로 풀어낸 충남부여 DT점에서는 커피 한 잔과 함께 명절 분위기를 만끽할 수 있다. 연휴를 맞아 제주로 여행을 계획했다면 '제주금악 DT점'을 추천한다. 휴게소를 재탄생시킨 이색 매장으로 접근성이 좋을 뿐만 아니라 국내 스타벅스 최대 규모인 200석의 야외 좌석을 갖춰 여유롭게 즐기기 좋다. 또한 야외 '별모루 정원'에는 스타벅스의 마스코트인 베어리스타를 메인 테마로 한 '베어리스타 하르방' 포토존이 마련되어 있어 소중한 추억을 남길 수 있다.

이 밖에도 매일 새로운 즐거움을 선사할 매장에 대한 정보는 전국 매장에 비치된 스토어 매거진을 통해 확인할 수 있다. 또한, 스토어 매거진 뒤편에 삽입된 QR코드를 통해 언제 어디서나 손쉽게 매장 정보를 확인 가능하며, 스타벅스 앱 내 '왓츠뉴(What's New)' 페이지에서 스토어 매거진을 다운로드 할 수도 있다. 향후에도 스타벅스는 고객의 라이프 스타일을 반영한 장소뿐만 아니라 전국의 숨겨진 명소에 위치한 매장을 소개하는 다양한 콘텐츠를 지속해서 선보일 예정이다. 전병재 스타벅스 브랜드마케팅팀장은 "스토어 매거진을 통해 고객들에게 다양한 매장을 방문하는 즐거움을 선사하길 기대한다."라며 "다가오는 설 스타벅스에서 소중한 사람들과 행복한 추억을 만드시길 바란다."라고 말했다.

출처: 서울경제TV, 2025

5) 개성, 가치, 자아개념

(1) 개성과 가치

개성은 한 개인이나 집단을 다른 개인이나 집단으로부터 구분시키는 독특한 심리적 특성이고 환경적 자극에 대한 지속적이고 일관성 있는 반응을 보이도록 이끄는 행동과 경향에 관련된 독특한 심리적 특징이다. 개성은 특정 제품이나 브랜드의 선택과 관련된 소비자행동을 분석하는데 유용하다. 가치는 주어진 행동 또는 결과가 바람직하거나 좋다고 여기는 지속적 신념이다(Kotler et al., 2013; 임종원 등, 2006; 이학식 등, 2024). Rokeach(1973)는 수단적 가치들 18개와 최종 가치들 18개를 제시했다. 수단적 가치는 '야심 있는,' '유능한,' '사랑하는'과 같이 최종가치를 달성하는데 필요한 개인 특성이나 행동 양식을 말한다. 최종 가치는 행복, 신남, 성취감과 같이 개인이 인생에서 달성하고자 하는 궁극적인 상태를 의미한다.

가치는 개인이 어떻게 행동하는가를 말해주는 표준이며 태도와 밀접히 관련된다. 가치는 개인들의 차이를 비교하는 한 표준이 된다. 개인은 많은 가치들을 가지며 때로는 상반된 가치가 충돌을 일으킬 수 있다. 수단-목표 연쇄 모형으로 목표 브랜드가 속성을 통해 소비자가 원하는 혜택, 가치들과 연결되는가를 파악하고 가치를 파악하여 시장세분화, 신상품 개발, 촉진 수단에 이용 등 여러 가지에 적용할 수 있다.

(2) 자아개념

자아개념 또는 자아이미지는 개인이 자기 자신에 대해 가지는 생각과 느낌의 총체이다. 자아개념에는 실제적 자아개념, 이상적 자아개념, 개인적 자아개념, 사회적 자아개념의 4가지 유형들이 있다. 사회적 자아개념은 타인들이 자신을 어떻게 보는가에 대한 자신의 생각이다. 마케팅에의 적용은 자아 일치 브랜드 선택. 브랜드를 통해 이상적 자아 지향의 2가지가 있다. 즉 소비자들은 자신의 자아개념과 일치하는 제품, 브랜드를 구매, 사용하고 제품, 브랜드를 통해 이상적 자아개념에 도달하려 한다.

(3) 개성, 가치, 라이프스타일의 중요성

개성, 가치, 라이프스타일은 소비자행동에서 왜 중요한가? 사이코그래픽스는 소비자들의 특성을 설명하는데 유용하다. 예로 문화적 가치는 다른 문화권들의 소비자들의 차이를 설명하는데 매우 유용하다. 인구통계적 정보의 한계를 극복해 준다. 시장세분화의 변수로서 사용될 수 있다. 사이코그래픽스는 소비자행동을 예측하는데 유용하다.

4. 심리적 요인

1) 동기와 관여도

(1) 동기

필요나 욕구는 충족되지 않은 것을 원하는 것으로 동기를 유발하는 필요조건이고 동기는 인간의 내부적 긴장상태를 줄이기 위한 적극적이고 강력한 추진력이다. 동기는 "목표 달성을 하도록 환기된 에너지를 지닌 내면의 각성상태"로 정의된다(Hoyer and MacInnis, 2012). 동기의 종류에는 생리적 동기와 심리적 동기, 기본적 동기와 이차적 동기, 의식적 동기와 무의식적 동기가 있다. 동기는 욕구에 기초하고 행동의 방향을 제시하고 소비자의 긴장을 감소시키고 환경 내에서 작용하는 특성을 가진다(임종원 등, 2006).

매슬로우(Maslow, 1943)의 욕구계층이론은 필요, 동기에 관한 단순하고 가장 잘 알려진 이론이다. 이 이론의 가정은 인간의 욕구는 단계적이고 충족된 욕구는 더 이상 동기를 유발하지 않고 하위 욕구가 충족되면 상위 욕구로 간다는 것이다. 매슬로우의 욕구계층이론에 아래에서 위로 5가지 욕구들이 있다(Hoyer and MacInnis, 2012; 임종원 등, 2006):

- 생리적 욕구physiological need: 배고픔, 목마름과 같이 인간의 기초적 욕구
- 안전 욕구safety needs: 안전, 보호와 같이 신체적 위험, 환경 위험, 작업상의 위험으로부터 벗어나려는 욕구
- 사회적 욕구social needs: 소속감, 사랑과 같이 다른 사람들과의 상호 관계에 의한 우정, 친화 관계 등에 대한 욕구
- 존경 욕구esteem needs: 자존감, 인정, 신분과 같이 다른 사람으로부터 존경, 자기 존중과 관련된 욕구
- 자아실현 욕구self-actualization needs: 가장 상위에 있는 욕구, 자신의 능력 개발과 궁극적인 자아실현과 관련된 욕구, 모든 사람들이 다 도달하지 못하고 한정된 사람들만 도달할 수 있는 욕구

(2) 관여도

관여도Involvement는 개인적인 중요성이나 관심도의 정도이다. 관여도는 흔히 지각된 위험과 상관관계가 있다. 에이스 침대의 "침대는 가구가 아닙니다"의 대성공은 깊이 생각하지 않고 감각적, 저관여에서 구매하는 소비자들에게 우리의 삶에서 중요한 침대 선택에서 과학화를 주장하며 고관여로 끌어올린 데에 있다. 소비자 관여도의 대상은 제품, 마케팅 활동, 행동 등이 있다. 지속적 관여도는 소비자가 지속적으로 가지는 개인적 관련성, 중요도이고 상황적 관여도는 상황적인 배경에서의 관여도(예, 선물 주기)이다. 인지적 관여도는 제공물, 활동, 의사결정 정보를 생각하고 학습하는 것에 대한 관심이고 감정적 관여도는 제공물, 활동, 의사

결정에 관한 감정적 에너지를 소비하고 깊은 감정을 야기하는 것에 대한 관심이다(Hoyer and MacInnis, 2012; 임종원 등, 2006).

2) 지각

(1) 노출과 감각

소비자 정보처리 과정은 소비자가 소비 환경에서 자극물(예, 제품, 서비스, 광고, 점포 등)의 정보에 노출되고 주의를 하고 이해, 해석하는 과정이다. 다음에 지각을 알아보고 지각perception의 순차적인 단계들인 노출exposure, 주의attention, 이해comprehension를 차례로 알아본다(Hoyer and MacInnis, 2012, 임종원 등, 2006; 이학식 등, 2024). 지각은 입력된 정보를 처리하는 일련의 과정으로서 자극에 접해서 감각기관으로 처리하고, 선택, 주의하고, 해석하는 과정이다. 지각의 특성들에는 융통성, 한정된 처리 능력, 단계적 문제 해결 등이 있다.

**기본 모형: 입력물→정보처리→출력물
노출→주의→이해→기억→활용

노출은 개인이 자극에 물리적으로 접근하여 5개 감각기관들 중 하나 혹은 그 이상이 활성화되는 것이고 정보처리의 첫 단계이다. 노출에는 의도적 노출과 우연적 노출이 있다. 소비자행동에서 선택적 노출이 중요한데 필요하고 관심 있는 정보에만 흔히 소비자가 자신을 노출하는 것을 의미한다. 노출은 필연적으로 감각sense과 관련된다. 감각은 시각, 청각, 후각, 미각, 촉각의 5감각들을 포함한다.

마케터는 감각을 이용해서 향기 마케팅을 할 수 있다. 예들에는 TGIF의 포도향, 향수 광고들의 인쇄물에 뿌려진 샘플 향기, 백화점의 에스컬레이터 근처에 설치된 향수 분사기 등이 있다. 라네즈 화장품, 폭스바겐의 Beetle 자동차 등은 화려한 시각적 색상에 의존하였다. 감각마케팅의 효과는 감각을 통해 주의를 끌도록 하고 다양한 루트들을 통해 기억에 도움을 주고 소비자들의 기분을 좋게 하고 구매를 촉진시키는 것이다.

(2) 주의와 이해

주의는 특정 자극에 개인의 정보처리 능력과 자원들을 집중하는 인지작용을 의미하고(이학식 등, 2024) 선택과 집중이 중요하다. 이해는 "유입된 정보의 내용을 조직화하고 의미를 해석하는 것"이다(이학식 등, 2024). 이해에서 지각적 조직화perceptual organization는 지각적 부호화perceptual encoding와 지각적 통합화perceptual integration를 포함한다(임종원 등, 2006).

- 지각적 부호화: 자극을 받아들여 언어(말, 숫자, 그림 등)의 형태로 변환시키는 과정
- 지각적 통합화: 자극물을 조직된 전체로 지각하는 것, "전체는 부분의 합보다 큼"으로 유명한 게스탈트 심리학Gestalt psychology이 크게 공헌함. 이 학파에 속하는 사람들은 어떤 대상들을 가능한 단순하고, 완전하고, 의미 있는 것으로 지각하며 이 메커니즘을 무의식적으로 사용한다고 설명한다. 지각적 통합화의 원리는 단순화, 완결, 집단화, 형상과 배경이 있다. 형상figure은 주된 요소이고 배경ground은 부수적인 부분이다.

이해의 2번째 단계인 해석interpretation은 지각적 범주화와 지각적 추론으로 구성된다(이학식 등, 2024).

- 지각적 범주화perceptual categorization: 개인이 기억 속에 있는 범주나 스키마와 관련한 지식을 이용하여 새로운 마케팅 자극을 이해하는 과정(예, 아시아에서 한류)
- 지각적 추론perceptual inference: 대상의 속성을 평가할 때 직접적인 평가 대신에 다른 정보를 이용해서 추리하는 것(예, 가격-품질 관계, 브랜드에 대한 기대, 브랜드 확장에 대한 지각)

(3) 지각의 중요성과 마케팅 전략들

지각의 중요성은 3가지 면들에서 설명할 수 있다. 첫째, 마케팅은 지각의 게임이라고 하는데 실제 품질, 구체적 속성, 혜택도 중요하지만 소비자들에게 브랜드

가 어떻게 지각되는 것은 더욱 중요하다. 둘째, 브랜드자산의 요소들에서 품질은 지각된 품질이 실제로 사용되고 연상/이미지는 지각과 바로 관련된다. 셋째, 포지셔닝은 소비자의 마음에 브랜드를 자리 잡는 것으로 지각의 핵심이다.

스타벅스는 지각을 이용해 차별화된 브랜드 커뮤니케이션 전략을 집행해서 강력하고 독특하고 일관된 이미지를 형성해 왔다. 스타벅스는 광고보다 제품 자체에 중점을 두고 매장의 체험 환경을 강조해 왔다. 스타벅스에서 일하는 사람은 일찍부터 바리스타라고 불려졌고 큰 자부심을 가진다. 스타벅스는 다양한 이벤트들과 행사들로 이미지와 체험을 강조해 왔고 타 브랜드와의 제휴 등을 통해서도 브랜드 포지셔닝을 실행했다. '시애틀의 잠 못 이루는 밤', 'I am Sam'과 같은 영화들에서 스타벅스를 자연스럽게 등장시키는 제품삽입광고PPL도 성공적이었다(임종원 등, 2006). 롯데칠성은 '2% 부족할 때' 브랜드를 독특한 새로운 유형의 음료로 부각시켰다. 2%의 "날 물로 보지마."라는 광고 등을 통해 2% 부족할 때를 물, 스포츠 음료, 과즙 음료가 아닌 새로운 음료 유형으로 소비자에게 인식시켰다. <사례 5-6> 마스터카드의 'Priceless' 캠페인은 중요한 상황에서 쓰는 카드로 마스터카드를 체험형 브랜드로 지각시켜 왔다.

<사례 5-6: 값을 매길 수 없는 소중한 체험과 대박 난 마스터카드의 'Priceless' 광고캠페인>

미국 마스터카드(Mastercard)의 유명한 대박광고캠페인에 'Priceless' 캠페인이 있어요. 생애 첫 메이저리그 경기 관람, 애인과 멋진 레스토랑에서 저녁 등의 시나리오들을 사용했고 공통 주제는 이런 체험에 돈 쓰는 것은 아깝지 않으니 "마스터카드로 긁고 즐겨라."이었어요. 최근 10년 정도 '소확행'도 전 연령층에 퍼져 있어요. 저도 2000원 짜리 테이크아웃 커피는 거의 안사지만 기장 코랄라니와 같은 인생카페, 저희 아파트에서 도보 10분 거리인 금정산 바로 밑 멋진 분위기의 Lidi & Paul 카페에서 6000원 정도에 아메리카노를 사서 마시는 것은 전혀 안 아까워요. 멋진 장소 체험을 사는 것이니. 임영웅 콘서트, BTS 콘서트, 블랙핑크 콘서트같이 인기 가수나 그룹 콘서트는 표사기가 정말 어렵다고 하잖아요.

금년 4월에 약 30년 넘는 기간 동안 팬인 Kenny G의 부산 벡스코 공연 때는 처음 직접 KG 실제 공연을 체험했어요. 미리 들어가 앉아 있었고 딱 정시에 청아하고 강렬한 트럼펫 소리로 공연을 시작할 때 큰 감동을 받았고 조금 있다 제가 KG 수많은 명곡들 중에서 제일 좋아하는 <Going Home>을 KG와 밴드가 연주했을 때 눈물이 줄줄 흘렀어요. 라이브 연주에도 감명 받았지만 이전에 많은 순간들에서 이 음악을 틀어 마음의 위안을 받은 기억이 생각나면서. 집에 KG 테이프들, CD들 약 5장 있어요. 공연장 매표 창구에서 한정판 CD들을 장 당 4만원에 파는데 가격이 비싸서 약간 망설이다가 샀어요. 그 때 'Priceless' 단어가 떠올랐어요. 제 것 하나, 선물용 하나 해서 총 2장을 사서 공연 끝나고 CD들에 KG 사인 받고 기념사진도 스마트폰으로 찍었어요. 한 장은 후에 절친 친구에게 주니 정말 좋아했어요. 하지만 마스터카드 광고캠페인은 제겐 실패했어요. 흐흐흐. 저는 씨티 비자카드와 삼성카드 신용카드 2장이 있고 메인카드는 씨티 비자이예요. KB 마스터카드도 있는데 이건 체크카드라서 물건 살 때 안 써요. 마스터카드, 진짜 너를 사용할 분위기인데. 미안하지만 신용카드가 없으니. 크크..

마스터카드는 세계 1등 브랜드 비자와 니치가 확고한 아멕스(Amex)와의 경쟁에서 2등 브랜드로서 힘들 때 이 광고캠페인을 약 30년 전 성공적으로 출시했다. 지금도 프라이스리스 광고, 브랜드 메시지, 통합적 마케팅커뮤니케이션(IMC)으로 여전히 2등 브랜드이지만 1등 브랜드 비자와 경쟁하면서 시장 지위를 지켜왔어요. 최근에는 디지털시대에 맞추어 약 4년 전 '디지탈 프라이스리스 체험' (Digital Priceless Experience) 캠페인을 시작하였어요.

출처: 김우성 블로그글, 2024

3) 기억

(1) 기억구조 모델

기억을 다루는 대표적인 모델들에는 3가지 유형들이 있다. 먼저 복수저장모델

(다중기억모델)이 있는데 이 모델은 기억은 감각등록기, 단기기억, 장기기억의 독립된 구조들로 이루어져 있다고 설명한다. 정보처리수준 모델levels of processing에 따르면 하나의 기억 저장소만이 존재하고 한정된 정보처리 능력 때문에 정보처리 수준에 따라 처리 용량과 기억에 다른 영향을 준다고 설명한다(Craik & Lockhart, 1972). 마지막으로 활성화모델에서는 하나의 기억 저장소만이 존재하고 기억구조 안의 일부분이 특정 시기에 활성화되어서 정보처리, 정보의 강도, 빈도에 따라 효과가 다르다고 설명한다(임종원 등, 2006). 가장 보편적으로 받아들여진 모델은 복수 저장모델이다.

(2) 단기기억

단기기억short-term memory의 주요 특성들은 다음과 같다:

- 유입된 정보가 일시적으로 저장
- 정보를 직접 처리함, 운영기억working memory이라고 불림
- 처리용량의 한계(7 +/- 2 정보단위(chunk))
- 청각코드에 주로 의존
- 유지 리허설이 주로 사용됨

(3) 장기기억

a) 장기기억의 특성

장기기억long-term memory의 주요 특성들은 다음과 같다:

- 영구적인 기억(영구 기억이라 하기도 함)
- 정보처리가 이루어질 때 의식수준으로 인출되어 정보처리가 됨
- 무제한적임
- 시각, 청각 등 다양한 코드로 기억
- 정교화(수식) 리허설이 주로 사용됨

b) 장기기억의 형태

장기기억에 저장된 정보는 지식인데 지식의 형태는 서술적 지식과 과정지식의 2가지로 나누어진다. 서술적 지식declarative knowledge은 소비자가 갖고 있는, 사실과 사건에 대한 전반적인 지식이고 과정 지식procedural knowledge 또는 절차적 지식은 일의 수행 절차, 사물의 절차, 사용 방법, 활용 방법 등에 관한 지식이다. 서술적 지식은 다시 사건적 지식episodic과 의미적semantic 지식으로 다시 분류 된다.

- 사건적 지식: 일상생활에서 경험하는 것을 그대로 사진의 스냅 샷 같이 기억한 지식
- 의미적 지식: 사실, 사물 등의 의미에 대한, 개인의 추상적이고 일반적인 지식 (Anderson, 1983; 이학식 등, 2024; 임종원 등, 2006)

예로 우리나라 애완동물 유튜브에서 아마 가장 구독자들이 많은 유튜브 명, The Soy의 주인공들인 포메라니안 강아지 루디와 퐁키(그림 5-3)를 보자(The Soy). The Soy에는 약 230만 구독자들이 있고 관련 루퐁이 일상 유튜브 사이트인 Rudy & Ponki에는 약 20만 구독자들이 있다. 7년 10개월 정도 된 유튜브인데 현재 누적 조회 수가 10억 7500만 명이 넘은 것을 확인했다.

의미적 지식으로 루디Rudy를 설명하면 미스코리아와 같은 아름다운 얼굴과 약 3.8킬로그램 정도의 늘씬한 체형을 가진 10살 포메라니안 강아지이다. 별명은 꼬리를 흔들고 우아하게 춤을 잘 춘다고 해서 '삼바여왕'이다. 사람들을 잘 따르고 외향적인 강아지로 퐁키보다 2개월 빠른 퐁키의 '언니'인 '여자' 강아지이다. 퐁키Ponki는 매우 깜찍하고 귀여운 외모의 1.3킬로그램 정도의 조그마한 포메라니안 강아지로 천재 '여자' 강아지이다. 모든 음식들을 잘 먹고 특히 오이 등 야채들을 고기보다 더 좋아하고 별명은 '옭옭대장'(퐁키의 특이한 짖는 소리를 묘사해서 엄마가 만든 별명)이다. 내성적이고 인간들과의 공감이 뛰어나고 잘 짖고 퐁키 엄마(돌보는 여자 주인)와 짖는 것으로 소통한다.

사건적 지식으로 루퐁이(Rupong, 루디+퐁키 합성어)를 설명하면 이 자매 강아지들을 저자들 중 한명은 코로나가 유행할 때 2022년 3월말 알게 되었고 그때 처음이자 유일하게 코로나에 걸려서 집 방에 1주일 간 주로 은둔했을 때 루퐁이 유튜브

들을 발견해 보고 매우 좋아하게 된 강아지들이고 이후 유튜브 영상들을 빠짐없이 챙겨보는 강아지들이다. 루퐁이는 엄마와 제주도, 울산, 인천, 순천, 고흥 등에도 다녀온 강아지들로 기억하는 것도 사건적 지식이다.

출처: 유튜브 The Soy에서 영상 스크린샷

〈그림 5-3〉 루디와 퐁키

장기기억의 지식구조는 네트워크 모델network model로 설명 된다. 네트워크 모델은 사람, 사물, 특성, 브랜드, 제품, 서비스 등 대상인 node(마디로 개념을 의미)와 대상들을 연결하는 link(연결 고리)로 설명한다. 활성화의 확산은 관련 정보간의 활성화 과정이다(Collins & Loftus, 1975). 예로 퐁키의 네트워크 조직의 마디들은 퐁키, 루디, 포메라니안, 퐁키 엄마, 셀럽, 강아지, 오이, 옭옭대장, 사랑, 웃는 얼굴, 내향적이고 경계하는 등이 된다. 여기서 루디, 엄마, 강아지 등은 퐁키 마디와 매우 가깝고 강하게, 바로 연결되고 활성화된다.

c) 스키마와 스크립트

소비자행동에서 지식의 유용한 개념은 스키마schema와 스크립트script이다. 이들은 네트워크 형태의 활성화된 개념의 전체 시스템이다. 스키마는 "한 개념과 관련된 서술적 지식들 간의 연상적 네트워크"(예, 코카콜라에 대한 스키마, 동해 두타산에 대한 스키마)이고, 스크립트는 과정 지식들 간의 연상적 네트워크(예, 자동차를 출발할 때 스크립트, 호텔 숙박 체크인 및 체크아웃 스크립트)이다(이학식 등, 2024).

(4) 기억의 중요성과 마케팅 전략

기억은 왜 중요한가? 기억은 정보처리과정에서 지각의 산물이다. 기억의 이론들을 응용해서 소비자가 정보처리와 구매의사결정을 하는 것을 도울 수 있다. 고관여 상황에서 구매 의사결정의 2번째 단계에서 소비자들은 우선 내적 탐색을 통해 장기기억에 있는 정보를 이용해 충분하면 이 정보로 대안평가를 진행한다. 태도도 기억에 저장해 감성의존식 방식으로 간편하게 구매 의사결정을 하기도 한다.

브랜드관리에서 지각도 중요하고 기억도 중요하다. 맥도날드McDonald's는 소비자의 마음속에 깊이 자리 잡힌 햄버거에 관한 자사 기억의 도움을 받고 있고 의도적으로 그렇게 노력을 한다. 디즈니와 제휴 등으로 기념품들을 이용하여 맥 햄버거를 사면 어린이 고객들에게 주기도 한다. 어렸을 때부터 다닌 맥 레스토랑에 대한 기억은 어린이 고객들을 잡아 놓고 맥 햄버거는 이들에게 햄버거의 전형으로 자리 잡는다. 버거킹이 사실 숯불 버거로 햄버거 자체는 더 맛있게 대부분의 고객들에게 평가받지만 실제로 맥도날드, 웬디Wendy, 버거킹Buger King의 미국 3대 햄버거 전통 패스트푸드fast food 레스토랑들 중에서 1등 브랜드는 맥도날드이다.

4) 학습

(1)학습의 정의와 종류

학습은 "정보와 경험의 결과로서 수반되는 지식, 태도, 행동의 변화"(임종원 등, 2006)이다. 학습의 3가지 종류에는 인지적 학습, 행동주의적 학습, 대리적 학습이 있다. 인지적 학습은 정보를 취득, 처리, 해석하는 적극적 과정으로서 학습이고 행동주의적 학습은 자극과 반응의 연결에 의해 일어나는 학습이다. 행동주의적 학습에는 고전적 조건화와 작동적(수단적) 조건화가 있다. 대리적 학습vicarious learning은 다른 사람의 행동을 모델로 하여 학습을 하는 것이고 모델링modeling이라고도 한다. 자녀가 부모의 소비 행동을 보고 따라 하는 것을 그 예로 들 수 있다. 대리적 학습은 인지적, 행동적 학습의 절충 형태이다.

(2) 고전적 조건화와 수단적 조건화의 원리

고전적 조건화classical conditioning 이론의 토대는 Pavlov의 조건 반사 실험이다. Pavlov는 개에게 먹이를 줄 때마다 종을 치는 것을 반복하니 나중에는 먹이 없이 종만 쳐도 개는 침샘에서 침을 흘린다는 것을 발견했다. 자연스럽게 어떤 반응을 유발하는 자극(먹이)은 무조건자극이고 이때의 자연스러운 반응(침 흘리기)은 무조건반응이다. 원래 반응을 일으키지 않지만 무조건자극과 짝지어져 반복 제시됨으로써 나중에는 동일하거나 유사한 반응을 유발시키는 자극을 조건자극(종)이라 하고 조건자극에 대한 반응은 조건반응(침 흘리기)이다. 중립적 자극을 특정반응을 자연스럽게 유발하는 무조건자극과 결부시켜서 반복적으로 노출시키면 조건자극은 무조건자극에 대한 반응과 매우 유사한 반응을 유발한다는 것이 고전적 조건화 이론이다(이학식 등, 2024).

수단적 조건화instrumental conditioning는 Skinner가 초기에 원리를 확립하였다. 상자에 지렛대를 설치하고 비둘기를 넣고 지렛대를 누르면 모이가 들어가게 설치하였다. 비둘기는 호기심에서 혹은 우연히 지렛대를 누르는데 몇 번의 반복 후에 지렛대를 누르면 모이가 투입된다는 것을 학습하고 지렛대를 눌러 모이를 먹는다. 이 실험에서 지렛대는 자극이고 누르는 행동은 반응이고 모이는 결과이다. 수단적 조건화는 자극에 대한 반응의 결과에 따라 동일한 반응이 강화(모이와 같이 비둘기에게 긍정적인 것)되거나 회피(약한 전기쇼크와 같이 비둘기에게 부정적인 것)가 된다(이학식 등, 2024).

고전적 조건화와 수단적 조건화의 비교는 다음과 같다(임종원 등, 2006; 이학식 등, 2024).

① 고전적 조건화에서 소비자는 수동적이지만 수단적 조건화에서 소비자는 능동적임

② 고전적 조건화에서는 자극과 반응의 연결이 중요하고 조작적 조건화에서는 강화가 중심이 됨.

③ 고전적 조건화에서는 소비자 반응 이전의 자극이 중요하고 조작적 조건화에서는 소비자 반응 이후의 강화가 중심임.

(3) 학습을 활용한 마케팅 전략

주로 고관여 상황에서는 인지적 학습을 유도하고 지각, 기억 등의 역할들에 중점을 둔다. 고전적 조건화는 주로 저관여 상황에서 일어나고 강력한 무조건자극이 필요하다. 말보로는 카우보이를 무조건자극으로 사용하여 극적인 리포지셔닝을 한 고전적조건화의 대표적 성공 사례이다. 애국심 마케팅은 애국심을 유발시키는 무조건자극을 이용하는 마케팅이다. 예들로 애국적인 역사적 인물들과 애국과 관련된 기념일을 브랜드명으로 사용한 청바지 업계 잠뱅이의 안중근 브랜드, 범양의 815 콜라가 있다.

수단적 조건화는 격렬한 충동 상태에 있는 소비자에 대한 학습이 효과적이다. 제시되는 신호로서 사용되는 자극은 뚜렷해야 하고 소비자가 나타내는 반응을 도와줄 수 있어야 한다. 결과인 강화는 반응이 일어나면 강력하고 즉각적일 필요가 있고 처벌은 치명적인 영향을 줄 수도 있으니 피해야 한다. 대리적 학습에서는 간접적 광고의 효과를 이용해 증언형 광고를 화장품, 미용 관련 제품, 의류 등에서 사용하면 효과적이다. Dove 비누, 현대 아반떼 자동차의 경우에서는 일반인 모델을 사용해 진실성을 높인 것이 긍정적으로 작용했다(임종원 등, 2006).

5) 신념과 태도

(1) 신념

행동과 학습을 통해 소비자들은 신념과 태도를 습득한다. 신념의 정의는 "사람이 어떤 대상에 대해 가지고 있는 서술적 생각"이다(Kotler et al., 2013). "페리오 치약이 충치 방지, 잇몸 강화, 구취 제거에 효과적이다" 라는 것은 신념의 예이다. 과거 하이트 맥주는 1993년 7월 "지하 150m의 암반천연수"을 강조하고 소비자들이 하이트맥주는 깨끗한 물로 만든다는 확고한 신념을 심어주어 맥주 시장에서 당당히 1위를 차지했다.

(2) 태도

a) 태도의 개념과 특성

태도는 어떤 대상에 대해 일관성 있게 호의적 또는 비호의적으로 반응하게 하는 학습된 선유경향으로 전반적인 긍정적 또는 부정적 평가이다(임종원 등, 2006). 태도의 특성들은 다음과 같다. 태도는 지속적이고 학습된다. 태도는 방향성과 강도에 따라 차이가 있고 직접 관찰 할 수 없다. 태도는 어떤 대상과 관련되고 특정 상황 하에서 일어난다. 태도는 행동과 강한 상관관계가 있다(이학식 등, 2024; 임종원 등, 2006)

b) 태도의 구조

전통적 견해는 인지적, 감정적, 행동 의도적 요소의 3요소로 구성된 삼각이론으로 설명된다. 반면에 최근의 통일된 견해는 일차원적 이론으로서 감정적 요소가 태도이라고 설명한다. 여기서 인지적 요소는 태도의 선행 요소이고 행동 의도적 요소는 태도의 결과이라고 설명한다. 인지적 요소는 대상에 대한 주관적 지식과 신념이고 감정적 요소는 대상에 대한 긍정적, 부정적 감정이고 행동(의도)적 요소는 대상에 대한 행동 성향이다

c) 태도의 기능과 중요성

형성된 태도는 기억의 하나의 마디로 저장되고 관련 정보를 접할 경우 활성화 과정을 통해 인출되어 사용된다. 소비자가 대상에 대한 태도를 지속적으로 유지하는 것은 태도가 다양한 기능을 수행하기 때문이다. 태도는 다음과 같은 4가지 기능을 가진다(Katz, 1960).

- 실용적 기능: 소비자가 갖는 욕구를 달성하는데 태도는 연관되고 태도는 긍정적인 보상을 최대화하고 부정적인 처벌을 최소화하는 역할을 함
- 가치 표현적 기능: 소비자의 자아개념이나 중심적인 가치를 표현해주는 기능
- 자기방어적 기능: 내부적 불안감이나 외부 위협으로부터 개인을 보호해주는 기능

- 지식(통합적) 기능: 새로운 정보를 이해하는데 도움을 주는 준거체계로서 작동하는 기능

태도는 소비자행동에서 왜 중요한가? 우선 태도는 어떤 대상에 대한 종합적인 평가로서 중요하다. 둘째, 자신의 중요한 가치와 관련되는 가치 표현적 가능을 가지고 있는 것 같이 태도는 여러 가지 기능을 수행하기에 중요하다. 셋째, 확고한 태도는 기억에서 쉽게 인출되어 평가에 바로 사용할 수 있다. 넷째, 태도는 행동과 상당한 상관관계가 있고 행동 예측에 사용된다. 다섯째, 태도는 세분시장의 특성들을 서술하는데 유용하다. 마지막으로 태도는 마케팅 활동에 유용한 지침을 제공한다.

삼성전자의 "또 하나의 가족" 광고 슬로건은 1997년에 나와서 2007년까지 사용된 감성을 강조하는 삼성전자의 가장 성공한 슬로건이었다. 감정적 소구에 호소하는 광고들을 기업 광고들로 내보냈고 신뢰감과 친근감을 유발하는 광고를 통한 호의적 광고태도 형성에 주력해서 대성공했다. 이후 2007년에는 시대의 변화에 맞추어 디지털 스마트를 강조해서 이성을 강조했고 2020년에는 생활에서 나에 맞춤화해서 가전제품들과 디지털 첨단 제품들을 사용하는 슬로건으로 행동을 강조했다.

참고문헌

경향신문(2025), "예술품 전시에 진심인 현대백화점", **경향신문**, 2025년 1월 20일.

김영신, 서정희, 송인숙, 이은희, 제미경(2012). **소비자와 시장환경 (제4판)**. 서울: 시그마프레스.

김우성(2024), "값을 매길 수 없는 소중한 체험과 대박 난 마스터카드의 'Priceless' 광고캠페인", https://blog.naver.com/wkblhappy/223592372652.

네이버 지식백과, www.naver.com

서울경제TV(2025), "스타벅스, '꼭 가봐야 할 매장 60곳' 매거진 첫 발간", **서울경제TV**, 2025년 1월 24일.

오늘경제(2025), "뷰티 시장에서도 강자 입증, 다이소, 성공 비결은 트렌드 선점과 전략적 협업", **오늘경제**, 2025년 1월 21일.

이학식, 안광호, 하영원, 석관호(2024), **소비자행동(제8판)**, 서울: 집현재.

임종원, 김재일, 홍성태, 이유재(2006), **소비자행동론(제3판)**, 서울: 경문사.

한경닷컴(2023), "블랙핑크 리사도 쓴다…1000명만 가질 수 있다는 VVIP 카드", **한경닷컴**, 2023년 2월 3일.

한국섬유신문(2023), "나이키, '조던 월드 오브 플라이트 서울 홍대' 오픈", **한국섬유신문**, 2023년 6월 22일.

Anderson, John R(1983), "A Spreading Activation Theory of Memory", *Journal of Verbal Learning and Verbal Behavior*, 22, 261~295.

Collins A. M. and E. F. Loftus(1975), "A Spreading Activation Theory of Semantic Processing", *Psychological Review*, 82(6), 407~428.

Craik, F.I.M. and R. S. Lockhart (1972),"Levels of Processing:: A Framework for Memory Research", *Journal of Verbal Learning and Verbal Behavior*, 11, 671-684.

Hoyer, Wayne D. and Deborah J. MacInnis (2012), *Consumer Behavior(5th Edition)*, South-Western, **소비자행동론**, 이명식, 김찬목, 이성수 역, 서울: Cengage Learning.

Katz, Daniel(1960), "The Functional Approach to the Study of Attitudes", *Public Opinion Quarterly*, 24 (2), 163~204.

Kotler, Philip, 안광호, and Gary Armstrong(2013), *Marketing: An Introduction*(**마케팅입문**), Pearson/서울: 석정.

Maslow, Abraham H.(1943), "A Theory of Human Motivation", *Psychological Review*, 50, 370~396.

Muniz, Albert M. Jr. and Thomas C. O'Guinn (2001), "Brand Community", *Journal of Consumer Research*, 27(4), 412~432.

Park, C. Whan, and V. Parker Lessig (1977), "Students and Housewives: Differences in Susceptibility to Reference Group Influence", *Journal of Consumer Research*, 4(2), 102-110.

Rokeach, Milton(1973), *The Nature of Human Values*, New York, NY: Free Press.
The Soy, www.youtube.com/@rupong
Tylor, Edward Burnett(1871), *Primitive Culture: Researches into the Development of Mythology, Philosophy, Religion, Art and Custom*, Vol.2, J. Murray

3부

소비자문제와 해결

6장

소비자정보

소비생활을 하면서 피할 수 없는 소비자문제는 대부분 정보 부족과 잘못된 정보에 의해 발생하고 있다. 현명한 소비를 위해 사실에 근거한 충분한 정보만 있다면 수많은 소비자문제를 사전에 예방할 수 있을 것이다. 이뿐만이 아니라 소비자정보는 중요한 역할을 한다. 소비자문제의 빠른 해결, 소비자 의사결정과정, 제품 사용 등 소비생활 전반에 정보가 필요하다.

과거와 비교하면 정보통신 기술의 발달로 정보를 쉽게 찾고 활용할 수 있게 되었다. 하지만 여전히 소비자들은 정보를 얻고 활용하는 데 어려움을 겪는다. 그 원인 가운데 첫 번째는 사업자의 과장된 정보, 심지어 거짓된 정보로 인해 소비자의 혼란이 더 커지고 있기 때문이다. 또한 기술의 빠른 변화와 고도화된 마케팅으로 소비자가 습득해야 하는 정보량은 많아지고, 높은 전문성이 필요하게 되면서 소비자가 정보를 충분히 이해하고 활용하는 데 어려움이 가중되고 있다.

정보제공 방식에도 문제가 발생하고 있다. 우리는 검색기록을 기반으로 한 알고리즘에 의해 맞춤형 광고, 추천 영상 등 특정 정보에 지속적으로 노출되고 있다. 이렇게 자신의 관심사와 관련된 정보에 지속적으로 노출되는 것은 가치관 등의 편향성을 강화하고 있다. 그리고 온라인에서 우리에게 노출되는 정보들이 사업자에 의한 광고인지, 소비자의 후기인지, 그리고 정보가 어떤 과정을 통해 소비자에 노출이 되고 있는지 알 수 없는 상황이다.

현실이 이렇다 보니 정보를 활용하고 이해하는 데 필요한 역량은 더 강조되고 있다. 일명 '디지털 리터러시'가 중요해지고 있다. 어느 때보다 정보가 넘쳐나고 있지만, 역설적이게도 소비자는 과거에 비해 더 많은 노력을 해야 하는 상황이다. 이에 이번 장에서는 소비자정보의 개념과 특성을 살펴보고 소비자정보 제공을 위한 관련 정책과 제도, 마지막으로 디지털 리터러시에 대해 살펴보고자 한다. 소비자정보를 획득하고 활용하는 데 도움이 되기를 바란다.

1. 소비자정보의 개념과 특성

1) 소비자정보의 개념

소비자는 제품과 서비스를 선택하기에 앞서 많은 정보를 찾아보고 획득한 정보를 바탕으로 비교, 평가한 후에 의사결정을 하게 된다. 의사결정 이후에도 제품 사용과 처분을 위해서도 정보가 필요하다. 이때 소비자에게 주어지는 정보는 사업자에 의해 중요한 내용이 빠져있거나 거짓이 있어서는 안 되며, 소비자가 합리적 선택을 할 수 있도록 충분한 정보가 제공되어야 한다. 이러한 정보의 중요성 때문에 1962년 미국에서 케네디 대통령에 의해 소비자권리가 처음 언급되었을 때부터 소비자권리에는 소비자의 알 권리가 포함되었다. 그리고 우리나라에서도 소비자기본법을 통해 정보를 제공받을 권리를 보장하고 있다.

소비자정보는 의사결정에서 불확실성을 감소시켜주면서 소비자의 욕망 충족 및 목표 달성에 유용하고 의미 있는 가치를 지닌 사실, 지식 등을 말한다(이은희 1993). 즉, 생활하면서 자연스럽게 노출되는 정보와 지식, 데이터가 모두 소비자정보가 되는 것은 아니라는 것이다. 소비자정보는 의사결정에 필요한 정보로, 제품과 서비스를 선택할 때 생기는 소비자의 경제적·심리적 불확실성 및 발생할 수 있는 위험을 감소시켜주는 정보이다. 더불어 사용과정에 필요한 제품 사용방법, 관리방법 등의 정보는, 제품의 가치가 다할 때까지 충분히 사용할 수 있게 도와주며 소비자의 만족도와도 연결이 된다. 마지막으로 소비자가 얻고자 하는 목표 달성을 위해 활용할 수 있는 정보만 처리하게 된다.

소비자 개인의 역량에 따라 필요로 하는 정보의 형태와 전문성 수준에는 차이가 있다. 하지만 소비자가 소비자정보를 활용하고 처리하는 과정에서 몇 가지 특성을 가지게 된다.

2) 소비자정보의 특성

(1) 비소비성과 비이전성

소비자정보는 아무리 사용해도 소진되지 않기 때문에 반복적으로 사용할 수 있다. 또한, 타인에게 정보를 전달해도 자신에게 정보가 남아있다는 특성이 있다.

(2) 공공재적 특성

소비자정보가 일단 공급되면 공급자가 누구이든 관계없이 소비자라면 누구나 불편함이나 효용의 감소 없이 공동으로 이용할 수 있다. 즉, 비배타성과 비경합성을 가지고 있는 공공재적 성격을 가지게 된다. 이때 비배타성은 한 사람이 특정 재화를 구입함으로써 타인을 소비로부터 배제할 수 없다는 뜻이며, 비경합성은 한 사람이 더 많이 소비한다고 해서 다른 사람들이 덜 소비하는 것은 아니라는 뜻이다. 이런 특성 때문에 소비자는 스스로 비용과 시간을 들여서 정보를 얻기 위해 노력하기보다는 누군가가 정보를 가공하여 제공해주기만을 원한다.

(3) 비대칭성

거래당사자 중 한 사람이 가지고 있는 정보에 대해 상대방은 정확하게 파악할 수 없는 현상을 말한다. 정보의 비대칭성에 대한 대표적인 사례가 소비자와 사업자 사이의 거래에서 나타나는 정보의 비대칭성이다. 제품을 판매하는 사업자들은 제품 판매를 위해서 제품의 단점에 대해서는 숨기고 장점만을 강조해 정보를 제공하게 된다. 좋은 의미에서 소비자들에게 제품의 단점에 대한 정보를 제공하더라도 소비자들은 이를 단점이 있는 제품으로 판단하여 선택에서 제외하기 때문이다. 소비자와 사업자 사이에 비대칭성이 발생하는 또 다른 원인은 소비자의 정보처리 능력의 한계에 있다. 제품과 서비스에 관한 모든 정보가 소비자에게 주어지더라도 개인의 역량에 따라 정보를 처리하여 활용하는 데 한계가 있다. 특히나 기술이 빠르게 발전되고 상품수명주기가 짧아지면서 소비자는 단시간에 많은 정보를 처리해야 하는 상황에 놓이게 되었고, 이에 따라 정보를 처리하고 활용하는 데 어려움이 더 커지고 있다. 즉, 소비자들은 제품과 서비스 관련 정보가 불완전한 상태에서 의사결정을 하게 된다.

(4) 정보의 과부하

정보기술의 발전은 더 쉽게 정보를 찾고 활용할 수 있게 해준다는 장점이 있다. 하지만 너무나 많은 정보가 제공되다 보니 오히려 정보처리에 어려움이 발생하고 있다. 우선 부정확한 정보가 넘쳐나고 있기 때문이다. 온라인 정보 가운데 허위·과장은 물론 생성형 AI 기술을 이용해 사실 여부 확인이 어려운 악의적인 가짜뉴스까지 생산·유포되고 있다. 만약 소비자들이 정확한 정보를 받더라도 정보처리역량의 한계로 정보를 활용하는 데 한계가 있다. 즉 많은 정보 가운데 어떤 정보가 정확한 정보인지 판단하기 어려운, 정보의 과부하 상태에 있는 것이다. 정보의 과부하 상황에서 소비자는 정보탐색에 필요한 비용이 증가함에 따라 이를 줄이기 위한 전략을 사용한다. 결국 소비자는 제품에 대한 일부 정보만을 가지고 의사결정을 하는 것이다. 가령 전자상거래의 경우 소비자들의 평점과 댓글에 의존하거나, 제품가격만을 비교해서 저렴한 제품을 구매하는 것이다. 정보 과부하 상황에서 소비자의 합리적 의사결정이 어려워지면서, 정보를 획득하고 정보의 내용을 평가·활용할 수 있는 능력을 갖추는 것이 중요해지고 있다.

3) 소비자정보의 원천

소비자들이 정보를 획득하기 위한 방법은 다양하다. 쉽게는 인터넷 검색을 통해서 정보를 얻기도 하며, 주변 지인들을 통해 정보를 얻는 등 다양한 곳에서 소비자정보를 획득하게 된다. 일반적으로 정보제공 출처의 특성을 기준으로, 소비자정보를 획득하기 위해 의존하는 정보 원천을 개인적 정보원천, 상업적 정보원천, 객관적 정보원천으로 구분할 수 있다.

(1) 개인적 정보원천

개인적 정보원천은 가족, 친구, 동료 등 다른 소비자들로부터 얻게 되는 정보이다. 학교 수업에 필기 및 자료 검색용으로 사용할 태블릿 PC를 구매하고자 할 때 주변 친구에게 현재 사용하고 있는 태블릿 PC의 장단점에 관해 물어보고 정보를 얻을 수도 있다. 이렇게 친구로부터 얻게 되는 정보가 개인적 정보원천이다. 정보통신기술의 발전으로 온라인 게시판이나 SNS를 이용해 개인적인 사용 경험을 공유하고 있다. 과거에는 나와 직접적인 관계가 있는 개인으로부터 정보를 얻었다면 이제는 직접적인 관련 없는 타인으로부터 온라인을 통해 정보를 얻을 수 있게 되었다. 소비자들의 온라인 사용 후기와 같은 경험 정보는 제품과 서비스를 선택하는 데 중요한 정보로 영향을 미치고 있다. 바로 제품을 생산·유통·판매하는 사업들의 통제하에 있지 않기 때문에 신뢰할 수 있으며, 소비자의 욕구에 맞추어 정보가 제공될 수 있기 때문이다. 그 밖에 개인적 정보원천의 장점은 정보를 쉽게 획득하고 처리할 수 있으므로 비용이 적게 든다는 점이다. 그러나 개인적 정보원천의 단점은 소비자 개인의 주관적인 정보이기 때문에 질적인 면에서 정보가 그릇되거나 개인의 편견이 배제되지 않은 부정확한 정보일 가능성이 크다는 점이다. 또한 정보가 간헐적으로 제공되어 필요한 정보를 제때 얻지 못할 수도 있다.

(2) 상업적 정보원천

제조업자, 판매자, 유통업자 등 사업자에 의해 제공되는 정보로 미디어를 통해 접하게 되는 영상광고, 홍보용 전단지, 온라인 쇼핑몰에서 제공하는 제품 정보, 매장에서의 판매원이 제공해주는 정보 등을 상업적 정보라고 할 수 있다. 상업적 정보원천은 기본적으로 제품을 판매할 목적으로 무료로 제공되는 정보이다. 따라서 소비자는 정보가 필요한 시점에 적은 노력으로 쉽게 정보를 이용할 수 있다는 장점이 있다. 하지만 사업자는 정보를 제공하면서 부정적 정보는 축소하거나 제공하지 않기도 하며, 반대로 제품의 특성을 과장되게 전달하기도 한다. 이렇듯 필요한 정보가 모두 제공되지 않고 편견이 개재될 가능성이 크기 때문에 소비자들은 상업적 정보원천을 신뢰하지 않는 경향이 있다.

그러나 고도의 기술이 집약된 제품이 생산되면서 신기술 제품의 경우 소비자는 상업적 정보원천에 의존할 수밖에 없다. 이 때문에 제품별 또는 판매자에 따라 소비자에게 반드시 제공해야 할 정보를 법적으로 강제하고 있다. 또한 거짓·과장 광고로 인한 소비자피해를 줄이기 위해 금지하는 표시·광고를 정해두고 있으며 건강기능식품, 의료기기, 의료서비스의 경우 사전광고심의 제도를 두고 있기도 하다.

(3) 객관적 정보원천

정부 및 정부산하기관의 보고서, 소비자단체, 언론기관에서 제공하는 정보로, 거래당사자인 소비자도 사업자도 아닌 제3자 또는 제3의 기관에서 제공하는 중립적인 정보를 말한다. 이 때문에 중립적 정보원천이라고도 한다. 제3자 입장에서 객관성을 가지고 정보를 생산하고 있으며, 시장조사, 제품 및 서비스 비교평가, 물가조사 등 다양한 정보들이 제공되고 있다. 이들 정보는 편견 없는 사실에 근거한 정보로써 소비자들이 신뢰할 수 있다는 장점이 있다. 하지만 조사연구에 물리적으로 상당한 시간이 소요되다 보니 정보가 필요한 시점에 제공되지 않고 다소 늦게 제공되기도 한다. 이들 정보는 기본적으로 보고서나 보도자료 형태로 제공되며, 조사연구를 바탕으로 하는 경우가 많다 보니 정보를 이해하고 활용하는 소비자의 지적기술이 요구된다. 하지만 최근에는 소비자들이 이해하기 쉽도록 정보를 가공해서 카드뉴스, 영상 형태로 정보를 생산·배포하기도 한다. 따라서 소비자들이 정보탐색을 위해 노력한다면 실제 소비자들에 도움 되는 정보를 구할 수 있다.

2. 소비자정보정책

기술의 발전과 글로벌화로 소비자들은 많은 상품과 서비스를 이용하게 된다. 수많은 제품의 정보를 일일이 확인하고 비교하는 것은 바쁜 현대인들에게 결코 쉬운 일이 아니다. 이에 소비자들의 합리적 의사결정을 위해서 최소한 제공되어야 하는 제품, 사업자, 안전에 대한 정보를 제도화하였다. 정부가 사업자로 하여금 정보를 제공하도록 강제하고 잘못된 정보제공을 규제하거나 자발적으로 정보를 제공하도록 촉진하는 등의 내용을 포괄하고 있다. 대표적인 소비자정보정책에는 표시제도가 있으며 품질인증 정보, 사업자 정보, 상품비교정보 등이 있다. 구체적으로 어떤 정보를 제공하고 있으며, 어떤 역할을 하는지 살펴보고자 한다.

1) 표시제도

표시제도는 상품 및 서비스의 가격을 비롯해 기본적으로 소비자에게 제공해야 하는 정보이다. 정부에서 생산자, 수입업자 또는 공급자가 상품의 포장이나 용기, 사업자 홈페이지 등에 특정 정보를 표시하도록 의무화한 것이다. 표시정보는 제품의 특성에 따라 제공해야 하는 정보는 상이하지만, 일반적으로 소비자안전에 중요한 영향을 줄 수 있는 정보를 표시하도록 하고 있다. 식품의 경우 소비기한, 영양성분, 알레르기 표시, 원산지, 소비자문제 발생 시 연락처 등을 표시하고 있다. 화장품의 경우 개봉 후 사용기한, 전성분, 보관방법, 사용방법 등을 표시하고 있다.

표시제도는 소비자들의 안전을 확보하고 의사결정에 도움을 주는 정보로 역할을 하고 있다. 또한, 소비자에게 상품에 대한 정확한 정보를 제공하고 표시한 정보의 내용에 대한 책임을 지겠다는 의사표시를 함으로써 책임감을 높이는 역할을 하고 있다. 소비자는 표시정보를 확인함으로써 효과적인 상품선택을 하여 스스로 권리를 보호하는 역할을 한다.

표시제도는 소비자안전 및 소비자의 알 권리 충족, 사회적 변화에 따라 지속적으로 발전·변화해 왔다. 사회변화에 따라 과거에는 중요하지 않았던 정보가 중요한 정보로써 소비자 요구에 맞추어 추가되기도 한다. 최근에는 시장 변화와 기술발전, 사회적 이슈에 따라 많은 변화가 있었다. 이에 표시제도를 통해서 소비자들에게 제공되는 정보를 유형별로 살펴보고 최근 변화되는 제도까지 함께 살펴보고자 한다.

(1) 가격표시

가격표시는 소비자의 구매결정에 있어서 매우 중요한 표시정보이다. 가격정보는 소비자에게 정보를 제공하는 것을 넘어, 업체 간 경쟁을 촉진해 공정한 거래환경을 만드는 역할을 하고 있다. 과거에는 물가안정 및 유통질서 확립을 위해 도입되어 소비자가격, 공장도가격, 권장소비자가격을 표시했던 적이 있었다. 하지만 실제 도입 취지와 달리 실효성이 없을 뿐 아니라 시장 경쟁을 제한할 가능성이 있었다. 실제로 의도적으로 권장소비자가격 등을 높게 표시해놓고 실제로 판매할 때는 할인율을 높여서 소비자들에게 저렴하게 판다는 인식을 주었다. 실제 판매가격이 2만원인데 일부러 4만원으로 가격을 표시하여 50% 할인받은 것 같은 인식을 준 것이다. 시장의 공정한 경쟁을 저해하는 행태가 지속함에 따라 권장소비자가격 등 표시가 금지되고 단위가격표시, 판매자가격표시제Open Price가 도입되었다.

판매가격표시제는 대형마트, 슈퍼마켓 등의 판매자가 판매 시점에 제품에 표시된 가격으로 판매하는 것이다. 과거 권장소비자가격의 경우 제조사가 가격을 정해서 제품에 표시했다면 지금은 판매자가 가격을 책정 · 표시하는 것이다. 동일한 제품이더라도 판매점마다 가격이 다르고, 이를 통해 경쟁을 촉진하는 역할도 하게 된다. 제품 생산단계에서 가격을 표시하지 않기 때문에 매장에서 라벨이나 스탬프 등을 이용해 가격을 표시하거나 매장 진열대에 가격을 표시해두기도 한다.

단위가격표시제는 상품의 단위인 중량, 수량에 따른 가격을 표시함으로써 소비자가 쉽게 가격 비교를 할 수 있도록 한 것이다. 예를 들어 100g당 가격, 100mL당 가격을 표시하는 것이다. 1999년 처음 시작된 제도로 용량, 규격 등의 종류가 다양하여 판매가격만으로는 가격 비교가 어려운 가공식품, 일용잡화, 신선식품 등 15개 품목으로 시작해 2004년 33개 품목, 2009년 83개 품목, 2013년에 84개 품목으로 대상을 늘려가고 있다(이은희 외, 2020).

가격과 관련하여 2024년에 도입된 정책은 꼼수 가격 인상(슈링크플레이션)을 방지를 위해 만들어졌다. 제품가격 인상은 소비자들의 불만과 매출 하락으로 이어지게 된다. 이에 따라 제품가격은 인상하지 않고 대신에 제품의 품질을 떨어뜨리거나 용량을 줄임으로써 실질적으로 가격 인상의 효과를 내는 꼼수 가격 인상이 급증하면서 소비자들의 알 권리 및 합리적 선택을 저해할 우려가 있다. 이에 따라 정부에서는 소비자에게 알리지 않고 용량·규격·성분 등이 변경된 경우 포장지에 직접 표기하거나 홈페이지 또는 판매처 등을 통해 알리도록 하였다. 소비자에 대한 고지 없이 용량을 줄이거나 중요 원재료 함량 비율을 낮추는 경우를 부당한 소비자거래행위로 지정하였다(공정거래위원회, 2023).

※ 슈링크플레이션

슈링크플레이션은 양을 줄인다는 뜻의 슈링크(shrink)와 물가상승을 뜻하는 인플레이션(inflation)의 합성어다. 즉, 가격은 그대로 두거나 올리면서 제품 용량을 줄이는 꼼수 인상을 의미한다.

상품뿐만 아니라 미용업, 학원, 음식점 등 서비스업도 가격을 표시하도록 하고 있다. 서비스 업종의 옥외가격표시제는 소비자들의 알 권리 충족과 업체 간 가격 경쟁을 유도하는 역할을 한다. 가격은 부가가치세, 봉사료 등을 모두 포함한 최종가격을 말하며 소비자가 보기 쉬운 업소의 주 출입문 주변에 표시하도록 하고 있다.

(2) 원산지 표시

원산지표시제도는 농수산물이나 가공품, 음식점에서 판매되는 배추김치, 축산물, 쌀 등 지정된 품목에 대한 원산지 표시 관리제도이다. 이를 통해 소비자의 알 권리를 보장하고 공정한 거래를 유도함으로써 생산자와 소비자를 보호하기 위한 제도이다.

원산지란 농산물이나 수산물이 생산·채취·포획된 국가나 지역을 말한다. 국제거래에서는 그 물품이 생산된 정치적 실체를 지닌 국가를 뜻하며, 국내거래에서는 지역 또는 지방을 의미한다. 원산지표시제는 국제규범에서 허용하고 있는 제도로, 미국, EU, 일본 등 대부분 국가가 원산지표시제도를 운용하고 있다(국립농산물품질관리원 2024).

특히 시장개방이 가속화되면서 제품의 원산지는 소비자에게 중요한 정보이다. 원산지에 따라 상품의 품질 및 가격의 차이가 크기 때문이다. 실제로 시중의 돼지고기의 경우 수입산과 국내산의 가격 차이가 크다 보니 수입산을 국내산으로 둔갑하여 판매하는 사례가 자주 적발되고 있다. 이러한 행태는 소비자에게 경제적 피해를 줄 뿐만 아니라 시장에 대한 신뢰를 떨어뜨려 부정적 영향을 미치게 된다. 이 때문에 정부에서는 주기적으로 원산지 단속을 하고 있으며, 특히 소비가 급증하는 여름 휴가철, 명절 직전에 집중 단속을 하고 있다. 원산지 표시 위반업체에 대한 정보는 국립농산물품질관리원 홈페이지를 통해 소비자들에게 공개되고 있다.

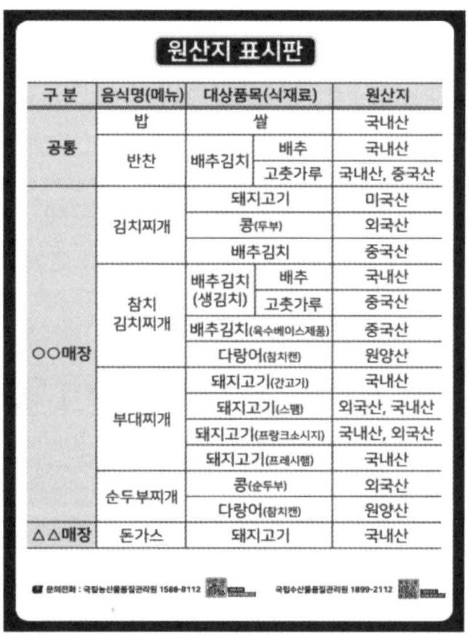
원산지 표시판

구 분	음식명(메뉴)	대상품목(식재료)		원산지
공통	밥	쌀		국내산
	반찬	배추김치	배추	국내산
			고춧가루	국내산, 중국산
○○매장	김치찌개	돼지고기		미국산
		콩(두부)		외국산
		배추김치		중국산
	참치 김치찌개	배추김치 (생김치)	배추	국내산
			고춧가루	중국산
		배추김치(육수베이스제품)		중국산
		다랑어(참치캔)		원양산
	부대찌개	돼지고기(간고기)		국내산
		돼지고기(스팸)		외국산, 국내산
		돼지고기(프랑크소시지)		국내산, 외국산
		돼지고기(프레시햄)		국내산
	순두부찌개	콩(순두부)		외국산
		다랑어(참치캔)		원양산
△△매장	돈가스	돼지고기		국내산

문의전화 : 국립농산물품질관리원 1588-8112 국립수산물품질관리원 1899-2112

음식점 원산지 표시판 예시

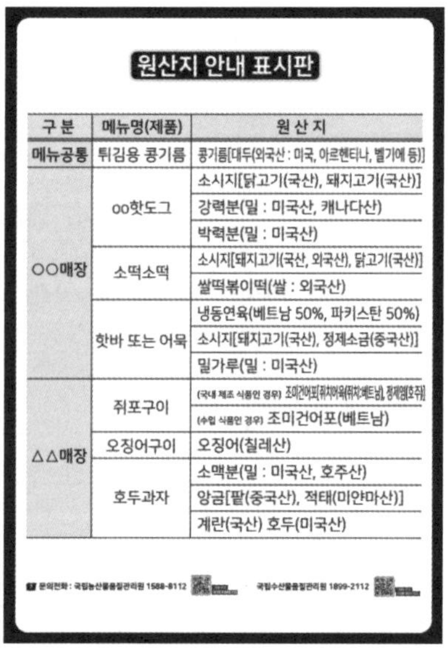
원산지 안내 표시판

구 분	메뉴명(제품)	원 산 지
메뉴공통	튀김용 콩기름	콩기름[대두(외국산 : 미국, 아르헨티나, 벨기에 등)]
○○매장	oo핫도그	소시지[닭고기(국산), 돼지고기(국산)]
		강력분(밀 : 미국산, 캐나다산)
		박력분(밀 : 미국산)
	소떡소떡	소시지[돼지고기(국산, 외국산), 닭고기(국산)]
		쌀떡볶이떡(쌀 : 외국산)
	핫바 또는 어묵	냉동연육(베트남 50%, 파키스탄 50%)
		소시지[돼지고기(국산), 정제소금(중국산)]
		밀가루(밀 : 미국산)
△△매장	쥐포구이	(국내 제조 식품인 경우) 조미건어포[쥐치어육(쥐치:베트남), 정제염(호주)]
		(수입 식품인 경우) 조미건어포(베트남)
	오징어구이	오징어(칠레산)
	호두과자	소맥분(밀 : 미국산, 호주산)
		앙금[팥(중국산), 적태(미얀마산)]
		계란(국산) 호두(미국산)

문의전화 : 국립농산물품질관리원 1588-8112 국립수산물품질관리원 1899-2112

가공품 원산지 안내표시판 예시

〈그림 6-1〉 음식점과 가공푸 원산지 표지판 예시

(3) 소비기한, 사용기한

식품, 화장품, 의약품 등의 소비 또는 사용기한은 소비자안전을 위해서 필수적인 정보라고 할 수 있다. 오랜 기간 유통기한이라는 용어가 사용되다 소비기한, 사용기한으로 용어를 변경하게 되어 많은 사람에게 아직은 유통기한이라는 용어가 더 익숙할 수도 있다. 먼저 식품의 경우 2023년 1월 1일부터 소비기한 표시제도가 시행되었다. 기존 사용되었던 유통기한은 식품 등의 제품을 소비자에게 판매해도 되는 최종시한을 의미했으며 영업자 중심의 표시제였다. 그 때문에 제품의 부패나 변질이 되지 않아도 판매할 수도 없고 모두 버려지고 있었다. 반면 소비기한은 소비자 중심의 표시제로써 식품 등에 표시된 보관방법을 준수할 경우 섭취하여도 안전에 이상 없는 기한을 의미한다. 실제로 소비기한은 식품의 맛, 품질 등이 급격히 변하는 시점을 품질안전한계 기간의 80~90%로 설정한 것이며, 유통기한은 60~70%로 설정한 것이다. 따라서 그동안 유통기한이 지났다는 이유로 버려지던 식품 폐기물이 감소되어 불필요한 지출과 이산화탄소 배출량을 줄이는 효과가 있다. 또한, 유통기한표시제에서는 제품에 표시된 기한과 섭취 가능 기간이 상이하다 보니 소비자 사이에 혼란이 있었다. 섭취 가능한 기간을 표시함으로써 소비자들의 혼란을 줄이는 효과도 있다. 식품의 소비기한이 전면적으로 시행되기는 했지만, 우유의 경우 잘못된 보관으로 변질될 가능성이 크기 때문에 냉장 유통환경 개선 등을 위해 2031년 1월 1일부터 시행하게 된다.

화장품의 경우 사용기한이 표시되고 있다. 화장품 사용기한이란 화장품이 제조된 날부터 적절한 보관 상태에서 제품이 고유의 특성을 간직한 채 소비자가 안전하게 사용할 수 있는 최소한의 기한을 의미한다. 하지만 화장품의 경우 표시된 사용기한보다 더 중요하게 확인해야 하는 정보가 개봉 후 사용기한이다. 화장품의 경우 개봉 전에는 비교적 오랜 시간 효능이 유지되고 안전성에 문제가 없지만, 개봉 후에는 공기 등과 접촉하며 효능이 줄어들거나 세균 번식의 우려가 있어 개봉 후 사용기한을 별도로 표시하도록 하고 있다. 표시방법은 아래 그림과 같이 뚜껑이 열린 용기 형태의 도형에 사용 가능한 개월 수와 함께 영문 'M' 또는 '월'을 표시하고 있다. 제품마다 차이는 있지만 스킨, 로션 등 기초화장품의 경우 12개월, 앰플이나 에센스의 경우 6개월, 마스카라, 립스틱 등 색조 화장품의 경우 6개월인 경우가 많다.

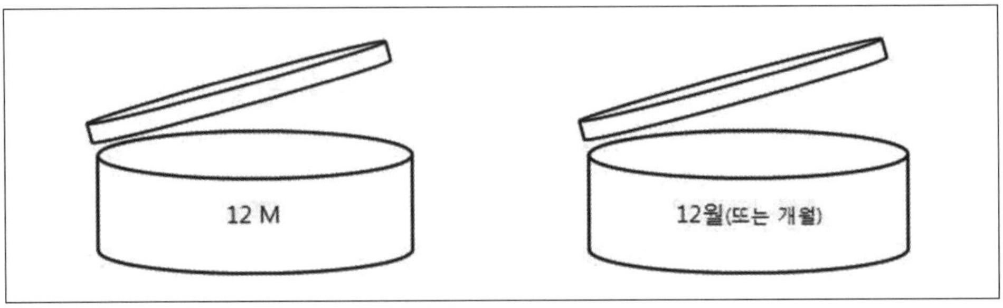

〈그림 6-2〉 화장품 개봉 후 사용기한 표시

(4) 내용물 및 안전성 표시

식품을 비롯하여 공산품, 생활화학제품, 화장품, 의약품 등 제품의 특성에 따라 내용물 및 제품에 대한 정보를 제공하도록 규제하고 있다. 식품의 경우 소비기한, 내용량, 영양성분, 원산지, 보관방법 등의 식품정보를 상품의 포장, 용기에 표시하도록 하고 있다.

전기용품의 경우 안전인증, 안전확인, 공급자적합성확인 3가지 수준으로 구분하고 있다. 국내 제조·수입업자가 안전인증, 안전확인, 공급자적합성확인 대상 품목을 국내에서 유통하고자 하면 제품 출시 전에 반드시 시험 · 인증을 받아야 하고, 해당 제품에는 KC 표시 부착의무를 부여하고 있다. 그 밖에 품목별로 정해져 있는 제조년월, A/S 가능한 연락처, 제조업체명, 모델명 등을 기재하도록 하고 있다. 제품에 표시해야 하는 내용은 품목의 특성에 따라 약간씩 달리하고 있다(국가기술표준원 2021).

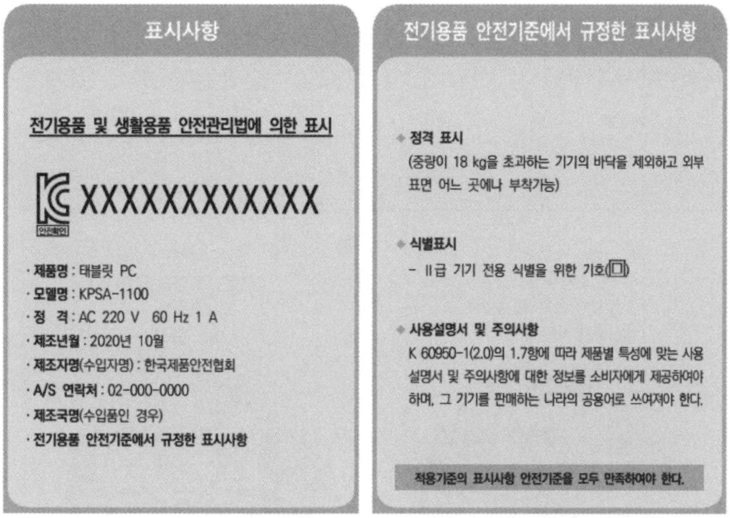

〈그림 6-3〉 공산품 표시사항 예시

생활화학제품의 경우 가습기 살균제 사건을 계기로 화학제품의 위해성에 대한 경각심을 가지게 되었다. 이후 가정, 사무실, 다중이용시설 등 일상적인 생활공간에서 사용되는 화학제품으로 사람이나 환경에 화학물질의 노출을 유발하는 제품 가운데 위해성이 있다고 인정되는 품목 43개를 지정하여 안전성을 관리하고 있다. 그리고 안전확인을 했다는 표시와 그 외 소비자에게 필요한 제품 정보에 대한 표시기준이 마련되어 있다.

<사례 6-1> 제품표시의 변화

스마트폰을 통해 쉽게 정보를 찾고 확인할 수 있게 되면서 모바일 기기를 활용한 정보 접근성을 높이는 방법으로 QR코드를 활용하는 'e-라벨' 시범사업이 시행되었다. 2023년에는 식품의 e-라벨 시범사업이 있었다. 식품의 경우 제품표시를 통해 영양성분, 원산지 표시, 알레르기 표시 등 너무나 많은 정보를 제공해야 하는 상황이다. 그렇다 보니 제품의 표시사항 글씨는 작아지고 너무 많은 정보로 인하여 오히려 소비자들의 정보 습득을 어렵게 한다는 의견이 있었다. 이에 정보통신기술을 활용하여 QR코드를 통해 온라인으로 일부 정보를 제공하고, 그로 인해 발생한 공간에 표시사항 글씨를 더 크게 하여 가독성을 높이는 사업이 시행되었다. 2024년에는 화장품 e-라벨 사업이 시행되었다. 이렇게 정보통신 기술발전과 함께 표시정보 방식도 변화가 진행되고 있다.

식품 e-라벨 도입사례

출처 : 식품의약품안전처 2023, e-라벨 시범사업 절차 및 내용

한편에서는 정보 취약계층을 위한 노력도 이루어지고 있다. 비장애인 중심의 표시제도였다면 최근 장애인을 위한 제도 개선이 있었다. 장애인들도 비장애인과 동등하게 정보를 제공받고 소비자로서 권리를 행사할 수 있도록 하는 것이다. 사실 그동안 정보 취약계층의 어려움에 대해서는 적극적으로 개선하지 않았던 것이 현실이다. 의약품의 경우 잘못 섭취하는 경우 신체에 심각한 위험이 될 수 있다. 이에 2024년 7월 21일부터 안전상비의약품 및 식품의약품안전처장이 정하는 의약품·의약외품의 용기·포장·첨부문서에 시각·청각장애인이 활용할 수 있는 점자, 음성·수어 영상 변환용 코드 의무표기가 시행된다.

2) 전자상거래 관련 소비자정보

시장에서 재화와 용역을 거래하는 방식은 다양하며, 슈퍼·편의점 등 매장을 방문하여 거래하는 일반판매, 온라인으로 거래하는 전자상거래, 홈쇼핑과 같은 TV 방송을 이용하는 통신판매 등이 있다. 이 가운데 전자상거래의 경우 거래액이 지속해서 증가하고 있으며 소비생활의 대표적인 거래방식이 되었다.

출근길에 모바일을 통해 저녁 반찬 재료를 구매하기도 하고, 휴지와 같은 필수품을 구매해야 할 때 저녁 퇴근길에 주문하면 다음 날 오전에 배달받고, 인터넷을 통해 증권거래를 하고, 다양한 영상을 보고 있다. 학생들은 온라인으로 강의를 듣고, 인터넷 게임을 한다. 이렇듯 전자상거래는 우리의 일상생활에 편리함을 안겨주었으며 정보사회를 앞당기는 역할을 하였다.

하지만 가상공간에서 이루어지는 거래이므로 부작용도 심각하게 발생하고 있다. 우선 인터넷을 통한 거래에서 각종 사기적인 행위로 거래 소비자들의 피해가 발생하기도 한다. 비대면·비접촉·원격거래에 따라 구매 전 소비자가 기대했던 제품과 실물이 상이함에 따른 분쟁이 빈번히 발생하고 있다. 또한, 전자문서 등의 사용 및 기록 조작 가능성 등으로 인해 책임 소재 입증이 어려운 부분이 있다. 대금결제가 이루어진 후 제품 배송지연, 계약 내용과 다른 제품의 배송 등으로 사고 발생 가능성이 크다. 마지막으로 소비자의 개인정보 유출 사고도 발생하고 있다. 전자상거래는 가상공간이라는 특성에 따라 발생하는 문제 대처와 소비자보호를 위해 2002년 「전자상거래 등에서의 소비자보호에 관한 법률」(이하 「전자상거래법」)이 제정되었다. 「전자상거래법」에 따라 사업자는 제품, 사업자, 거래조건 등에 대한 정보를 제공할 의무가 있다.

코로나19 발생 이후 사회 각 분야의 변화가 있었는데 전자상거래의 경우 거래품목이 다양화되고 고령층의 참여가 많아졌다. 이에 기업은 모바일 거래중심의 전환을 준비하고 있으며, AI 기술 활용 등 환경이 급격히 변하고 있다. 이에 따라 「전자상거래법」의 변화가 필요하다.

(1) 사업자정보 공개

온라인 거래가 활성화되기 전에는 일반적으로 소비자는 매장을 방문해 제품을 확인하고 사업자를 직접 만나 거래했다. 당연히 기본적인 업체 정보를 확인할 수 있었다. 사업자의 주소는 당연히 파악할 수 있으며, 연락처 등 정보를 쉽게 확인할 수 있었다. 반면 온라인을 통한 비대면 거래에 있어서 사업자에 대한 정보는 제한적이며, 주어지는 정보의 사실 여부를 확인하는 데 어려움이 있다. 소비자문제 및 피해가 발생했을 때 매장에서 구매한 경우에는 직접 찾아가서 교환 또는 반품을 요구할 수 있지만, 온라인 비대면 거래에서 사업자에게 연락할 방법이 제공되지 않는다면 소비자피해보상은 힘들다고 할 수 있다. 이렇듯 전자상거래를 비롯해 통신판매 등 비대면 거래에서 발생할 수 있는 소비자피해 예방 및 정보제공을 위해 소비자들이 쉽게 사업자정보를 확인할 수 있도록 정보제공 의무를 두고 있다.

우선 전자상거래를 하는 사이버몰 운영자는 ① 상호 및 대표자 성명 ② 영업소가 있는 곳의 주소(소비자의 불만을 처리할 수 있는 곳의 주소를 포함한다.) ③ 전화번호·전자우편주소 ④ 사업자등록번호 ⑤ 사이버몰의 이용약관 ⑥ 호스팅 서비스 제공자의 상호를 사이버몰 초기화면에 표시해야 한다. 하지만 정보를 표시했더라도 거짓된 정보라면 의미가 없으며, 소비자가 정보의 사실 여부를 직접 확인하는데는 어려움이 있다. 이 때문에 사이버몰 운영자는 소비자가 사업자 신원정보 표시사항의 사실 여부를 쉽게 확인할 수 있도록 사이버몰의 초기화면에 공정거래위원회의 사업자정보공개 페이지를 연결해야 한다. 공정거래위원회 홈페이지 내 사업자정보에서 사업자명, 사업자등록번호로 조회하여 등록된 정보를 직접 확인할 수도 있다. 공정거래위원회에서 조회하는 방법은 정보공개에서 사업자정보공개, '통신판매사업자'를 선택하면 된다.

※ 전자상거래와 통신판매 간의 관계

통신판매는 전기통신(전화)이나 우편 등 비대면 방법으로 상품 등의 판매에 관한 정보를 제공하고 소비자에게 재화 등을 판매하는 것을 말한다. 전자상거래의 경우 일반적으로 인터넷쇼핑만을 말하는 경우가 대부분이지만 경우에 따라서는 통신판매를 포함한 더 넓은 개념을 사용하기도 한다.

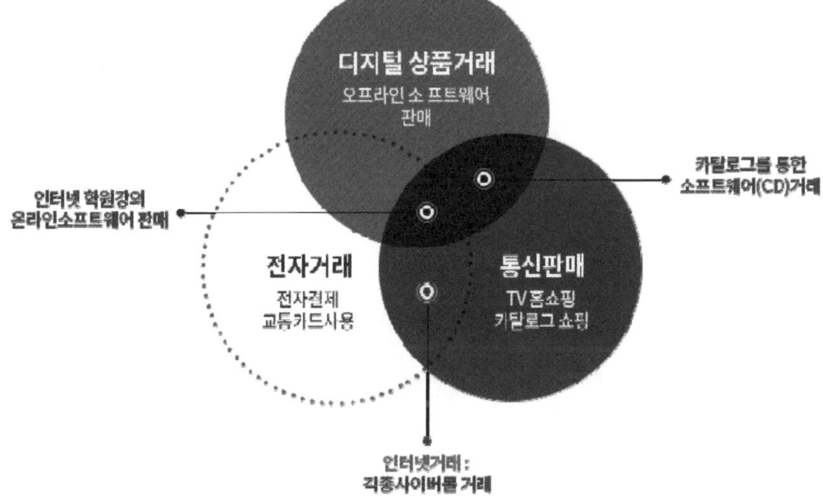

출처 : 공정거래위원회 홈페이지

〈그림 6-4〉 공정거래위원회 사업자정보 확인페이지

(2) 통신판매중개자의 정보

통신판매중개자는 자신이 직접 제품이나 재화를 판매하는 당사자는 아니다. 다만 다양한 사업자와 소비자가 거래할 수 있도록 편의를 제공하는 사업자이다. 그러나 최근에는 단순히 서비스만을 제공하는 것이 아니라 직접 제품을 판매하는 경우가 많아지고 있다. 소비자들은 제품 판매자가 중개자인지, 중개판매의뢰자인지 구별하는 데 어려움이 있기도 하다. 따라서 통신판매중개자와 직접 재화를 판매하는 통신판매중개의뢰자를 명확히 구별할 필요가 있는 것이다. 이를 위해 통신판매중개를 하는 자는 자신이 통신판매의 당사자가 아니라는 사실을 소비자가 쉽게 알 수 있도록 소비자에게 알리게 되어 있다. 해당 사실은 자신이 운영하는 사이버몰의 초기화면에서 알려야 한다. 만약 통신판매중개자가 자신이 재화를 판매하는 거래당사자가 아니라는 사실을 알리지 않으면 통신판매중개의뢰자의 고의 또는 과실로 소비자에게 발생한 재산상의 손해에 대해 통신판매중개의뢰자와 연대하여 배상할 책임을 지게 된다.

(3) 거래조건정보

온라인 거래의 경우 소비자 스스로 정보를 확인하고 선택을 해야 한다. 특히나 전자상거래에서 교육, 영상, 음원 등 구매 후 바로 제공받는 서비스가 아닌 재화의 경우, 기본적으로 구매와 배송이 함께 이루어진다. 배송에 소요되는 시간, 배송비, 가격정보, 반품비 등은 소비자가 의사결정을 할 때 중요한 정보가 된다. 이에 「전자상거래법」에 따라 통신판매업자는 소비자와의 계약체결 전에 거래조건을 정확하게 안내하여 소비자가 실수나 착오 없이 거래할 수 있도록 해야 한다.

소비자에게 알려야 하는 정보는 총 11개로 구성되어 있다. ① 재화 등의 공급자 및 판매자의 상호, 대표자의 성명, 주소 및 전화번호 등 ② 재화 등의 명칭, 종류 및 내용 ③ 재화 등의 가격(가격이 결정되어 있지 아니한 경우에는 가격을 결정하는 구체적인 방법)과 그 지급방법 및 지급시기 ④ 재화 등의 공급방법 및 공급시기 ⑤ 청약의 철회 및 계약의 해제의 기한, 행사방법 및 효과에 관한 사항 ⑥ 재화 등의 교환, 반품, 보증과 그 대금 환불 및 환불의 지연에 따른 배상금 지급의 조건, 절차 ⑦ 전자매체로 공급할 수 있는 재화 등의 전송, 설치 등을 할 때 필요한 기술적 사항 ⑧ 소비자피해보상의 처리, 재화 등에 대한 불만 처리 및 소비자와 사업자 사이의 분쟁 처리에 관한 사항 ⑨ 거래에 관한 약관 ⑩ 구매안전서비스에 관한 사항 ⑪ 그 밖에 소비자의 구매 여부 판단에 영향을 주는 거래조건 또는 소비자피해의 구제에 필요한 사항으로서 대통령령으로 정하는 사항을 고지하고 있다. 사업자는 소비자에게 표시·광고 또는 고지한 사항을 신의를 지켜 성실하게 이행해야 한다.

(4) 재화 및 서비스 정보제공

비대면으로 거래하는 경우 제품을 직접 확인하고 구매결정을 하는 것이 아니다. 사업자가 제공해주는 정보를 평가하여 제품을 구매하게 된다. 그렇다 보니 실제 사업자가 제공한 정보를 바탕으로 소비자가 가졌던 기대와 실제 제품을 통한 소비자 만족도의 차이가 큰 경우 불만이 생기게 된다. 이 때문에 제품에 따라 소비자들에게 꼭 제공해야 하는 제품정보를 정해두고 있다. 이를 통해 소비자들이 제품에 대한 기본적인 정보를 확인할 수 있도록 하였다.

	반품 시 먼저 판매자와 연락하셔서 반품사유, 택배사, 배송비, 반품지 주소 등을 협의하신 후 반품상품을 발송해 주시기 바랍니다.		
판매자 지정택배사			
반품배송비	반품안심케어에 가입된 상품으로 반품 배송비 무료 (구매확정 이후 구매취소 시 무료반품/교환 제공불가. 도서산간비 별도 부과)	교환배송비	반품안심케어에 가입된 상품으로 교환 배송비 무료 (구매확정 이후 구매취소 시 무료반품/교환 제공불가. 도서산간비 별도 부과)
보내실 곳			
반품/교환 사유에 따른 요청 가능 기간	구매자 단순 변심은 상품 수령 후 7일 이내 (구매자 반품배송비 부담) 표시/광고와 상이, 계약 내용과 다르게 이행된 경우 상품 수령 후 3개월 이내 혹은 표시/광고와 다른 사실을 안 날로부터 30일 이내 (판매자 반품 배송비 부담) 둘 중 하나 경과 시 반품/교환 불가		
반품/교환 불가능 사유	1. 반품요청기간이 지난 경우 2. 구매자의 책임 있는 사유로 상품 등이 멸실 또는 훼손된 경우 (단, 상품의 내용을 확인하기 위하여 포장 등을 훼손한 경우는 제외) 3. 구매자의 책임있는 사유로 포장이 훼손되어 상품 가치가 현저히 상실된 경우 (예: 식품, 화장품, 향수류, 음반 등) 4. 구매자의 사용 또는 일부 소비에 의하여 상품의 가치가 현저히 감소한 경우 (라벨이 떨어진 의류 또는 태그가 떨어진 명품관 상품인 경우) 5. 시간의 경과에 의하여 재판매가 곤란할 정도로 상품 등의 가치가 현저히 감소한 경우 6. 고객의 요청사항에 맞춰 제작에 들어가는 맞춤제작상품의 경우 (판매자에게 회복불가능한 손해가 예상되고, 그러한 예정으로 청약철회권 행사가 불가하다는 사실을 서면 동의 받은 경우) 7. 복제가 가능한 상품 등의 포장을 훼손한 경우 (CD/DVD/GAME/도서의 경우 포장 개봉 시)		

〈그림 6-5〉 거래조건(반품 · 교환)정보 제공 예시

제품에 대한 정보제공 기준은 「전자상거래 등에서의 상품 등의 정보제공에 관한 고시」에 의해 총 40개 품목별 정보의 내용을 정해두고 있다. 품목별 재화 등에 관한 정보는 판매하는 상품의 특성, 기능 및 효용의 유사성, 소비자들의 인식 등을 고려하여 가급적 유사하다고 판단되는 품목에 기재되어 있는 항목에 대한 정보를 제공하도록 하였다.

<사례 6-2> 전자상거래 다크패턴

온라인 시장에서 사업자의 이익을 위해 소비자의 착각, 실수, 비합리적인 지출을 유도하는 사례가 늘어났다. 이에 소비자들의 피해·불만이 누적되면서 이러한 상술로부터 소비자를 보호하기 위해 대책을 마련하게 되었다. 가이드를 마련하기 전에 모니터링을 통해 주요 사례를 분류하였다. 상술의 유형은 편취형, 오도형, 방해형, 압박상술 4가지 유형과 17개 세부유형으로 분류하였다. 이후 유형별로 규제한 필요한지 검토하여 가이드를 마련하였다

〈표〉 다크패턴 주요사례

범주 구분	내용	세부유형
편취형	소비자가 알아채기 어려운 인터페이스의 작은 조작 등을 통해 비합리적이거나 예상치 못한 지출을 유도하는 행위	◆ 숨은 갱신 ◆ 순차공개 가격책정 ◆ 몰래 장바구니 추가
오도형	거짓을 알리거나 통상적인 기대와 전혀 다르게 화면·문장 등을 구성해 소비자의 착각·실수를 유도하는 행위	◆ 거짓 할인 ◆ 거짓 추천 ◆ 유인 판매 ◆ 위장 광고 ◆ 속임수 질문 ◆ 잘못된 계층구조 ◆ 특정 옵션의 사전선택
방해형	의사결정에 필요한 정보수집·분석 등에 과도한 시간·노력·비용이 들게 만들어 합리적인 선택을 포기하도록 유도하는 행위	◆ 취소·탈퇴 등의 방해 ◆ 숨겨진 정보 ◆ 가격비교 방해 ◆ 클릭 피로감 유발
압박형	소비자에게 심리적인 압박을 가해 특정 행위를 하거나 하지 않도록 유도하는 행위	◆ 반복간섭 ◆ 감정적 언어사용 ◆ 시간제한 알림 ◆ 낮은 재고 알림 ◆ 다른 소비자의 활동 알림

○ 순차공개 가격책정

상품 검색결과가 나타나는 첫 페이지에는 일부러 가격을 낮게 표시하고, 결제가 진행됨에 따라 숨겨진 가격들을 차츰 보여주며 나중에 그 모두를 더한 금액을 최종 가격으로 청구하는 행위

〈상품정보 제공 첫 화면〉

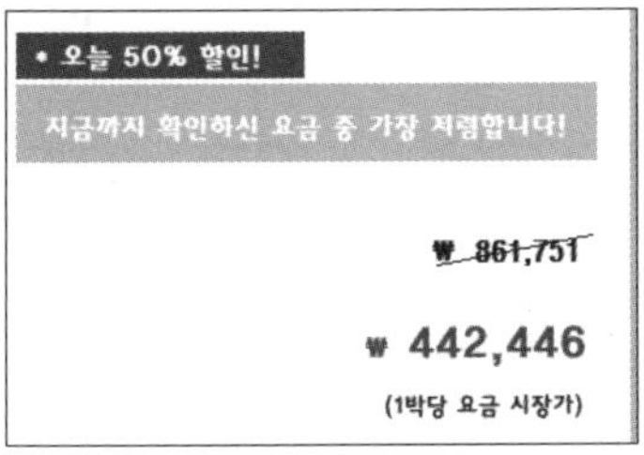

〈결제 페이지〉

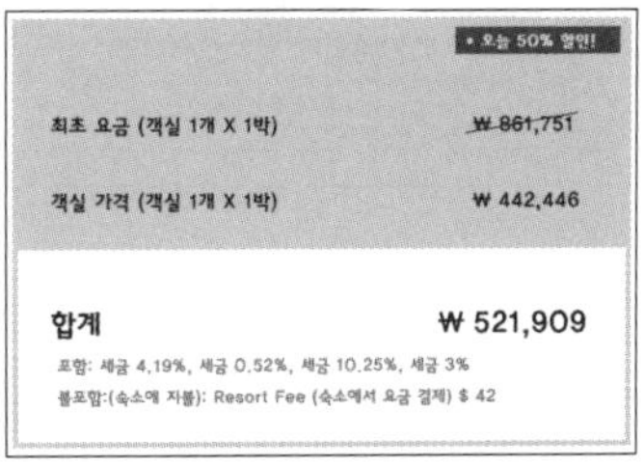

<소비자피해 사례>

C씨는 쇼핑사이트를 이용하던 중 광고 알람이 자꾸 울려 불편함을 느꼈다. 이에 설정 메뉴에 들어가 광고 알람을 해제하려고 하였는데, "광고 알람을 받고 싶지 않습니다"라고 써있는 것을 발견하였다.

그런데 그 다음날에도 계속 광고 알람이 울려 고객센터에 문의해 보았더니 "이 설정의 뜻은 광고 알람을 받고 싶지 않은 것이 아니라는 이중 부정문이므로 고객님은 알람 수신에 동의한 것"이라는 설명을 들었다. C씨는 황당함을 느꼈다.

○ 특정 옵션 사전선택

사업자에게 유리한 옵션을 미리 선택해놓고 소비자가 이를 무심코 지나치도록 유도하여 그대로 수용하게 하는 행위

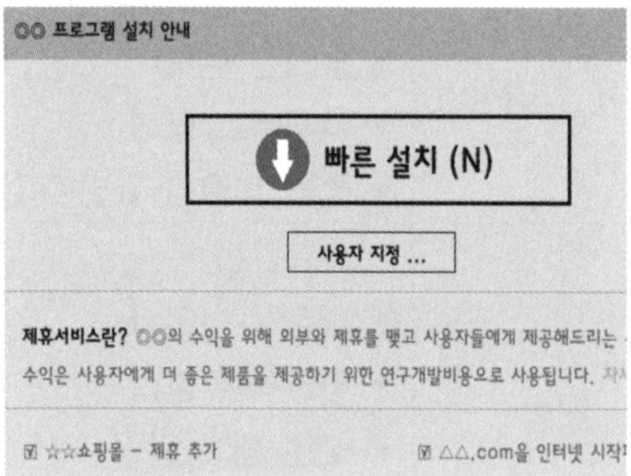	▶ 소비자가 본래 설치하려고 했던 프로그램의 '빠른 설치' 버튼을 누르면, 소비자가 제휴서비스에도 동의한 것으로 되도록 해당 옵션을 사전 선택해 놓음 (제휴서비스 이용동의 옵션의 글씨를 작게 하는 잘못된 계층구조 유형과 결합)

○ 감정적 언어 사용

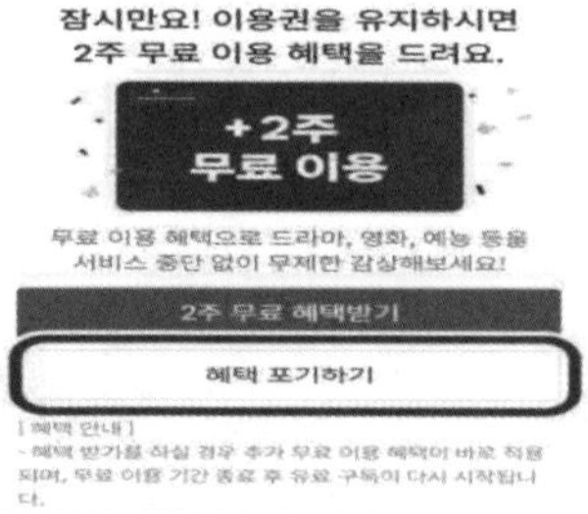	▶ 이용권 해지 버튼을 "혜택 포기하기"로 표시하여 소비자가 혜택을 스스로 포기하는 것처럼 느끼게 함

3) 비교정보사업

각각의 제품 및 서비스의 특징도 중요하지만, 의사결정과정에서 여러 대안 가운데 한 개를 선택하기 위해서는 여러 상품을 비교한 정보가 중요하다. 유튜버들이 제품 사용 후 제품 간 비교한 정보를 지속해서 생산하고 있다. 정부 및 소비자단체에서 보다 객관성과 전문성을 가지고 여러 상품 및 서비스를 비교 테스트하여 정보를 제공하고 있다. 이러한 비교정보는 소비자정보로써 정보탐색에 필요한 많은 시간과 노력을 감소시켜주는 기능을 한다. 이러한 비교정보는 미국의 민간소비자단체인 미국소비자연맹에서 제공하는 소비자리포트가 대표적이다. 과거에는 잡지형태로 제공되었으나 현재 온라인으로 정보를 제공하고 있으며 유료서비스이다.

우리나라의 경우 비교정보 생산은 한국소비자원과 소비자단체에서 실시하고 있다. 자체시험검사시설을 갖추고 있는 한국소비자원에서 생산한 비교정보가 대부분을 차지하고 있다. 비교정보의 내용을 살펴보면 상품의 안전성, 내구성 등 실제 시험을 시행하기도 하며 제품의 특징에 따라 가격, 제품표시사항 등도 같이 비교하게 된다. 여러 항목을 비교해서 생산된 정보는 보도자료 형태로 발표되기도 하고, 보고서 형태로 결과를 공개하기도 한다. 최근에는 소비자들이 쉽게 정보를 이용할 수 있도록 주요 내용을 카드뉴스, 인포그래픽 형태로 제작하여 '소비자24' 홈페이지 내에서 '비교공감'이라는 이름으로 정보를 제공하고 있다.

비교정보는 소비자에게 상품의 품질·기능에 대한 정보를 단순히 제공하는 것을 넘어서 사업자의 표시나 광고만으로 알기 어려운 품질 및 위해성 정보를 객관적인 실험 결과를 토대로 제공함으로써 소비자의 합리적 소비를 유도한다는 점에서 의미가 있다. 또한, 안전성 등에 문제 있는 제품들에 대해 제품 구조 개선, 제품 무상 수리, 표시사항 개선 등 사업자들의 자발적인 개선을 유도하여 소비자 권익 증진에 기여하고 있다(공정거래위원회 2004).

이러한 비교정보의 한계는 소비자들이 궁금해하는 시점에 바로 정보를 생산할 수 없다는 것이다. 제품을 선정 후 구매, 제품 시험, 가격조사 등을 실시하고 해당 내용을 정리하여 보고서 형태로 발표하는 데 상당한 시간이 소요되기 때문이다. 또한, 소비자들이 사용하고 궁금해하는 정보에 비해서 생산되는 정보가 양적인 측면에서 만족스럽지 않다. 2020년 20개 제품에 대한 비교정보를 생산했으며, 2021년부터 2023년까지 22개의 정보를 제공했다. 국내 자체시험실과 전문인력을 갖추고 비교정보를 생산하는 곳은 한국소비자원이 유일한데 이마저 시설과 전문인력이 충분하지 않다. 소비자단체의 경우 공인시험연구소에 의뢰하여 진행하다 보니 시간과 비용이 많이 드는 것이 현실이다.

〈그림 6-6〉 비교정보

※ **소비자정보 포털 소비자24**

소비자24는 「소비자기본법」에 따라 소비생활 관련 정보제공 및 피해구제 신청 창구 통합운영 등의 역할을 수행하고 있다. 공정거래위원회에서 운영하고 있으며 2018년부터 운영되고 있는 정부의 대표 소비자 포털이다(한국소비자원 2022).

3. 디지털 리터러시

1) 디지털 리터러시의 개념

현대사회에서 정보를 얻고 공유하는 대표적인 방법은 유튜브, 페이스북, 인스타그램 등과 같은 SNS가 중심이 되었다. 특히 모바일 기기에 대한 의존도가 높고 SNS를 통하여 정보를 얻고 공유하고 있다. 이때 노출된 정보의 사실 여부를 확인하기 전에 의심 없이 신뢰하는 경향이 높다. 코로나19로 비대면 사회로 급격하게 전환되면서 디지털 기술은 우리 삶에 빠르게 침투하였다.

이러한 급격한 변화 과정에서 디지털 격차, 가짜뉴스 확산 등의 부작용이 발생하고 있다. 디지털 기술을 사용하는 데 제약이 있는 취약계층의 어려움은 더 가중되었다. 디지털 기술의 혜택을 경험하지 못함으로써 디지털 격차가 구조화되는 결과로 이어지고 사회적 격차는 심화하였다. 가짜뉴스는 2016년 미국 대통령 선거를 기점으로 페이크 뉴스가 관심사로 떠오르면서 주목받기 시작했다. 대부분 국내 언론은 'fake'를 '가짜'라고 번역하여 표기하면서 이 개념을 다루기 시작했다. 미국 대선에서 가짜뉴스는 실질적인 파괴력을 보여주었다. 미국의 주류 언론들이 도널드 트럼프 당시 후보에 대해 융단폭격에 가까운 비판 보도를 쏟아냈지만, 트럼프는 자신의 지지층을 결집하는 극단주의 전략을 통해 대통령에 당선되었다. 이 과정에서 힐러리 클린턴을 공격하는 가짜뉴스가 양산되어 주류 언론의 비판 보도를 흐리게 만들었다.

디지털 중심의 정보 확산과 함께 다양한 문제가 발생하고 있으며, 생성형 AI 등 새로운 기술의 대중화와 함께 새로운 문제가 등장할 것이다. 이렇게 디지털 전환과 함께 발생하는 문제를 근본적으로 해결하기 위해서는 기술을 이해하고 활용할 수 있는 실질적인 능력이 요구되고 있다. 이 지점에서 디지털 리터러시는 디지털 전환 사회로의 이행과정에서 나타나는 변화에 대응하기 위한 필수적인 역량이라고 할 수 있다. 리터러시Literacy는 전통적으로 개인이 문자를 사용해서 소통하고 표현할 수 있는 능력을 의미하며 '문해력'으로 번역되어 사전적으로 문자를 읽고 쓰는 능력을 뜻하지만, 경제생활에 필요한 기술적 지식을 갖추고 공동체와 소통하며 사회구조와 밀접하게 상호작용하면서 그 개념이 확장되었다. 최근 리터리시는 기술의 발전과 함께 특정 매체나 기술을 다루는 능력을 나타내기 위해서 다양한 개념들과 융합되어 사용되고 있다. 디지털 리터러시는 2000년대 이후 등장한 개념으로 기술과 기능의 활용을 넘어 문제해결 과정에 필요한 정보의 인식과 비판·평가와 같은 고차원적 인지능력이 필요하다. 컴퓨터와 네트워크 정보 리터러시가 융합된 개념이라고 볼 수 있다(황용석 외, 2023).

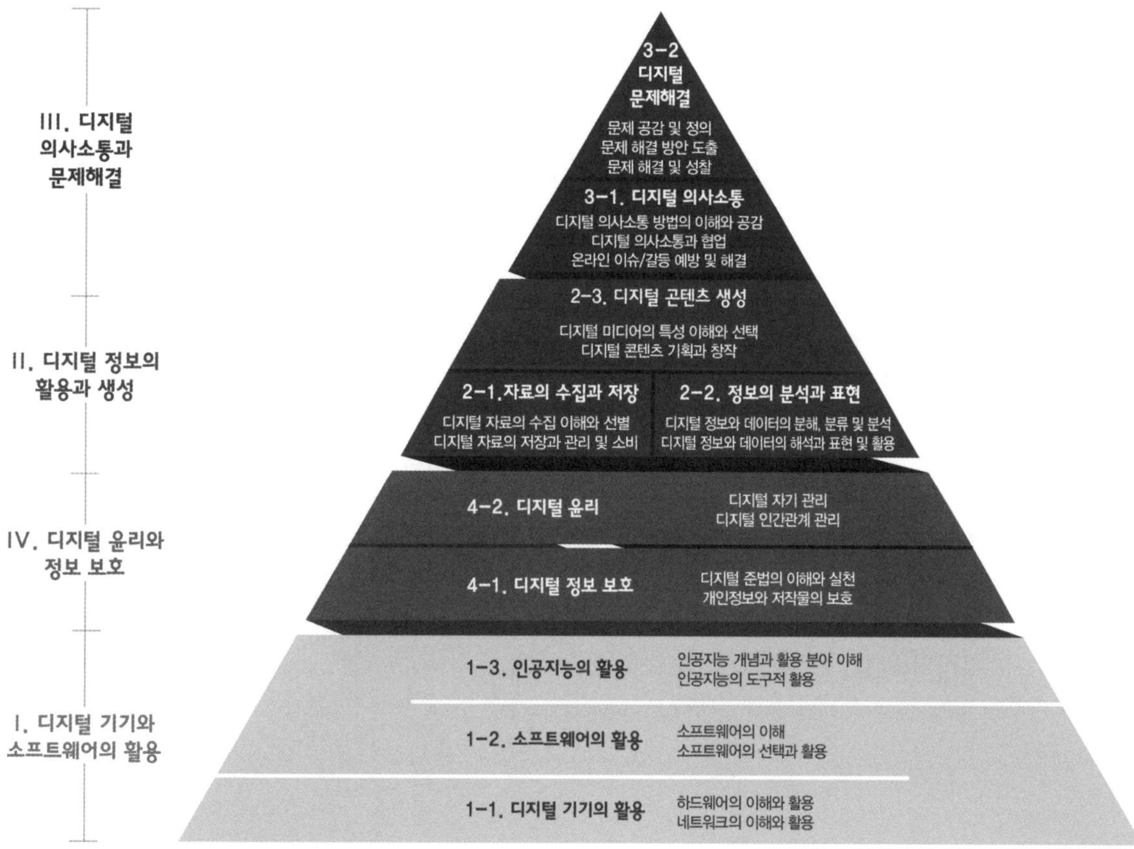

출처 : 한국교육학술정보원(2023), 268쪽.

〈그림 6-7〉 디지털 리터러시 구성체계

참고문헌

공정거래위원회(2023a) 용량 축소 등에 대한 정보제공 방안 발표.

공정거래위원회(2023b) 온라인 다크패턴으로부터 소비자 보호를 위한 정책방향.

공정거래위원회(2024) 2024 공정거래백서.

국가기술표준원 (2021), 전기용품 표시사항 작성 가이드북.

식품의약품안전처 (2023), e-라벨 시범사업 절차 및 내용.

이은희 · 제미경 · 김성숙 · 홍은실 · 유현정 · 윤명애(2020), **디지털 시대의 소비자와 시장**, 시그마프레스.

한국교육학술정보원(2023) 교육과정 연계 디지컬리커러시 교육가이드라인 개발 연구.

한국소비자원(2022) 온라인 소비자정보 제공 개선 방안에 관한 연구 - '소비자24'고도화를 중심으로.

황용석 · 이현주 · 황현주(2023) 디지털시대, 디지털 문해력 개념의 확장.

국립농수산물품질관리운(2024), https://www.naqs.go.kr/contents/contentsTab.do

공정거래위원회 https://www.ftc.go.kr/www/index.do

서울시전자상거래센터 https://ecc.seoul.go.kr/

소비자24 https://www.consumer.go.kr/consumer/index.do

7장

소비자문제

대량생산, 대량소비 사회에서 소비자들은 풍요로운 소비생활을 하고 있다. 아마도 현대사회를 살아가면서 소비자로서 역할을 하지 않고 하루도 살아갈 수 없을 것이다. 하루 24시간 365일 소비생활을 하다 보면 제품과 서비스가 만족스럽지 못한 경우도 있으며 심지어는 경제적, 신체적 피해가 발생하기도 한다. 그런데 소비활동 과정에서 겪게 되는 소비자문제와 피해는 사전예방에 한계가 있다. 우선 사업자와 비교하면 제품과 서비스에 대한 정보가 부족하며, 독과점과 같은 시장의 구조적 특징에 의해서 문제가 발생하기도 한다. 최근에는 제품과 서비스의 변화 주기가 빨라지고, 급격한 과학 기술의 변화, 새로운 거래방식 등장으로 인하여 새로운 형태의 소비자문제가 발생하고 있다.

소비자문제가 발생하면 이를 해결해 나갈 수 있지만 대부분 실제 발생한 피해금액에 대한 보상만이 대상이 된다. 따라서 소비자문제를 해결하기 위해 소요되는 시간과 노력에 대한 보상은 없는 것이다. 이 때문에 소비자피해 발생 시 이루어지는 보상만으로는 완전한 원상회복은 힘든 것이다. 이 때문에 소비자문제는 사전예방이 중요하다고 할 수 있다.

소비자문제의 사전예방과 피해구제를 위해서는 우선 소비자문제가 발생하게 된 배경과 특징에 대한 이해가 필요하다. 이에 소비자문제의 특성과 발생원인을 살펴보고 소비자문제 유형을 구체적인 사례 중심으로 살펴보고자 한다.

1. 소비자문제의 개념과 특성

소비자문제가 나타나기 시작한 것은 사업자와 소비자가 분리되어 거래가 발생했을 때부터이다. 산업화 이전 시대에서는 소비자와 사업자 간의 거래가 많지 않았기 때문에 소비자문제가 중요하게 다루어지지 않았다. 그러다 대량생산과 대량소비가 이루어지고, 사업자 간 경쟁이 심해지면서 사업자들의 기만적 행위로 인해 다양한 소비자문제가 발생하게 되면서 사회적으로 소비자문제를 인식하게 되었다. 우리나라에서는 1960년대 이후부터 소비문제를 인식하기 시작했다.

많은 소비자문제가 사업자와 소비자 사이의 거래를 통해서 발생하다 보니 소비자문제는 단순히 사업자의 비윤리적인 행동에서 기인했을 거라 생각하기 쉽다. 그러나 소비자문제는 소비자의 불완전한 정보에 의해서 발생할 수도 있다. 예를 들어 제품의 사용법을 정확히 숙지하지 않은 상태에서 제품을 사용하다가 하자가 발생했을 때 단순히 제품의 문제라고 할 수 없는 것이다. 그 밖에도 시장의 구조적 문제, 소비자의 비합리적 성향 등에 의해 발생하는 복잡한 현상이라 할 수 있다.

소비자문제는 소비자가 소비생활을 위해 재화나 서비스를 구입・사용・처분하는 과정에서 불만족을 야기하는 것으로, 소비자의 피해 또는 소비자의 불이익으로 정의 내릴 수 있다(이은희 외, 2020). 이때 소비자피해와 소비자문제 개념을 구별해서 이해해야 한다. 소비자피해는 소비자가 사업자로부터 구입한 물품 또는 용역을 사용(이용)하는 과정에서 물품의 하자 또는 결함이나 사업자의 채무불이행 또는 불법행위 등으로 인하여 입은 생명・신체・재산・정신상의 손해를 총칭한다(한국소비자원, 2024). 다음 장에서 살펴볼 소비자피해구제절차는 소비자피해 만을 대상으로 하게 된다. 만약 소비자문제가 발생했을 때 소비자의 피해가 있더라도 물품 또는 용역의 하자나 결함, 사업자의 불법행위 등이 없다면 소비자피해구제를 통한 도움을 받을 수 없다. 이 때문에 소비자문제와 피해를 구별할 필요가 있다.

1) 소비자문제의 원인

(1) 소비자와 사업자의 비대등성

현대사회에서 사업자들은 자본력과 조직력을 바탕으로 그들이 속하는 특정 시장에 전문화되어 대량생산, 대량유통으로 제품과 서비스를 공급하고 있다. 이에 반해 소비자들은 개별적으로 분해되어 있으며, 구입하고 사용하는 다양한 제품 하나하나에 대하여 상품의 품질·성능·작용에 대한 정보를 얻는 데 한계가 있다. 이로 인하여 시장에 참가하는 소비자와 사업자 사이에 비대칭성이 존재하게 된다. 구체적으로 살펴보면 총 4가지로 정보의 비대등성, 기술조작에서의 비대등성, 조직력과 시장지배력에서의 비대등성, 부담전가에서의 비대등성이 있다.

① 정보의 비대등성

정보의 비대등성은 사업자와 소비자가 획득하고 있는 정보가 대등하지 않다는 것이다. 즉, 사업자가 소비자보다 월등히 많은 정보를 가지고 있어서 소비자가 불리하다고 할 수 있다. 사업자들은 자신이 생산하고 판매는 제품에 대한 전문성을 가지게 된다. 제품의 장단점은 물론이고 특성까지 사업자들이 가진 정보를 소비자들에게 알려주지 않는다면 소비자로서는 정보를 획득하는 데 한계가 있다. 그렇지만 소비자가 전문적인 정보를 찾아 제품의 특징을 파악하기 위해서는 노력과 시간이 소요된다. 또한, 제품을 구입해서 사용하더라도 제품에 대한 정보를 모두 습득할 수 없다. 고도의 기술혁신으로 제품이 극도로 복잡해짐에 따라 소비자의 사용 경험만으로 정보를 얻을 수 없는 제품이 많아졌다. 결국 기술집약적인 제품일수록 사업자가 제공해주는 정보에 의존할 수밖에 없는 상황에 놓여있다. 시장에서 정보의 비대등성이 심화하면 소비자는 합리적 선택에 필요한 충분하고 정확한 정보를 얻을 수 없으므로 소비자문제는 더욱 커질 수 있다.

② 기술 수준에서의 비대등성

사업자들은 제품을 개발하는 데 있어 고도의 전문적인 기술을 바탕으로 한다. 특히 의약품, 생활화학제품, 정보통신제품 등 신기술 상품들의 경우 극도로 복잡한 기술이 적용되다 보니 소비자가 제품의 기술력에 대해 검증하는 것은 더욱 힘들어진다. 소비자가 기술적인 정보를 얻는 방법은 상품비교정보, 정부 기관에서 시행하는 제품 안전성 테스트 결과 정도이다. 이들 정보는 간헐적으로 주어지는 정보로 소비자들에게 충분하지 않다. 결국 기술 수준에서 소비자와 사업자 사이에 현격한 격차가 생길 수밖에 없다. 제품과 서비스 기술에 대한 이해가 부족한 상황에서 구매와 사용과정에서 소비자문제가 발생할 수 있다.

③ 조직력과 시장지배력의 비대칭성

시장에서 기업들은 자본력을 바탕으로 또는 관련 기관을 중심으로 조직을 형성하고 있다. 독과점 기업의 경우 시장 내 우월한 지배력을 가지게 된다. 이러한 조직력과 시장지배력을 바탕을 소비자에게 불이익을 주는 행위를 하고 있다. 먼저 독점기업의 경우 제품을 생산·공급하는 하나의 사업자에 의해서 요금이 결정된다. 이뿐만 아니라 경쟁기업이 없는 상태에서 서비스의 질이 떨어질 수도 있는 것이다. 과점기업의 경우 담합을 통해 가격을 인상함으로써 소비자들은 더 높은 가격을 지불하게 된다.

시장 내에서 경쟁은 소비자복지에 매우 중요한 요인으로, 경쟁이 활발한 시장일수록 소비자복지 측면에서 좋다. 경쟁상황 속에서 수요와 공급 관계에 의해 가격이 결정되며, 기업들은 소비자 구매를 유도하기 위해 경쟁함으로써 서비스의 질이나 상품의 품질이 좋아지기 때문이다. 하지만 독점 또는 과점에 의해 특정 기업 또는 2~3개의 기업들이 시장지배력을 가지게 되는 경우, 경쟁을 통한 시장의 기능이 효율적으로 작동하지 못함으로써 실패 현상이 나타난다. 시장실패의 대표적인 사례가 소비자문제이다. 이 때문에 정부에서는 특정 기업의 시장지배력이 커지는 것을 막기 위해 시장감시자로서 역할을 하고 있다.

<사례 7-1> 대한항공 아시아나항공 합병을 EU에서 심사하는 이유는?

대한항공, 아시아나항공 국내 두 개 대형 항공사의 합병절차가 진행 중이다. 두 항공사는 합병을 위해 유럽 및 미국, 일본 등 항공사가 취항하는 각국으로부터 기업결합 심사를 받아야 했다. 유럽연합에서는 두 항공사의 합병으로 경쟁이 제한될 우려가 있다고 판단하였으며 이에 따라 일부 노선(바로셀로나, 로마)을 감편하게 되었다. 이렇게 기업결합을 각국에서 심사하는 이유는, 특정 기업의 시장지배력이 높아져 시장 내 경쟁이 저하되고 그로 인하여 소비자들의 피해가 발생할 수 있기 때문이다. 예를 들어 대한항공과 아시아나항공의 합병으로 인천 파리노선의 점유율이 높아지게 되면 해당 노선의 화물운송료, 항공료 인상이 우려되기 때문이다.

④ 부담전가에서의 비대등성

원자재가격 인상, 임금인상으로 제품 생산에 드는 비용이 증가하게 된 경우 사업자는 이러한 비용을 제품가격에 반영함으로써 부담을 소비자에게 전가할 수 있다. 반면 소비자는 시장 내 거래단계에서 가장 말단에 있다. 이 때문에 소비자는 발생하게 되는 비용을 모두 부담하게 된다.

(2) 소비자 측면에서의 원인

① 소비자 역할의 다양화

소비자는 사회 속에서 다양한 역할을 수행하고 있다. 우선 구매자로서 소비자는 자신이 생활하는데 필요한 재화나 서비스를 구매하는 역할을 한다. 이때 합리적이고 효율적인 선택을 위해서는 정보를 수집하고 이를 바탕으로 선택하게 된다. 사용자로서 소비자는 제품과 서비스를 사용하면서 자원의 유용성, 접근 가능성, 대체 가능성을 인식하고 효율적으로 사용해야 한다. 배분자로서 자신의 소득을 어느 정도 저축을 하고, 어떤 비목에 얼마큼 지출을 할 것인지 지출의 우선순위를 정하게 된다. 처분자로서는 제품의 효용 가치를 최대화해 사용하고 이후 처분을 하게 되는데 이때 지구생태계 파괴를 최소화해야 한다. 환경문제가 심각해지면서 소비자의 처분자 역할이 중요해지고 있다. 사회 변화와 상품·서비스의 발전에 따라 소비자의 역할은 더 세분되고 다양해질 것이다. 소비자가 이런 변화에 따라가지 못해 역할을 제대로 수행하지 못함으로써 소비자문제가 발생할 수 있다. 소비자의 역할이 다양해지고 각각의 소비자 역할 수행에 필요한 소비자역량 강화가 필요하다

② 소비자의 제한적 합리성

소비자는 충분한 정보를 가지고 합리적인 소비를 해야 한다. 하지만 실제로 인간이 항상 합리적인 선택을 하는 것은 아니다. 우선 정보 습득에 있어서 정확한 정보를 추구하지 않는다. 때로는 본인의 가치관과 기존의 경험을 가지고 정보의 내용을 판단하기도 한다. 만약 정보를 충분히 주더라도 정보를 처리할 만한 충분한 역량이 있지도 않다. 소비자가 가진 정보 자체가 불확실하고 정보처리 능력이 충분치 않은 것이다.

소비자는 미래의 보상보다 현재의 보상을 더욱 중시하여 비합리적 구매결정을 하기도 하고, 정보처리용량의 한계로 인해 단순하고 직관적으로 의사결정을 하기도 한다. 또한 더 나은 선택이 가능하더라도 현대 상황을 유지하고 싶어 한다. 이러한 이유로 비합리적 소비와 잘못된 의사결정을 함에 따라 소비자문제가 발생하게 된다.

2) 소비자문제의 특성

(1) 경제구조에 따른 특성

① 보편적 발생

대량생산, 대량소비가 일상화된 사회에서 제품의 생산공정 및 유통시스템은 매우 복잡해져 있다. 한 개의 상품이 소비자에게 전달되기 전에 거치게 되는 수많은 생산 및 유통과정 중에 상품 결함 가능성은 존재한다. 그렇다고 대량생산되는 모든 제품을 검사한다는 것은 현실적으로 불가능하다. 자기장, 엑스레이 장비 등 고도화된 기술을 이용한 품질관리가 이루어지기는 하지만 표본을 추출하여 검사하는 것이 일반적이다. 결국 생산과 유통 어느 단계에서나 결함상품이 발생할 수

있다. 따라서 소비자문제는 우연히, 그리고 예외적으로 발생하는 것이 아니라 상품의 생산·유통 및 소비의 전 단계에서 보편적으로 발생하게 된다(허경옥, 2021).

② 피해의 광범위한 파급

오늘날 상품이나 서비스가 대규모로 생산, 유통, 판매되고 있다. 만약 설계상 결함으로 하자가 있는 제품이 대량생산 판매되었다면, 그 피해를 사전에 예방하기 어려우며 피해의 범위는 매우 광범위할 것이다. 시장점유율이 높은 2개 기업이 담합하여 제품의 가격을 인상한다면 그 피해는 구매하는 모든 소비자에게 영향을 미치게 된다. 그 밖에도 생활필수품의 부당한 표시, 식품의 유해물질이 첨가된 경우 피해는 국민에게 영향을 미치게 된다.

③ 피해 원인 규명의 곤란성

상품과 서비스의 생산과 유통과정에서 여러 단계를 거칠 뿐만 아니라 각 단계에서 많은 관련자가 개입하게 된다. 그로 인하여 소비자문제가 발생했을 때 원인이 무엇인지, 그리고 어느 단계에서 발생했으며, 누가 책임을 져야 하는지 확정하기 어려운 경우가 많다. 실제로 2016년 삼성 갤럭시 노트7 출시 이후 배터리 발화사고가 잇따라 발생하였다. 결국 출시 9일 만에 전량 리콜하기로 결정했다. 당시 배터리 발화사고 사례가 처음 보고된 지 5개월 만에 배터리 제조상 결함을 직접적인 원인으로 결론내리게 된다. 이렇듯 상품의 피해 원인을 밝히는 것이 쉽지 않은 상황이다.

④ 당사자 간의 지위의 불평등성에 기인

앞서 살펴본 바와 같이 소비자와 사업자는 정보, 기술력, 조직력 등 여러 면에서 대등하지 못한 상태에서 거래하게 된다. 그리고 가격 또는 계약조건에 대해서도 소비자들이 교섭할 여지는 없으며 단지 기업이 제시하는 조건에 따를 수밖에 없다. 이와 같은 실정에서 소비자피해가 발생할 경우, 소비자는 기업에 대해 무력하며 피해구제를 위한 사실 입증에 곤란한 경우가 많다. 소비자문제가 발생한 이후 피해 원인 규명을 위해 사업자 측에 관련 자료요청을 하더라도 회사의 영업비

밀이라는 이유로 자료를 제공하지 않는 경우가 많다.

⑤ 피해의 심각성

소비자문제 가운데 경제적 피해에 그치는 경우도 있지만, 결함상품이나 유해식품 등의 경우처럼 소비자의 생명을 위협하거나 신체에 중대한 위해를 끼치는 경우도 있다. 대표적으로 가습기 살균제 사건의 경우, 가습기 살균제를 사용한 다수의 영유아, 임산부 등에 심각한 질환을 일으키고 심지어는 사망에 이르게 한 사건이었다. 2024년 7월 기준 피해자는 5,787명으로 피해의 심각성 및 피해의 규모가 매우 크다고 할 수 있다.

⑥ 경제적 효율성 추구에 따른 문제 예방의 곤란성

생산자가 제품을 생산·판매하면서 중요한 부분은 경제적 효율성이다. 사업자들은 시장 내에서 상품의 점유율을 확보하고 투자한 자본의 회전을 촉진하기 위해 신제품 출시 및 대량생산을 서두르게 된다. 이러한 과정에서 상품의 안전성과 품질에 대한 검증이 제대로 안 된 상태로 판매되기도 한다. 이렇듯 소비자문제는 생산자의 경제적 효율이 상품의 안전성과 품질향상보다 우선하고 있기 때문에 발생한다.

(2) 사회경제적인 변화에 의한 특성

① 기술혁신에 따른 소비자 지식 및 정보의 진부화

상품과 서비스의 생산과 유통에 관한 기술혁신이 매우 빠르게 이루어짐에 따라 소비자는 새로운 상품의 품질과 사용에 관한 지식과 정보를 제때 정확하게 습득하기가 매우 어렵게 되었다. 그 결과 기존에 소비자가 가지고 있던 지식과 정보는 진부해져 쓸모없게 되고 불필요한 지식과 정보를 지나치게 보유하게 되어 정보 과부하가 발생할 수 있다.

② 마케팅의 고도화와 복잡화

기술혁신과 대량생산 시스템은 과잉생산을 초래하게 되었고, 이를 해결하기 위해 제품차별화, 시장세분화, 제품다양화, 신제품개발, 제품의 평균수명 단축 등과 같이 제품을 계획적으로 진부하게 만들고 폐기하려는 마케팅 전략이 일반화되었다. 그 결과 허위・과장광고를 통한 부정・부당한 정보, 불공정한 판매, 과대포장, 자원낭비, 생활환경의 파괴, 인간소외, 광고와 현실의 차이 등으로 건전한 생활가치가 침해되었다.

③ 빈번한 신제품, 유행과 모델의 변경

기업은 상품수명주기(도입기, 성장기, 성숙기, 쇠퇴기)를 의도적으로 단축하거나, 과도한 모델의 변경, 제품의 계획적인 진부화 등으로 사용할 수 있는 제품을 사장시키고 새로운 제품을 구입하도록 강요하고 있다. 상품수명주기를 단축하고 새로운 유행속성이 빠르게 접목된 의류를 싸게 구입할 수 있는 패스트패션 비즈니스 모델은 세계적으로 환경 불평등 현상을 야기했다(권경숙, 이규혜, 2018).

④ 디지털 사회와 가짜정보의 확산

페이스북, 유튜브, 인스타그램 등으로 대표되는 소셜 네트워크 서비스의 부작용의 하나로, 가짜정보가 쉽게 생성되고 확산되어 소비자가 합리적이고 효율적으로 의사결정을 하는 것을 방해하고 있다. 특히 일반적인 정보보다는 뉴스의 형태를 더 공정하고 정확하다고 판단하는 소비자의 일반적인 통념을 이용하여 가짜뉴스의 형태로 제공되는 경우도 많아 사회적으로 큰 문제가 되고 있다.

⑤ 독과점과 불공정거래행위로 인한 소비자 불이익의 증대

독과점과 불공정거래행위는 소비자 자신이 원하는 상품이나 서비스를 자신이 원하는 가격으로 자유롭게 선택할 수 있는 권리를 제한하고, 독과점에 의해 형성된 가격은 통상적으로 경쟁가격보다 높게 책정되어 소비자에게 경제적 피해를 주게 된다.

2. 소비자문제 유형

1) 발생에 따른 유형

(1) 가격문제

소비자는 자신이 거래하는 상품이나 서비스의 가격이 합리적이고 공정한 절차를 통하여 책정되었는지 객관적으로 판단하기가 어렵다. 또한, 소비자는 제품 특성을 평가하기 위한 과학적 도구를 가지고 있지 못하기 때문에 제품과 서비스 품질을 객관적으로 평가하기 어렵다. 이러한 상황에서 소비자는 품질을 평가할 때 가격을 중요한 지표로 사용하는 경우가 많아 소비자문제가 발생된다. 시장에서의 가격-품질 관계를 연구한 많은 연구결과를 종합하면, 제품의 특성에 따라 차이는 있으나 가격-품질 관계가 약한 것으로 나타났고(이학식 외, 2014), 특정 제품의 경우는 부적 상관관계를 보였다(이기춘 · 송인숙, 1988). 소비자는 제품이나 서비스의 유형과 관계없이 가격이 높을수록 품질이 뛰어나다고 인지하며 더 높은 가격을 지불하려는 경향이 있으며, 더 높은 가격은 다시 소비자들에게 상품의 품질이 뛰어나다고 유추하게 하여 더 높은 프리미엄 가격을 지불하게 한다는 연구결과도 있다(이지선, 2017).

시장에서 시장지배력이 있는 특정 사업자가 가격을 높게 형성하여 부당한 이익을 취하기도 한다. 이 때문에 가격이 합리적으로 책정되었는지를 평가하기 위해 한국소비자단체협의회에서 제품의 가격과 원가분석을 실시하고 있다. 제품 생산에 필요한 원재료 가격, 인건비 등을 포함하여 소비자에게 판매되고 있는 가격이 합리적인지 분석하고 있다.

또한, 동일한 제품이 동일한 시점에 판매되는 가격이 다양하다 보니 사전에 가격비교를 하지 않으면 소비자는 경제적 손실을 보게 된다. 한국소비자원에서는 전국 단위 유통업체(대형마트, 기업형 슈퍼마켓, 백화점, 편의점)에서 판매하는 가공식품, 생활용품, 신선식품 등 생필품 158개 품목(540개 상품)의 판매가격을 격주 조사하여 '참가격'을 통해서 제공하고 있다.

<사례 7-2> 원가인상에 따른 가격인상, 원가인하 때는?

롯데웰푸드, 오리온 등 식품업체들
24년 1분기, 전년 동분기 대비 원가율 감소, 영업이익 증가세
원가 인하 효과 소비자가에 빠른 적용 강력히 촉구

2024년 들어 소비자물가지수의 변화는 크게 없으나 전 분기 대비로 분석해 보면 조금씩 상승하고 있어 여전히 고물가로 인한 소비자의 경제적 부담이 줄어들지 않고 있다. 특히 가공식품은 소비자의 체감 물가에 더 큰 영향을 미치는 품목이다. 최근 가공식품 관련 가격이 급등한 원재료는 설탕과 카카오이다. 이 품목들은 빙과류나 초콜릿 등의 주 원재료로 쓰이고 있어 이를 원료로 하는 제품들의 가격 인상 우려가 꾸준히 제기되고 있다. 더욱이 롯데웰푸드는 초콜릿류 제품 가격을 다음 달부터 평균 12% 인상하겠다고 이미 예고한 상황이다.

한편 최근 언론에서는 식품업체들의 역대급 매출 증가와 높은 영업이익률에 대한 기사를 보도하고 있다. 본 협의회의 분석 결과에서도 **롯데웰푸드의 2024년 1분기 영업이익은 전년 동분기 대비 100.64% 증가하였고 매출원가율은 4.21%p 감소한 것으로 나타났다**. 롯데웰푸드의 영업이익률은 매년 2, 3분기에 큰 폭으로 상승하고 있는데, 고물가로 경기 침체의 우려가 컸던 2023년 3분기에도 영업이익률은 7.42%로 높았다. 오리온 역시 전년 동분기 대비 올해 1분기의 영업이익은 26.2% 증가한 데 반해 매출원가율은 0.81%p 감소하였다.

물론 카카오와 설탕 등의 원재료 시장이 안정화된 것은 아니다. 그러나 카카오의 선물 가격이 급락하기도 하는 등 여러 변수가 작용하고 있어 초콜릿류의 가격 인상은 시기상조가 아닌지 의심스럽다.

최근 대형마트와 편의점 등에서는 가성비가 높은 제품을 계속 출시하며 소비자들에게 다가가고 있고 그러한 상품들이 소비자의 호감을 얻으며 매출이 증가하고 있다. 롯데웰푸드 등 가공식품 업체들 역시 소비자들의 체감 물가에 큰 영향을 미치는 업체들로서 고물가 시기 소비자 친화적 가격 결정을 단행해야 할 것이다.

특히 본 협의회가 지속해서 주장하고 있는 바와 같이, **기업은 원가 하락의 변화가 있다면 원가 상승 때와 마찬가지로 이를 소비자가에 빠르게 적용하여 소비자가격을 내려야 할 것이다. 대부분의 기업은 원가 하락 요인이 있어도 여러 이유를 내세우며 소비자가에 적용하지 않는다. 그들의 주장을 그대로 받아들인다면 가격을 올릴 이유는 너무도 많고 가격을 내릴 요인은 어디에도 없다**.

한 번 올라간 소비자가는 단기적 할인 이벤트 외에는 인하된 가격을 경험하기란 매우 어렵다. 업체들이 가공식품 판매 전략 중 다양한 형태의 할인 전략을 제공하고 있어 소비자들이 정가에 제품을 구매하는 경우는 드물 수 있다. 그러나 지금과 같은 시기에, 비정기적인 할인 이벤트보다 선도적으로 소비자 지향적인 가격 인하를 발표한다면 소비자의 선호도는 더 크게 올라갈 것이다. 이런 관점에서 소비자들은 오리온의 지난 가격 인상 시 발표한 가격 인하 약속을 기다리고 있다.

출처 : 한국소비자단체협의회(2024).

<사례 7-3> "385만원짜리 디올백, 원가는 8만원도 안돼"…드러난 명품백 민낯

약 385만원에 팔리는 명품 브랜드 크리스챤 디올 핸드백 원가가 8만원이 채 안된다는 사실이 드러났다. 프랑스 명품 브랜드 디올(Dior)의 이탈리아 자회사가 공급업체 간 착취 혐의로 법정관리를 받게 됐다고 11일(현지시간) 블룸버그 등 외신이 전했다.

밀라노 법원이 중국인 소유 하청업체 4곳을 조사한 결과 이곳에서 가방을 만드는 노동자들을 착취한 것으로 드러났다. 이들은 밤샘 근무와 휴일 근무 등 장시간 노동에 시달렸다. 노동자들 32명 중 2명은 불법 이민자, 7명은 필수 서류조차 없는 근로자였다. 직원들은 24시간 내내 일하기 위해 작업장에서 잠을 자며 일한 것으로 나타났다.

해당 공급업체는 작업 속도를 높이기 위해 기계 안전장치도 제거했다. 생산 비용 절감 끝에 디올 핸드백은 원가 53유로(약 7만8500원)로 완성됐다. 해당 핸드백은 매장에서 2600유로(약 385만원)에 판매되고 있다.법원 판결문엔 "직원들은 위생 및 건강 상태에서 윤리적으로 요구하는 것보다 낮은 상태에서 작업장에서 잠을 자고 있다"며 "(디올은) 실제 작업 조건 또는 계약 회사의 기술적 능력을 확인하기 위한 적절한 조치"를 채택하지 않았다는 내용이 기재됐다.

이어 법원은 "브랜드 자회사를 사법적 감독하에 두기로 한 것은 기업들이 향후 현행 노동법 준수를 보장하기 위해 외부 공급업체를 통제할 시스템을 재정비할 시간을 주기 위한 조치"라고 밝혔다.

디올은 프랑스 파리에 본사를 두고 있는 다국적 기업 LVMH가 소유한 두 번째로 큰 패션 브랜드다. 크리스찬 디올의 경우 LVMH 주식의 42%를 보유한 프랑스 아르노 가문이 운영하고 있다. 디올 외에 LVMH가 소유한 유명 브랜드는 펜디(Fendi), 지방시(Givenchy), 겐조(Kenzo-Takada), 루이비통(Louis Vitton), 셀린느(Celine), 티파니앤코

코(Tiffany& Co), 불가리(Bulgari) 등이다. 컨설팅 회사 베인(Bain)에 따르면 이탈리아에는 전 세계 명품 생산의 50~55%를 차지하는 수천개의 소규모 하청업체가 위치했다. 대다수 업체는 중국 이민자들이 설립한 것으로 알려졌다. 이로 인해 이탈리아 전통 가죽 산업이 타격을 입는 것으로 나타났다.

출처 : 한경BUSINESS(2024).

(2) 품질문제

품질은 다양한 속성으로 구성되어 있으나, 소비자가 구매하기 전에 객관적으로 판단할 수 있는 품질 속성은 일부분에 불과하고 대부분 품질 속성은 구매해서 사용한 후에야 판단이 가능한 경우가 많다. 가구, 가전제품, 자동차 등과 같은 내구재는 고도의 과학기술에 의해서 생산되기 때문에 소비자의 상품지식으로는 품질을 정확하게 판단하기 어렵다. 또한, 평균 사용 연한이 길기 때문에 거래가 끝난 후에도 그 품질을 평가할 수가 없다.

최근의 정보통신기기, 구독형 서비스의 경우 구매 후 사용하는 과정에서 업데이트와 새로운 버전을 제공함으로써 품질을 관리하고 있다. 그런데 이를 악용하여 오히려 품질 저하를 통해 새로운 제품을 구매하도록 유도해 문제가 되고 있다. 소유에서 체험 중심으로 소비생활이 변화하면서 다양한 서비스 상품이 이용되고 있는데, 영상·음원 등 구독형 서비스의 경우 이용 중에 성능 저하, 서비스 장애 등의 품질문제도 발생하고 있다.

<사례 7-4> 아이폰 성능 저하 유도

소비자에 정신적 손해 인정한 '아이폰 성능저하' 애플 책임 판결

국내 아이폰 사용자들이 애플을 상대로 낸 '고의 성능 저하' 손해배상 청구 소송 2심에서 이겼다. 애플이 iOS(아이폰 운영체계) 업데이트를 통해 일부러 아이폰 성능을 저하했다는 의혹과 관련해 1심 판결을 뒤집고 애플의 책임을 일부 인정한 것이다. 6일 서울고법 민사12-3부는 아이폰 이용자 7명이 낸 소송 항소심에서 각 원고에게 위자료 명목으로 애플이 7만원씩 지급하라고 판결했다. 법원은 애플 측이 업데이트에 아이폰 고의 성능 저하 의혹은 애플이 신형 아이폰을 판매하기 위해 소프트웨어 업데이트를 통해 구형 아이폰의 성능을 일부러 떨어트렸다는 것이다. 애플은 2017년 일부 모델의 소프트웨어를 업데이트했고, 이후 일부 소비자들 사이에 업데이트 후 성능이 눈에 띄게 떨어졌다는 주장이 제기됐고, 아이폰의 속도를 의도적으로 늦춰 신형 구매를 유도했다는 의혹까지 불거졌다. 미국을 비롯해 세계 곳곳에서 소비자들의 민원이 빗발치자 애플 측은 같은 해 12월 성명을 내고 제품 노후로 인한 전원 꺼짐 현상을 방지하기 위해 특정 조건에서 성능이 저하되도록 했다는 설명과 함께 사과했다. 이후 미국을 비롯한 세계 곳곳에서 애플을 상대로 한 소비자들의 소송전이 벌어졌고 국내에서도 2018년 3월 1인당 20만원의 손해배상을 청구하는 집단 소송이 제기됐다. 미국에선 2020년 애플이 구형 아이폰 사용자 1명당 25달러씩 배상하기로 합의가 이뤄졌다. 당시 총합의금은 최대 5억달러로 추산됐다. 칠레에서도 2021년 총 20억 페소(약 38억원) 배상 판결이 나온 데 비해 올 2월 국내 1심에서는 소비자들이 패하는 판결이 나와 논란이 됐다.

이날 2심은 운영체계 업데이트 설치의 결과와 영향에 대해 프로그램을 개발한 애플 측과 소비자 사이에 상당한 정보 불균형이 있었다는 점을 짚었다. 재판부는 “소비자들은 업데이트가 기기 성능을 개선한다고 신뢰할 수밖에 없었고 업데이트가 기기 프로세서 칩의 최대 성능을 제한하거나 앱 실행을 지연시키는 현상을 수반할 것으로 예상하기 어려웠을 것”이라고 지적했다. 그런데도 애플 측이 소비자들에게 ‘업데이트 후 느림 현상’ 같은 중요한 내용을 제대로 알려주지 않아 소비자들이 업데이트 설치에 관한 자기 결정권을 행사할 기회를 잃었고, 그에 대한 책임을 애플에 물은 것이다. 사업자는 ‘소비자에게 물품 등에 대한 정보를 성실하고 정확하게 제공해야 한다’는 소비자기본법 규정을 인용해 소비자의 권리를 폭넓게 인정한 셈이다. 다만 재판부는 업데이트가 기기를 훼손하거나 악성프로그램에 해당하지는 않는다며 이용자가 재산상 손해를 보진 않았다고 판단했다. 지난 2월 1심 판결은 애플 측의 주장을 받아들여 성능 조절 기능이 반드시 사용자들에게 부정적인 영향을 미친다고 보기 어려워 고지할 의무가 없다고 봤다. 2심은 애플코리아가 아닌 애플 본사에 대한 배상명령이기 때문에 본사에서 상고 여부를 결정할 것이라고 한다. 대법원에서 다툼의 가능성이 남아있지만 이번 판결은 소비자에 대한 기업의 성실한 고지의무를 다시 한번 일깨웠다는 점에서 의미가 충분하다 하겠다.

출처 : 연합뉴스(2023). [연합시론]

(3) 안전문제

우리나라의 소비자안전에 관한 표시와 광고 심사지침에는, 소비자안전이란 소비자가 상품을 사용하는 것과 관련하여 소비자에게 생명 및 신체상의 위험이나 위해가 없는 상태라고 규정하고 있다. 안전문제의 원인으로는 설계상의 결함, 제조상의 결함, 표시상의 결함, 개발과정에서의 결함, 유통과정에서의 결함, 사용상의 부주의 6개로 나누어진다.

〈표 7-1〉 안전문제의 원인

구 분	내 용
설계상 결함	제품 설계의 문제
제조상 결함	제품 원료의 결함
표시상의 결함	제품 자체로는 문제가 없으나 제조자가 그 제품의 사용 또는 소비에 있어서 생길 수 있는 안전을 지적하지 않았거나 주의사항을 표시하지 않아서 발생하는 문제
개발과정에서 나타나는 결함	제조 당시 지식수준에서는 안전하다고 판단되었던 제품이 새로운 연구 후에 위험하거나 유해하다고 판명되는 경우
유통과정에서의 결함	제품출고 시점에는 결함이 없던 제품이 유통과정상의 잘못으로 소비자에게로 인도되는 시점에서 결함이 생기는 피해
사용상의 부주의	소비자들이 사용상 주의의무를 충분히 하지 못하여 발생하는 위해

제품의 안전성은 제품에서 당연히 확보되어야 하며 기업의 의무이다. 사실 소비자가 사용하는 상품은 어느 정도 위험성을 가지고 있다. 따라서 안전성은 위해가 전혀 없는 상태가 아니라 위해는 존재하더라도 소비자가 노력함으로써 위해의 발생을 피할 수 있거나, 위해보다는 이득이 더 많기 때문에 받아들여질 수 있는 수준의 위험을 의미한다.

소비자안전 문제는 식품, 의약품, 각종 전자제품 등 공산품에서 많이 발생하고 있다. 최근에는 해외직구가 활발해지면서 해외 수입제품의 안전문제가 많이 발생하고 있다. 국내에서 제조되거나 정식수입 절차를 거쳐 판매되는 경우 안전성 확인 후 KC마크를 표시하도록 의무화하고 있다. 하지만 해외직구 제품의 경우 국내 안전성 확인 절차가 없다. 이뿐만 아니라 국가별 안전기준이 다르다 보니 국내에서 사용이 금지된 성분이 들어간 제품을 해외직구로 구입하여 사용하게 될 수도 있다.

상품 자체의 안전문제뿐만 아니라 사용과정에서 발생할 수 있는 안전문제에도 주의해야 한다. 화장품의 경우 개인의 민감성에 따라 부작용이 발생할 수 있으며, 식품의 경우 알레르기와 같은 체질에 따른 위험성도 있다. 따라서 사용과정에서 발생할 수 있는 안전문제 예방을 위해서는 관련 정보를 사전안내하도록 화장품 전성분 표시, 식품 알레르기 표시 등이 제도화되어 있다.

<사례 7-5> 가습기 살균제 사건

가습기 살균제 사건은 전 세계적으로 유례를 찾기 힘든 살생물제 사건이다. 가습기 살균제는 한국의 SK케미칼과 같은 대기업에서 원료를 공급받거나 외국에서 원료를 수입해, 옥시레킷벤키저와 같은 외국계 기업과 롯데마트 등 주요 대형할인점들이 만들어 판매했다. 1994년 첫 제품이 나온 뒤 2011년까지 20여 종이 시장에 선보였으며 18년간 800만 명이 사용한 것으로 추정됐다. 가습기 살균제는 2000년대 이후 많은 가정에서 생활필수품처럼 인기를 끌며 널리 사용됐다. 2000년대 초반 어린이와 임산부 등을 중심으로 원인 미상의 폐질환이 발견되었으며, 2006년 이후에는 상급종합병원에 초봄을 전후해 피해자가 거의 동시에 4~5명씩 중환자실에 입원하는 등 심각한 상황이 벌어졌으나 정부와 의료진 모두 그 원인을 밝혀내지 못했다. 2011년 4월 서울아산병원에서 원인미상 폐질환 환자 7명에 대하여 질병관리본부 신고 및 역학 조사를 요청하게 된다. 그리고 2011년 8월 질병관리본부에서 가습기 살균제가 원인 미상 폐질환의 위험요인으로 추정되며 사용 및 출시 자제를 권고하는 발표를 하게 된다. 이후 2011년 11월 가습기 살균제 강제수거에 들어가게 된다. 이후 가습기 살균제 피해지원 종합포털에서 피해구제 신청을 받고 있으며, 2024년 7월 기준 5,787명의 피해자 인정이 되었다. 아직도 많은 피해자가 피해자 인정을 받기 위해 피해구제위원회를 기다리고 있다.

1994년	• ㈜유공 가습기 살균제 최초 개발, 광고 및 판매 시작
2006년 3월	• 서울아산병원, 서울대병원 등 소아중환자실 원인 미상 호흡부전증 환자 3~4명 동시 입원 – 원인 규명 실패
2008년 3월 2009년 4월	• 2006년 초 유행 급성간질성폐렴 소아환자 15례 • 급성간질환성폐렴 소아환자 전국 현황 각각 대한소아과학회지 보고
2009년~2010년	• 2006년 유행 원인 미상 폐질환자 다수 발생 입원 – 폐조직 검사 등 했지만 원인 규명 실패
2011년 4월 25일	• 서울아산병원 원인미상 폐질환 환자 7명에 대하여 질병관리본부 신고 및 역학조사 요청
2011년 4월 26일	• 질병관리본부 중앙역학조사반 출동 및 역학조사 착수
2011년 6월 2일	• 질병관리본부 역학조사 중간경과 발표 – 감염질환이 아니며 환경적 요인 등 원인규명 조사 지속
2011년 8월 31일	• 질병관리본부 역학조사 결과 발표 – 가습기 살균제가 원인미상 폐질환의 위험요인으로 추정되며 사용 및 출시 자제 권고
2011년 9월 26일	• 질병관리본부 가습기 살균제 동물 흡입독성실험 착수 – 안전성평가연구소에 의뢰하여 3개월 계획의 실험 개시
2011년 9월 29일	• 여성환경연대, 녹색소비자연대 등 가습기 살균제 과장광고에 대하여 공정거래위원회 조사 신청
2011년 11월 11일	• 질병관리본부 가습기 살균제 동물 흡입독성실험 중간경과 발표 – 일부 가습기 살균제 노출 쥐에서 원인미상 폐질환 환자와 같은 조직소견 확인, 가습기 살균제 폐질환 의심사례 신고 접수 시작
2011년 11월 11일	• 보건복지부 가습기 살균제 6종 강제수거 명령 발동 – 동물실험에서 이상 소견 확인된 제품 및 동일·유사 성분 함유 제품 강제수거
2011년 12월 9일	• 정부 생활화학용품 안전관리 종합계획 발표 – 가습기 살균제 외 화학물질 함유 생활용품의 안전성 확보를 위한 관리체계 보완
2011년 12월 30일	• 식품의약품안전청 가습기 살균제 의약외품으로 지정 – 가습기 살균제 생산 및 판매 시 안전성 입증하여 사전 허가 받도록 조치

출처 : 보건복지부 질병관리본부 폐손상조사위원회(2014).

(4) 광고문제

광고는 호의적인 소비자 반응을 통하여 제품의 인지도 형성, 제품정보 제공, 경쟁사 제품과의 차별화, 제품에 대한 선호도와 상표 충성도를 높이는 마케팅 기능을 수행하고 있다. 광고는 소비자 측면에서도 긍정적 기능을 수행한다. 우선 소비자에게 새로운 정보를 제공함으로써 소비자교육의 역할을 한다. 다음으로 대량생산을 가능하게 함으로써 생산단가를 낮추는 경제적 기능을 한다. 마지막으로 대중매체를 지원하여 언론기관을 유지하게 하고 다양한 문화 활동을 지원하는 오락적 기능을 가진다.

그러나 기업들의 경쟁이 심해지면서 소비자를 속이거나 소비자로 하여금 잘못 알게 할 우려가 있는 표시·광고가 넘쳐나고 있다. 그런데 본래 광고는 과대표시되는 특징을 지녀 허위·과장 여부를 판단하는 데 어려움이 있다. 「표시·광고의 공정화에 관한 법률」에 따라 표시·광고의 내용을 네 가지 유형으로 규정하고 있다.

- 허위·과장 표시 및 광고는 사실과 다르게 표시·광고하거나 사실을 지나치게 부풀려 표시·광고하는 경우
- 기만적인 표시 및 광고는 사실을 은폐하거나 축소하는 등의 방법으로 표시·광고하는 경우
- 부당한 비교 표시 및 광고는 비교대상 및 기준을 명시하지 않거나 객관적인 근거 없이 자기 또는 자기의 상품이나 용역을 다른 사업자 또는 사업자 단체나 다른 사업자 등의 상품 등과 비교하여 우량 또는 유리하다고 표시·광고하는 경우
- 비방표시 및 광고는 다른 사업자 등 또는 다른 사업자 등의 상품 등에 관하여 객관적인 근거가 없는 내용으로 표시·광고하여 비방하거나 불리한 사실만을 표시·광고하여 비방하는 경우

온라인 SNS를 통한 정보공유가 활발해지면서 유튜버, 인플루언서 등에 의해서 많은 정보가 생산되고 있지만 광고인지 실제 사용 후기인지 구분이 안 되며, 허위 과장광고가 많다 보니 소비자들의 피해가 발생하고 있다. 이에 따라 식품의약

품안전처, 공정거래위원회 등 관련 부처에서는 주기적인 모니터링을 진행하고 있다. 과거에는 광고 사전심의가 있었지만, 표현의 자유 침해 문제로 지금은 소비자 안전 위해성이 높은 의약품, 의료기기, 건강기능식품, 의료 광고에서만 사전 광고 심의를 하고 있다.

<사례 7-6> 카제인나트륨 논란을 불러온 광고

2011년 한 커피회사의 광고로 인하여 '카제인나트륨' 유해성 논란이 있었다. 당시 업체에서 사용한 문구는 '카제인나트륨 대신 무지방 우유'라고 광고를 했다. 이때 많은 소비자는 카제인나트륨이 인체 안전한 성분인지 의문을 가지게 되었다.

카제인나트륨은 우유에서 얻어지는 단백질의 하나로 영국이나 미국에서는 일반 식품으로 분류될 만큼 안전한 성분이었다. 그러나 광고 하나로 카제인나트륨을 사용한 커피 크림이 건강에 좋지 않다는 왜곡된 인상을 심어 주었고, 실제 당시 광고를 진행한 제품의 매출이 증가하는 효과가 있었다. 이후 식품의약품안전처로부터 과대 광고로 행정처분을 당했다. 그러나 아직도 일부 소비자들은 카제인나트륨의 위해성에 대한 의문을 품고 있다. 해당 광고는 표시·광고 논란의 대표적인 사례가 되었다.

(5) 정보문제

소비자가 합리적인 선택을 하기 위해서는 정확하고 충분한 정보가 필요하다. 이에 따라 우리나라에서는 소비자에게 필요한 최소한의 정보를 제공하도록 의무화하고 있다. 정보문제의 특징으로는 정확성 부족, 객관성 부족, 적시성 부족, 포괄성 부족, 포괄성 부족, 이용 용이성 부족, 접근성 부족, 이용가치성 부족, 비교가능성 부족 8개 특성이 있다.

〈표 7-2〉 정보문제의 특징

구 분	내 용
정확성 부족	정보를 생산 또는 제공하는 주체의 전문성과 신뢰성 부족
객관성 부족	독립적이고 객관적인 정보 부족
적시성 부족	최신의 정보를 적합한 시기에 제공하지 못함
포괄성 부족	시장 상황을 최대한 반영하지 못하고, 소비자가 필요로 하는 정보를 사용하기 쉬운 형태로 제공하지 못함
이용 용이성 부족	정보를 소비자가 이용하기에 쉽지 않아 활용하기 어려움
접근성 부족	정보를 필요할 때 찾을 수 없음
이용가치성 부족	소비자가 정보를 이용하는데 쓸모가 부족
비교가능성 부족	정보를 비교하는데 부족

우리나라 정부에서는 소비자를 기만하는 설명을 금지할 뿐만 아니라 소비자에게 제공해야 할 특정 정보를 의무로 정해두고 있다. 한국소비자원에서는 각종 조사사업으로 제품 비교정보를 생산하여 소비자들에게 제공하고 있다. '소비자 24' 홈페이지 및 애플리케이션을 통해서 정보를 제공하고 있다. 하지만 많이 알려져 있지 않아 일부 소비자만 이용하고 있으며, 제공되는 정보가 제한적이라 실효성이 부족하다는 지적이 있다.

<사례 7-7> ZERO 슈거, 정확한 정보일까?

건강에 대한 소비자들의 관심이 높아지면서 '제로 슈거', '제로 칼로리' 표시를 강조하는 이른바 '제로(Zero) 식품' 시장이 급성장하고 있다. 이에 한국소비자원(원장 윤수현)이 제로 식품의 당류 및 열량을 조사한 결과, 제로슈거 소주의 열량 및 당류는 일반 소주과 비교해 큰 차이가 없었다. 또한 비알코올 맥주의 '0.0' 표시는 소비자 오인을 유발할 우려가 있었다.

국내에 판매 중인 5개 종류의 제로슈거 소주를 시험 검사한 결과, 당류는 검출되지 않았으나, 비교군인 일반 소주도 당류가 100ml당 평균 0.12g으로 낮아 제로슈거 소주로 표시가 가능한 수준으로 나타났다.

* 식품등의 표시기준(식약처 고시)에 따르면, 식품 100ml당 열량 4kcal 미만일 때 무열량, 식품 100g당 또는 100ml당 당류 0.5g 미만일 때 무당류 강조표시를 사용할 수 있음.

제로슈거 소주의 열량은 일반 소주 대비 100ml당 최소 2.85%(2.60kcal)에서 최대 13.87%(14.70kcal) 낮은 것으로 나타났다. 그러나 알코올이 100ml당 최소 0.5도(2.77kcal*)에서 최대 2.6도(14.38kcal*) 낮고, 알코올 도수에 따라 열량이 차이 나는 것을 고려하면 당류 차이가 소주의 열량에 크게 영향을 미친다고 보기는 어려웠다.

* 알코올 1g당 7kcal, 알코올 비중 0.79를 적용하여 알코올 도수 차이에 따른 열량 차이 계산

그러나 제로 음료 또는 주류를 구매한 경험이 있는 소비자 2,000명을 설문한 결과, 68.6%(1,371명)는 제로슈거 소주가 일반 소주 대비 열량이 상당히 낮을 것이라고 응답해 소비자의 기대와는 차이가 있었다.

출처 : 한국소비자원(2024) [보도자료]

(6) 구매 후 문제

구매 후 문제는 소비자불만으로 나타나고 소비자불만을 해결하기 위하여 소비자는 불만 호소 행동을 하게 된다. 일반적으로 공적 불만 호소 행동이 사적 불만 호소 행동보다 경제적 비용을 포함한 여러 가지 비용이 더 많이 든다. 따라서 보상에 대한 기대를 거의 안 할 경우 불만 호소 행동을 하지 않고, 보상이 약간 있

다고 기대할 때는 사적 불만 호소 행동을 하고, 보상이 아주 클 경우에만 공적 불만 호소 행동을 하는 경우가 많다. 소비자가 불만을 제기했을 때 사업자는 여러 가지 방법으로 해결을 위해 노력해야 한다. 하지만 일부 사업자들은 소비자들의 불만을 귀찮은 일로 치부하여 만족스러운 교환·환불·보상이 어려운 경우가 있다.

구매 후 문제 가운데에는 애프터서비스와 관련한 문제도 많이 발생하고 있다. 애프터서비스 문제는 소비자들이 만족할 만한 서비스를 받을 수 없는 경우이다. 제품 고장 발생 시 훈련된 전문수리원 부족, 거주지 근처 A/S서비스 시설 부족, 서비스 지연 등으로 인한 불만이 자주 발생하고 있다. 최근에는 제품을 소유하지 않고 렌털 형태로 사용하며 사업자에 의해 지속적인 관리를 받는 경우가 많아지면서 렌털 서비스 지연으로 인한 피해도 증가하고 있다.

최근에는 전자상거래 등을 통한 비대면 거래가 증가하였다. 이러한 비대면 거래로 구매한 제품은 대부분 배송을 통해서 받게 된다. 따라서 배송 관련 소비자 문제도 증가하고 있다. 배송 중 제품 파손, 배송지연, 배송 중 분실, 주문제품과 다른 제품이 배송되는 등의 문제가 있다.

<사례 7-8> 에어컨 수리지연 피해 예방을 위한 에어컨 사전 점검 실시

여름이 되면 매년 에어컨 수리지연으로 인한 불만이 급증하게 된다. 하지만 여름 7~8월에 집중된 수리를 위한 전문수리원을 확보하는 것은 현실적으로 어려움이 있다. 이에 에어컨 업계에서는 여름이 오기 전 3~4월 사이에 에어컨 무상점검을 시행하고 있다. 한국소비자원과 한국소비자단체협의회에서 함께 에어컨 무상점검 캠페인을 매년 실시하고 있다. 비교적 에어컨 수리요청이 적은 봄에 미리 에어컨을 사용해 보고 점검을 실시함으로써 여름철 수리지연으로 인한 소비자피해를 예방하는 효과가 있다. 에어컨 제조사는 소비자에게 홈페이지나 소셜미디어 등에 게시한 ‘에어컨 자가점검’ 방법을 활용하여 ①전원 콘센트 연결 및 리모컨 건전지 확인 ②실내기 먼지 필터 세척 ③에어컨 시험가동 등 간단한 자가점검을 한 뒤에 전문가의 점검이 필요한 경우 서비스를 신청하도록 안내하고 있다.

에어컨 제조사 점검 사전예약 방법

◆ 캠페인 기간 : 2024년 3월 25일 ~ 4월 30일

◆ 신청방법 : 에어컨 자가 점검 후 이상이 있는 경우 해당 제조사로 예약 접수

참여업체	대표번호	홈페이지	자가점검 방법 (소셜미디어)
삼성전자(주)	☎1588-3366	www.samsungsvc.co.kr	www.samsungsvc.co.kr/video/28794 www.youtube.com/watch?v=a_4lr0dvpiI
LG전자(주)	☎1544-7777	www.lge.co.kr	www.youtube.com/watch?v=IVb9vMcttL4
오텍캐리어(주)	☎1588-8866	www.carrier.co.kr	www.carrier.co.kr/support/aircon_check.asp

* 제조사별 서비스 대상 제품이 다를 수 있으므로 대표전화로 문의

* 자가 점검 동영상은 제조사별 소셜미디어를 참조, 캠페인 기간 종료 후 추가 점검이 가능 여부는 제조사에 문의

◆ 점검내용

① 안전(전원)점검 : 전원 콘센트(멀티탭 사용금지) 및 차단기 작동 등

② 성능점검 : 냉방운전 18℃에서 가동하여 냉방 성능 확인 등

③ 누수점검 : 냉방운전 시 배수호스 누수 여부, 이물 막힘 등

④ 위생 청결점검 : 실내기 필터 오염 등

⑤ 환기점검 : 실외기실 주변 환기상태 등

◆ 점검비용

- 출장 및 점검 비용 : 무상
- 부품 교체 및 냉매 충전, 사다리차 이용 등 : 유상

출처 : 한국소비자원(2004)

(7) 환경문제

기후변화나 환경문제는 이제 소비자들에게 직접적인 경제적·신체적 피해의 원인이 되고 있다. 직접적인 영향으로 대두되고 있는 부분이 기후변화로 인한 물가 상승과 가계경제의 부담이다. 2024년 초 금사과로 불리던 급격한 사과가격 인상이 사회적 이슈가 되었다. 가격 인상은 기후변화로 작황이 좋지 않았다는 것이

주요 원인이었다. 이러한 문제는 비단 우리나라에 국한된 문제가 아니다. 올리브의 주요 생산지인 스페인의 경우, 4년 넘게 지속된 가뭄으로 올리브 작황이 좋지 않았고 전 세계적으로 올리브 가격 폭등으로 이어졌다. 2024년 한국은행의 자료에 따르면 기후변화와 인플레이션 실증분석 결과, 국내 기온상승은 단기적으로 국내 인플레이션의 상방압력을 높이는 것으로 나타났다. 특히 폭염 등 일시적으로 기온이 1℃ 상승하는 경우 농산물가격 상승률은 0.4~0.5%p, 전체 소비자물가지수 상승률은 0.07%p 높아지는 것으로 분석되었다. 점진적으로 기온이 상승하는 온난화의 영향을 살펴보기 위해 1℃ 기온상승 충격이 1년간 지속된다고 가정하여 분석한 결과, 1년 후 농산물가격 수준은 2%, 전체 소비자물가 수준은 0.7% 높아지는 것으로 추정되었다. 인플레이션 장기영향을 살펴본 결과, 기후변화의 영향으로 2040년까지 농산물가격은 대략 0.6~1.1%, 전체 소비자물가는 0.3~0.6% 높아질 것으로 예측되었다. 이에 더해 글로벌 기후변화로 인해 국제 원자재가격 상승에 따른 간접효과를 감안하면 기후변화로 인한 국내 인플레이션 상방압력은 더 커질 수 있다고 예측되었다. 종합하면 기후변화는 단기적인 물가상승 압력뿐 아니라 중장기적으로도 인플레이션 상방 압력을 높이고 변동성을 증대시키는 요인으로 작용할 수 있다는 것이다. 최근 이상기후가 잦아지면서 기후플레이션 문제가 점차 현실화되고 있는 것이다(한국은행 2024).

오염된 바다와 토양이 소비자의 건강을 위협하고 있다. 물속에서는 미세플라스틱이, 공기 중에서는 환경호르몬 성분이 검출되고 있다. 환경호르몬이란 호르몬을 분비하는 내분비계에 혼란을 주어 정상적인 대사기능을 방해하는 유해물질로 내분비교란물질이라고도 한다. 화학물질의 사용이 급속히 증가하면서 플라스틱류의 용기 사용이나 폐기물 처리과정에서 방출되어 소비자들이 섭취 또는 흡입하게 된다. 즉, 제품 생산과 사용, 폐기 과정에서 배출된 화학물질이 생물체 내에 유입되어 마치 호르몬처럼 작용한다는 점에 주목할 필요가 있다(이은희 외, 2020).

<사례 7-9> 어제 내가 쓴 플라스틱 빨대, 오늘 생선튀김에서 나왔다.

정부가 최근 플라스틱 빨대에 대해 정책 기조를 바꿨다. 단속을 강화하고, 과태료를 매기겠다는 강경책에서 한발 물러나 사회적인 합의를 통해 플라스틱 문제를 해결하겠다는 것이다. 정부의 발표 뒤 먼저 든 생각은 생태계 파괴에 대한 우려다. 플라스틱을 줄이겠다는 것은 우선 '인간을 위한 것'이지만 거시적으로는 '인간과 인간 주변 모든 생태계'를 위한 것이기 때문이다. 특히 인류의 손이 미치지 못하는 바다로 유출된 플라스틱 문제가 큰데, 우리는 아직 내륙에서 버리는 플라스틱을 얼마큼 어떻게 줄여나갈지 합의를 하지 못했다는 게 안타까운 것이다. 크레이그 리슨 감독의 해양 다큐멘터리 '플라스틱 바다'가 떠오른 이유다. '플라스틱 바다'는 바다로 흘러간 플라스틱 쓰레기에서 비롯된 해양 오염과 생태계 교란을 추적했다. 돌고래는 주둥이에 비닐봉지가 걸려서 울부짖으며 죽어갔고, 어류를 주식으로 하는 바닷새의 배 속에는 비닐봉지부터 그물, 스티로폼 등 약 200개의 플라스틱 조각이 나왔다. 콧구멍에 플라스틱 빨대가 끼어 고통받던 바다사자의 모습은 전 세계 사람들의 마음을 아프게 했다. 이 다큐멘터리는 인류가 버린 플라스틱이 다시 밥상 위로 돌아오는 과정도 좇았다. 해양 플라스틱은 오랜 시간이 지나면서 태양열과 파도에 의해 쪼개지면서 보다 작은 조각이 됐다. 유엔(UN) 보고서에 따르면 바다에는 대략 51조개의 미세 플라스틱이 있다. **미세 플라스틱은 먹이사슬을 타고 올라가 '최상위 포식자'인 인류의 밥상에 올랐다. 위, 소장, 대장을 거쳐서 빠져나가거나 내장기관에 축적되는 걸로 알려졌던 미세 플라스틱은 지난해에는 인간 혈액 속에서, 또 모유 속에서 최초로 검출되기도 했다**. 이 다큐멘터리가 공개된 지 6년 만의 일이다. 사실 **미세 플라스틱은 생선구이나 튀김 같은 바다 먹거리에만 그치지 않는다. 미국 유타대 연구팀이 지난 2020년 게재한 조사 논문에 따르면 미세 플라스틱은 비·바람에 의해서 분해돼 민물이나 대기 중에도 존재하고 있다**.

미세 플라스틱 등 플라스틱 문제는 환경문제뿐만 아니라 기후변화에도 직간접적인 영향을 준다. 미세 플라스틱이 산호초에 산호병을 불러서 탄소를 흡수할 수 있는 해양 생태계를 망가뜨릴 수 있기 때문이다. 또 해빙에 달라붙어 태양열을 흡수시켜 북극의 얼음을 더 빨리 녹게 하고, 태양열을 반사하는 얼음이 그 역할을 상실하는 이른바 '되먹임 현상'으로 인해 기후위기를 가속하기도 하는 걸로 알려져 있다. 난립하는 플라스틱을 줄여서 인간과 환경의 피해를 줄이자는 게 이 다큐멘터리의 골자다. 이는 내년 중 완성하려고 하는 '플라스틱 협약'(플라스틱 오염을 끝내기 위한 법적 구속력 있는 국제 협약)과 궤를 같이한다. 플라스틱 협약 최종안의 윤곽이 나오는 게 부산에서 열릴 5차 협상위원회인 것이다. 내년 전 세계의 이목이 쏠리는 부산에서, 한국 정부와 국민들은 어떤 플라스틱 관리·감축대책을 내놓게 될까. 안타까운 상황에 답답한 다큐멘터리가 떠올랐다가 마음이 어두워졌다.

출처: 뉴스1(2023).

2) 피해 형태에 따른 유형

소비자피해의 규모와 금액대를 기준으로 다수 소액피해, 다수 고액피해, 소수 소액피해, 소수 고액피해 4가지로 나눌 수 있다.

- 다수 소액피해 : 대량생산품의 가격표시나 결함으로 인해 발생하는 피해와 같이 비록 피해금액은 많지 않지만 많은 사람이 피해자가 되는 경우를 말한다.
- 다수 고액피해 : 결함상품·의약품·자동차 등과 같이 소비자안전과 관련한 상품으로 인해 많은 수의 소비자가 생명 또는 신체상에 심각한 피해를 본 경우를 말한다.
- 소수 소액피해 : 일상 소비용품의 중량 부족과 같이 소수의 소비자가 경험하는 비교적 피해금액이 적은 경우를 말한다.
- 소수 고액피해 : 의료 과오와 같이 비교적 일부에 해당하는 소비자가 입은 생명 또는 신체상의 피해나 허위·과장 광고로 인해서 가격이 높은 대지나 건물 등에 발생하는 피해를 말한다.

3) 거래 관련한 문제

거래방법은 매장에 전시를 하고 소비자에게 판매하는 '일반판매' 형태와 그 밖의 판매형태인 '특수판매'로 구분할 수 있다. 시장의 급격한 변화로 다양한 특수거래방법이 발달하고 있다. 다양한 거래방법의 경우 일반거래와 달리 특수한 계약형태로 소비자들의 주의가 필요하다. 이에 거래문제 중 계속거래, 방문판매, 전자상거래에 관한 문제를 살펴보고자 한다.

(1) 계속거래 소비자문제

계속거래란 1개월 이상에 걸쳐 재화나 서비스 등을 제공하는 계약을 의미한다. 계속거래의 경우 중도에 해지할 경우 소비자의 대금 환급 제한 또는 위약금에 관한 약정이 있는 거래를 말한다. 계속거래의 대표적인 유형으로는 1개월 이상의 기간 동안 시설이용 계약을 하게 되는 헬스클럽, 스포츠 시설이용이 해당된다. 또한, 외국어, 운동 등의 강습을 제공하는 경우도 있다. 그 밖에도 미용실, 네일숍의 경우에도 1개월 이상의 기간 동안 지속적인 서비스를 제공받기로 한 경우에는 계속거래에 해당한다.

계속거래의 경우 계약해지 거부와 중도에 해지 시 과다 위약금 청구로 인한 소비자피해가 많이 발생하고 있다. 방문판매법에 따르면 계속거래의 경우 계약기간 중 언제든지 계약을 해지할 수 있다. 단, 계약해지의 사유가 있는 측에 총 계약대금의 약 10%의 위약금이 발생한다. 이때 총 계약대금은 소비자가 계약의 내용에 따라 사업자에게 지급하기로 한 금액을 말한다. 즉, 실제 소비자가 실제 지급하는 비용을 기준으로 해야 한다. 그러나 할인 전 정상가격을 기준으로 위약금을 산정하여 과도한 위약금으로 인한 소비자피해가 많이 발생하고 있다. 또한, 일부 체육시설에서는 계약해지가 불가하며 양도만 가능하다고 주장하는 등 계약해지거부도 대표적인 소비자문제 사례이다.

<사례 7-10> 헬스장 중도 해지 시 위약금 정산 분쟁 많아 장기·다회 계약에 주의해야

3년간(2019~2021년) 한국소비자원(원장 장덕진)에 접수된 헬스장 관련 소비자피해구제 신청은 8,218건으로 매년 증가하는 추세이며, 피해 다발 품목 1위를 차지하고 있다.

□ 계약해지 관련 피해가 92.4%로 가장 많아

피해구제 신청된 8,218건을 분석한 결과, 위약금 과다 청구, 계약해지 거절 등 계약해지 관련 피해가 92.4%(7,595건)로 대부분이었다. 사업자가 할인율을 높여 장기 이용계약을 체결하도록 유도한 후 소비자가 중도 해지하는 경우 할인 전 가격(소위 '정상가격')을 기준으로 이용료를 정산하거나, 휴회*(이용 연기) 기간을 사용한 기간으로 공제하여 환급하는 것이 주요 피해 유형으로 확인됐다.

<□ PT 이용계약 관련 피해는 매년 약 40%씩 증가

헬스장 관련 피해구제 신청 8,218건 중 PT 이용계약 관련 피해는 2,440건(29.6%)이며, 매년 40% 이상 증가한 것으로 나타났다.

PT 관련 피해의 주요 원인으로는 ▲ 무료로 지급하기로 한 헬스장 이용권을 중도 해지 시 이용료 정산에 포함하거나 ▲계약기간 고지 없이 이용 횟수로 계약을 체결한 후 환급을 요청하자 기간이 만료되었다며 환급을 거부하고, ▲담당 트레이너가 자주 변경되어 서비스를 원활히 제공받지 못하거나▲관리 회원이 많아 예약일정을 잡기 어려운 경우 등이 포함된다.

□ 헬스장 · PT 이용계약 시 장기 또는 다회 계약에 주의해야

또한, 계약 기간이 확인된 3,436건을 분석한 결과, 3개월 이상 장기 이용계약이 94.3%(3,240건)로 확인되었고, 계약 횟수가 확인된 PT 이용계약 1,449건을 분석한 결과 20회 이상 계약이 68.1%(987건)로 장기·다회 계약이 대부분이었다.

헬스장·PT 계약은 계약 기간이 길거나 횟수가 많을수록 할인율이 높아 소비자가 저렴하게 서비스를 이용할 수 있는 장점이 있으나, 중도에 해지하는 경우 사업자가 할인 전 가격을 적용하여 과다한 위약금을 요구하는 경우가 많아 주의가 필요하다.

한국소비자원은 헬스장 관련 소비자피해 예방을 위해 ▲계약서를 작성할 때 중도 해지 시 환급 조건 등을 꼼꼼히 확인하고 계약서를 반드시 받아둘 것, ▲계약 시 요구사항을 명확히 밝히고 특약사항은 계약서에 반드시 기재할 것, ▲장기·다회 계약은 신중하게 결정할 것, ▲횟수 계약으로 체결하더라도 이용 기간을 반드시 확인할 것, ▲휴회나 해지 등 계약을 변경할 때는 증빙자료를 확보해 피해를 최소화해야 한다.

출처: 한국소비자원(2022).[보도자료]

(2) 방문판매 관련 소비자문제

방문판매는 영업장소 외의 장소에서 소비자에게 권유하여 판매하는 방식을 말한다. 방문판매라고 하면 단어의 의미 때문에 집으로 방문하여 판매하는 방식을 생각하기 쉽지만, 지정된 영업장소 외에서 판매하는 사례가 포함된다. 이에 따라 방문판매 유형에는 노인 대상 홍보관 떴다방이 대표적인 사례라고 할 수 있으며,

신학기 대학 강의실 및 캠퍼스에서 취업이나 자격증 관련 교재 및 강좌를 계약하는 사례들이 있다.

방문판매로 인한 피해는 첫째, 방문판매원의 권유 방법이 강압적이거나 사기적인 경우, 둘째, 방문판매원의 설명이 불충분하거나 과대했기 때문에 구입한 상품이 설명과 다른 경우, 셋째, 판매 조건이 확실하지 않아 문제가 생기는 경우, 넷째, 판매자 및 판매회사의 연락처 불분명으로 계약 해지를 못 하게 하는 경우 등이다. 최근에는 소비자의 동의 없이 무작위로 상품을 보낸 후에 대금을 요구하는 악질적인 방식이 성행하고 있다.

<사례 7-11> 화장품 전화권유판매 주의
화장품 관련 소비자피해, 계약·품질 등의 순으로 많아

최근 미용에 대한 소비자의 높은 관심과 함께 온라인을 중심으로 화장품 판매가 늘면서 소비자피해도 지속적으로 발생하고 있다. 특히, 무료체험이라고 홍보한 후 나중에 대금을 청구하는 사례가 있어 주의가 필요하다.

□ '계약 관련' 피해가 절반 이상을 차지

피해유형별로 살펴보면, '계약 관련' 피해가 59.2%(484건)로 가장 많았고 '품질 관련' 30.9%(252건), '표시·광고 불이행' 4.7%(38건), '부당행위' 4.5%(37건) 순이었다.

[피해유형별 현황] (단위: 건, (%))

계약 관련	품질 관련	표시·광고 불이행	부당행위	기타*	계
484 (59.2)	252 (30.9)	38 (4.7)	37 (4.5)	6 (0.7)	817 (100.0)

* (기타) 단순문의, 가격 등

'계약 관련' 피해 중에서는 사업자로부터 전화를 받고 무료 체험 동의를 거쳐 샘플만 사용한 후 본품을 반품했으나 본품 포장을 개봉했다는 이유로 대금을 청구하는 사례가 약 10%(81건)를 차지해 주의가 요구된다. '품질 관련' 피해는 제품 사용 중 부작용이 발생해 사업자에게 입증자료를 제공했으나 환급 및 보상을 거부당하는 사례가 많았다.

□ 구입 시 무료체험기간 등 계약 내용과 제품 정보 꼼꼼히 확인해야

한국소비자원은 화장품 관련 소비자피해 예방을 위해 ▲무료 체험 시 반품가능기간을 확인하고 구성품 중 본품의 포장을 개봉하지 말 것, ▲계약 내용을 꼼꼼히 확인하고 계약서를 교부받을 것, ▲피부관리 서비스가 포함된 계약의 경우 화장품과 피부관리 서비스 각각의 계약서를 작성할 것, ▲파격 할인을 광고하는 온라인 쇼핑몰 이용을 주의하고 신용카드를 사용할 것, ▲부작용 발생 가능성에 대비해 제품의 성분, 리뷰 등을 사전에 확인할 것 등을 당부했다.

출처 : 한국소비자원(2023). [보도자료]

(3) 전자상거래 관련 소비자피해

국내 전자상거래 시장은 지속적으로 증가하고 있으며, 소비자들의 대표적인 거래방식이 되었다. 2022년 온라인 쇼핑 판매액은 206조 4,916억원으로 2020년 대비 28.1% 증가한 것으로 나타났으며, 2020~2022년까지 3년간 연평균 9.6% 성장세를 보였다(통계청 2023). 국내 시장의 확대와 더불어 국경 간 전자상거래 거래 규모 역시 빠르게 증가하고 있다. 2023년 국내 소비자의 온라인 해외 직접 구매액은 약 6조 7,567억 원으로, 이는 전년 대비 26.9% 증가한 수치인데 이러한 급격한 성장은 중국으로부터의 온라인 해외 직접 구매가 크게 활성화된 것에 바탕을 두고 있다. 2023년 국내 소비자의 중국 온라인 해외 직접 구매액은 약 3조 2,873억 원으로 전년 대비 121.2% 증가하였으며, 전체 온라인 해외 직접 구매액의 48.7%에 달하였다(공정거래위원회, 2024).

이렇게 전자상거래를 이용하는 소비자가 증가하면서 소비자피해도 같이 증가하고 있다. 2022년 한국소비자원에 접수된 전자상거래 관련 소비자피해구제는 전체 접수의 30.1%를 차지하였다. 이는 지난 2021년 대비 40.5% 증가한 것으로 나타났다. 온라인 거래 측면에서 종합하여 살펴보면, 전자상거래(30.1%), 모바일거래(4.8%) 및 소셜커머스(3.7%) 관련 피해를 포함한 온라인 거래에서의 소비자피해는 38.6%에 달하는 규모로 일반판매(33.6%)에서의 소비자피해를 넘어선 것으로 나타났다(황미진 · 김승화, 2023).

온라인 거래는 판매자와 소비자가 비대면으로 상품을 거래하는 특성에 따라 표

시·광고의 내용과 다른 상품이 배송되는 등 점포거래에 존재하지 않는 여러 소비자피해 발생 위험을 가지고 있다. 이에 전자상거래법은 청약철회 또는 계약해제의 권리 등을 보장함으로써 소비자를 보호하고 있으나, 이를 제대로 행사할 수 없도록 방해하는 행위도 지속해서 나타나고 있다.

<사례 7-12> 스타일브이 먹튀 사건

2022년 전자상거래 업체인 '스타일브이'는 라면 등 주요 생필품을 시중가격보다 훨씬 저렴하게 판매한다는 광고로 소비자를 유인하여 상품을 구매하도록 한 후 배송을 하지 않은 사건이다. 당시 대전 유성구청에서 시정권고를 하였지만 이를 이행하지 않았다. 이에 공정거래위원회에서는 지난 2024년 1월 '스타일브이'를 검찰에 고발하게 된다. 해당업체 관련 피해자 접수 건은 경찰 1만753건, 한국소비자원에는 7,446건으로 확인되었다.

전자상거래를 할 때는 업체가 파격적인 거래조건을 제시할 경우, 피해다발업체일 가능성이 있으므로 서울시전자상거래센터, 네이버 블로그, 온라인 카페 등을 통해 소비자불만이 다발하는 업체인지 확인해야 한다. 또한 가급적 현금거래를 하지 말고 신용카드를 사용하는 것이 좋다. 마지막으로 향후 분쟁이 생길 경우를 대비해 주문서, 입금증 등 증빙서류를 보관하여 분쟁에 대비해야 한다.

참고문헌

공정거래위원회(2024), 2024 공정거래백서

권경숙·이규혜(2018), 친환경 의류지시과 의식이 친환경 의류소비에 미치는 영향, **복식문화연구**, 26(6), 982~993.

김영신 · 이희숙 · 강성진 · 유두련 · 김성숙(2015), **소비자와 함께하는 소비자법과 정책**.

보건복지부 질병관리본부 폐손상조사위원회(2014), **가습기 살균제 건강피해 사건 백서**.

서정희(2019), **4차산업혁명시대의 소비자와 시장**, 울산대학교출판부.

이기춘 · 송인숙(1988), 소비자 제품의 비교테스트 정보 분석에 의한 가격과 품질의 상관관계 연구, **가정관리학회의**, 6(2), 53-65.

이은희 · 제미경 · 김성숙 · 홍은실 · 유현정 · 윤명애(2020), **디지털 시대의 소비자와 시장**, 시그마프레스.

이지선(2017) 소비자의 프리미엄 가격 지불 결정요인, 한국스포츠산업경영학회지, 22(4), 75~95.

이학식 · 박지은 · 윤나라(2014), 가격-품질 관계에 대한 심리적 거리와 제품지식의 조절적 영향, **마케팅연구**, 29(1), 197~224.

통계청(2023) [보도자료] 2022년 12월 및 연간 온라인쇼핑동향, 2023. 2. 1.

한국소비자단체협의회 www.consumer.or.kr

한국소비자원(2024a), 2023년 소비자피해구제 연보.

한국소비자원(2024b), [보도자료] 제로슈거(Zero Sugar) 소주, 일반 소주 대비 당류 · 열량 큰 차이 없어, 2024. 4. 29.

한국은행(2024), BOK이슈노트 기후변화가 국내 인플레이션에 미치는 영향, 2024. 7. 2.

허경옥(2021), **소비자학의 기초(개정판)**, 교문사.

황미진·김승화(2023) 전자상거래 소비자피해 수준 측정 연구, 한국소비자원

8장

소비자피해구제

소비자들이 사업자로부터 제품과 서비스를 이용하지 않고 생활하는 것은 불가능하다. 그렇다 보니 소비자문제나 피해는 대량생산, 대량소비 사회에서 보편적으로 발생한다. 고도의 기술집약적 제품과 서비스가 많아지면서 소비자가 피해구제를 위한 정보를 수집하는 데는 어려움이 있다. 또한, 조직을 갖추고 있는 기업에 비해 개별소비자들이 소비자피해구제를 위해 대응하는 것은 쉽지 않다. 이 때문에 정부는 소비자기본법을 근거로 소비자피해구제를 위한 기관을 두고 있다. 이 장에서는 소비자피해구제를 위한 구체적인 절차, 피해구제를 위한 관련 법률과 정책을 살펴보고자 한다. 이를 통해 소비자피해가 발생했을 시 신속한 피해구제가 가능하기를 바란다.

1. 소비자피해구제 절차

일반적으로 소비자문제나 피해가 발생했을 시 대부분의 소비자들은 사업자에게 먼저 연락하게 된다. 하지만 이 과정에서 사업자로부터 피해해결이 원만하게 되지 않거나 그 피해가 심각한 경우 공적기관의 도움을 요청하게 된다. 국가와 지자체에서는 소비자기본법에 따라 소비자불만이나 피해가 신속하고 공정하게 처리될 수 있도록 관련 기구를 설치·운영하고 있다. 소비자피해의 원인 규명이 대체적으로 쉽지 않다는 점, 사업자와 소비자 개인 간의 역량이 대등하지 않은 점 등을 고려하여 헌법에서도 제124조에 소비자보호를 위한 국가의 역할규정을 두고 있다.

소비자피해구제 역사를 살펴보면 1960년대 소비자보호운동이 시작되면서 소비자보호에 대한 국가의 역할을 주장하게 되었으며, 1980년 소비자보호법이 제정되면서 소비자피해에 대한 보상받을 권리가 자리 잡게 되었다. 이후 소비자단체, 지자체, 한국 소비자원 각각 개별적인 시스템을 가지고 소비자상담 및 피해구제를 진행했다. 이후 2010년 1372소비자상담센터로 통합되어 운영되고 있다. 이를 통해 상담의 체계적인 관리와 처리를 할 수 있게 되었다. 현재 소비자피해보상을 위한 행정기관에서 이루어지는 일반적인 절차는 소비자상담, 소비자피해구제, 소비자분쟁조정 절차가 있다. 소비자피해구제를 위한 최후의 수단으로는 민사소송이 있다.

1) 소비자상담

(1) 1372소비자상담센터 운영

소비자상담은 피해구제를 위한 첫 번째 단계로 생각하면 된다. 여러 기관에서 이루어지던 상담을, 2010년부터 1372소비자상담센터로 통합하여 운영하고 있다. 1372소비자상담센터는 한국소비자원, 소비자단체, 광역지방자치단체의 소비자상담원들을 전산·정보시스템으로 연결함으로써 소비자에게 신속한 상담을 제공하고 있다.

소비자단체에는 소비자분쟁을 신속히 해소할 수 있는 소비자 활동가들이 많았음에도, 소비자상담은 공공기관인 한국소비자원에 집중되었고, 그 결과 2009년 한국소비자원의 전화 응답률이 38%까지 낮아졌으며, 전화 미연결에 따른 소비자들의 불만이 강하게 제기되었다. 이에 소비자단체의 소비자 활동가들의 역량을 소비자상담에 활용하면서, 한국소비자원에 집중되는 소비자상담을 분산시킬 수 있는 대안의 필요성이 제기되었다. 이러한 상황에서 공정거래위원회, 소비자단체, 한국소비자원, 지방자치단체 등이 참여한 1372소비자상담센터 구축이 추진되었다.

현재 2024년 8월 기준으로 1372소비자상담센터는 12개 소비자단체, 16개 광역지방자치단체, 한국소비자원이 참여하여 총 246개 회선을 운영하고 있다. 상담은 크게 전문상담영역과 일반상담으로 나누어진다. 전문상담은 의료, 금융, 자동차 상담으로 나뉘고 나머지는 일반상담으로 분류되고 있다. 한국소비자원에서는 전화상담의 경우 전문상담의 비중이 높고, 일반상담의 경우 주로 인터넷상담으로 이루어지고 있다. 소비자단체는 전화회선을 가장 많이 가지고 있으며 대부분 일반상담 회선으로, 일부 단체에서 자동차 상담을 하고 있다. 인터넷상담의 경우 주로 한국소비자원에서 진행했으나 인터넷상담 비중이 높아지면서 2024년 7월부터 소비자단체에서도 인터넷으로 접수된 일반상담을 처리할 수 있게 되었다. 지방자치단체는 전화상담이 대부분으로, 일반상담만 받고 있다.

〈그림 8-1〉 1372 소비자상담센터 운영

(2) 소비자상담센터 상담현황

소비자상담 건수는 2017년까지는 지속적으로 증가하였다. 그러다 2017년 이후 연평균 5.8% 감소하여 2022년에는 555,376건이 접수되었고 2023년에는 512,202건이 접수되어 전년 대비 7.7%가 감소하는 등 감소세가 지속되고 있다. 상대적으로 전화상담 응답률이 90% 이상을 유지함에 따라 대표적 소비자 불만 사항이었던 전화 불통 상황이 상당히 해소된 것으로 볼 수 있다.

〈표 8-1〉 연도별 소비자상담 건수

(단위: 건)

구분	2014	2015	2016	2017	2018	2019	2020	2021	2022	2023
상담 건수	869,589	816,201	779,335	795,882	792,408	725,201	709,714	627,576	555,376	512,202

출처 : 공정거래위원회(2024) 2024년 공정거래백서. p. 494.

(3) 소비자상담의 역할

소비자상담은 소비생활을 위해 사업자가 제공하는 물품 등을 사용하는 과정에서 불편을 겪거나 피해를 입은 경우 상담·정보제공 등 소비자불만을 처리하는 역할을 한다. 단, 모든 소비자불만이 해결되는 것은 아니다. 소비자상담은 소비자와 사업자 사이에서 조정을 통해 분쟁 해결을 도모할 뿐 객관적인 심사나 판정 권한이 없기 때문에, 사업자와 소비자 양 당사자 가운데 한쪽이라도 조정을 거부할 경우 합의 불성립으로 조정이 끝나게 된다.

※ 소비자의 범위

소비자상담을 신청할 수 있는 소비자의 범위는 소비자기본법을 근거로 규정되어 있다. 소비자기본법 소비자의 범위에서 소비자는, 사업자가 제공하는 물품 또는 용역을 소비생활을 위하여 이용하는 자이다. 그 때문에 사업자에게서 구매한 경우가 아닌 개인 간 거래는 소비자상담이 제한된다. 또한, 소비생활을 위하여 사용한 경우가 아니라 영업장에서 사용하는 물품 및 서비스에 대해서도 상담이 제한된다.

2) 소비자피해구제

소비자피해구제는 소비자가 사업자가 제공하는 물품 또는 용역을 사용하거나 이용하는 과정에서 발생하는 피해를 구제하기 위하여 사실조사, 전문가 자문 등을 거쳐 관련 법률 및 규정에 따라 양 당사자에게 공정하고 객관적으로 합의를 권고하는 제도이다. 사실 분쟁의 해결은 원칙적으로 민사소송을 통해 해결하여야 하나 소송은 비용, 기간, 절차 등의 번거로움이 발생할 수 있다. 그러나 한국소비자원에서 진행하는 소비자피해구제는 법원 판결과 달리 강제력은 없지만, 비용 없이 신속히 분쟁을 해결할 수 있다.

(1) 피해구제 신청방법

한국소비자원의 피해구제 신청양식에 맞추어 서면을 작성해야 한다. 접수는 온라인과 우편으로 가능하다. 피해구제 신청양식은 한국소비자원 홈페이지에서 확인할 수 있다. 제품의 특징에 따라 피해구제에 필요한 정보가 상이하므로 품목에 따라 신청양식에 차이가 있다. 그리고 소비자기본법에 따라 피해구제대상에서 제외되는 경우도 있다.

- 사업자의 부도, 폐업 등으로 연락이 불가능하거나 소재파악이 안 되는 경우
- 신청인(소비자)의 주장을 입증(입증서류 미제출 포함)할 수 없는 경우
- 영리활동과 관련하여 발생한 분쟁, 임금 등 근로자와 고용인 사이의 분쟁, 개인 간 거래 등 소비자와 사업자 사이의 분쟁이 아닌 경우
- 국가 또는 지방자치단체가 제공한 물품 등으로 인하여 발생한 피해인 경우
- 소비자분쟁조정위원회에 준하는 분쟁조정기구에 피해구제가 신청되어 있거나 피해구제절차를 거친 경우
- 법원에 소송 진행 중인 경우 등

〈그림 8-2〉 온라인 소비자피해구제 신청 홈페이지

(2) 소비자피해구제 절차

행정기관 가운데 소비자피해구제는 한국소비자원에서만 진행하고 있다. 한국소비자원의 피해구제를 받기 위해서는 먼저 1372소비상담센터의 상담을 진행해야 한다. 1372소비자상담센터는 소비자상담 신청 건에 대해 피해구제 접수가 가능한 사건인지 여부를 상담하게 되며, 접수 요건이 충족되지 않는 사건의 경우에는 적절한 정보를 제공함으로써 소비자불만을 처리하거나 타 기관 알선 또는 기타상담 등으로 처리한다. 피해구제 접수 요건이 충족되는 사건에 대해서는 신청인(소비자)과 피신청인(사업자)의 인적 사항과 피해 사실 등을 확인한 후, 피해구제를 신청할 수 있도록 안내하고 있다.

소비자피해구제 신청 또는 의뢰는 서면 또는 전자문서로 하게 되어 있으며, 한국소비자원은 소비자로부터 피해구제의 신청을 받으면 지체 없이 사업자에게 서면 또는 전자문서로 그 사실을 통보하여 해명을 요구하게 된다. 한국소비자원은 사실조사 및 법률조사를 통해 확인된 내용, 전문위원회의 자문 및 시험검사 결과 등을 종합적으로 검토한 후, 이를 근거로 사업자에게 피해보상을 권고하게 되며,

이러한 합의권고에 대해 분쟁 당사자 한쪽이라도 수용하지 않아 피해구제 신청일로부터 30일 이내(단, 사실조사 과정에서 원인규명을 위한 전문가 감정 및 자문, 시험검사 등의 사유 발생 시 90일까지 기간연장 가능)에 합의가 성립되지 아니할 때는 지체 없이 소비자분쟁조정위원회에 조정을 신청하게 된다. 한국소비자원에서는 피해구제 절차를 진행하는 과정에서 소비자가 피해구제 신청을 취하한 경우, 피해구제의 이행을 확인한 경우 등에서 해당 소비자피해구제 신청 건에 대한 구제 절차를 종료할 수 있다.

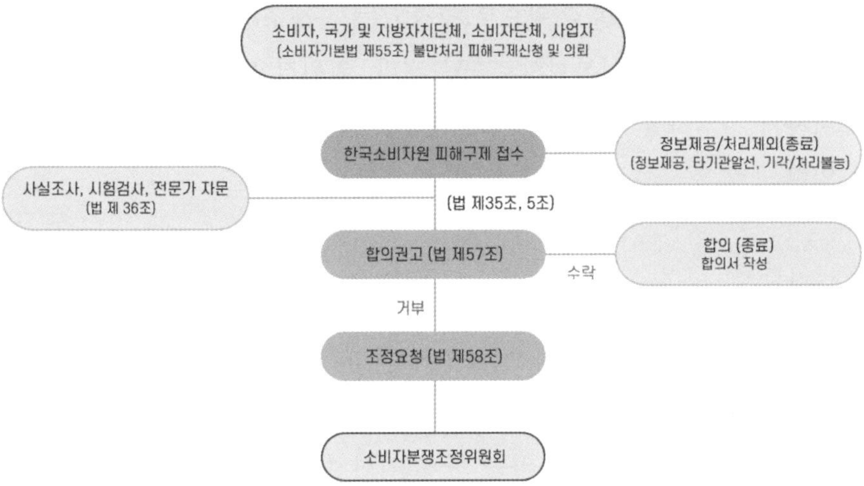

〈그림 8-3〉 소비자피해구제 절차도

(3) 소비자피해구제신청 현황

2023년 한국소비자원에 접수된 피해구제는 47,997건으로 전년(45,507건) 대비 5.5%(2,490건) 증가하였다. 합의가 성립된 사건은 24,904건으로 전체 사건의 51.9%로 나타났다. 이 중 환급이 14,611건(30.4%)으로 가장 많았으며, 배상 3,327건(6.9%), 계약해제 1,908건(4.0%) 등의 순이었다. 피해구제 상위 10대 중분류 품목 분석 결과 헬스장, 필라테스 등의 회원권이 5,246건으로 가장 많았으며, 간편복 2,316건, 여객운송서비스 1,854건, 신발 1,724건, 세탁서비스 1,650건 등의 순으로 나타났다(한국소비자원, 2024).

3) 분쟁조정위원회

(1) 분쟁조정위원회 구성과 운영

소비자분쟁조정위원회(이하 '조정위원회')는 위원장 1인을 포함한 150인 이내의 위원(상임 5인, 비상임 145인)으로 구성되며, 조정위원회의 업무를 효율적으로 수행하기 위한 자문기구로서 법률, 자동차, 공산품, 보험, 의료 등 39개 분야별 전문위원회를 두고 있다. 조정위원회의 회의는 위원장·상임위원과 위원장이 회의마다 지명하는 5명 이상 9명 이하의 위원으로 구성되는 분쟁조정회의, 2명 이상 4명 이하의 위원으로 구성되는 조정부회의로 구분된다. 위원장은 회의를 소집하고자 하는 때에 소비자와 사업자를 대표하는 조정위원을 각 1인 이상 균등하게 포함하여 진행하고 있다.

(2) 조정절차

위원장은 소비자기본법 시행령 제54조에 따라 분쟁조정 신청을 받은 날로부터 10일 이내의 기간을 정하여 당사자에게 합의를 권고할 수 있으며, 소비자기본법 제66조에 의거 부득이한 사유가 없는 한 조정신청일로부터 30일 이내에 조정결정을 하게 된다. 다만, 당사자의 요구나 원인 규명을 위한 시험검사 등 부득이한 사정으로 조정결정 기간이 연장되어야 하는 경우에는 그 사유와 기한을 명시하여 당사자에게 통지하도록 하고 있다. 조정위원회는 분쟁조정을 위해 필요한 경우 전문위원회 자문 및 이해관계인, 소비자단체 또는 주무관청의 의견을 청취할 수 있으며, 조정위원회는 비공개를 원칙으로 하되 필요한 경우에는 양 당사자가 참석하여 의견을 진술할 수 있고, 최종적으로 내린 조정결정 내용에 대하여 양 당사자에게 서면 통보 후 15일 이내에 수락 여부를 확인하게 된다.

조정결정이 양 당사자에 의해 수락되거나 조정결정 내용을 당사자가 수령한 후 15일 이내에 양 당사자가 수락 거부 의사를 서면에 의해 표시하지 않는 경우 조정이 성립되며, 이 경우 조정위원회는 조정서를 작성하여 원본은 위원회가 보관하고 정본은 양 당사자에게 송달한다. 성립된 조정결정 내용은 재판상 화해와 동일한 효력을 갖게 된다. 조정위원회의 조정결정에 대해 양 당사자 중 일방이라도 수락 거부 의사를 15일 이내에 서면으로 표시한 경우에는 조정결정이 성립되지 않으며, 이 경우에는 법원에 의한 사법적 구제 절차인 민사소송절차에 따라 해결하게 된다. 만약, 조정위원회의 조정결정이 사업자의 수락 거부로 조정이 불성립된 건에 대하여 소비자가 민사소송을 원할 때에는 한국소비자원은 일정 범위 내에서 '소송지원변호인단'에 소속된 변호사로 하여금 해당 사건의 소송업무를 지원토록 하고 있다. 또한, 조정위원회가 내린 조정결정이 성립은 되었으나, 당사자 일방이 결정내용대로 이행하지 않을 경우에는 「각종 분쟁조정위원회 등의 조정조서 등에 대한 집행문 부여에 관한 규칙」(대법원 규칙 제1768호)에 따라 관할법원으로부터 집행문을 부여받아 강제집행을 시행할 수 있다.

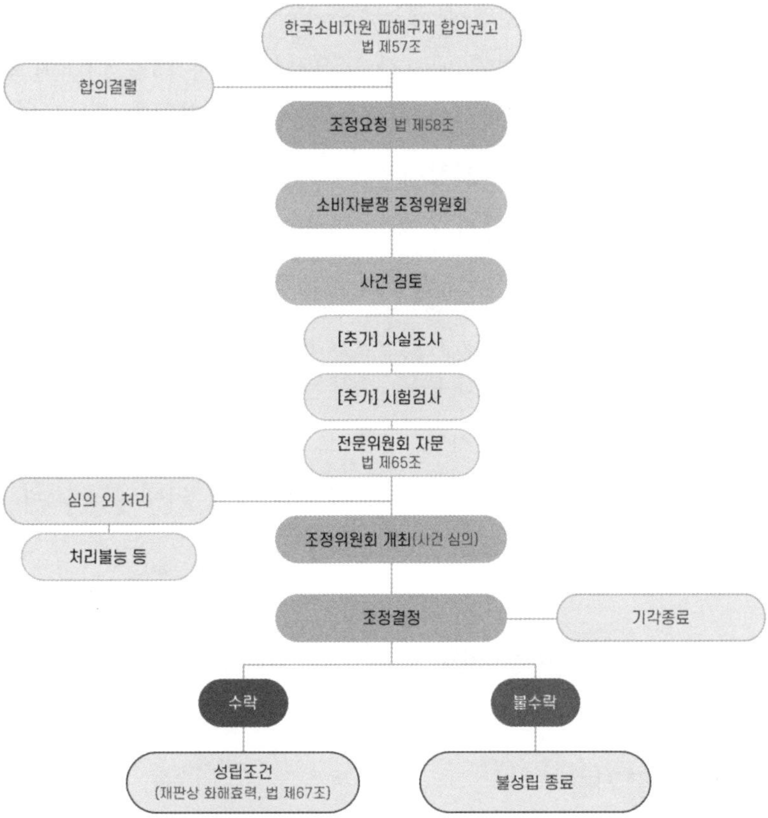

〈그림 8-4〉 소비자분쟁조정 절차도

(3) 집단분쟁조정제도

'집단분쟁조정제도'란 다수의 소비자에게 같거나 비슷한 유형의 피해가 발생한 경우, 소비자분쟁조정위원회에서 일괄적으로 분쟁조정을 할 수 있는 제도를 말한다. 집단분쟁조정은 국가, 지방자치단체, 한국소비자원, 소비자단체, 소비자 또는 사업자가 의뢰하거나 신청할 수 있다.

집단분쟁조정의 대상은 피해를 입은 소비자의 수가 50인 이상이고, 사건의 중요한 쟁점이 사실상 또는 법률상 공통되어야 한다. 조정위원회는 한국소비자원 홈페이지 및 전국을 보급지역으로 하는 일간신문에 14일 이상 그 절차의 개시를 공고하여야 한다. 이는 동일한 피해를 입은 소비자가 분쟁조정의 당사자로 추가 참여할 기회를 제공하기 위해서다. 조정위원회는 집단분쟁조정 절차 개시공고가 종료된 날의 다음 날부터 30일 이내에 분쟁조정을 마쳐야 하며, 조정결정된 내용은 즉시 당사자에게 통보되고 당사자가 통보를 받은 날로부터 15일 이내에 분쟁조정의 내용을 수락하거나 수락 거부 의사를 서면에 의해 표시하지 않는 경우 조정은 성립된다. 조정이 성립된 경우, 그 조정내용은 "재판상 화해"와 동일한 효력이 생긴다. 즉, 민사소송법상의 확정판결과 동일한 효력이 발생하므로 성립 후 당사자 일방이 이를 이행하지 않는 경우에는 법원(청주지방법원)으로부터 집행문을 부여받아 강제집행을 할 수 있는 것이다.

조정위원회는 집단분쟁조정의 내용을 수락한 사업자에게 집단분쟁조정의 당사자가 아니지만 피해를 입은 소비자에 대한 보상계획서를 조정위원회에 제출하도록 권고할 수 있고, 사업자는 권고를 받은 날부터 15일 이내에 권고의 수락 여부를 조정위원회에 통보하도록 하고 있다.

2. 소비자피해구제 관련 제도

1) 소비자분쟁해결기준

소비자분쟁해결기준은 소비자와 사업자 사이에 발생한 분쟁을 원활하게 해결하기 위한 합의 권고의 기준이다. 소비자와 사업자 사이에 분쟁해결 방법에 대해서 별도로 의사를 표시한 사항이 없는 경우에 한해서 적용할 수 있다.

소비자와 사업자 사이의 분쟁이 발생했을 때 신속하게 적절한 보상을 받을 수 있도록 품목별 피해유형별로 보상기준을 마련해 놓은 것이 소비자분쟁해결기준이다. 소비자분쟁해결기준은 크게 일반적 소비자분쟁해결기준과 품목별 분쟁해결기준으로 나누어진다. 일반적 분쟁해결기준은 품목 상관없이 일반적 원칙을 정한 기준으로 수리, 교환, 환급, 배상들의 방법, 품질보증기간, 부품보유기간 등의 기준이 정해져 있다. 2023년 12월 개정된 분쟁해결기준에 따르면 62개 업종, 670여 개 품목별 수리·교환·환급 등의 조건, 위약금 등 분쟁해결을 위한 세부기준을 제시하고 있다.

다만 소비자분쟁해결기준은 분쟁해결을 위한 합의 또는 권고의 기준으로 법적 강제력이 있는 것은 아니다. 그렇지만 많은 사업자가 분쟁해결기준 규정에서 따라 소비자피해에 대한 배상을 하고 있으며, 1372소비자상담센터에서의 소비자상담, 한국소비자원의 소비자피해구제 등의 조정의 기준으로 사용하고 있다. 또한, 공정위거래위원회가 약관의 불공정성 여부를 판단함에 있어 일반적으로 해당 약관조항이 소비자분쟁해결기준보다 소비자에게 불리한지 아닌지를 주요 위법성 판단기준의 하나로 삼고 있다.

2) 청약철회

과거에 통상적인 소비자거래는 일정한 점포에서 상품을 전시·준비해두고 판매하는 형태가 대부분이었다. 그러나 시장 내 사업자 간 경쟁이 치열해지면서 통상적인 판매방식이 아닌 소비자를 찾아가거나, 정해진 점포가 아닌 노상에서 소비자에게 제품을 판매하거나, 발달된 통신기술을 이용하는 등의 새로운 판매형태가 등장하였고 이를 총칭하여 특수판매라고 한다. 특수판매의 경우 통상적인 거래방식과 달리 사업자 정보확인이 힘들거나, 적극적인 권유 또는 유인, 구매를 강요하는 등의 불공정한 판매방식을 보였다. 이 경우 소비자의 충동구매를 유발하여 필요하지 않은 소비를 하게 될 가능성이 크다. 특수거래로 인한 소비자피해 예방과 소비자보호를 위해 특수거래에 관련한 「방문판매 등에 관한 법률」(이하 「방문판매법」), 「전자상거래 등에서의 소비자보호에 관한 법률」(이하 「전자상거래법」)을 제정하게 된다.

특수거래 관련 법률에서 소비자피해구제를 위해 실효성을 가지고 많이 활용되고 있는 내용이 바로 청약철회(Cooling Off 제도)이다. 앞서 살펴본 바와 같이 특수거래의 경우 소비자의 불필요한 구매를 유도하는 만큼 소비자에게 시간을 주고 구매 여부에 대해 다시 한번 생각할 시간을 주는 것이다. 법률로써 정해진 기간 내에 소비자들은 어떠한 불이익 없이 청약을 철회할 수 있으며, 청약을 철회하면 계약은 처음부터 없었던 것이 된다. 이 제도는 구매판단의 착오, 상품의 하자 등의 경우에 청약을 철회할 수 있도록 함으로써 소비자를 보호하는 것이다(손진화·김재범, 2022).

청약철회 기간은 거래유형에 따라 차이가 있다. 우선 「방문판매법」에 해당하는 방문판매, 전화권유판매, 다단계 후원방문판매의 경우 계약서를 교부받은 날 또는 제품을 늦게 받았을 때는 제품을 받은 날로부터 14일이다. 「전자상거래법」에 해당하는 통신판매(TV홈쇼핑, 카탈로그 판매 등), 전자상거래의 경우 계약서를 교부받은 날 또는 제품을 늦게 받았을 경우에는 제품을 받은 날로부터 7일이다. 청약철회 시 공급받은 물품을 반환하여야 하며, 사업자는 그 물품을 반환받은 날로부터 3영업일 이내에 대금을 환급하여야 한다.

청약철회를 신청하는 방법은 특정하고 있지 않다. 따라서 소비자는 서면은 물론 구두로도 청약철회를 할 수 있다. 하지만 구두로 청약철회를 신청한 경우 사업자와 소비자 간 분쟁발생 시 언제 청약철회를 신청했는지 날짜 또는 신청 여부를 증명할 방법이 없어 소비자가 곤란해지는 때도 있다. 이 때문에 될 수 있으면 증빙자료를 남길 수 있는 방법으로 청약철회 의사를 밝히는 것이 좋다. 통화할 경우 녹음을 하거나, 문자나 SNS, 게시판을 이용하는 경우 글을 남기고 화면을 캡처해두면 좋다. 하지만 가장 좋은 방법은 서면으로 청약철회를 하는 것이며, 이 경우 서면을 발송한 날 청약철회의 효력이 발생한다.

그런데 청약철회가 무조건 가능한 것은 아니다. 주로 청약철회를 통해 사업자의 경제적 피해가 발생할 우려가 있는 경우 청약철회가 제한된다. 소비자의 책임이 있는 사유로 재화 등이 멸실·훼손된 경우, 소비자가 제품을 사용하거나 일부 소비하여 가치가 낮아진 경우이다. 농수산물같이 시간이 지나면 다시 판매하기 어려울 정도로 재화 등의 가치가 현저히 낮아지는 경우 등이 있다. 제품을 주문할 때 맞춤형 제작으로 청약철회가 불가함을 사전에 고지하고 동의를 받은 경우에도 청약철회가 제한된다.

> **※ 초일불산입**
>
> 민법에 따른 기간의 기산점으로 쉽게 기간을 계산하는 방법이다. 만약 계약에 있어서 기간이 시, 분, 초로 정할 때는 즉시 기간 계산을 시작한다. 청약철회 기간과 같이 기간을 일, 주, 월 또는 연으로 정할 때는 기간의 첫날은 포함하지 않는다. 청약철회 등 기간을 가지고 소비자와 사업자간의 분쟁이 생길 경우 하루 차이로 환급, 무상수리기간 등이 정해지기 때문에 실제 소비자피해구제에서 중요한 부분이다.

3) 할부거래의 항변권

할부거래는 제품이나 서비스의 대금 전부 또는 일부를 일정기간에 분할하여 계속적으로 지급하는 형태의 거래이다. 할부거래가 가능해지면서 소비자들은 당장 돈이 없더라도 제품을 구입할 수 있게 되었다. 적절하게 자신의 재정상황에 맞추어 거래를 하면 좋지만 일부 소비자들은 자신의 지급능력 등을 고려하지 않고 제품 구입하게 될 우려가 있다(박수영, 2016). 또한 할부가격이 현금가격에 비해 비싸기도 하고, 할부거래업에서 정해둔 불공정한 약관으로 인해 피해가 발생하는 등의 문제점이 있었다. 이에 소비자피해구제 및 보호를 위한 「할부거래에 관한 법률」(이하 「할부거래법」)을 제정하게 된다.

할부거래의 대표적인 형태는 신용카드의 할부거래이다. 할부거래법이 적용되기 위해는 2개월 이상의 기간에 걸쳐 3회 이상 나누어 지급하고, 금액은 20만원 이상이어야 한다. 할부거래법의 소비자피해구제에서 중요한 부분은 청약철회와 항변권이다. 앞서 특수거래에서의 청약철회와 똑같은 목적과 효력을 가지며 기간은 7일이다.

항변권은 사업자와 소비자 사이의 계약을 더 이상 이행될 수 없는 상황에서 소비자가 할부금을 계속 지급하는 것은 형평에 맞지 않다고 보고 할부로 카드결제한 경우 카드사에 앞으로 납부해야할 할부금 지급을 거절할 수 있는 권리를 말한다. 예를 들어, 쉽게 헬스장 6개월 이용권 30만 원을 3개월 할부로 카드결제 했는데 이용 시작 일주일 만에 사업자가 돌연 잠적을 하여 헬스장을 이용할 수 없게 되었을 때, 소비자는 신용카드사에 서비스가 더 이상 공급되지 않음을 근거로 남은 할부금 지급을 하지 않겠다고 신청하는 것이 항변권이다. 항변권을 활용한 대표적인 사례로는 전자상거래로 구입한 물건을 받지 못한 경우이다. 이 경우에도 항변권을 통해 남은 카드대금 지급을 안 할 수 있다. 실제 2022년 스타일브이 먹튀 사건에서 카드결제를 한 많은 소비자가 항변권을 활용하였다. 이 때문에 뉴스 등에서 소비자피해가 많은 장기계약의 피해예방 방법을 안내할 때 꼭 들어가는 내용이 카드 할부결제인 것이다.

항변권 신청방법은 「할부거래법」에 따라 서면으로 해야 한다. 해당 양식은 카드결제 영수증 뒷면에 관련 법률과 함께 기재되어 있다. 하지만 많은 소비자들이 미처 확인하지 못하는 부분이다. 별도의 양식을 확인하지 못했더라도 각 카드사의 고객센터로 전화하면 신청방법을 안내받을 수 있다.

4) 내용증명서

내용증명서는 우편물의 특수취급의 일종으로서 그 자체로서는 직접적인 법적 효력은 없다. 다만 법적 분쟁이 발생했을 때 수취인에게 어떠한 내용을 보냈다는 증명력을 갖는 공신력 있는 문서로, 상대방에게 자신의 권익보호를 위해 최선의 노력을 하였다는 사실을 입증하는 수단이다(허경옥, 2024).

앞서 살펴본 청약철회를 서면으로 하는 경우 외 항변권을 신청할 때도 내용증명서가 활용된다. 내용증명서는 비단 소비자 관련 분쟁에서만 활용되는 것은 아니다. 임대차 문제, 근로계약 등 각종 분쟁 시 자신의 의사를 밝히고 보냈다는 증명을 하기 위한 용도로 다양하게 활용되고 있다.

내용증명서 작성 방법은 다음과 같다. 보내는 사람은 소비자, 받는 사람은 사업자로 하고 사건의 내용을 육하원칙에 맞추어 작성하는데 가급적 요구사항을 명확히 하면 좋다. 과거에는 작성해서 우체국에 방문해야 했지만 최근에는 우체국 홈페이지를 통해서 내용증명서 발송을 할 수 있다. 또한 우체국 홈페이지 내 계약해지, 반품, 손해배상 등 사례별 작성 양식이 마련되어 있어 보다 쉽게 작성 및 발송을 할 수 있게 되어 있다. 내용증명서는 총 3곳에 발송된다. 먼저 사업자에게 1부, 우체국에 보관용 1부, 그리고 작성한 소비자 1부 이렇게 기본적으로 3곳인데 만약 카드 할부결제를 했고, 청약철회와 함께 항변권을 같이 신청하고 싶다면 카드사까지 포함하여 4곳에 발송된다. 우체국에서는 내용증명서를 전자문서로 3년간 보관하고 있으며, 3년 이내 언제든지 인터넷 상에서 문서를 조회하거나 재증명을 받을 수 있다.

〈그림 8-5〉 내용증명서 온라인 발송 홈페이지

<사례 8-1> 내용증명서 작성 사례

T&K 770 교재 반품 요청서[샘플]

수 신 : ○○○ 사 대표
서울시 ○○구 000길

발송인 : 서울시 ○○구 00로 00길

1. 본인은 2024. 7. 1. ○○○ 대학교 자연과학 캠퍼스 공대 앞에서 귀사의 영업사원이 대학생을 대상으로 한 설문에 응하였습니다.
2. 귀사 영업사원(박○○)의 설명은 모니터 요원이 되면 인터넷 강의와 교재 복사, 책자 제공 등 다양한 혜택을 받을 수 있으며 토익영어 교재인 T&K 770을 구입하는 것이 아닌 교재평가를 위하여 형식상으로 계약을 맺는 것이고 모니터 기간인 4년 중 본인이 원하는 때에 10회로 분납하여 납입하면 된다고 하여 모니터요원이 되어 교재를 받았습니다.
3. 그러나 영업사원의 말과 다르게 교재대금을 매달 입금하라는 독촉전화와 연체 경고장까지 오고 있고 당초 설명한 가입조건과 상이하고 교재 내용 또한 부실하기에 T&K770 교재를 반품처리해 줄 것을 요청합니다.

2024. 7. 9.
홍 길 동

출처 : 인터넷우체국

3. 소비자피해보상 관련법

1) 제조물책임법

제조물책임은 제조물의 결함으로 인하여 발생하는 생명, 신체 또는 재산상의 손해에 대해 손해배상책임을 지는 제도이다. 이 제도는 제조물 결함으로 인한 소비자피해보상을 쉽게 하고 제조사들의 제조물의 안전성에 대한 의식을 높임으로써 소비자안전을 확보하는 효과가 있다. 또한 제조물책임법을 통한 소비자피해의 신속하고 적절한 구제는 기업의 경쟁력 강화에 일조하게 된다.

제조물책임법은 우리나라에서는 1994년부터 논의가 시작되어 1999년 법이 통과, 2002년 7월부터 시행되었다. 이미 20년이 지났지만 제조물책임법의 실효성에 대한 문제 제기가 많다. 가장 큰 이유는 제조물 결함의 입증책임이 소비자에게 있기 때문이다. 2022년 12월 강릉에서 있었던 급발진 사건으로 제조물책임법의 입증책임이 다시 한번 논란이 되었다. 당시 차량 블랙박스 및 정황을 통해서 전문가들이 급발진 사고라고 하였지만, 실제 급발진 사고로 인정되지 않았다. 이에 소비자가 직접 급발진 사고 재연시험까지 실시하였다. 기업에 비해서 제품에 대한 정보가 부족한 소비자가 입증한다는 것은 현실적으로 불가능하다. 이 때문에 입증책임전환을 통해 제조물책임법 실효성을 높여야 한다는 논의가 이루어지고 있다.

2) 징벌적 손해배상제도

징벌적 손해배상제도는 가해자의 불법행위로 인한 손해를 피해자에게 배상할 때, 일정한 가중 사유가 존재하는 경우 피해자에게 발생한 실질적인 손해를 넘는 손해배상을 하는 제도이다. 징벌적 손해배상은 피해자의 손해를 보상하는 것을 목적으로 하는 것이 아니라 가해자의 악의적 또는 의도적 고의에 대하여 징벌을 함으로써 가해자 및 제3자가 동일하거나 유사한 행위를 반복하지 않도록 예방하는 것을 목적으로 한다. 징벌적 손해배상제도는 처벌적 기능, 법준수 기능, 만족적 보상기능을 가지고 있다(김명엽, 2016).

- 처벌적 기능 : 처벌기능은 그 본질이 위법행위를 한 자에 대한 응보로써 이루어지는 형사상 제재이다.
- 법준수 기능 : 법준수 기능이란 실제 손해 이상의 배상액을 피해자에게 취득하게 함으로써 피해자로부터 불법행위를 고발하도록 유인하는 기능 또는 불법행위를 적발하도록 촉진시키는 기능이다.
- 만족적 보상기능 : 피해자가 소송에서 자신에게 발생한 모든 손해를 주장하고

입증하기는 현실적으로 불가능하다. 징벌적 손해배상을 통하여 완전히 만족하는 배상을 받음으로써 일반적으로 포함되지 않는 정신적 고통에 대한 보상과 변호사비용, 소송비용 등을 보상해주는 기능이 있다.

현재 국내 소비자피해구제를 위한 징벌적 손해배상제도는 없다. 이 때문에 가습기 살균제 사건, 자동차 급발진 사건과 같이 소비자의 피해가 심각한 사건이 발생했을 때마다 많은 전문가와 소비자단체에서 징벌적손해배상제도 도입을 주장하고 있다.

3) 소비자단체소송제도

독일에서 시작된 단체소송제도는, 일정한 공익적 목적을 위하여 설립된 단체로 하여금 소비자보호 등 공공의 이익을 위하여 사업자를 상대로 금지청구 등 소송의 형태를 진행할 수 있게 하는 제도이다. 우리나라 소비자기본법에서는 소비자단체소송의 대상을 사업자가 소비자의 권익 증진과 관련된 기준을 위반하는 행위, 소비자의 생명·신체 또는 재산에 대한 권익을 직접적으로 침해하고 그 침해가 계속되는 경우로 제한하고 있다. 그리고 소비자단체소송은 사업자의 위법한 소비자 권익침해행위에 대하여 금지나 중지를 위해 제기된다. 소비자단체소송제도가 있지만 활성화되지 못하는 몇 가지 이유가 있다. 우선 소비자 측면에서 살펴보았을 때 소비자단체소송은 피해를 입은 소비자가 직접 소를 제기할 수 없으며, 위법한 소비자권익침해행위를 중지와 금지만 청구할 수 있을 뿐 손해배상을 청구할 수 없다는 한계가 있다. 소비자단체 입장에서 살펴보았을 때 소송을 제기할 수 있는 소비자단체 요건이 맞는지 재판부의 판단이 필요하다. 이 때문에 즉각적인 소비자 피해 예방에는 실효성이 없다. 또한, 소송을 제기해서 패소 했을 때 '패소자부담주의'로 인해 소비자단체에 경제적 손실이 크게 발생하게 된다. 이 때문에 해당 제도가 있음에도 활성화되고 있지 못하다. 해외사례를 살펴보면 공익소송의 활성화 등을 위해 미국, 영국, 캐나다에서는 공익소송의 경우 패소자부담을 하지 않도록 하는 방법을 적용하고 있다.

4) 집단소송제도

집단소송제도는 다수의 소비자에게 동일한 피해가 발생한 경우 일괄 피해구제를 받을 수 있는 제도이다. 예를 들어 피해를 입은 다수의 소비자 가운데 한 사람 또는 몇 사람이 소송을 제기하는 형태로, 소송의 결과는 나머지 다른 피해자에게도 똑같이 효력이 발생하는 제도이다. 동일한 건으로 여러 명의 피해가 발생했을 때 피해구제를 위한 소송을 개별소비자들이 모두 제기한다면 개별소비자들의 시간, 노력, 비용 그리고 사회 전체적 차원의 낭비를 초래하게 된다(허경옥, 2021).

이를 보완하기 위한 제도로 현재 집단분쟁조정과 소비자단체소송제도가 있으나, 집단분쟁조정은 사업자의 조정안 수락 여부에 따라 실효성이 좌우된다는 문제가 있다. 소비자단체소송은 소비자 권익침해행위를 금지하는 부작위청구만 가능해 실질적인 피해 구제 수단으로 기능을 못하고 있다. 특히 온라인 거래가 많아지면서 피해 규모가 커지고 있는 상황에서 머지포인트, 위메프 사건 등은 다수의 소비자에게 공통적으로 피해가 발생해도 실질적인 피해 구제가 어렵다는 현실을 보여준다. 현재 증권 관련 집단소송제도만 있어 집단소송제도 확대를 위한 소비자단체와 학계의 노력이 지속되고 있다.

참고문헌

공정거래위원회(2024), **2024년 공정거래백서**.

김명엽(2016), "징벌적 손해배상제도의 도입과 개선에 관한 연구", **일감법학**, 34, 63~86.

박수영(2016), **소비자법해설 제3판**, FIDES.

손진화 · 김재범(2022), **전자상거래법 제6판**, 신조사.

이용주 · 김만호(2022), 기업이 만들어가는 소비자안전, 한국소비자원.

한국소비자원(2024), **2023 소비자피해구제 연보**.

허경옥(2021), **소비자학의 기초(개정판)**, 교문사.

허경옥(2024), **소비자피해구제 법제도 및 소비자상담**, 신정.

9장

소비자문제 해결기구

소비자문제는 기업과 소비자의 불평등, 시장실패 등의 이유로 발생한다. 이 때문에 소비자 한 개인이 문제를 해결하고 예방하는 데 한계가 있다. 소비자문제 해결을 위해 소비자들이 조직적으로 노력하기도 한다. 바로 소비자단체를 구성하여 소비자피해구제를 도모하고 기업의 활동을 감시하는 등의 활동을 하고 있다. 피해구제와 소비자문제 예방을 위한 시장 개입을 위해서는 정부에서 정책적으로 접근하고 있다. 거래 당사자인 기업들도 이윤만을 추구하는 마케팅 개념에서 벗어나 사회적 책임에 대한 인식이 높아지면서 소비자문제에 관심을 기울이고 있다. 이번 장에서는 소비자문제 해결을 위한 민간 소비자단체, 정부, 기업에서 어떤 역할과 활동을 수행하고 있는지 살펴보고자 한다.

1. 소비자단체

1) 한국소비자단체협의회

(1) 한국소비자단체협의회 설립과 성장

1960년대부터 몇몇 개별 단체들이 불량상품에 대한 고발과 교육을 통한 소비자

계몽운동을 하고 있었다. 그러나 급격한 물가 인상으로 어려움을 겪던 서울시 당국의 물가안정 활동 제안을 계기로 협의체를 구성하게 되었다. 당시 개별적으로 활동하던 소비자단체들도 소비자운동을 더 큰 규모로 조직화할 필요성을 느끼고 있던 때 서울시로부터 물가안정과 상거래질서 확립을 위한 활동을 위한 협의회 구성을 제안받게 된 것이다. 제안받은 단체들 중 한국여성단체협의회, 대한YWCA 연합회, 대한주부클럽연합회, 전국주부교실중앙회 4개 단체의 참여로 1976년 '서울소비자보호단체협의회'로 출발하여 이후 '한국소비단체협의회(이하 소협)'로 명칭을 바꾸고 지금까지 활동을 해오고 있다(한국소비자단체협의회, 2017). 현재는 12개 회원단체와 전국 194개 지역단체들이 소비자 권익 증진이라는 목적을 위해 함께 소비자운동을 전개하고 있다.

한국소비자단체협의회 설립 이후 약 10년간 소비자 보호를 위해 기본법제정이 필요하다는 단체들의 의견을 모아서 소비자기본법 제정을 위한 토론회, 공청회, 전문가 및 관계자 토론회 등을 개최하였다. 이러한 활동을 전개한 결과 1979년 12월 소비자보호를 위한 기본법인 「소비자보호법」이 통과되었다. 이후 2003년 「소비자기본법」으로 개정되었다. 1980년대 들어서면 사회환경 변화에 따라 정부에 의한 시장감시 및 규제가 어렵게 되자 소비자운동을 통해 정부 기능을 분담하게 되었다. 소비자단체의 역할이 다양화되고 소비자운동이 정착되어 가면서 소협은 민간 소비자운동의 종합 조정 기능을 강화해갔다.

소협은 2000년대 들어서면서 각 회원단체들의 활동을 조직하는 역할을 적극적으로 하게 되면서 사무국 조직이 확대 강화되었다. 특히 소비자 피해구제관련 역할이 강화되었다. 우선 한국소비자원에서 분쟁조정이 운영되고 있지만, 민간 소비자단체들이 받고 있는 상담 중 분쟁조정이 필요한 문제에 대해서는 자체적으로 해결할 의지를 보임으로써 소비자기본법을 개정하여 2003년 12월 30일 소협내 자율분쟁조정위원회가 발족하였다. 자율분쟁조정위원회는 변호사와 전담실무자, 법률전문가, 소비자단체장, 사업자단체장 등 30여명으로 분쟁조정위원회를 구성하여 소비자단체로 접수된 소비자피해구제를 위한 분쟁조정을 실시하였다. 그리고 2010년부터 한국소비자원, 지방자치단체, 소비자단체 상담업무를 통합한 1372 소비자상담센터가 시작되면서 각 소비자단체가 상담의 시스템 관리자 역할을 하고 있다. 현재까지 각 소비자단체 상담관리자들이 월 1회 관리자 회의를 통해 상담건 가운데 특이 사항을 공유하고 있으며, 상담원 전문성 강화를 위한 교육 등을 추진하고 있다. 또한 각 단체 실무책임자로 구성된 실행위원회와 각 단체 대표자로 구성된 이사회가 각각 월 1회 진행하여 소비자단체가 공동으로 진행해야 하는 사업과 중요한 사회적 이슈에 대한 대응 방안 등을 논의한다.

출처 : 한국소비자단체협의회 홈페이지

〈그림 9-1〉 한국소비자단체협의회

(2) 한국소비자단체협의회의 주요업무

• 피해구제(Consumer Complaints Service) 총괄

10개 회원단체의 소비자상담실 및 전국의 소비자상담실에서는 소비자가 부정불량상품이나 부당한 거래, 서비스 등으로 인해 피해를 입었을 때 이를 보상해주고 개선을 위한 고발상담 활동을 하고 있는데, 본 협의회에서는 전국의 소비자상담을 총괄하여 실생활에서 발생하는 소비자문제를 정리하고, 소비자에게 유용한 정보를 제공하며, 소비자를 위한 정책 수립 및 시행을 위한 자료로 활용될 수 있도록 관리한다.

• 정보화 사업

인터넷 시대의 도래로 소비자들이 다양한 정보의 홍수 속에서 소비자에게 필요한 정보를 탐색하여 합리적이고 안전한 생활을 영위할 수 있도록 하기 위하여 전국의 소비자상담실에서 접수되는 소비자고발상담 내용을 데이터베이스로 구축하여 자료의 활용도를 높이고 있다.

• 소비자운동 자원지도력, 실무지도력 강화(Education)

소협에서는 전국의 소비자운동 실무자들을 대상으로 실무지도력 강화를 위하여 매년 실무자교육을 실시하고 있다. 또한 소비자운동에 참여하는 자원지도력의 양성 및 강화를 위하여 자원지도자 및 자원봉사자 교육을 진행한다. 또한 각 회원단체에서는 소비자 의식을 계발하기 위해 전국의 소비자를 대상으로 교육을 실시하고 있다. 경제동향, 소비자의 권리, 환경문제, 상품광고, 소비자 관련 법률, 소비자 정보수집, 상품구매요령 등 일상생활에 꼭 필요한 소비 지식이다.

• '소비자'정보지 발간 및 홍보활동(Information)

1978년 9월부터 소비생활의 정보를 모아 월간 "소비자"를 발행하고 있다. 상품테스트, 실태조사, 고발처리 등의 결과를 비롯한 각종 소비자정보를 담은 "소비자"는 소비자에게 생활정보를 주는 한편 소비자 주권의식을 높이는 역할을 한다.

여기에 나타난 소비자의 고발, 희망, 기대 등은 기업에 전달되어 품질, 서비스개선 등의 소비자의 이익을 위한 방향으로 나아가도록 한다. 소비자 정보지는 일반소비자 뿐만 아니라 전국의 대학교 도서관 및 초·중·고등학교에 배포되어 소비자교육을 위한 교재 및 자료로 이용된다.

• 정책 연구 및 제안활동(Relations With Government and industry)

소비자관련법률 및 제도를 만들기 위한 각종 정책연구와 정책제안 활동을 한다. 소비자보호법, 제조물책임법, 약관규제법, 전자상거래보호법, 식품위생법, 주택임대차보호법, 방문판매 등에 관한 법률 등의 제정 및 개정에 소비자단체의 의견을 적극 반영하고 있으며 소비자의 의견을 최대한 수렴하여 정책 및 법률제정에 반영하고자 세미나 및 공청회를 개최하고 있다.

• 물가조사 및 감시활동(Monitoring)총괄

소협에서는 전국에서 활동하고 있는 372명의 물가감시원들과 함께 기초생활필수품 및 개인서비스요금에 대한 정기물가조사와 특별물가조사를 실시하고 있다. 소비자의 가계에 미치는 영향이 큰 공공요금을 포함한 기초생필품 및 개인서비스 가격에 대해 전국에서 매월 2회의 정기적인 가격조사를 통해 지역의 가격형성과 물가변동 추이를 살펴보고 담합에 의한 가격인상 등을 견제하며, 지역주민들에게 자세한 가격정보를 공개하여 소비자의 알 권리를 만족시키는 활동을 하고 있다.

또한 변화하는 소비환경에 따라 사회적·시기적으로 소비자들에게 민감한 부분에 대해 전국 36개 지역에서 특별물가조사를 실시하여 소비자들에게 유용한 가격정보를 제공하고 합리적인 소비생활을 위한 가이드라인을 제시한다.

• 캠페인(Campaigns)

합리적인 소비문화 캠페인을 꾸준히 벌여 소비자의 물가 불안 심리로 인한 충동구매, 사재기 등을 억제하고 낭비적인 소비생활태도의 개선을 유도해왔다. 각 회원단체별로 다양한 주제에 따라 캠페인을 전개하고 있으며 단체의 연대가 필요한 경우에는 회원단체들이 함께 캠페인을 전개하기도 한다.

• 국제 협력(International Relationships)

세계 각국의 소비자 단체가 서로 정보를 교환하기 위해 정보를 제공하며 악질적 수출에 제재를 가하고 소비자 국제경찰 기구를 설치하여 국제무역의 악성거래를 감시/감독하며 벌칙을 두고 있다. 국제 소비자기구(CI)는 1960년에 설립되어 이러한 목적으로 운영되며 현재 100여 개국 200단체가 참여하고 있다.

우리나라에서도 한국소비자단체협의회, 한국소비자연맹, 소비자시민모임 등 5개 단체가 가입되어 있으며 CI에서 개최하는 세미나, 워크숍, 회의 등에 단체들이 참여하고 있다. 또한 세계시장의 단일화에 따라 나타나는 여러 소비자문제의 해결 및 사전예방 등을 위하여 CI뿐 아니라 다양한 분야에서 국제 연대와 협력을 위해 노력하고 있다.

2) 소비자단체

(1) 소비자단체의 설립과 성장

우리나라의 소비자운동은 1960년대부터 시작되었다. 시작은 여성단체 중심의 여성운동 일환으로 시작되었다. 당시 가정에서 여성은 다른 가족들의 구매자, 사용자 역할을 대행해주는 경우가 많았기 때문에 자연스럽게 소비자 문제에 많이 노출되면서 자연스럽게 소비자운동으로 연결되었다. YWCA와 YMCA의 경우 단체 내 소비자보호를 위한 부서에서 소비자운동을 펼치기 시작하였다.

이후 대량생산 대량소비사회에서 소비자피해가 급증하면서 1970년대 중반 이후 소비자 문제만을 전담하는 소비자단체가 발족하기에 이르렀다. 1972년 주부클럽연합, 주부교실중앙회, 여성단체연합회가 창설되었가. 그리고 1978년 한국소비자연맹이 창설되어 소비자문제를 전문적으로 다루는 소비자단체로 역할을 수행하게 되었다.

1980년대는 정부의 적극적인 소비자행정과 더불어 민간소비자운동이 활발히 전개되었다. 특히 여성단체의 이미지 보다는 소비자운동 전문 단체로 자리 잡기 시작했다. 1983 소비자문제를 연구하는 시민의 모임(이하 소시모)은 소비자법률 상담실을 개설하여 법률 상담을 시작하였다. 1990년대 접어들면서 소비자단체들은 국내에서는 소비자권익에 대한 사회적 인식이 높아졌고 소비자보호 관련 제도 및 법적 조치가 강화되었다. 또한 활발한 국제활동을 통해 소시모가 국제소비자기구 총회 이사단체로 선출, 1995년에는 UN 50주년 기념 공동체형성화합 공로상을 수상하였다.

소비자단체들의 주요 역할 가운데 하나가 소비자 상담이다. 1981년 2월 28일부터 YWCA, 주부클럽, 주부교실, 소비자연맹 등 4개 회원단체에서 소비자상담을 시작하였다. 1981년도의 소비자상담은 19,391건이었다. 소비자상담 처리를 위한 종합된 상담처리 요령이 필요하게 되었다. 1982년 8곳으로 상담센터가 늘어 났고 1985년 17곳, 1988년 22곳, 1991년 36곳, 1994년 44곳을 늘어났다. 이후 소비자상담센터는 전국의 각 시도로 확대되었다. 1995년 부터는 정부의 사업비 보조가 이루어지면서 180여 개 지역에서 소비자상담을 하게 되었다. 소협에서는 매월 상담건수를 취합하여 총괄자료로 활용하였다. 이후 2010년 '1372 소비자상담센터'가 운영되면서 소비자단체 10개, 16개 지방자치단체, 한국소비자원이 네트워크화하여 통합되어 운영되고 있다.

소비자운동 초창기부터 시작한 소비자상담과 소비자피해구제 분야에서 소비자단체의 성과는 타의 추종을 불허한다고 평가할 수 있다. 단순한 수적 증가뿐만 아니라 소비자고발에 대한 사회적 편견을 없애고 기업의 소비자에 대한 인식 전환은 물론 소비자스스로 자신의 권리를 찾을 수 있도록 하며 소비자권익이 중시되는 문화를 형성하는데 기여하였다.

(2) 소비자단체의 역할

소비자단체의 주요 역할은 민간 소비자 정책의 추진 주체로서 소비자들의 현실과 법·제도 사이의 가격을 메워주는 역할을 하고 있다. 이러한 소비자단체의 성립 요건과 업무는 「소비자기본법」에 제시되어 있다. 「소비자기본법」에서 제시하는 소비자단체의 업무는 다음과 같다.

- 국가 및 지방자치단체의 소비자의 권익과 관련된 시책에 대한 건의
- 물품 등의 규격·품질·안전성·환경성에 관한 시험·검사 및 가격 등을

포함한 거래조건이나 거래방법에 관한 조사 · 분석

- 소비자문제에 관한 조사 · 연구
- 소비자의 교육
- 소비자의 불만 및 피해를 처리하기 위한 상담 · 정보제공 및 당사자 사이의 합의의 권고

소비자단체의 활동은 시장에 영향을 미치며, 소비자단체 소송, 소협의 분쟁조정 제도를 이행하는 등의 활동에 인센티브가 주어지게 된다. 따라서 소비자기본법에서는 소비자단체 요건을 정해두고 공정거래위원회 또는 관할 지자체에 등록하도록 하고 있다.

(3) 개별 소비자단체 목적 및 활동내용 소개

〈표 9-1〉 소비자 단체 목적 및 활동내용

단체명	단체의 목적 및 활동내용 소개
한국YWCA연합회	젊은 여성들이 하나님을 창조와 역사의 주를 믿으며 인류는 하나님 안에서 한 형제자매임을 인정하고 예수그리스도의 가르치심을 자기 삶에 실천함으로써 정의, 평화, 창조질서의 보전이 이루어지는 세상을 건설함을 목적으로 한다.
한국부인회	기술화·정보화·국제화의 발전에 발맞추어 여성의 자주성과 자립심을 고취시키며 잠재 능력을 개발하여 정치·경제·교육·문화·가정 복지 분야에서 정의사회와 양성평등을 이룩하며 합리적인 소비생활로 복지 사회 실현에 기여함을 목적으로 한다.
소비자시민모임	소비자시민모임은 국제적인 시각과 전문성을 갖고 소비자의 권익향상과 삶의 질 향상에 기여하고자 1983년 1월 20일 창립된 자발적·비영리적·비정치적 전문 소비자 단체이다. 소비자운동에 있어 과학적이고 객관적인 실증자료에 의해 판단하고, 객관적 근거를 기초로 활동을 전개한다는 활동 지침 하에 소비자문제를 접근하여, 해결 방안을 모색하고, 문제가 해결될 때까지 소비자의 관점에서 소비자와 함께 지속적인 소비자운동을 전개하고 있다.

단체명	단체의 목적 및 활동내용 소개
소비자공익네트워크	1994년에 개원한 사단법인 소비자공익네트워크는 비영리 민간소비자단체로 합리적인 소비문화 구축 및 소비자 주권 강화, 불공정한 시장 환경 개선을 위해 활동하고 있다. 시장의 주인인 소비자가 안심하고 안전하게 거래할 수 있는 소비 환경을 구축하고, 소비자의 권익이 보장되는 시장을 만들기 위한 활동을 지속적으로 전개하고 있다. 가치 있는 소비자 운동을 위해 시대 흐름에 부합하는 혁신적이고 능동적인 사고를 토대로 소비자의 주권을 강화하여 공공의 이익을 통해 모두가 행복한 소비 사회로 변화하고자 노력하고 있다.
한국소비자연맹	한국소비자연맹은 1970년 1월 20일 창립되었다. 소비자운동만을 전개하는 우리나라 최초의 소비자운동 전문단체이다. 1970년 6월 오스트리아빈에서 개최된 국제소비자연맹(IOCU) 제6차 총회에 대표를 파견하여 IOCU의 정회원이 되었다. 1978년 12월 당시 경제기획원의 제1호 사회단체로 등록하였고 1979년 2월 한국소비자단체협의회에 가입하였다. 설립 이후 한국소비자연맹은 전문적인 소비자교육과 소비자상담, 상품비교테스트 등 소비자권익 증진을 위한 한국형 소비자운동의 모델을 개발하고 실천해오고 있다.
대한어머니회	대한어머니회중앙회는 어머니들의 평생교육기관으로서 자기개발과 자아의식을 고취함으로써 민주적인 가정, 평등한 사회, 평화로운 국가를 만들고, 여성교육과 훈련을 통하여 새로운 가치관 확립과 잠재 능력을 일깨우는데 목적을 두고 있다.
녹색소비자연대전국협의회	녹색소비자연대는 소비자의 권리를 보호하며 환경을 고려하는 소비생활을 함께 실천함으로써 생태환경을 보전하고 안전하고 인간다운 사회를 건설하는데 이바지함을 목적으로 한다. 녹색소비자연대는 지구촌 경제시대를 맞아 갈수록 심화되고 있는 지구환경위기를 극복하기 위해 소비자들이 함께 환경적인 새로운 생활양식을 확립해 가는 운동이며 녹색소비자들의 작은 실천으로 오늘의 환경파괴적인 사회경제체제로부터 환경친화적이고 지속가능한 사회경제체제로의 전환을 도모하는 운동이다.

단체명	단체의 목적 및 활동내용 소개
한국여성소비자연합	본회는 여성·사회·환경·소비자·민간단체로서 가정주부로 하여금 주부의 가치관을 정립시키고 숨겨진 자질과 능력을 향상시켜 건전하고 바람직한 가정을 유지, 발전시킬 수 있도록 하여 사회 기능의 담당자로서 지역사회 발전과 국가 발전에 이바지함을 목적으로 한다.
소비자교육중앙회	경제사회의 변화에서 오는 소비생활과 생활관, 가정관 등의 변화를 포함한 현대화에 대응해서 가정인, 직업인, 사회인으로서 인간적인 유대를 기초로 한 교육을 통해서 연대의식과 봉사정신 함양으로 사회성을 개발하여 가정과 지역사회의 복지향상에 기여함과 동시에 건전한 소비환경 조성을 위해 소비자로서 감당해야 할 스스로의 역할을 습득하고 실천함에 있음
한국소비자교육원	변혁의 시대에 소비자 문제는 광범위하고 다발적이며 원인 규명이 곤란하고 집단성을 띄고 있어 소비자들의 피해 해결을 어렵게 만들고 있다. 이제, 소비자는 모든 피해로부터 예방되어야 하고 당한 피해는 보상되어야 하고 원상복구되어야 한다. 이는 소비자의 권리이다. 이 권리는 소비자의 결집된 힘에 의해서만 지켜지는 것이다. 이 힘은 바로 확립된 소비자 의식, 정보와 지식의 순환, 그리고 소비자의 적극적인 참여에 의해서만 나온다. 이를 위해 생활의 모든 영역에서 소비자의 관심사를 찾아내고, 정보를 개발해 내고, 경험들을 지식으로 정리해내는 통합 운영을 필요로 한다. 이런 산업 사회의 정보화시대에 삶의 품질을 향상시키고, 합리적 소비생활을 안내하는 향도적 소임을 다하기 위해 한국소비자교육원을 설립하였다
한국YMCA전국연맹	예수 그리스도의 복음과 삶을 따라 함께 배우고, 훈련하며 역사적 책임의식과 생명에 대한 감성을 일구어 사랑과 정의와 평화의 실현을 위하여 일하며 민중의 복지향상과 민족이 통일 그리고 새 문화 창조에 이바지함으로써 이 땅에 하느님 나라가 이루어지게 하는 것을 목적으로 한다.
미래소비자행동	소비자 및 환경문제를 위해 활동하며 소비자 상담과 정보제공, 교육을 통하여 정보 소외계층과 정보 오·남용 등의 폐해로 인한 소비자 선택의 어려움을 해소한다. 책임 있는 정부, 책임 있는 기업, 책임 있는 소비자를 위하여 행동하고 실천함으로써 소비자 복지를 실현함을 목적으로 한다.

2. 정부 및 지자체

1) 공정거래위원회

소비자문제의 많은 부분은 시장실패에서 나타나게 되는데 이 때문에 정부는 시장에 개입하여 시장의 경쟁을 촉진하는 역할을 하고 있다. 소비자 관련 정책을 전담하는 독립된 행정기관은 없다. 소비자들이 사용하는 품목과 서비스가 다양하다 보니 여러 부처에 소비자안전, 피해구제 등의 업무가 분산되어 있다. 대표적으로 식품, 화장품, 의약품, 건강기능식품은 식품의약품안전처에서 관리하고 있으며, 금융상품의 경우 금융감독원, 자동차의 경우 국토교통부, 공산품은 국가기술표준원에 그 역할이 있다. 이렇게 소관 업무별로 나누어져 있는 소비자행정과 소비자정책의 총괄 조정기구를 별도로 두고 조율하는 형태로 이루어지고 있다가 2008년부터 공정거래위원회로 소비자정책 추진체계를 일원화하였다.

소비자 정책은 크게 규제 행정과 지원행정으로 나누어지며 세부적으로 거래 적정화, 안정적 보장, 정보제공, 소비자교육, 피해구제 총 5개 영역으로 구분 된다.

〈표 9-2〉 소비자정책의 범위

<table>
<tr><th colspan="2" rowspan="2">구분</th><th colspan="2">주요법령</th><th rowspan="2">주요 관련 기관</th></tr>
<tr><th>공정위소관</th><th>타부터 소관</th></tr>
<tr><td rowspan="2">규제행정</td><td>거래 적정화</td><td>공정거래법, 표시광고법, 할부거래법, 방문판매법, 약관규제법, 전자상거래법 등</td><td>전기생활용품안전법, 산업표준화법 등</td><td>공정위, 산업부 등</td></tr>
<tr><td>안정성 보장</td><td>소비자기본법</td><td>약사법, 식품위생법, 전기생활용품안전법 등</td><td>공정위, 복지부, 산업부, 식약처 등</td></tr>
<tr><td rowspan="3">지원행정</td><td>정보 제공</td><td>표시광고법</td><td>각 부처 개별법령</td><td>공정위, 소비자원</td></tr>
<tr><td>소비자 교육</td><td>소비자기본법</td><td>평생교육법</td><td>각 부처 공통 등</td></tr>
<tr><td>피해 구제</td><td>소비자기본법, 제조물책임법</td><td>민법</td><td>공정위, 소비자원, 법원</td></tr>
</table>

공정거래위원회는 독점 및 불공정 거래에 관한 사안을 심의·의결하기 위해 설립된 국무총리 소속의 중앙행정기관이자 협의제 준사법기관으로 경쟁정책을 수립·운영, 공정거래 관련 사건을 심의·처리하는 역할을 담당하고 있다. 서울, 부산, 광주, 대전 및 대구에 사무소를 설치하고 있으며 산하기관으로 한국소비자원과 한국공정거래조정원을 두고 있다. 공정거래위원회는 경쟁촉진, 중소기업 경쟁기반 확보, 경제력 집중 억제와 함께 소비자주권을 확립하는 활동이 주요기능이다.

과거 열등한 지위에 있는 소비자를 보호하는 데 초점을 맞췄던 보호론적 관점에서 소비자가 자주적으로 문제를 해결할 수 있도록 지원해 주는 주권론적 관점으로 소비자정책의 패러다임이 전환되었다. 소비자주권 확립을 위해 공정거래위원회에서는 다음과 같은 기능을 수행하고 있다.

- 소비자에게 일방적으로 불리하게 만들어진 약관조항을 시정하고 표준약관을 보급함으로써 불공정 약관으로 인한 소비자피해를 방지한다.
- 허위·과장의 표시·광고를 시정하고 소비자선택에 꼭 필요한 중요정보를 공개하도록 함으로써 소비자가 정확한 정보를 바탕으로 합리적인 선택을 할 수 있도록 한다.
- 할부거래, 방문판매, 전자상거래 등 특수한 거래분야에서 나타날 수 있는 특수한 유형의 소비자피해를 방지한다.

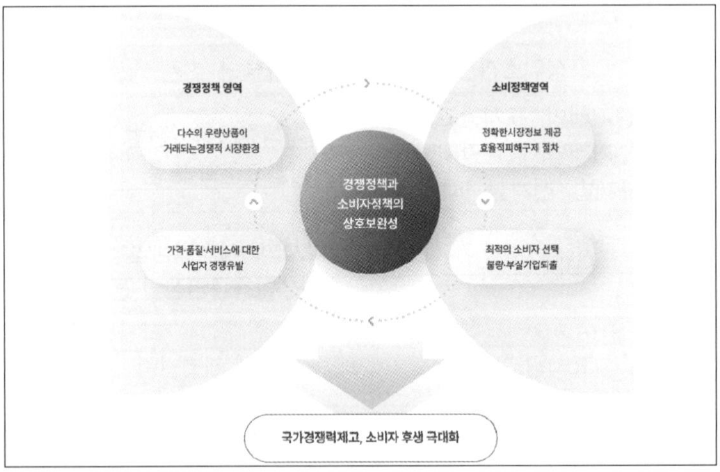

출처 : 공정거래위원회 홈페이지

〈그림 9-2〉 공정거래위원회 소비자정책

2) 지자체

1995년 지방자치제가 본격적으로 실시된 이후 소비자보호가 지방자치단체에 부각되면서 각 지방자치단체들은 소비자보호조례를 제정하고 소비자고발센터 등을 설치하여 소비자피해구제 업무를 수행하고 있다(이은희 외, 2020). 2010년 개정된 소비자기본법에 따라 소비자기본조례로 개정하고 소비자문제 해결 및 교육사업 등을 추진하는 '소비생활센터', '소비자정보센터', '소비자센터' 등이 설립되어 운영되고 있다(각 시도별 기능은 비슷하지만 명칭은 각 시도 조례에 따라 다르게 사용하고 있음).

3) 한국소비자원

한국소비자원은 1987년 7월 1일 소비자보호법에 의해 '한국소비자보호원'으로 설립되었다. 이후 2007년 3월 28일 소비자기본법으로 개정되면서 기관 명칭을 '한국소비자원'으로 변경하게 되었다. 한국소비자원은 소비자의 권익을 증진하고 소비생활의 향상을 도모하며 국민경제 발전에 이바지하기 위해 설립된 전문기관이다. 무엇보다 정부의 정책 마련과 지자체와 소비자단체의 사업수행에 필요한 정책연구에 강점이 있다. 그 밖에 한국소비자원에서는 소비자정보제공 및 소비자피해구제 등 소비자와 관련된 다양한 기능을 수행하고 있다.

- 소비자 권익 관련 제도와 정책의 연구 및 건의
- 물품, 용역의 규격 · 품질 · 안전성 등에 관한 시험검사 및 거래조건 · 방법에 대한 조사 · 분석
- 소비자의 권익증진 · 안전 및 소비생활 향상을 위한 정보의 수집·제공 및 국제협력
- 소비자의 권익증진 · 안전 및 능력개발과 관련된 교육·홍보 및 방송사업
- 소비자 불만처리 및 피해구제
- 소비자 권익증진 및 소비생활 합리화를 위한 종합적인 조사·연구
- 국가 또는 지방자치단체가 소비자 권익증진과 관련하여 의뢰한 조사 등의 업무
- 「독점규제 및 공정거래에 관한 법률」에 따라 공정거래위원회로부터 위탁받은

동의의결의 이행관리

• 그 밖에 소비자의 권익증진 및 발전에 관한 업무

* 한국소비자원의 기능과 역할

① 거래개선

한국소비자원은 소비생활과 관련된 상품과 서비스의 거래 전 과정에서 소비자 중심의 시장을 형성하고 기업과 소비자가 함께 발전할 수 있는 건강한 소비시장 구현을 위하여 부당한 거래 관행과 제도를 개선하고 있다. 일반적인 상품 및 서비스로부터 금융·보험, 정보통신과 같은 전문서비스 분야를 비롯하여 전자상거래에 이르기까지 다양한 거래형태에 대한 부당성 조사와 허위 · 과장된 표시 · 광고 · 약관에 대한 시정활동, 왜곡된 유통구조의 개선을 위한 실태조사 및 개선안 마련을 통해 소비자 권익증진을 위한 정책 수립에 반영하고 있다. 기업 스스로 소비자 친화적인 시장 환경을 조성하도록 CCM(소비자중심경영) 인증제도를 운영하고 있다. 공정거래위원회가 인증하고 한국소비자원이 운영하는 CCM 인증제도는 기업이 수행하는 모든 활동을 소비자 관점에서, 소비자 중심으로 구성하고 관련 경영활동을 지속적으로 개선하고 있는지를 평가한다.

② 정책연구

한국소비자원은 소비자의 권익과 관련된 제도와 정책의 연구 및 건의 업무를 수행하고 있다. 우리나라의 소비자정책을 효과적으로 추진하기 위해 소비자법령 정비, 소비자보호제도 개선, 소비자정책의 선진화 등 다양한 연구를 수행하고 있다. 또한, 연구 결과를 토대로 관련 행정기관과 국회에 정책과 입법을 건의하는 한편 정책 결정의 참고자료로 활용하도록 기초자료를 제공하고 있다. 소비자문제의 원인과 양상을 규명하며 실태 조사 · 사례 분석 · 대안 평가 등 다양한 방법으로 도출한 개선방안을 관계 당국에 건의하며 필요시 행정당국이 바로 시행에 옮길 수 있도록 법령과 제도의 구체적인 시안을 마련한다. 그동안 소비자기본법(소비자보호법), 제조물책임법, 약관규제법, 할부거래법, 방문판매법, 전자상거래소비자보호법, 소비자생활협동조합법 등 우리나라의 주요 소비자법률의 제 · 개정 작업을 주도하였다. 향후에는 글로벌 시장의 개방 확대, 정보통신기술의 진보, 신기술의 출현 등 정책 환경의 변화에 따른 새로운 소비자문제에 적극 대응하기 위해 지속적으로 노력할 계획이다.

③ 피해구제

제품을 구입하거나 서비스를 이용하는 소비 생활 과정에서 불만이나 피해가 빈번히 발생한다. 한국소비자원은 의류 · 생활용품 · 자동차 등 상품부터 여행 · 교육 · 문화 등 각종 서비스는 물론 금융·의료 등 전문 분야까지 소비 생활 전반에 걸쳐 발생하는 소비자 피해를 상담하고 그 피해를 구제하고 있다. 소비자 피해구제는 소비자분쟁해결기준(공정거래위원회 고시) 등 관련 법률과 시험검사 및 심의위원회·전문위원회 운영을 통해 피해의 원인을 규명하여 소비자-사업자에게 객관적이고 공정하게 합의를 권고함으로써 신속히 분쟁을 해결하고 있다. 피해구제에서 당사자 간 합의가 이루어지지 않을 경우, 소비자분쟁조정위원회에 분쟁조정 신청을 할 수 있다.

민사 분쟁은 원칙적으로 소송을 통해 해결해야 한다. 그러나 재판은 상당한 시간과 비용이 소요되고 절차가 복잡하기 때문에 피해 금액이 크지 않은 소비자 피해 사건에는 적절하지 않은 경우가 많다. 분쟁조정제도는 재판절차의 시간과 비용을 절약할 수 있는 소송대체적 분쟁해결 방법의 하나이다.

소비자분쟁조정위원회는 소비자 · 사업자단체 대표, 법조계, 의료·자동차·금융 등 전문가 150인으로 구성되어 있으며 준사법적 기능을 수행한다. 소비자와 사업자로부터 증거와 관련 자료를 제출 받아 시험 검사, 전문위원회 의견 등을 참고하여 공정한 조정결정을 하게 된다. 양 분쟁 당사자가 조정결정을 수락할 경우 재판상 화해와 동일한 효력을 갖는다.

④ 소비자안전

한국소비자원은 소비자 위해危害정보를 수집 · 분석 · 평가하고 위해 다발 품목에 대한 심층적인 조사 및 제품 안전성 시험검사를 통하여 소비자 안전을 도모한다.

소비자 안전은 사업자가 제공하는 제품이나 시설물, 용역(서비스)의 결함으로 인해 발생하였거나 발생할 우려가 있는 신체 또는 재산상의 위해를 모두 포함한다. 지속적으로 증가하는 소비자 위해정보를 체계적으로 수집·관리하기 위하여 CISSConsumer Injury Surveillance System, 소비자위해감시시스템를 운영하고 있다. CISS는 위해정보제출기관인 전국의 병원 및 소방서와 1372 소비자 상담센터, 소비자 위해정보 신고 핫라인(080-900-3500) 등을 통해 위해정보를 수집하고 분석·평가하여 관련 조치를 취할 수 있도록 구축된 소비자 위해상황 상시감시 시스템이다.

소비자안전센터는 소비자의 안전을 확보하기 위한 업무를 수행하기 위해 소비자기본법에 의해 설치된 법적기구로, CISS를 통해 수집·분석된 위해정보를 바탕으로 물품 등 안전성에 관한 사실 공표와 위해 물품 제공 사업자에 대한 시정권고 권한을 갖고 있다. 이를 통해 관계 기관에 리콜 및 제도개선을 건의하고, 사업자에게 시정을 촉구하며, 소비자에게 안전정보를 제공하는 등 소비자 안전 확보를 위해 노력하고 있다.

⑤ 시험검사

한국소비자원은 소비자의 일상생활과 밀접한 각종 상품의 품질·성능·안전성 등을 시험·검사하여 소비자에게 상품 정보를 신속하게 제공하고 업체의 품질 향상을 유도한다. 소비자 분쟁의 대상이 된 상품은 과학적 시험을 통해 인과 관계를 규명함으로써 공정한 분쟁 처리근거를 제시한다. 한국소비자원은 상품 시험검사를 통해 제품의 기능·내구성과 같은 품질 정보와 더불어 소비자 관점에서 상품의 가치를 평가함으로써 소비자에게 합리적인 상품 선택정보를 제공하고, 관련 기업의 품질 경쟁력 향상에 기여하고 있다.

또한 관리의 사각지대에 있거나 새롭게 국내에 유입되는 상품, 생명공학 등 첨단 기술을 이용한 상품과 같이 새로운 소비자 문제를 야기할 수 있는 제품에 대한 시험검사기법과 평가방법의 연구 및 모니터링을 통해 관련법의 제·개정을 유도함으로써 소비자 안전 확보를 위한 제도마련에 기여하고 있다. 특히, 영·유아용 제품, 국민다소비 식품, 피해다발 제품 등에 대한 신속하고 정확한 안전성 시험과 평가를 통해 소비자 위해환경 개선에 앞장서고 있다.

한국소비자원은 현재 식품영양분석실, 위해세균분석실, 유해화학물질분석실, 기능성의류평가실, 제품안전평가실, 생활용품평가실, 소음음향특성평가실, 전자파특성평가실 등 약 40여개의 시험실과 다양한 정밀시험기기를 갖추고 있다. 전문지식과 경험을 겸비한 직원들이 국가 · 지방자치단체, 소비자 · 소비자단체가 의뢰하는 시험을 객관적이고 공정한 절차와 기준에 따라 실시한다.

⑥ 소비자교육

한국소비자원은 소비자 피해 예방, 소비자 행정, 기업체 소비자 업무, CCM 인증 업무 등 다양한 주제로 학교 · 정부 · 기업 등을 대상으로 소비자 교육을 하고 있다. 미래세대 청소년 대상 견학 프로그램, 소비자 행정 담당 공무원 교육, 소비자 상담 담당자 교육, 기업체 소비자 업무 담당자 교육, CCM 인증기업 교육 등이 있다. 또한 소비자 교육 전문기관으로서 다양한 소비자 교육 수요에 대응하기 위해 외부 기관에서 요청 시 전문지식을 갖춘 강사를 파견하고 있다. 한국소비자원은 소비환경의 빠른 변화에 소비자들이 능동적으로 대처하고 학교, 민간단체, 공공기관 등 교육 수요가 있는 곳에서 활용할 수 있도록 분야별 · 계층별 소비자교육 콘텐츠를 기본서, 동영상, PPT 등 다양한 형태로 제작해 보급하고 있다.

⑦ 소비자정보

한국소비자원은 소비자 법령 · 정책 자료, 각종 시험검사 · 조사 · 연구 보고서, 소비자 피해 사례 · 예방 정보, 소비자 선택 정보 등 각종 분야의 정보를 온 · 오프라인을 통해 제공한다. 한국연구재단 등재지인 '소비자문제연구'는 소비자 관련 법령 · 정책, 시장 · 조사, 안전·피해 등 소비 생활 환경 전반에 걸친 주제의 논문을 수록한다. 이외에도 각 부서에서 수행한 시험검사와 조사 · 연구 결과를 보고서로 발간한다. 1988년 1월에 창간한 '소비자시대'는 현명한 소비 생활에 도움을 주는 상품 · 서비스 정보, 피해 사례와 예방 정보 등을 담은 소비자 전문지이다.

온라인 커뮤니케이션 환경이 발전함에 따라, 이메일링(소비자시대 뉴스레터 · 소비자정책동향), SNS(유튜브 · 인스타그램 · 블로그) 서비스 등 다양한 온라인 채널을 통해 신속하게 정보를 제공하고 있다. 공정거래위원회가 구축하고 한국소비자원이 위탁 운영하는 '소비자24'은 소비자정보를 종합적으로 제공하는 포털사이트로서 소비자들의 합리적 선택에 도움이 되는 다양한 정보를 제공한다. 소비자24에서는 한국판 컨슈머리포트인 비교정보 콘텐츠 '비교공감'과 소비자가 직접 평가하고 정보를 공유하는 '소비자톡톡' 등 소비자가 구매에 참고할 수 있는 정보를 제공한다.

3. 기업

소비자문제 및 피해 해결에 있어서 소비자가 아무리 노력을 하더라도 사업자와 비교해서 대등한 관계가 될 수는 없다. 결국, 거래 과정에서 공정하고 거래가 될 수 있도록 기업의 사회적 책임이 중요하다고 할 수 있다.

현재 기업의 소비자 중심 경영을 촉진하기 위한 CCM제도를 두고 있다. CCM소비자중심경영은 기업 스스로 소비자 친화적인 시장환경을 조성하도록 인증하는 제도이다. 공정거래위원회가 인증하고 한국소비자원이 운영하는 CCM인증제도는 기업이 수행하는 모든 활동을 소비자 관점에서 소비자 중심으로 구성하고 관련 경영활동을 지속적으로 개선하고 있는지 평가하는 것이다. 소비자중심경영은 다음의 소비자중심적인 경영전략 채택과 실행을 강조한다. 첫째로 사회적 책임을 인식하고 경영이념을 철저히 하는 것을 강조한다. 기업의 실무자뿐 아니라 최고 경영자가 전사적으로 소비자 중심적인 경영이념으로 철저한 의식개혁이 이루어져야 한다. 둘째, 소비자 관련 정보와 소비자불만을 신속하고 정확하게 파악하여 기업의 의사결정에 반영해야 한다. 기업은 소비자문제의 본질과 중요성을 인식하여 소비자가 상품 및 서비스에 대하여 제기하는 문제점과 잠재적 욕구를 적극적으로 기업 내 품질 제고와 서비스 개선으로 연결시켜야 한다. 셋째, 소비자에게 투명하고 충분한 정보를 제공하려고 노력해야 한다.

출처 : 한국소비자원 홈페이지

〈그림 9-3〉 소비자중심경영인증제도

CCM 인증마크는 영문 이니셜 'CCM'의 'M'을 두 사람이 나란히 서 있는 형상으로 구성해서 소비자와 기업의 서로에 대한 신뢰를 상징화했고, '소비자중심'을 인증마크 중앙에 배치하여 인증제도의 성격을 보다 직관적으로 표현하고 있다.

〈그림 9-4〉 CCM 인증마크

소비자운동이 주로 소비자단체들 중심으로 이루어져 왔는데, 1984년 기업소비자전문가협회OCAP가 발족되어 기업들 역시 소비자 보호를 위해 역할을 할 수 있음을 보여주었다. 2024년 한국소비자중심기업협회KCEA로 명칭을 변경하였다.

한국소비자중심기협회에서는 건전한 소비자문화와 올바른 기업문화를 정착시키기 위해 노력하고 있다. 기업의 발전방향과 소비자보호에 대한 각 분야의 전문가와 협업하고 있으며, 각 산업별 분과위원회를 통해 업계동향과 관련한 각종 정보를 공유하고 업종별 소비자 주요 이슈에 대한 공동대응 방안을 모색하고 있다.

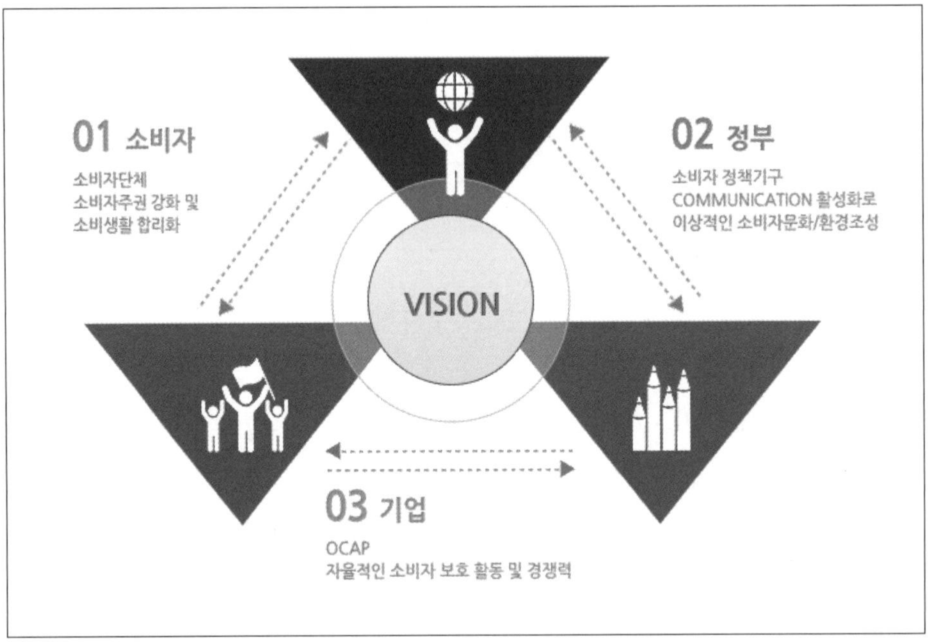

출처 : 한국소비자중심기업협회 홈페이지

〈그림 9-5〉 한국소비자중심기업협회의 비전

** 한국소비자중심기업협회의 주요사업

- 정부 및 소비자 단체와의 업무 교류 : 정부 및 지방자치단체 등 행정기관에서 수립하는 각종 소비자 관련 정책에 기업의 대표로서 기업의 입장과 의견을 취합 및 개신시켜 균형있는 소비자 보호정책의 입안에 참여함.
- 조사연구 및 정보제공 사업 : 소비자 분야의 각종 실태조사는 물론 연구자료와 최신 정보 등을 수집, 분석하여 제공함으로써 기업의 소비자 보호활동 선진화에 기여함.

- 교육사업 : 각 기업의 소비자 문제 책임자, 실무자 등을 대상으로 각종 세미나, 교육연수, 강연, 사례발표 등을 실시하여 소비자 문제 분야의 전문가 양성에 힘쓰고 있음.
- 국제교류 사업 : 해외 선진 CAP조직 및 소비자 단체 등과의 정보 교류를 통하여 회원사의 경쟁력 제고를 동모 하고, 소비자 보호 업무를 관장하고 있는 책임자,실무자의 전문적 자질을 고양시킴.
- 홍보, 출판사업 : 소비자 관련 자료 및 소비자 문제 사례집 등의 출판 사업과 기업소비자정보 간행물 발행, 정규 팩스 통신 등을 통해 회원사 들에게 신속, 정확하고 다양한 정보를 제공하고 있음.
- CS컨설팅 사업 및 CS경영 홍보사업 : 회원사를 비롯하여 비회원사 및 중소기업에 이르는 각 기업들의 고객만족 경영을 돕고, 소비자 상담실 위상을 제고하기 위한 다양한 활동을 전개함.

최근에는 ESG 경영을 추진하며 기업의 목적인 재무적 성과와 함께 환경Environment, 사회Society, 지배구조Governance 등 비재무적 요소를 포함하는 기업 경영 활동 전반으로 확대되는 추세에 있다. ESG 경영은 기업의 목적이 기존 주주뿐만 아니라 소비자, 임직원, 지역사회 등 모든 이해관계자의 이익을 고려하는 것이다. 주주 이익의 극대화에서 이해관계자의 상생으로 전환이 빠르게 진행되고 있다는 점을 통해 소비자와 지역사회 등 기업의 사회적 책임은 더욱 강화되고 있다는 것을 볼 수 있다(이용주 · 김만호, 2022).

참고문헌

공정거래위원회(2024), **2024년 공정거래백서**.

한국소비자단체협의회(2017), **한국소비자단체협의회 40년사**(1976~2015).

허경옥(2021), **소비자학의 기초(개정판)**, 교문사.

한국소비자중심기업협회 http://www.ocap.kr

소비자정책위원회 https://www.consumer.go.kr

한국소비자원 소비자중김경영 https://www.kca.go.kr/ccm

4부

소비문화와 행복한소비

10장

소비문화와 소비트렌드

소비는 현대 사회에서 일상생활의 모든 활동과 관련이 있다고 해도 과언이 아니다. 소비는 이제 사회 구성원의 생활 양식을 설명하는 중요한 요소가 되었다. 또한 소비자에 의해 형성되고 소비자들에게 영향을 주는 소비문화는 사회 가치관, 생활양식, 제품과 서비스 특징을 결정하는 중요한 역할을 하고 있다. 따라서 소비자를 이해하기 위해 관심이 높아지면서 소비자 행동의 변화를 파악하기 위해 소비트렌트 분석이 활용되고 있다. 이 장에서는 소비문화의 변화, 비합리적인 소비문화를 살펴보고 소비트렌드의 중요성과 소비트렌드를 고찰하면서 사회를 소비자 관점에서 이해할 수 있기를 바란다.

1. 소비문화

소비문화는 현대 소비사회를 지배하는 중요한 키워드의 하나로 다양한 소비생활에 중요한 영향을 미치고 있다. 소비는 경제적 행위일 뿐만 아니라 사회문화적 행위가 되고 있기 때문이다. 예를 들어서 생존을 위해서 음식을 먹는 행위에도 음식을 통해서 얻게 되는 영양적 요소를 넘어 음식이 사회적으로 가지는 사회적 의미까지도 사람에게 투영되면서 개인의 주체성을 형성하고 그를 특정 집단이나 문화에 포함, 또는 배제시키는 수단으로 활용되고 있다. 특정 음식을 소비하는 행위와 관련 의식들이 그 음식의 상징적 속성과 가치를 취해 자아를 구성하고, 다른 소속 집단과 문화의 독특한 규범과 가치를 내면화하고 공유하는 과정을 통해 개인적이고 집합적인 정체성을 획득하는 기제가 되었다(고명지 외, 2017).

이러한 소비생활은 한 사회의 사회적 규범의식이나 문화적 가치관에 영향을 받아 재화나 서비스의 유형, 사용방법, 생활양식에 공통된 특징을 보인다. 이렇듯 소비는 한 사회의 생활 과정에서 나타난 한 분류의 공통적인 현상으로써 넓은 의미의 문화의 관점에서 평가되고 이해된 재화나 서비스의 유형, 소비행위 유형, 소비에 대한 공통된 사고방식 그리고 이들로 이루어진 소비생활양식을 의미한다(송인숙, 2022 재인용). 따라서 소비와 관련된 모든 행동뿐만 아니라 소비에 대한 공통된 가치관, 태도, 사고방식 등 소비문화는 광범위하고 포괄적이라고 할 수 있다.

2. 소비의 의미와 소비문화

1) 전통사회의 소비

전통사회에서는 생활하는데 필요한 물품을 직접 생산하여 사용하였다. 즉 생산과 소비가 분리되지 않았던 것이다. 소비는 물, 공기, 음식 등과 같이 인간의 기본적인 욕구를 충족시키기 위한 물품을 사용하는 것을 의미하였기 때문에 소비는 사용가치를 창출하기 위한 것이었다. 전통사회에서도 자신이 사용하고 남은 물건을 팔거나 다른 물건과 물물교환이 이루어졌다. 이 경우 역시 생산된 물품은 다른 사용자에 의하여 직접 소모되는 것이다. 즉 전통사회에서의 소비는 다른 사람들의 사용가치를 충족시키기 위한 것이었다.

가장 기본적인 사용 중심의 소비가 있었지만 공동체 안에서 계급을 구별하기 위한 소비가 이루어졌다. 조선시대의 소비문화는 기본적으로 유교 영향으로 검약의 숭상과 사치의 경계였지만 그 안에서도 계급 구별을 위해서 사용되었다. 조선왕조실록에서 '사치금지령'에 관한 내용이 131건인데 그 내용은 첫째로 검소하고 절약하자는 풍조를 조장하기 위한 것이고 두 번째가 신분의 귀천을 구별하기 위한 것이라고 한다(이헌창 2011). 조선시대에는 이렇게 의복뿐만이 아니라 거주했던 집의 크기 그리고 음식의 가지 수까지도 정해두고 있었다.

2) 산업자본주의 사회의 소비

산업자본주의사회로 들어서면서 우리가 사용하는 물품이 돈으로 사고팔 수 있는 상품으로 변화함으로써 인간 상호 간의 관계는 생산자와 소비자, 판매자와 구매자의 구체적인 관계로 변하였다. 전통사회에서 이루어졌던 남은 물건을 물물교환하던 개인적 거래는 더 이상 필요 없게 되었다. 급격한 산업 발달로 인한 대량생산과 대량소비가 이루어지는 산업사회에서 대중은 소비의 주체로 부각되었다. 소비는 이 시기부터 한 사회의 문화적 가치관, 제도, 규범 등의 영향을 받아 사회문화적 행위가 되었다(이은희 외, 2020). 그러면서 소비는 다양한 기호가치를 산출하는 상징소비로서 중요한 의미를 가지게 되었다(김영신 외, 2012).

(1) 상징으로서의 소비

상징이란 어떤 문화를 공유하는 사람들에게만 통하는 특별한 의미를 지닌 말, 동작, 그림 또는 대상을 가리킨다. 이러한 상징적 의미가 나타나게 된 계기는 미국의 경제학자 소스타인 베블런에 의해 '과시적 소비'행위가 밝혀지면서이다. 베블런은 당시 상류층의 사치스럽고 낭비적인 소비를 과시적 소비라고 칭하였다. 이는 상류층은 자신의 사회적 지위를 나타내고 인정받기 위해서 고가의 진귀한 상품을 소비한 것을 의미하였다. 대표적으로 명품 구매 행동에서 과시적 소비가 나타난다. 가성비나 실용성보다는 명품이 가지는 사회적 이미지를 남들에게 보이기 위해 구매하는 것이다.

이러한 구별짓기 위한 소비문화의 미묘한 차이는 사회를 계층화하는 핵심적 원리로 작용한다. 예를 들면, 상류층의 지위나 신분을 상징하는 상품을 중산층이 구매하기 시작하면 그 상품은 이미 상류층이 생각하기에는 지위를 상징하는데 활용될 수가 없게 된다. 그러면 상류층에서는 중산층이 살수 없는 새로운 상품에 투자하는 술래잡기 효과가 현대 소비문화의 핵심이 되고 있다(남은영, 2010). 진짜 일류 명품일수록 로고의 글자는 작아지고 그 의미는 커지는 현상이 나타나기도 했다. 로고를 없앤 명품이 등장한 것이다.

자신의 지위나 계급을 드러내기 위한 소비를 설명할 수 있는 이론으로 프랑스 사회학자 피에르 부르디외의 '구별짓기'이다. 브르디외는 자본을 경제자본, 문화자본, 사회자본, 상징자본 네가지 유형으로 분류하였으며, 이 가운데 문화자본은 계급제도 속에서 분류된다고 보았다. 예를 들어 고전음악, 문학 조각 등은 고급문화영역에 해당되고 사진, 대중가요, 재즈 등은 덜 고급 문화의 영역이다. 이러한 소비자의 취향을 나타내면서 계급화되고 다른 구성원과 구별짓게 되는 것이다(이은희 외 2020). 문화자본은 오랜 시간에 걸쳐 교육 등을 통해서 개인의 내면에 자리잡은 교양을 말하며, 이는 경제자본을 바탕에 두고 계속적으로 쌓이게 되면 취향의 형태로 내재되게 된다(권혜원 외, 2011). 문화자본은 상속된 문화자본과 획득된 문화자본으로 구별된다. 상속된 문화자본은 부모의 교육수준을 포함한 사회경제적 특성이 가족 구성원의 문화 활동이나 취향에 영향을 미치는 경우이며, 획득된 문화자본은 교육 시설인 학교를 기반으로 본인 능력을 바탕을 문화적 지위나 이해도가 확보되는 경우이다.

이와 같이 상징소비는 개인이 자신 스스로를 한 사회의 구성원으로 자신의 위치를 드러내 표현하는 방식이자 상호 간의 위치를 확인하는 의사소통 수단으로 활용하고 있는 것이다(이은희 외, 2020).

(2) 욕구의 창조

자본주의 사회에서 소비는 소비자의 욕구를 만족시키기 위하여 제품과 서비스를 선택하고 구매, 사용하는 과정이라고 할 수 있다(서여주 2021). 또한 소비자들은 자신의 욕구를 충족시킬 수 있는 소비의 평등화가 실현되었다. 소비의 평등화는 소비의 차별화를 통해 다른 사람과 구별하려는 욕구를 더 강하게 만든다. 과거에 일부 소수의 소비자만 사용했던 사치품이 일반인들도 사용할 수 있게 되면서 이제는 필수품이 되었다. 결국 사람들은 다른 사람과 구별되는 또 다른 사치품을 원하게 되었다. 여기에 소비자의 욕구를 자극하는 다양한 마케팅 전략에 의해 끊임없이 새로운 상징과 기호가 만들어지고 소비자들은 끊임없이 새로운 욕구가 창조되었다(서정희, 2019).

대량생산 체제가 갖추어지면서 제품은 일정량을 지속적으로 생산할 수 있게 되었다. 과거 필요한 만큼 생산해서 사용하던 시대에서 소비자의 필요와 상관없이 생산된 제품이 생겨나게 되었다. 생산된 제품을 판매하기 위해 소비자들의 욕구를 자극하는 마케팅으로 이어지게 되었다. 즉, 자본주의가 유지되고 발전하기 위해서는 생산된 제품이 판매되어야 하기 때문에 상품 생산 논리에 따라 소비자의 욕구를 발전시키는 것이다(함인희 외, 2021). 자본주의 사회에서 소비자의 욕망은 기업의 이윤 창출을 위해 꼭 필요조건이 되었으며, 다양한 마케팅을 통해 욕구를 자극하는 것을 넘어서 욕구를 창조하고 있다. 결국 소비자들에게 끊임없이 창조되는 욕구, 제품과 서비스를 이용하면서 얻게 되는 즐거움까지도 자본주의 사회에서 만들어지게 된 것이다. 마르쿠제는 근대 자본주의의 강제에 의해 소비자들의 무의식에 각인된 소비에 대한 욕망을 인간의 제 2의 본성이라고 지칭하며 소비를 조장하는 산업주의를 비판하였다. 또한 소비욕구는 자연적인 것이 아니라 근대자본주의의 산물로 이해되기도 한다(서여주, 2021).

(3) 상품을 통한 자아추구

제품을 구매해서 사용하다 어느 순간 살펴보면 비슷한 분위기와 이미지의 의류, 가구, 자동차를 구매하기도 한다. 가끔은 주변 친구를 보면 항상 비슷한 느낌의 옷을 입고 다니는 것을 볼 수도 있다. 이것은 내가 다른 사람들에게 어떻게 보이기를 바라는지, 나에 대해서 어떻게 생각해 주었으며 좋겠다는 등의 일관된 생각을 가지게 되고 이것이 소비를 통해서 나타나게 되는 것이다. 전통사회에서는 자신의 계급에 고정되어 있는 소비를 할 수 있었다면, 이제는 자신의 자아정체성에 맞는 소비를 할 수 있게 된 것이다. 소비자들은 자신의 직업, 역할 등을 통해서 자신을 드러내는 것이 아니라 내가 사용하는 제품이 가지고 있는 상징을 사용함으로써 내가 어떤 사람인지 드러내는 것이다.

상품을 통하여 자아를 추구하는 현상을 ‘디드로 효과’라고 부른다. 17세기 말 프랑스의 철학자 겸 수필가였던 디드로는 ‘오래된 드레스가운을 버리고 나서의 후회’라는 에세이에서 상품이 어떻게 인간의 의식을 지배하는 가를 처음 지적하였다(서정희, 2019). 에세이에 따르면, 디드로는 친구로부터 우아하고 멋있는 붉은 색의 드레스가운으로 선물받게 된다. 그래서 오래된 가운을 버리고 선물받은 가운을 대체한 후에 드레스 가운에 어울리는 책상으로 교체하게 되고, 그 다음으로 벽걸이 결국 가구와 인테리어가 붉은 드레스와 어울리게 바뀌게 된 일화를 소개하였다. 이후 캐나다 출신의 인류학자 그랜트 맥크래켄의 연구 ‘문화와 소비’에서 제품 간 연관성에 따른 소비현상 소개하면서 ‘디드로 효과’라고 불리게 되었다. 자동차, 가구, 의류 등 문화적, 미학적으로 연관성이 높은 제품은 한 제품의 구매가 통일성 있는 또 다른 제품의 구매로 이어지기 쉽다는 이론이다.

소비자들이 자신의 자아정체성과 개성을 아름다움, 매력, 센스 등 자연적 특성에 따라 가치 있는 자신에게서 찾는 것이 아니라 광고에 의해 만들어진 모델을 그대로 따라 하거나 만들어져 있는 코드에 순응함으로써 개인의 자연적인 가치는 모두 사리지고 그 대신 마케팅에 의해서 만들어진 인위적인 가치가 영향력을 행사하는 것이다. 오늘날에는 자신의 정체성이 자신의 실제가 아니라 자신이 소비한 것으로 표출되는 오늘날의 소비문화가 형성하는 정체성이란 상품화에 의해 조작된 또는 연출된 허위적 혹은 가상적 정체성이라는 평가를 모면하기란 쉽지 않을 것이다(서여주, 2021).

3. 비합리적인 소비문화

자본주의 사회에서 끊임없이 노출되는 광고의 홍수 속에서 소비자들은 합리적인 소비를 하는데 많은 어려움을 겪게 된다. 판매 방식에 있어서도 매장에서 제품을 구매하는 일반적인 방식이 아닌 전자상거래의 비중이 높아지고 있으며, 새로운 유형의 거래 방식이 등장하고 있어 소비들의 합리적인 소비를 더욱 어렵게 하고 있다. 이러한 상황 속에서 소비자들은 자칫하면 비합리적 소비문화를 형성하고 이는 사회 발전에 악영향을 줄 수도 있다.

1) 과소비

과소비는 자신의 소득수준이나 한정된 예산 규모를 초과하여 불투명한 미래의 소득까지도 앞당겨 사용하는 과도한 소비를 의미한다(허경옥, 2021). 일반적으로 과소비라고 하면 소득으로 감당할 수 없는 지출을 하거나 빚을 내어 소비하는 것이라고 생각한다. 또는 일반적으로 비싼 제품을 구매한다면 무조건 과소비로 규정하는 경우도 있다. 이 때문에 소비자들은 자신이 과소비한다고 생각하는 경우는 많지 않은데, 왜냐하면 즉 과소비에 대해 개념을 명확히 이해하지 못하기 때문이다.

지나친 과소비는 가계 재정적 위험뿐만 아니라 국가 경제에 악영향을 줄 수 있다. 따라서 자신의 소비수준을 평가하여 스스로 자각하여 계획적으로 적절한 규모의 소비를 하는 습관을 가지도록 노력해야 한다.

※ 과소비지수

모 생명회사에서 비만과 과소비자료에서 과소비지수를 개발하여 소비자들의 과소비 정도를 파악하는 기준을 제시하였다.

$$과소비지수 = \frac{(월평균수입 - 월평균저축)}{(금융자산의 1\% + 월평균수)}$$

과소비지수값

1 이상 : 재정 파탄상태

0.7 이상 : 과소비증후군

0.6~0.7 사이 : 평범한 수준

0.6 미만 : 근검절약형

2) 과시소비

소비자가 제품을 이용하면서 제품을 통해서 만족을 얻는 것이 아니라 다른 사람들에게 과시하기 위해서 구매하는 것이다. 과시소비는 소비를 통해서 자신의 경제적인 부나 사회적 지위가 남보다 우월하다는 사실을 다른 사람들에게 드러내어 타인에게 인정받으려는 욕구에서 발생하는 소비행동이다. 베블렌은 과시소비를 사용을 통하여 효용을 얻기 위한 목적보다는 금전력을 과시하기 위한 목적으로 많은 규모의 재화와 용역을 소비하는 것으로 정의하였다(박현주 · 박숙현, 2012). 과시 소비는 실익을 따지지 않고 그저 남보다 우월하게 보이기 위해 자기도취에 빠져 소비를 통해 다른 사람과 차별화하고자 하는, 또는 다른 사람보다 우월하기를 바라는 심리에서 하는 소비를 의미한다(허경옥, 2021).

과거에는 과시소비를 상류층의 비합리적인 소비문화로 언급 하였지만 생활수준의 향상과 광고와 SNS의 영향으로 중하위 계층과 청소년들에게서도 과시소비가 나타나고 있다. 백경미와 이기춘(1995)의 연구에 따르면, 우리나라 소비자들의 과시소비 경향은 고소득 계층에서만 나타나는 것이 아니고 전 소득계층에서 나타나는 현상임을 밝혔으며, 과시소비의 원인을 크게 심리적 원인, 사회심리적 원인, 사회문화적 원인으로 보았다. 심리적 원인은 개인적인 심리적 동기를 말하며, 사회심리적 원인의 경우 소비에 영향을 미치는 외부요인, 즉 대중매체, 판매업자 동료 등을 말한다.

과시소비를 부추기는 개인적인 요인은 주로 우리 사회의 깊은 경쟁의식, 소비자 자신의 열등감, 어린 시절의 가난 콤플렉스 등이 과시소비를 유발하는 개인적인 심리적 동기가 된다. 그러나 과시소비는 이 같은 개인적 측면의 원인보다는 사회심리적 그리고 사회문화적 원인에 의해 보다 많은 영향을 받는다. 왜냐하면 과시소비 자체가 타인을 향한 전시효과에 초점을 두기 때문이다.

<사례 10-1> 명품 소비 연령 낮아진다더니…10대 유튜버도 '럭셔리 하울'

최근 젊은층의 명품 소비가 늘어나자 온라인 상에서 고가의 의류나 패션 제품에 대한 10대들의 관심도 커지는 모습이다. 명품을 구입하고 후기를 소개하는 럭셔리 하울(haul·제품 구매 후 품평을 담은 영상) 콘텐츠에 중고생 유튜버들도 동참하고 있다. 이런 영상들은 또래들의 취향과 소비 습관에도 영향을 미치고 있다는 분석이다.

8일 관련 업계에 따르면 최근 몇년간 젊은층의 명품 소비는 꾸준히 증가해 왔다. 럭셔리 제품을 구매하는 연령대도 낮아지는 추세다. 글로벌 컨설팅 업체 베인앤드컴퍼니는 최근 보고서에서 "지난해 고급 패션브랜드 시장 성장세는 MZ세대 덕분이었다"라며 "Z세대(1990년대 중반~2010년대 초반 출생)의 명품 첫 구매 연령은 15세 정도로 M세대(1980년대~1990년대 중반 출생)보다 3~5년 빠르다"고 설명했다.

이어 "소셜 미디어와 온라인 판매 사이트의 확산으로 어린 나이에 명품을 소비하는 경향은 알파세대(2010년 이후 출생)에서도 이어질 것"이라고 내다봤다. 온라인 영상 플랫폼에서는 명품 구매 브이로그나 하울 콘텐츠가 큰 인기를 얻는 중이다. '명품', '하울'이란 단어만 검색해도 여러 영상을 찾아볼 수 있다. 주로 비싼 호텔과 음식점을 다니며 자신의 명품 가방이나 옷, 신발 등을 보여주거나 직접 구매한 제품의 후기나 평가를 소개한다. 이런 영상들은 시청자들의 구매 욕구에도 적지 않은 영향을 미친다. 지금까지 명품 콘텐츠의 타깃층은 온라인 상에서 적극적으로 소비 정보를 취득하는 2030 세대였다. 그런데 최근에는 콘텐츠를 생산·소비하는 연령층이 점차 낮아지는 추세다. 유튜브에서는 청소년들이 명품 브이로그와 하울 콘텐츠를 제작하는 모습을 어렵지 않게 찾아볼 수 있다. 조회수가 수만회에서 십수만회에 이를 정도다.

청소년 유튜버 A는 지난해 자신의 채널에 나이와 명품 브랜드들을 적은 브이로그 영상을 게재했다. 영상에는 A가 생일을 기념해 백화점에서 명품을 구매하고 고급 호텔에서 식사를 하는 장면이 담겼다. 그는 명품 브랜드로 알려진 '샤넬'과 '크리스챤 디올'등의 여러 매장을 돌아다니며 원하는 것들을 구매했다. 다른 청소년 유튜버 B는 고급 음식점을 다니고 명품을 구매하는 콘텐츠를 지난해 4월 자신의 채널에 게재했다. 영상은 명품 브이로그 영상과 같이 흘러갔으며, 장면이 바뀔 때마다 다른 명품이 등장했다. B는 영상 자막을 통해 "샤넬에서 선물 받았다"고 말하며 거울과 파우치를 화면에 비췄다. 이후 B씨는 친구가 가방에서 고가의 지갑과 화장품을 하나 둘 내놓는 장면도 영상에 담았다.

[서울=뉴시스] 지난해 2월 청소년 유튜버 A가 공개한 영상 속에는 자신의 생일을 맞이해 구매한 고가의 명품 브랜드 제품을 선보이고 있다. (사진=유튜브 캡처) 2023.08.08 photo@newsis.com *재판매 및 DB 금지

출처 : 뉴시스(2023).

3) 동조소비

동조의 뜻은 다른 사람의 의견에 자신의 의견을 일치시키거나 보조를 맞추는 것을 말한다. 자발적으로 어떤 집단의 규범에 순응하고 그 집단의 구성원들과 비슷해지려는 경향성이라고 볼 수 있다.

동조소비는 소비자 개인의 필요와 선호에 의해 자주적 또는 주체적으로 상품을 선택하고 소비하는 것이 아니라 다른 사람과 동일시하려는 의식이나 준거집단에서 소외되지 않으려는 소속 욕구로 인해 다른 사람의 영향을 받아 수동적으로 선택하는 소비행동이다.

우리는 집단주의 문화 속에서 자신이 속한 소속집단의 구성원을 고려한 의사결정이 보편화되어 있는 사회 분위기에서 생활하고 있다. 따라서 소속된 집단의 규범에 따르기를, 집단 의사결정에 동조 하라는 무언의 압력을 받고 있다. 따라서 동조소비 경향에서 완전히 자유로울 수 있는 소비자는 많지 않을 것이다. 이러한 동조소비는 특히 또래집단의 영향을 많이 받는 청소년기에 많이 나타난다. 친구들로부터 인정받고 소속감을 유지하기 위해 주변 친구들이 가지고 있는 옷이나 신발, 학용품을 등을 따라 구매하거나 대중매체에서 보여주는 유명인을 추종하여 그들이 사용하는 소비품을 구매하는 것이다.

<사례 10-2> "초등 저학년이 아이폰 사달래요"…新 '등골 브레이커'에 학부모 한숨

초등학교 4·6학년 자녀를 둔 이모씨(44)는 아이폰을 사달라던 자녀들에게 최근 다른 브랜드의 휴대폰을 사줬다. 두 자녀는 아이폰을 쓰는 친구들의 이름을 줄줄 읊으며 아이폰을 사달라고 졸랐다고 한다. 이씨는 "디자인이나 기능과 관계없이 과시용으로 아이폰을 사고 싶어 하더라"며 "휴대폰 케이스를 끼면 다 같아 보인다고 했더니 아이폰 쓰는 아이들은 다른 친구에게 보여주려 투명 케이스만 쓴다고 했다"고 말했다.

최근 한 지방자치단체 유튜브 채널에 출연한 대학생이 "갤럭시를 쓰는 남자는 선호하지 않는다"는 취지의 발언을 해 논란이 된 가운데 10대들 사이에서도 아이폰 선호 현상이 관측된다. 맘카페 등에서는 "초등학교 저학년인데도 아이폰을 사 달라고 한다"는 고민을 토로하는 학부모들이 늘고 있다.

충북 청주에 거주하는 안연진양(16)의 학급에서는 25명의 학생이 모두 아이폰을 쓴다. 안양은 "다른 반에서도 갤럭시를 사용하는 친구를 본 적이 없다"며 "갤럭시를 쓰면 안 된다는 분위기는 아니지만 갤럭시를 쓰는 친구를 보면 농담으로 '아직 갤럭시 쓰냐'는 식으로 말하기도 한다"고 말했다.

10대들의 아이폰 선호 현상은 설문조사 결과로도 확인된다. 한국갤럽이 지난 7월 실시한 '2023 스마트폰&브랜드, 스마트워치, 무선이어폰에 대한 조사'에 따르면 국내 스마트폰 이용자 중 아이폰 사용자 비율은 10·20대에서 가장 높았다. 특히 18~29세에서 아이폰 사용률은 65%로 갤럭시 32%보다 2배가량 높은 것으로 조사됐다.

그러나 모든 10대가 아이폰만을 선호하는 것은 아니다. 중학생 방모양(17)은 "친구들마다 본인이 원하는 브랜드가 확고해 모든 친구가 아이폰을 선호한다고 볼 순 없다"고 밝혔다.

전문가들은 동조 현상으로 인한 소비 습관은 올바르지 않다고 강조했다. 이영애 인천대 소비자학과 교수는 "청소년들은 주변의 영향력을 많이 받는다"며 "예전에는 10대들이 특정 브랜드의 패딩 점퍼를 선호하는 현상을 두고 '등골 브레이커'라는 말이 나왔었는데 (아이폰 선호 현상 역시) 합리적이지 않은 동조 현상이라고 볼 수 있다"고 말했다.

출처 : 머니투데이(2023).

4) 충동구매

충동구매는 소비자가 사전에 계획 없이 특정 자극상황에 노출되었을 때 욕구가 발생하여 반사적, 충동적으로 구매하는 행동을 말한다(이은희 외, 2020). 꼭 필요하지 않아도 SNS에 노출된 제품의 디자인, 모양에 순간적인 감정에 이끌려 즉흥적으로 구입하는 소비행태이다. 충동구매를 유발하는 것은 유튜브, 쇼츠, 릴스 등 영상을 통한 화려하고 유혹적인 광고가 있다. 특히 온라인 SNS의 영향력이 커지면서 인플루언서의 추천, 사용 후기는 소비에 미치는 영향이 커지고 있다.

이러한 충동구매는 감정의 영향을 많이 받는데, 예를 들어 어떤 사람들은 성취에 대한 보상의 차원에서 즐거움, 행복과 같은 긍정적 기분 상태를 유지하거나 증대시키기 위해 충동구매를 하고, 반대로 좋지 않은 사건 후 스트레스를 감소시키거나 절망이나 우울함에 대한 자기 위로 차원에서 부정적 정서를 완화시키기 위해 충동구매를 한다(심경옥, 2018). 그리고 구매를 쉽게 해주는 금융서비스 역시 충동구매에 영향을 준다. 신용카드, 할부, 후불결제 등의 금융서비스의 경우 당장 현재 현금이 없더라도 구매를 할 수 있는 방법을 제공하면서 소비자들의 충동구매를 부추기고 있다.

충동구매를 막기 위해서 무엇보다 구매목록을 작성하여 계획적 구매를 하는 습관을 기르는 것이 좋다. 계획적이며 균형있는 지출을 통해 소비자의 효용이 극대화되므로 충동소비를 방지하기 위해서 가계부 쓰기가 우선적으로 시행되어야 한다(허경옥, 2020).

충동구매와 비계획적 구매를 혼용하여 사용하는데 비계획구매와 충동구매는 명확하게 구별된다. 충동구매와 비계획적 구매는 사전에 구매 계획이 없었지만 구매한다는 점에서 공통점이 있기는 하다. 하지만 충동구매의 경우 필요성이 외부 자극에 의해 감정적으로 구매 결정을 충동적으로 하는 것인 반면, 비계획적 구매는 이성적인 상태에서 필요성이 있는 물건을 구매하는 것이다.

〈표 10-1〉 충동구매와 비계획구매의 차이점

특성	충동구매	비계획구매
사전의 구체적 계획 수립 여부	없다	없다
구매의 필요성을 인식하는 형태	각성	상기
구매 시점에서 상대적 영향력	감정	이성
구매 방식	충동적·반사적	정형적
심리적 갈등	상대적으로 크다	상대적으로 적다
구매 시점의 관여상태	고관여	저관여
구매 결정시간	짧다	길다
소구점	감정적 소구	인지적 소구
처리된 정보량	비교적 적다	중간수준

<사례 10-3> "할부·후불결제로 사면 그만"…충동구매 즐기는 MZ, 부채 뇌관 될까

할부와 리볼빙을 자유롭게 활용하는 MZ세대가 각국 가계부채의 뇌관이 될 수 있다는 보고서가 나왔다. 최근 한국금융연구원이 발간한 '글로벌 MZ세대의 신용동향 및 시사점'에 따르면 MZ는 여타 세대와는 다르게 의류, 모바일 게임 등 비필수 지출 비율이 높고 충동구매 성향이 강하다. 아울러 할부나 후불 결제 선호도 높은 것으로 나타났다.

연구원이 핌츠(Pymnts) 보고서를 인용한 자료에 따르면 '비필수 품목이나 서비스 구입에 100달러 이상을 지출한 적이 있다'고 응답한 비중은 밀레니얼세대가 78.8%, Z세대가 73.7%에 달했다. 반면, 베이비붐세대는 절반 수준인 43.1%에 지나지 않았다.

아울러 프레드파이낸셜(Breadfinancial)은 MZ세대의 충동구매 성향이 베이비붐세대보다 더 강하다고 분석했다. 밀레니얼세대의 44%, Z세대의 38%가 신용카드 할부 계획을 가지고 있는 반면, 베이비붐세대와 노년층은 7.6%만이 할부 계획을 지니고 있었다.

AP통신은 BNPL(바이 나우 페이 레이터, 선구매 후 8주 이상에 걸쳐 할부로 대금을 상환하는 서비스)의 후불결제방식이 MZ세대의 소비성향과 부합하며 MZ세대의 특성을 더 부각할 가능성이 있다고 내다봤다.

특히, 미국에선 다수 Z세대가 빚을 제대 상환하지 못하며 전 세대 중 평균 신용점수가 653점으로 가장 낮은 것으로 드러났다.

연구원은 "미국, 캐나다 등 주요 국가의 MZ세대는 인플레이션 및 실업 증가 등의 거시환경 변화로 인해 재무 불확실성에 직면하고 있다"며 "이로 인한 부채 증가, 신용상태 악화, 연체율 상승 등의 재무적 어려움이 가중되고 있다"고 기술했다.

아울러 "미래의 핵심 소비세대인 MZ세대의 재무상태가 일정 수준 이상으로 악화되면 경제성장 둔화, 정부의 재정 부담 증가 등과 같은 부정적인 영향을 초래할 수 있다"며 "각국의 정책당국은 선제적인 대비책을 마련할 필요가 있다"고 부연했다.

출처 : 매일경제(2025).

5) 중독구매

중독구매란 심리적 불만족을 해소하기 위해 지나치게 구매에 이끌리고 이러한 구매 욕구를 억제하지 못하여 만성적이고 반복적으로 구매하게 되는 것을 뜻한다. 중독구매를 하는 이들은 불안, 긴장, 우울감 등의 부정적 감정을 극복하기 위해서 제품이나 서비스를 구매하는 경우이다. 구매행위를 개인이 스스로 통제할 수 없는 상태로 일종의 병적으로 습관적으로 구매하는 것이다. 따라서 미국의 경우에서는 이를 과소비의 일종으로 보지 않고 알코올 중독, 마약중독과 같은 정신적 질환으로 바라보고 있다. 이들에게 무엇을 구매하는지는 중요하지 않다. 필요하지 않은 상품을 마구잡이로 구매하고, 구매 후에 사용하지 않는 경우가 많으며, 심지어 구매한 제품이 무엇인지 기억하지 못해 동일한 제품을 반복 구매하기도 한다.

앞서 살펴본 충동구매와 중독구매가 충동적으로 구매한다는 점에서 공통점이 있기는 하지만, 충동구매는 특정 제품이나 서비스에 대한 강한 감정이 발생하여 순간 즉각적인 구매를 하는 것이라면, 중독구매는 제품과 서비스와 상관없이 자신의 자아존중감 회복이나 긴장감 해소를 위해 나타나는 구매 현상이다. 따라서 충동구매와 달리 중독구매는 지속적이고 반복적으로 구매를 하지만 제품이나 서비스 자체에 대한 욕구는 적다.

※ 합리적 소비생활 방안

① 계획적인 소비생활
구매를 하기 전 반드시 구매계획을 세우고 구매해야 하는 품목을 정리해 두는 것이 충동구매와 시간 낭비를 막아준다.

② 소비자정보의 적극적 활용
품질과 가격 측면에서 만족스러운 상품을 고르기 위해서는 제품과 서비스에 대한 다양한 정보를 습득하는 것이 중요하다.

③ 가격과 품질에 근거한 소비자선택
무조건 외제, 특정 브랜드를 선호하기 보다는 가격과 품질을 고려하여 효율적인 선택을 하는 것이 바람직하다.

④ 신용카드, 할부이용 자제
신용카드, 할부구매, 후불결제 등을 이용할 때는 앞으로의 지불계획을 세운 후에 구매한다.

⑤ 올바른 사용과 관리
제품을 올바른 방법으로 사용, 관리하여 제품의 가치가 다할 때 까지 효과적으로 사용하는 것 또한 중요하다.

⑥ 생산적인 소비생활의 정착
생산적인 소비는 미래의 삶에 도움이 도는 것으로 같은 지출을 하더라도 더 나은 삶을 위한 수단으로 소비를 하는 것이다.

출처 : 허경옥(2020), 소비자학의 기초, p.35

4. 소비트렌드의 이해

1) 트렌드의 정의

트렌드는 가까운 미래에 발생해서 상당기간 지속되는, 그러면서도 과거와는 다른 경향과 방향성을 지닌, 사회 각 분야의 움직임을 나타내는 징후이며 현실적 동향이다(서정희, 2019). 즉 특정 한분야가 아니라 주거환경, 식생활, 여가문화 등 여러 분야에 걸쳐서 변화가 나타나는 것이다. 또한 일시적으로 잠깐 소비자의 관심을 받고 사라지는 것이 아니라 상당기간 유지되면서 약간씩 변화하며 발전되어 나가기도 한다. 트렌드는 현재의 우리사회를 만들기도 하지만 앞으로의 미래를 만들어가는 힘이기도 하다. 따라서 트렌드에는 과거와 현재 그리고 미래가 복합적으로 포함되어 있다고 할 수 있다.

과거에는 소비자들의 선호가 빠르게 변화하지 않다. 하지만 생활수준이 높아지고 온라인을 통한 정보 확산속도가 빨라지고 기업의 마케팅 기술의 진보가 합세하면서 시장의 변화속도가 급격하게 빨라졌다(이은희 외, 2017). 빨라진 소비자들의 변화를 파악하는 것이 어렵게 되었다. 소비트렌드를 정확하게 예측할수록 그 사회를 구성하고 있는 다양한 소비욕구를 찾아낼 수 있고 더 효율적이고 빨리 미래를 준비하여 미래의 불확실성에 대처할 수 있다.

2) 트렌드의 유형

트렌드는 지속하는 시간과 동조하는 소비자의 범위에 따라 마이크로 트렌드, 패드, 트렌드, 메가트렌드 네 가지 종류로 구분된다.

(1) 마이크로 트렌드 micro-trend

마이크로 트렌드는 짧은 기간동안 소수의 사람들이 동조하는 변화를 말한다. 사소해 보이지만 의외로 강력한 힘을 발휘하는 인간의 행동 패턴들이 서로 영향을 주고 받으면서 세상을 움직이는 것이다. 소수의 일부 사람들의 변화일지 모르지만 SNS를 통해 개인의 영향력이 커지고 마이크로 타겟팅이 중요한 전략이 되면서 작은 변화의 흐름도 중요하게 생각하게 되었다. 즉, 마이크로 트렌드를 이끄는 소수의 소비자 집단이야 말로 가장 효율적인 세분시장을 이루고, 현명한 지향점을 가진 목표시장일 뿐만 아니라 자발적 지속성까지 유지할 가능성이 높은 강력한 소비자 집단이라고 할 수 있기 때문이다(이은희 외, 2017). 어떤 트렌드가 1%의 인구에 영향을 미칠 때가 되면 히트영화나 베스트셀러 도서, 새로운 정치운동 등이 태동할 준비가 갖춰지는 것이다. 특정 사안과 관련해 주류의 선택과 대립되는 선택에 헌신하는 사람들이 단 1%만 있어도 세상을 변혁시키는 운동을 만들어 낼 수 있다(서정희, 2020).

(2) 패드 FAD

사람들이 유행이라고 말하는 것들이 대부분 패드에 해당된다. 패드는 트렌드보다는 지속하는 시간이 짧아 보통 짧게는 1년 아무리 길어도 2~3년 이상 지속하지 못하는 변화 동향을 나타낸다. 짧은 시간 동안 많은 사람들의 관심을 받지만 특정 일부 영역과 특정 계층에서만 변화의 현상이 나타나는 것이다.

(3) 트렌드 trend

트렌드는 유행보다 지속기간이 긴 5~10년에 걸쳐서 지속되는 변화의 동향 추세로 상당수의 사람들이 동조하는 것을 트렌드라고 할 수 있다. 트렌드는 과거에 일어났던 일이 아니라 미래에 일어날 특정한 일을 예측하는 것으로 평균적인 사람들이 이를 받아들일 때 트렌드가 될 수 있다(Vejlgaard, 서정희 역, 2020). 트렌드와 일시적인 패드와 혼동하는 경우가 있지만 다음과 같은 차이가 있다(서정희, 2020).

- 트렌드는 시장이 변화하는 일반적인 방향, 즉 개개의 단편적인 현상이야 어떻든, 전체로서 대세를 의미하는 것으로 인구통계적 변화, 대중의 가치관이나 태도, 생활양식 또는 기술의 변화에 의하여 시장 전반에 점진적이면서도 광범위한 변화를 가져온다. 특히 생활양식과 소비욕구의 변화 등 사회문화적 요인과 이를 효과적으로 충족시키는 새로운 기술이나 사업모델 등이 결합하여 형성되는 트렌드는 경제 일반은 물론이고 기업 경영에 상당한 변화를 토래한다. 이와는 달리 일시적 유행은 시류를 좇는 대중문화나 대중매체가 선도하기 때문에 비교적 짧은 기간에 폭발적으로 성장했다가 사그라지는 현상이다.

- 일시적 유행은 제품 자체에 적용되는 말이나 트렌드는 소비자들이 물건을 사도록 만드는 원동력에 관한 것이다. 사람들의 마음속에 확실한 심리적 동기가 있어야 트렌드가 될 수 있다. 즉 남이 하니까 그저 따라 하려는 것은 일시적인 유행 심리에 불과하나, 성공의 욕망이든, 본능이든 강력한 심리적 동기가 내재되어 있다면 트렌드가 될 수 있다.

- 트렌드는 사회적 토대가 마련되어 있기 때문에 평균 5~10년 이상 지속된다. 트렌드는 에너지 부족이나 자연 재해, 또는 전쟁 등과 같은 위기로 약간 변화되거나 달라질 수는 있으나, 그러한 뜻밖의 상황조차도 트렌드를 완전하게 뒤바꾸지는 못한다. 트렌드는 바위처럼 꿋꿋하다. 일시적 유행은 시작은 화려

하나 곧 스러져 버리는 것이다. 일시적으로 유행한다고 해도 사회적 토대가 무르익어가지 않으면 지지할 바닥이 없는 공중누각이 되기 때문이다.

- 일시적인 유행은 대대적으로 나타난다고 해도, 예측이 불가능하고 생명력이 짧으며 사회, 경제, 정치적 의미가 없다는 점에서 트렌드와 구분된다. 일시적 유행은 트렌드가 가지고 있는 지속적인 힘이나 영향력을 행사하지 못한다. 탕후르, 요아정 등이 일시적 유행의 예가 될 수 있다.

- 유행하는 제품과 유행하는 제품의 기초가 되는 트렌드 사이에는 상관관계가 있다. 예를 들면, 소형스쿠터는 잠은 위성도시에서 자고 일은 도심에서 하는 도시인들의 모바일 트렌드의 한 부분으로 나타난 현상이다. 문신은 유색인종의 반문화와 불량취미 트렌드가 반영된 것이다.

(4) 메가트렌드 mega-trand

메가트렌드는 트렌드 가운데 가장 지속기간이 길며 우리 삶에 전반적으로 영향을 주게 된다. 메가트렌드라는 용어는 미래학자 존 나이스빗이 1982년 정보화, 글로벌 경제, 분권화, 네트워크 조직 등을 예견한 <메가트렌드>라는 책을 발표하면서 처음 사용한 용어이다. 그는 메가트렌드를 장기간에 걸쳐서, 어느 한 지역에서가 아니라 전 세계적으로 일어나는 광범위한 변화의 흐름을 말한다.

메가트렌드가 개별적인 트렌드와 구별되는 7가지 요소로 장기성, 깊은 뿌리, 편재성과 복합성, 세계성, 견고함, 느린 속도, 역설적인 특징을 가지고 있다.

- 장기성 : 제대로 된 메가트렌드는 어느 날 갑자기 기습적으로 들이닥치지 않는다. 수십 년간 이어지는 '잠복기'를 거치면서 영향력을 키워나가, 활동기에 이르면 대부분 한 세기 이상 지속된다.

- 깊은 뿌리 : 메가트렌드는 깊은 역사적 뿌리를 가지고 있다. 때로는 그 뿌리

가 인류 역사의 기원으로 거슬러 올라가기도 한다. 이런 태곳적 힘이 오늘날의 상황과 환경에 의해 활성화되고 강화된다.

- 편재성과 복합성 : 메가트렌드는 결코 어떤 부분적 영역이나 부분적 업종 또는 특수 영역에서만 가시화되지 않는다. 인간과 관련된 모든 영역에서 지표식물과 같은 역할을 함으로써 생활환경, 경제, 소비, 정치 등과 같은 모든 영역에서 변화를 불러일으킨다. 또한 가치, 내적인 방향 설정 등과 같은 정신적인 영역에도 영향을 미친다. 메가트렌드는 사회, 정치, 경제의 다양한 부문을 새로운 방식으로 결합한다.

- 세계성 : 메가트렌드는 언제나 전 세계적인 경향을 띤다. 그러나 전 세계에서 동시다발적으로 모든 메가트렌드의 발전이 이루어지는 것은 아니다. 예를 들면 여성화 또는 도시화와 같은 메가트렌드는 다양한 지역에서 각기 다른 양상으로 나타나게 된다. 그럼에도 불구하고 그 역동성만큼은 어디에서나 찾아볼 수 있다.

- 견고함 : 메가트렌드는 결코 위기나 타격으로 말미암아 궤도에서 벗어나는 법이 없다. 가끔 속도가 정체되거나 심지어 반대 방향으로 돌진하는 것처럼 보일때도 있지만, 그러한 경우는 일시적인 현상에 불과하다. 핵심적인 노선은 전혀 훼손되지 않고 온전하게 유지된다.

- 느린 속도

  때때로 메가트렌드가 강한 추진력을 발휘하는 시기도 있기는 하지만, 장기적인 추세로 보면 점진성의 법칙이 더 우세하다고 볼 수 있다. 메가트렌드의 표준 속도는 연간 1%이다.

- 역설적인 특징

  메가트렌드는 은연중에 뭔가 분명한 것, 직선적인 것, 반짝할 수 없는 것, 일

률적인 의미가 내포되어 있는 경우가 많다. 그러나 실제로 메가트렌드는 독특한 만곡선의 형태로 움직이고, 이런 점 때문에 우리는 메가트렌드에 흥분하고 관심을 기울인다. 언제나 하나 이상의 복고트렌드, 즉 반동이나 대조적인 경향을 만들어내기 때문이다. 이런 복고 트렌드가 주류 트렌드와 소통하는 가운데 기이한 고리가 생성된다. 비직선적이라 점은 메가트렌드의 고유한 특징이자 심오한 본질이다.

3) 트렌드 영향요인

트렌드는 복합적인 현상으로 트렌드를 분석하기 위해서는 정치, 경제, 사회, 문화 환경 등 여러 분야의 동향을 총체적으로 파악해야 한다. 트렌드에 영향을 주는 많은 영향요인 가운데 사회적 요인, 기술적 요인, 경제적 요인, 환경적 요인을 살펴보고자 한다.

(1) 사회적 요인

- 물질 · 개인 · 성역할 · 관습에 대한 개인과 사회의 가치관과 가치관의 변화는 트렌드 성장에 영향을 미친다. 어떤 가치관을 가졌냐에 따라 선호 체계와 새로움에 대한 감수성, 행동양식에 차이가 발생하기 때문에 똑같은 대상이 어떤 사회에는 강력한 트렌드가 되지만 다른 사회에서는 주목하는 트렌드가 안 되는 경우도 있는 것이다.

- 도시의 경우 인구밀도가 높고 따라서 자연스럽게 사회적 상호작용이 활발하게 이루어진다. 따라서 도시화율이 높은 지역일수록 트렌드가 확산되는 속도나 발생 빈도가 높아지게 된다. 또한 도시화된 지역일수록 트렌드 시장 규모도 크다.

- 계층구조는 트렌드 확산 범위를 예측하는데 중요한 요인이 된다. 트렌드의 경우 상층부에서 발생하여 차츰차츰 하위 계층으로 확산되는 경향을 보이기

때문이다. 일반적으로 중산층이 두터울수록 트렌드 시장은 커진다.

• 교육제도가 발달할수록 트렌드 확산속도가 빠르고 확산범위도 넓어질 가능성이 높다. 교육수준이 높아질수록 새로움과 차이에 대한 감수성이 높아지는 경향이 있기 때문이다.

• 매체는 대중화되고 개인화 될수록 트렌드 확산 속도를 높인다. 매체는 사회 전반에 대한 정보 전달 속도를 높이기 때문에 개인화된 대중매체가 발달될수록 트렌드 확산속도도 같이 빨라지는 것이다. 대신 트렌드의 지속기간은 줄어들게 된다. 소비자들이 다른 새로운 정보에 노출되는 빈도가 높아지기 때문이다.

• 해외교류 빈도와 다양성이 증가할수록 트렌드 확산이 활성화될 가능성이 높다. 해외교류는 새로운 문화와 각종 정보에 대한 노출을 의미하기 때문이다. 트렌드는 대체로 선진국에서 시작되고 점차 후발국으로 내려가는 경향이 있다.

(2) 기술적 요인

정보·통신 기술의 발달과 대중화는 트렌드 확산과 지속에 매우 중요한 영향을 미친다. 정보 처리 및 관리 기술이 발달하면서 개인별 맞춤형 상품과 서비스가 가능해졌으며, 고객 맞춤형 마케팅 기술이 급격히 진화할 수 있다. 또한 최근 급부상하고 있는 생성형 AI(인공지능), 구독경제, 사물인터넷 등의 발전은 이미 소비생활에 큰 영향을 주고 있으며, 향후 소비생활을 더 빠르게 변화시킬 것으로 예측된다.

(3) 경제적 요인

경제 동향은 소비생활과 바로 직결된다고 할 수 있다. 호황기에는 트렌트가 보다 급속히 광범위하게 확산되는 경향을 보이며, 불황기에는 전반적으로 소비가 주춤해지지만 불황기에는 욕구 위축, 손실 회피, 보상 심리 등 불황기 특유의 소비성향이 나타나게 된다. 따라서 경제는 트렌트의 성장 속도를 가늠할 수 있는 중요한 요인이 된다.

(4) 환경적 요인

이상기후로 예측할 수 없는 폭우, 폭염, 폭설 등이 빈번해 지면서 기후변화는 사회의 중요한 이슈가 되었다. 기후변화로 인한 물가상승인 기후플레이션이 본격화 되었으며, 이상 기후로 인한 재난 등 생활에 실질적인 영향을 주고 있다. 이에 따라 소비자들은 기후변화와 환경문제의 심각성을 인식하고 행동하고 있다.

참고문헌

권혜원 · 이명진 · 최샛별(2011), 청년 세대 음식소비문화에 관한 연구, **소비문화연구** 20, 49~78.

김영신 · 서정희 · 송인숙 · 이은희 · 제미경(2012), **소비자와 시장환경 제4판**. 시그마프레스.

남승규(1999), 중독구매 행동과 개인적가치, **한국심리학회지 : 산업 및 조직**, 12(1), 1~11.

남은영(2010), 한국 중산층의 소비문화, **한국사회학**, 44(4), 126~161.

뉴시스(2023), "명품 소비 연령 낮아진다더니…10대 유튜버도 '럭셔리 하울'", 2023. 8. 29.

머니투데이(2023), "초등 저학년이 아이폰 사달래요…新 '등골 브레이커'에 학부모 한숨", 2023. 10. 23.

매일경제(2025), "할부 · 후불결제로 사면 그만…충동구매 즐기는 MZ, 부채 뇌관 될까?", 2025. 1. 3.

박현주 · 박숙현(2012), 연령에 따른 과시소비성향이 패션관여도에 미치는 영향, **한국의류산업학회지**, 제14권 제1호, 56~63.

백경미 · 이기춘(1995), 도시주부의 과식소비성향에 관한 분석, **한국가정관리학회지**, 13(4). 161~176.

서여주(2021), **소비와 시장**, ㈜백산출판사

서정희(2019), **4차산업혁명 시대의 소비자와 시장**, 울산대학교출판부.

서정희(2020), **소비 트렌드 분석**, 울산대학교출판부.

송인숙(2002), 소비문화에 관한 연구의 현황과 전망, **대한가정학회지** 제40권 2호, 39~56.

심경옥(2018), "충동구매 경향성과 개인특성 간의 관계에 대한 지각된 스트레스의 매개효과", **한국심리학회지 : 사회 및 성격** 32(4), 65-89.

이은희 · 유현정 · 이준영(2017), **소비트렌드의 이해와 분석**, 교문사.

이은희 · 제미경 · 김성숙 · 홍은실 · 유현정 · 윤명애(2020), **디지털 시대의 소비자와 시장**, 시그마프레스.

이헌창(2011), "조선시대 은 유통과 소비문화", **명청사연구** 36권, 99~139.

함인회 · 이동훈 · 박선웅(2021), **중산층 정체성과 소비문화**, 집문당.

허경옥(2021), **소비자학의 기초**, 교문사.

11장

윤리적 소비

우리가 살고 있는 사회는 대량생산과 대량유통이 전 세계로 확산되면서 다양한 상품과 서비스를 소비할 수 있게 됨에 따라 그 어느 때보다 물질적으로 풍요로움을 누리며 살아가고 있다. 그러나 소비사회가 발달하면서 필요 이상으로 과잉생산이 이루어지고 소비자들은 무분별하게 소비하고 과잉폐기를 부추기는 일상이 반복됨에 따라 자원고갈과 환경오염, 지구 온난화, 생태계의 파괴 등 환경문제가 심각하게 되었다. 지구 온난화로 인해 이미 지구촌 곳곳에서는 폭염과 산불, 가뭄과 홍수, 극단적인 폭풍 등 기후변화의 영향을 겪고 있다. 또한 세계화와 자유무역으로 인한 경제발전의 이익은 일부 국가와 자본가들에게 집중된 결과 일부 국가는 더 부유해지는 반면 제 3세계는 기아에 허덕이고 빈곤이 심화되는 등 경제적 불평등과 빈부격차의 문제도 나타나게 되었다. 이러한 문제의 심각성을 인식하고 지속가능한 사회를 위해 자신들의 지나친 소비에 대한 반성에서 시작된 것이 윤리적 소비이다. 이 장에서는 윤리적 소비가 등장하게 된 배경과 소비윤리와 윤리적 소비의 개념 그리고 윤리적 소비의 다양한 실천방안에 대해 살펴보기로 한다.

1. 윤리적 소비의 등장 배경

1) 현대 소비사회의 특징과 그에 따른 문제

윤리적 소비의 등장 배경을 파악하려면 먼저 현대 소비사회의 특성에 대해 이해할 필요가 있다. 산업혁명 이후 근대적인 소비사회가 시작되었고, 과학기술의 발달과 교통·통신 인프라의 구축으로 대량생산과 대량소비가 가능해지면서 대중이 소비사회의 주체가 되는 소비사회가 도래하였다. 전반적인 경제수준이 높아지고 중산층이 부상하면서 물질적으로 풍요로운 삶을 누리는 것이 중요한 가치로 여겨짐에 따라 소비자들은 더 좋은 제품을 더 많이 소유하고자 노력하였다. 점차 소비사회가 고도화되면서 소비를 통해 표출되는 생활양식이 자신의 속한 사회계층을 나타내고 개성이나 자신의 정체성을 표현하는 중요한 기제가 되었다. 현대 소비사회에서는 소비하는 제품과 서비스가 성공을 드러내는 기호와 상징으로 작용함에 따라 소비자가 선택하는 제품은 사회적 소속감과 자아정체성을 드러내는 차별화 코드로서 소비된다. 따라서 제품을 구매하는 이유가 더 이상 사용가치가 아니며 소비사회에 뒤처지지 않으려는 소비욕망과 소유한 물질을 통해 사회적 우월감을 드러내고, 소비의 즐거움을 추구하는 쾌락적 동기 등에 의해 소비자들은 지속적으로 소비를 하게 되었다(천경희 외, 2023).

소비자는 필요 이상으로 많은 소비재를 빈번하게 구입하고 교체하는 것이 일상이 되었고, 이 과정에서 엄청난 양의 자원이 소비되고 폐기된다. 이와 같은 현대 소비사회의 특징으로 인해 자연자원은 고갈되고, 물과 공기는 오염되며, 생태계가 파괴되며, 기후변화로 인한 대형산불, 가뭄, 홍수, 태풍 등의 피해를 경험하고 있다. 또한 세계화에 따른 자유시장경제의 세계적인 확산은 세계 모든 국가에서 경제적 불평등을 심화시키는 문제를 발생하였다.

2) 지속가능발전과 지속가능소비

(1) 지속가능발전 개념

산업혁명 이후 자유시장 경제의 세계적인 확산과정에 환경오염과 기후변화, 경제적 불평등의 문제가 심각해지자 이를 해결하기 위해 UN을 중심으로 지속가능발전을 추구하는 국제적인 노력이 1972년 스톡홀름 유엔인간환경회의를 시작으로 오늘날까지 지속되고 있다. 지속가능발전의 용어는 1987년 개최된 세계환경개발위원회World Commission on Environment and Development, WCED에서 제시된 브룬트란트 위원회의 '우리들 공동의 미래Our Common Future' 보고서에 의해 처음으로 알려지게 되었다. 이 보고서에서는 지속가능한 발전이 인류가 지향해야 할 방향으로 선언하고, 유엔인간환경회의를 통해 환경문제를 정치적 안건의 전면으로 부각시키고 지속가능발전에 대해 정의하였다.

지속가능발전Sustainable Development의 개념은 '미래세대가 그들의 욕구를 충족할 수 있는 범위 내에서 현세대의 요구를 충족시키는 발전'을 말한다. 이는 현세대의 필요를 충족시키기 위하여 미래 세대가 사용할 경제, 사회, 환경 등의 자원을 낭비하거나 여건을 저해하지 않고 서로 조화와 균형을 이루는 발전을 추구하는 것을 목표로 한다(UN, 2015).

2015년 9월 뉴욕에서 개최된 제70번째 유엔총회에서 지속가능발전 목표Sustainable Development Goals, SDGS를 채택하고 2030년까지 이행하기로 결의하였다. 이것은 인간, 지구, 번영, 평화, 그리고 협력에 관한 범 지구적 행동을 촉구하는 목표로서, 17개의 목표와 169개의 구체적인 세부목표로 구성되어 있다(www.ncsd.go.kr).

(2) 지속가능소비 개념

지속가능소비sustainable consumption의 개념은 원래 지속가능발전의 개념에 기초하고 있으며, 지속가능발전을 달성하기 위한 실천적 개념으로 인식되고 있다. 지구환경보호를 위해 1992년 리우에서 개최된 유엔환경개발회의에서 채택된 'Agenda 21'의 8장에서 지속가능한 발전을 위해서는 지속 불가능한 생산과 소비를 감소시키고 제거해야 한다고 설명하면서, 지속가능한 발전과 지속가능한 소비를 직접적으로 연계시켰다.

1994년 오슬로 심포지움에서는 지속가능한 소비를 기본적인 필요를 충족시키고 더 나은 삶의 질을 위한 재화와 서비스를 사용하되, 미래 세대의 필요를 손상시키지 않도록 자연자원과 유해물질의 사용, 쓰레기와 오염물질의 배출을 감소시키는 것으로 정의하였다. 1999년 UN소비자보호지침에 의하면, 지속가능한 소비는 경제적, 사회적, 환경적으로 지속가능한 방식으로 현재 및 미래세대가 재화와 서비스에 대한 욕구를 충족시키는 것을 포함한다고 정의하였다. 이은희 등(2020)은 지속가능소비를 환경적, 경제적, 사회적 차원이 혼합된 개념으로 파악하였는데, 자원의 한계를 인식하고 경제, 사회, 환경이 지속가능할 수 있는 방식으로 현재세대와 미래세대의 욕구를 충족시키는 소비라고 정의하였다.

① 지속가능소비의 환경적 측면은 자원보전, 환경오염, 지구온난화 등 환경지향적인 의미를 강조한다. 한국소비자원의 연구보고서(2005)에서는 지속가능한 소비를 '친환경적 소비 또는 자원절약적 소비'로 설명하면서 '환경을 염두에 둔 환경보전에 기여하는 소비활동'으로 정의하여 환경적 측면을 강조하였다.

② 지속가능한 소비의 경제적 차원은 녹색성장을 강조하고 있다. 저탄소 녹색성장 기본법 2조 2항에 의하면, 녹색성장은 에너지와 자원을 절약하고 효율적으로 사용하여 기후변화와 환경훼손을 줄이고 청정에너지와 녹색기술의 연구개발을 통하여 새로운 성장동력을 확보하며 새로운 일자리를 창출해 나가는 등 경제와 환경이 조화를 이루는 성장을 말한다.

③ 지속가능한 소비의 사회적 차원은 경제적 불평등을 완화시킬 수 있는 계층간 형평성, 공정한 분배 등 공동체 지향적인 의미를 강조한다.

2. 소비윤리와 윤리적 소비개념

1) 소비윤리

(1) 소비윤리(consumption ethics)의 개념

윤리의 사전적 의미는 '사람으로서 마땅히 행하거나 지켜야 할 도리'를 말하는데, 일반적으로 사회구성원으로서 개개인이 생활함에 있어서 지켜야 할 바람직한 행동 기준 또는 규범이다. 소비윤리는 인간의 소비행동에서의 기준이 되는 규범체계로 볼 수 있다. 즉 소비윤리는 경제주체인 인간이 소비생활을 할 때 지켜야 하는 규범으로서, 자신의 욕구와 필요만 충족하는 인간의 이기적인 소비행동을 규율하고 공동체 사회 속에 있는 타인의 욕구와 필요 충족도 함께 고려하고 존중하는 보편적 규범을 말한다. 송인숙(2005)은 소비윤리를 사회의 도덕적인 원칙이나 가치체계에 기초를 두고 판단하는 사회윤리로서 개개 소비자의 소비행동에 대한 잘잘못을 판단할 수 있는 기준으로 정의하였다.

(2) 소비윤리의 구분

소비행동의 도덕적 판단 기준이 되는 소비윤리는 네 가지 차원 즉, 종적차원, 횡적 차원, 시장경제 차원 및 상거래차원으로 구분할 수 있다(송인숙, 2005).

① 종적차원의 소비윤리

종적차원의 소비윤리는 환경과 다음 세대의 삶을 고려하는 차원의 윤리적 판단기준이다. 이는 미래세대를 위한 현재 세대의 자원배분 문제와 관련되는 것으로 세대 간 분배에 초점을 두는 소비윤리를 말한다. 따라서 종적 차원의 소비윤리는 환경보호와 환경보존을 통한 지속가능한 소비, 즉 미래세대의 요구에 대응하면서도 동시에 련재 세대의 요구도 충족시키는 수준으로 현재 수준의 적정한 소비를 강조한다.

② 횡적차원의 소비윤리

횡적차원의 소비윤리는 공간적 차원으로 동시대 인류간의 빈부격차 문제를 고려하는 차원을 말한다. 즉 세대 내 분배를 고려하는 윤리적 판단을 강조하는 것으로, 사회적 분배 시스템에 의해 정당하게 획득한 소득이라 하더라도 자신만을 위한 소비는 옳은 것이 아니며 자신의 생활 안에서 가능하면 소득을 재분배하여 사회 전체 차원에서 자원의 총효용을 극대화하는 방향으로 소비하는 것이 윤리적이라고 본다. 이를 위해서는 자신이 속해 있는 사회, 국가뿐만 아니라 인류 전체의 소비수준을 고려하여 자신의 소비를 절제하고 나누는 것을 강조한다.

③ 시장경제 차원의 소비윤리

시장경제 차원은 시장경제 활동의 주체로서 소비자가 기본적으로 시장경제의 윤리를 체화하고 준수해야 함을 나타낸다. 이는 자본주의 시장경제가 개인의 이기심에 기초하여 거래가 이루어지는 제도가 아니라 절제된 이기심, 정직성, 신뢰성, 책임의식, 공정성과 같은 일련의 윤리적 가치가 구성원에게 생활화되어야 제대로 작동되어야 함을 강조하고 있다.

④ 상거래 차원의 소비윤리

상거래 차원의 소비윤리는 구매시점의 소비윤리로서, 소비자가 사업자와 거래할 때 지켜야 하는 것이다. 상거래 관계에서 소비자가 판매자에게 적극적 또는 소극적으로라도 손해를 입히는 행위는 옳지 않는 것으로, 필요한 주의 의무, 계약이행 의무, 예약 준수 등 소비자 의무를 준수하고 공정한 상거래를 방해하는 속임수나 절도 등을 행하지 않아야 한다.

2) 윤리적 소비

(1) 윤리적 소비(ethical consumption)의 개념

소비윤리가 소비행위에 대한 개념적이고 이론적인 기준을 의미하는 개념이라면, 윤리적 소비는 일상의 소비생활에서 소비윤리를 실천하는 소비자 행동을 의미한다. 윤리적 소비의 개념은 1990년대 등장하였는데, 민텔 인터내셔널그룹Mintel International Group, 1994은 윤리적 소비를 '압제적인 제도와 윤리적 이슈, 동물 이슈를 고려하여 쇼핑하는 것'으로 정의하였다. 이는 윤리적 소비가 발달한 영국과 유럽을 중심으로 유럽사회에서 일어난 환경이나 사회적 이슈와 관련된 윤리적 구매행동을 개념화한 것이다. 이후 여러 학자들이 윤리적 소비를 '구매행동'만이 아니라 확대된 범위로 정의하였는데, 바넷 등(Barnett et al., 2005)은 윤리적 소비를 '소비 자체에 대한 통제'로 보고 구매실천을 넘어 사회적 실천을 강조하였다. 케리건과 아딸라Carrigan & Attalla, 2001)는 윤리적 소비는 '도덕적 신념에 따라 의식적이고 신중한 선택을 하는 것'으로 정의하였다. 또한 크래인과 매튼Crane & Matten, 2003은 윤리적 소비를 '개별적, 도덕적 신념에 따라 소비를 선택하는 의식적이고 신중한 소비선택행동'으로 정의하였다. 이들 정의를 종합하면, 윤리적 소비는 인권, 환경, 동물, 사회정의와 같은 다양한 측면에서 '소비자의 개별적, 도덕적 신념'에 기초한 의사결정을 토대로 한 절제된 소비선택행동이다.

국내에서도 윤리적 소비에 대한 연구가 꾸준히 이루어지고 있는데, 윤리적 소비에 대한 정의는 연구자마다 다소 상이하다. 홍연금과 송인숙(2010)은 '소비자의 개별적, 도덕적 신념에 따라 사회적 책임을 실천하는 소비행동'으로 정의하였고, 허은정(2011)은 '개인적이고 도덕적인 믿음에 근거하여 내리는 의식적인 소비선택으로서 중심축으로 건강, 사회, 자연환경을 고려하는 구매선택'으로 정의하였다. 이혜미(2016)는 '개인의 도덕적 신념에 따라 사회공동체적 이익과 책임을 고려하여 폭넓게 행해지는 대안적 소비실천'으로 정의하였다. 천경의 외(2023)는 '소비의 전 과정과 다양한 일상 소비생활에서 소비자 자신의 소비행위가 자신과 자신을 둘러싼 인간, 환경, 사회에 미칠 영향을 고려하여 개별적, 도덕적 신념에 따라 사회적 책임을 실천하는 소비행동'이라고 하였다. 이를 정리하면, 윤리적 소비는 소비윤리의 내용을 실천하는 소비행동으로 인간, 환경, 사회의 지속가능성을 추구하기 위해 소비자 개인이 자신의 도덕적 신념에 따라 사회적 책임을 실천하는 소비행동이라고 할 수 있다.

(2) 윤리적 소비의 영역

윤리적 소비의 영역은 재와와 서비스의 구매, 사용, 처분 및 자원배분에 이르는 소비의 전 과정을 포함한다. <표 11-1>은 소비과정에 따른 윤리적 소비행동을 제시하고 있다.

〈표 11-1〉 소비과정에 따른 윤리적 소비행동

소비과정	내용	
구매	상거래 소비윤리 준수, 적정한 구매행동, 노동기준을 준수한 제품 구매, 사회적 기업제품 구매, 불매운동, 녹색소비(환경친화적 제품구매, 에너지 절약제품 구매), 로컬소비, 공정무역 제품 구매, 공정여행 등	
사용	에너지와 물 절약, 집약적 제품이용, 물건 오래 사용하기, 일회용 제품 사용하지 않기, 리필제품 사용, 채식하기, 천연제품 사용 등	자발적 간소화
처분	쓰레기 줄이기, 분리수거 및 배출, 재활용 및 중고제품 이용 등	
자원배분	기부 및 후원, 나눔, ESG기업경영을 고려한 윤리적 투자	

출처: 홍연금(2009)에 기초하여 수정.

그리고 윤리적 소비는 사회적 책임을 실천하는 소비행동이다. 사회적 책임범위는 윤리적 소비행동이 추구하는 목적에 따라 경제적 책임, 법적 책임, 지속가능한 소비에 대한 책임과 동시대 인류를 위한 책임으로 분류할 수 있다(홍연금, 2009). 이 분류는 앞에서 살펴본 소비윤리의 네 가지 차원(종적차원, 횡적차원, 시장경제 차원, 상거래 차원)과 대응되는 윤리적 소비의 분류이다. 여기에서 불매운동, 구매운동, 로컬소비, 윤리적 투자는 어떤 목적을 갖는가에 따라 지속가능한 소비에 대한 책임이 될 수도 있고 동시대 인류를 위한 책임이 될 수도 있다. 예컨대 소비자가 환경문제를 일으키는 기업에 대해 불매운동을 할 경우 이는 지속가능한 소비에 대한 책임 영역이 되지만, 아동들에게 노동을 시키고 임금을 착취하는 행동에 대해 불매운동을 한다면 동시대 인류를 위한 책임에 포함되기 때문이다.

〈표 11-2〉 사회적 책임범위에 따른 윤리적 소비의 실천영역

사회적 책임 범위	윤리적 소비의 실천영역
경제적 책임	합리적 소비행동
법적 책임	상거래 소비자윤리(계약이행의 의무, 법적 소비자 책임, 불법적 소비행동 금지)
지속가능한 소비에 대한 책임	녹색소비(환경친화적 소비), 소비절제, 자발적 간소화
동시대 인류를 위한 책임	불매운동, 구매운동, 로컬소비, 윤리적 투자
	공정무역, 공정여행, 공동체운동, 나눔과 기부

출처: 홍연금(2009)에 기초하여 수정.

3. 윤리적 소비의 실천 방안

소비자는 여러 가지 동기로 다양한 형태의 윤리적 소비를 실천해 가는 과정에서 관심영역이나 이슈 등이 변화하고 실천방법도 변화한다. 소비자의 윤리의식이 점점 높아짐에 따라 윤리적 소비도 변화하고 발전해 나간다. 윤리적 소비 실천영역을 기초, 성장, 성숙 단계로 구분할 수 있다. 첫째, 기초단계는 시장경제의 주체로서 소비자는 시장경제의 기본적 윤리를 준수하고, 상거래에서 불법행위를 하지 않는 상거래 소비윤리를 실천하는 단계이다. 또한 다양한 윤리적 상품을 구매하는 동시에 비윤리적 기업 및 상품에 대한 불매운동이 포함된다. 둘째, 성장단계는 지속가능한 책임과 동시대 인류를 위한 책임을 인식하고 소비생활 전반에서 윤리적 소비를 실천하는 단계로서, 녹색소비와 로컬소비, 공정무역이 해당된다. 셋째, 성숙단계는 소비생활 전반에서 소비윤리를 실천할 뿐만 아니라 삶 전체에서 지속적으로 윤리적 가치를 추구하는 단계로, 공동체운동, 절제와 간소한 삶, 기부와 나눔이 포함된다(천경희 외, 2023). 여기에서는 윤리적 소비의 다양한 실천방안 중에서 구매운동과 불매운동(기초단계), 로컬소비와 공정무역(성장단계), 절제와 간소한 삶(성숙단계)을 중심으로 살펴보고자 한다.

1) 구매운동(buycott)

(1) 구매운동 개념

소비자는 시장에서 어떤 제품을 구매하거나 구매하지 않는 선택을 통해 자신의 의사를 표현할 수 있다. 구매운동은 소비자들이 윤리적 제품을 적극적으로 구매함으로써 윤리적 소비를 실천하는 것을 의미한다. 구매운동의 대상이 되는 제품은 에너지를 절감하고 친환경적으로 생산되며, 생산자에게 공정한 값을 지불하는 공정무역 제품, 로컬제품, 동물복지 제품 등 윤리적 제품과 사회적 책임 경영을 다하는 기업의 제품 그리고 사회적 기업이 생산한 제품 등이다.

(2) 구매운동의 대상이 되는 기업

① 사회적 책임을 다하는 기업

오늘날 기업은 성장, 발전하면서 사회적으로 큰 영향을 미치게 되었고, 이로 인해 기업에 대해 요구하는 사회적 책임도 커지게 되었다. 기업의 사회적 책임 Corporate Social Responsibility, CSR은 기업이 지속적으로 존속하기 위한 이윤추구활동 이외에 법과 윤리를 준수하고, 기업의 이해관계자의 요구에 적절히 대응함으로써 사회에 긍정적 영향을 미치는 책임있는 활동을 말한다. 기업의 사회적 책임은 각 나라마다 처한 경제, 사회 상황이 다르고 각 기업에 대한 사회적 책임의 인식의 차이가 존재하기 때문에 통일된 정의는 없다. 그렇지만 일반적으로 다음과 같은 4단계로 구분된다(서인덕, 배성현, 2011; 네이버 사전).

a. 1단계 경제적 책임: 기업은 이윤 극대화하고 고용을 창출할 책임이 있다.
b. 2단계 법적 책임: 기업은 모든 법규와 규정을 준수하고 법적인 책임을 다해야 한다. 예를 들면, 회계의 투명성, 성실한 세금납부, 소비자의 권익보호 등의 책임이 있다.
c. 3단계 윤리적 책임: 기업은 환경 및 윤리경영, 제품 안전, 여성, 현지인, 소수인종에 대한 공정한 대우 등과 같은 도덕적 행동과 책임을 가진다.

d. 4단계 자선적 책임: 기업은 사회적 가치를 증진시키기 위해 기부나 사회공헌 활동 또는 교육, 문화, 체육활동 등에 지원을 해야 한다.

② 사회적 책임에 대한 국제적 표준 ISO 26000

ISO 26000은 국제표준기구International Standard Organization, ISO가 제정한 기업의 사회적 책임을 인증하기 위한 국제 표준을 말한다. 여기에는 환경, 인권, 노동, 조직 지배구조, 공정한 업무 관행, 소비자 이슈, 지역사회의 참여와 개발의 7개 분야에 대한 지침이 있으며 강제성은 없지만 기업 경영 평가에서 중요한 잣대가 된다(황상규, 2013).

③ ESG 경영

ESG란 기업의 비재무적 요소인 환경Environment · 사회Social · 지배구조Governance의 줄임말이다. ESG 경영은 기업이 이윤추구 활동 이외에 친환경, 사회적 책임경영, 지배구조 개선 등 투명경영을 고려해야 지속가능한 발전을 할 수 있음을 나타낸다. 기업의 ESG 활동은 소비자가 긍정적인 기업 이미지 형성에 유의한 영향을 주는 것으로 나타났기 때문에(박윤아, 한상린, 2021), 앞으로 ESG 경영을 실천하는 '착한기업'이 소비자들의 사랑을 받는 1등 기업이 될 것으로 전망된다. ESG와 관련한 핵심 이슈를 살펴보면 다음과 같다(천경희 외, 2023, p130 재인용).

a. 환경: 지구 온난화와 온실가스 감축, 플라스틱 오염 규제 등
b. 사회: 사회적 불평등 완화, 다양성 및 포용성 확대, 근로자 및 납품 기업 가치 증대, 산업 안전 및 인권
c. 지배구조: 투자자의 ESG 활동 촉진, 이사회 강화 및 최고경영자와 주주의 이익 일치

④ 사회적 기업

사회적 기업social enterprise은 영리기업과 비영리기업의 중간형태로, 사회적 목적을 우선적으로 추구하면서 재화와 서비스의 생산, 판매 등 영업활동을 수행하는

기업 또는 조직을 말한다(www.socialenterprise.or.kr). 영리기업이 주주나 소유자를 위해 이윤을 추구하는 것과는 달리, 사회적 기업은 취약계층에게 일자리를 창출하는 등 사회적 목적을 우선적으로 추구한다는 점에서 영리기업과 차이가 있다. 또한 사회적 기업은 사회적 가치가 중요한 동기라는 점에서 비영리기업과 유사하지만 기부금에 의존하지 않고 기업활동을 통해 수익을 창출한다는 점에서 차이가 있다. 우리나라에서 사회적 기업이 되기 위해서는 고용노동부의 인증을 받아야 한다. 정부에서는 사회적 기업 육성을 통해 사회통합을 구현할 수 있는데, 사회적 기업의 의의는 다음과 같다(www.socialenterprise.or.kr).

a. 지속가능한 일자리 제공: 취약계층을 노동시장으로 통합시키고, 보람되고 좋은 일자리 확대
b. 지역사회 활성화: 지역사회 통합, 사회적 투자 확충을 통한 지역 경제 발전
c. 사회 서비스 확충: 새로운 공공서비스 수요충족, 공공 서비스 혁신
d. 윤리적 시장 확산: 기업의 사회 공헌과 윤리적 경영문화 확산, 착한 소비문화 조성

2) 불매운동(Botcott)

(1) 불매운동의 개념

불매운동은 특정 기업이나 제품에 대한 구매를 중지하는 것으로 비폭력적이며 정당성이 포함된 집단행동으로 나타난다. 역사적으로 불매운동은 인도 독립 이전에 간디의 영국산 소금과 직물에 대한 불매운동, 남아프리카공화국의 차별정책에 대한 영국 바클레이Barclay 은행에 대한 불매운동 등 노동분쟁과 관련한 정치적 행위와 관련되어 있다. 그러나 소비사회가 도래하면서 정보통신기술이 발달하고 소비자의 윤리의식이 성장하였고, 기업의 사회적 책임에 대한 요구가 커지는 등 불매운동의 대상과 목적이 넓어지고 있어 불매운동의 개념이 확장되어야 한다고 Friedman(1999)은 주장하였다. 불매운동의 개념은 경제적 합리성을 강조하여 구매행위에 초점을 둔 미시적 개념과 윤리적 이성에 기초하여 다양한 사회문제를 해결하

는데 소비의 전 과정을 포함시키는 거시적 개념을 구분할 수 있다(전향란, 2013).

① 미시적 개념

좁은 의미에서 불매운동의 개념은 '문제가 되는 기업에 대해 영향력을 행사하기 위하여 특정 제품이나 제품군 또는 브랜드 구매나 소비를 중지하는 것(Friedman, 1999)'이다. 불매운동은 경제적 합리성을 추구하는 행위로 발현되기 때문에 개인의 이익에 초점을 두고 이루어지며, 특정 제품에 대한 개인의 비구매 의도, 구매 중지 행위 등의 구매행동을 강조한다. 미시적 개념의 불매운동에서 주도세력은 소비자단체 및 이익집단이 되며, 이들은 개인의 특정제품이나 기업에 대한 구매행동을 억제하도록 압력을 행사하는 반면, 소비자 개인은 비교적 수동적 역할을 하게된다.

② 거시적 개념

거시적 측면에서 불매운동은 현대 사회에서의 소비로 인해 생겨난 사회문제를 해결하고자 하는 윤리적 소비행동의 일환으로 보는 관점이다. 불매운동은 소비자 개인 또는 관련 집단이 소비자의 경제문제뿐만 아니라 정치적, 윤리적 문제 등을 해결하기 위하여 특정한 제품이나 기업, 정부 등에 대하여 구매를 자발적으로 포기하거나 타인으로 하여금 불매운동에 동참하도록 호소하고 설득하는 총체적 행위를 말한다. 미시적 개념과 달리 특정한 주도세력이 존재하기 보다는 자발적으로 형성된 온·오프라인 커뮤니티나 SNS를 통하여 타인의 동참을 촉구하는 등 소비자가 주도세력이 됨으로써 능동적인 성격을 가진다. 특히 제품의 품질이나 가격 등 경제적 측면보다는 소비와 관련된 사회·경제적 문제 해결을 위해 도덕적 잣대를 통해 문제를 해결하는 것을 강조한다.

〈표 11-3〉 불매운동에 대한 미시적 개념과 거시적 개념

	미시적 개념	거시적 개념
성격	- 경제적 합리성 추구 - 제품과 서비스에 초점을 둔 사적 이익 추구	- 윤리적 이성 추구 - 상징적, 사회변혁적, 공동의 선(善) 추구
주도세력 (행위자)	이익집단, NGO 주도	개인 및 SNS, 포털 등 기술매체
목적	소비자 보호, 소비자 운동	소비자 주권, 윤리적, 정치적 소비자 참여행위
행사시기	구매행동에 초점을 둔 구매의사결정	소비의 전 과정에서 나타나는 일련의 행위
대상	시장 내 이해관계자 관계	시장, 매체, 정치·사회 등 간접적 이해관계를 포함한 범위 확장
영향력 행사범위	사회, 경제, 정치적 압력행사	개인의 자발적 행동이 강하고 SNS를 통한 개별화와 부정한 것에 대한 압력행사

출처: 전향란(2013) 논문을 재인용(p9)

(2) 불매운동의 유형

Friedman(1991)은 불매운동을 어떠한 수단으로 활용하느냐에 따라 3가지 유형으로 구분하여 설명하였다.

① 매체지향 불매운동

매체지향 불매운동은 불매운동이 가지는 상징성에 주목하여 시민단체나 기관이 불매운동에 관한 내용을 언론에 발표하여 여론을 형성하거나 간접적인 위협을 행사하는 것이다. 예를 들면, 나이키, 아디다스, 유니레버, 디즈니 P&G 등의 거대 다국적 기업들이 기본 생계비보다 적은 임금을 주면서 제 3세계의 노동자들에게 하루 16시간이나 노동을 시켰고, 또한 아동의 노동을 착취하거나 전쟁자금을 지원한 것을 시민단체가 언론에 고발함으로써 이들 거대 기업에서 생산한 제품을 사지 말 것을 촉구하는 불매운동이 여기에 해당된다(바이스와 베르너 저, 손주희 역, 2008).

② 시장지향 불매운동

시장지향 불매운동은 소비자들에게 불매운동을 하는 제품이나 기업을 알리는 것을 목적으로 직접 시장을 겨냥하여 불매운동을 실행에 옮겨 실질적인 시장압박을 시행하는 수단을 말한다.

대표적인 예는 2019년 일본상품 불매운동NO JAPAN을 들 수 있다. 2019년 7월 아베 정부는 우리나라 반도체의 핵심 수출품목을 제한하고 화이트리스트 지정을 철회하자 이에 대한 반감으로 전국적으로 일본제품 불매운동이 다양한 방법으로 일어났다. '가지 않습니다', '사지 않습니다'라는 구호에서 볼 수 있듯이 일본산 제품을 사지 않고, 일본 여행을 자제하자는 사회적 분위기가 형성되면서 상당기간 불매운동이 지속되었다. 일본 맥주를 비롯하여 일본산 자동차, 유니클로 등 대표적인 일본제품의 판매량이 급감하였고, 일본 브랜드 상품과 대체상품의 정보를 알려주는 노재팬 앱이 등장하기도 하였다.

③ 대리인 불매운동

대리인 불매운동은 특정한 정치적 목적을 달성하기 위한 것으로, 문제가 되는 기업에 대해 정부가 불매운동의 요구를 수용하도록 하는 데 목표를 둔다. 예를 들면, 독일은 국가가 주도하여 전쟁범죄 배상에는 나섰으나 민간 기업의 강제노동 문제는 이미 국가 간 배상으로 마무리됐다고 주장했다. 대부분의 독일기업이 히틀러 치하에서 강제 노동을 시켰다는 사실은 인정했으나, 정부에 의해 어쩔 수 없이 한 것이라고 주장하였다. 그러자 1990년대 말부터 집단손해배상 소송이 이어지고, 미국을 중심으로 독일제품 불매운동이 확산되었다. 천문학적인 배상액과 전범기업 낙인으로 인한 이미지 실추를 우려한 독일의 정부와 기업은 2000년 8월 '기억, 책임, 그리고 미래(Erinnerung, Verantwortung und Zukunft · EVZ)' 재단을 설립하였다. 전쟁범죄 피해자들에 대한 개별적 배상을 위해 만들어진 EVZ 재단은 약 100억마르크(6조9874억원)의 기금으로 설립되었는데, 이중 절반은 독일 6500여개 기업이, 나머지 절반은 독일 정부가 출연하였다(머니투데이, 2019년 8월 19일).

3) 로컬소비

(1) 푸드 마일리지

푸드 마일Food Miles은 먹을거리가 생산자의 손을 떠나서 소비자 식탁에 오르기까지의 이동거리를 말한다. 푸드 마일리지Food Mileage는 곡물과 축산물, 수산물 등 9개 수입 품목을 대상으로 생산지에서 소비지까지 식품 수송량(톤)에 수송거리(킬로미터)를 곱해 계산한다. 푸드 마일리지는 식재료가 생산, 운송, 소비되는 과정에서 발생하는 환경부담 정도를 나타내는 지표로 사용로 사용되는데, 푸드 마일리지가 크면 클수록 먼 지역에서 수입한 식품을 더 많이 먹고 있다는 것을 나타낸다.

푸드 마일리지가 증가한다는 것은 두 가지 의미를 담고 있다. 첫째, 푸드 마일리지가 높은 식품은 신선도를 유지하기 위해 살충제나 방부제를 사용하는 경우가 많으므로 식품의 안정성이 떨어진다. 둘째, 장거리 운송을 해야 하는 관계로 이산화탄소를 많이 배출시켜 환경에 부담을 준다.

출처: 한국에너지공단(2021).

〈그림 11-1〉 푸드 마일리지

우리나라의 푸드 마일리지는 계속 증가하고 있다. 2012년 환경부 국립환경과학원이 발표한 자료에 의하면, 2010년 우리나라 국민 일인당 푸드 마일리지는 7,095톤킬로미터로 2001년(5,172톤)보다 37%가 증가하였다. 이는 조사대상 국가인 한국, 일본, 영국, 프랑스 중 가장 높은 수치를 나타내었다. 일본, 영국, 프랑스는 모두 2003년보다 푸드 마일리지가 감소하였지만, 우리나라의 푸드 마일리지는 계속 증가하고 있는 것으로 나타나 한국인의 밥상을 수입식품이 점령했다는 우려가 나왔다.

(2) 로컬소비 개념과 효과

로컬소비는 세계화와 시장자유화로 인해 나타나는 다양한 문제를 해결하기 위해 지역에서 나는 제품을 그 지역 주민들이 소비하는 것을 의미한다. 세계화로 인해 전 지구적인 거래를 하게 되면서 거대한 양의 물품을 이동시키기 위해 많은 화석연료가 필요하고 식품들을 장기간 보존하기 위해 여러 가지 화학약품을 사용하게 된다. 그 결과 탄소배출이 늘어나서 기후변화에 직접적 영향을 미치게 되고, 식품안전문제와 같은 간접적 문제도 발생하게 된다. 이러한 문제를 해결하기 위한 운동이 로컬푸드운동이며, 소비생활을 통해 삶의 양식을 변화시키자는 운동이 로컬소비이다.

로컬소비의 긍정적인 효과는 다음과 같다(천경희 외, 2013).

① 로컬소비는 지역의 제품을 그 지역의 주민이 소비하게 함으로써 지역의 자립과 경제 활성화에 기여한다.

② 로컬소비는 지역의 생산자 및 유통업자들에게 안정적인 소득을 보장해 줄 수 있다. 또한 직거래 장터를 통해 발생한 수익금을 일자리 창출과 취약계층을 위한 후원금으로 사용할 수 있다.

③ 로컬소비는 제품의 운송거리를 단축함으로써 운송 중 발생하는 온실가스의 양을 줄이고 환경 보전에 기여한다.

(3) 로컬푸드 운동의 개념과 의의

로컬푸드는 그 지역에서 생산되어 장거리 운송을 거치지 않은 제철 식품이 일정 지역에서 생산· 가공되는 것으로, 직거래나 공급망의 단축을 통해 지역 주민에게 유통되는 농산물 및 식품을 말한다. 로컬의 범위는 각나라 마다 차이가 있는데, 농촌진흥청에서는 로컬푸드를 '50~100 Km 거리 내의 지역 생활권역에서 생산, 가공, 유통되는 안전하고 친환경 먹거리'라고 규정하고 있다. 국내에서는 '지역 먹거리', '향토 음식', '지역 농산물' 등 다양한 용어로 사용되고 있다.

우리나라의 로컬푸드 운동은 경제성장 과정에서 나타난 지역간 불균형을 해소하기 위해 지자체가 직접 지역경제 활성화를 지원하는 대표적인 사례이다. 초창기 농산물 직거래는 중소규모 생산자에게 새로운 판로를 제공하는 '농산물 제값받기' 차원에서 추진 되었으나 생산자 주도 직거래는 상품구색 갖춤이 부족하여 소매업에서 대부분 실패하였다. 1980년대 이후 소비자에게 안전한 먹거리를 교육하며 조직한 생협이 농산물 직거래를 주도하면서 지속가능한 생산과 소비 관계가 구축되어 지속적인 거래로 정착하게 되었고, 로컬푸드는 생협의 성과를 바탕으로 지역에서 생산과 소비를 연결하는 지역 유통구조를 복원하는 운동으로 실천되고 있다. <표 11-4>에서와 같이, 최근의 로컬푸드는 1998년 농협을 중심으로 한 직거래 사업과 차이가 있다. 첫째, 농가소득 향상이라는 사업목적은 동일하지만 그 방법에 있어서 차이가 있다. 로컬푸드는 소량다품목 생산 농가의 판로를 확대하고, 비규격화 상품도 판매할 수 있고, 농가의 소규모 가공식품 판매를 통해 농가소득을 높일 수 있다. 둘째, 로컬푸드는 각종 조례제정과 생산자 조직 및 교육 프로그램 지원 등 지자체의 역할이 중요하다. 우리나라 로컬푸드가 지향하는 방식은 지역 농업과 환경의 관계성을 고려하고 중소규모의 생산과 소비를 연계하는 지역순환경제 체계이다(정은미 외, 2016).

〈표 11-4〉 농협 직거래와 로컬푸드의 비교

	농협 직거래	로컬푸드
거래주체	•농협 등 생산자단체	•생산자 개인 또는 그룹
판매상품	•농특산물(주로 주잡곡, 채소류)	• 생산자가 직접 생산한 농산물 또는 그 농산물로 가공한 가공식품
사업목적	•유통단계 축소로 생산자 수취 가격 증대(=농가소득 향상)	• 농가소득 향상 ①소량다품목 생산 농가의 판로 확대 ②비규격화 상품 판매 가능 ③농가가 직접 가공한 식품 판매 가능
거래장소	•생산자단체 상설판매장	• 직매장 또는 지자체가 개설한 공유 부지 (공원, 하천부지 등)
거래시간	•주 1회, 8시간/일	• 매일, 12시간 이내/일
가격결정	•생산자단체	• 생산자가 직접 결정
지자체 역할	•거의 없음	• 각종 조례 제정 (소규모 가공제조, 로컬푸드 육성 위한 지원센터 운영 등) • 생산자 조직화 및 소프트웨어 지원 (중간지원조직 육성, 교육 프로그램 등)

출처: 정은미 외(2016) 보고서에서 재인용 (p30).

우리나라 로컬푸드의 의의는 다음과 같다(정은미 외, 2016).

① 직접적인 효과는 생산자의 소득증가와 그에 따른 지역경제의 활성화이다. 생산자의 소득 증가로 인한 지역 내 소비지출의 증가와 로컬푸드 일자리 창출은 지역경제의 선순환에 기여한 것으로 나타났다. 특히 고령농업인과 여성 농업인에게 복지기능을 하게 되었다.

② 간접적인 효과는 생산자와 소비자, 지자체의 만남과 교류가 이루어지고 서로에 대한 이해와 관심이 생기는 등 지역사회의 관계성이 회복되었다. 생산자가 직접 가격과 공급량을 조정하면서 농업인이라는 직업인으로서의 자존감을 회복하게 되었고, 소비자는 최소의 비용으로 신선한 지역 먹거리 구입이 가능하게 되었다.

③ 로컬푸드는 지역민 교류의 장으로 역할하며, 토종 씨앗 및 전통음식의 맛 복원, 식량자급률 향상 등을 통해 지역농업의 지속성을 높이고 지역농업에 긍정적인 파급효과를 가지게 되었다.

4) 공정무역

세계화와 자유무역을 기반으로 하는 현재의 경제시스템은 제 3세계의 자원과 노동을 헐값으로 착취하여 그들의 삶과 환경을 심각하게 파괴하고 있다. 이러한 문제를 해결하기 위해 여러 가지 대안적 실천들이 등장하였는데 그 중 하나가 공정무역이다. 공정무역은 아프리카, 남미, 동남아시아 등 개발도상국 생산자의 경제적 자립과 지속가능한 발전을 위해 이들 생산자에게 유리한 무역조건을 제공함으로써 선진국과 개발도상국 간의 불공정 무역을 줄이고 부의 편중, 환경파괴, 노동력 착취와 인권침해를 막기 위해 등장하였다. 공정무역은 남반구 생산자들의 소득 증가, 노동권 보장, 사회 인프라 구축 및 친환경적 생산 등에서 긍정적 효과를 보여왔으며, 북반구에서는 윤리적 소비의 확대에 따른 공정무역 소비의 증가, 공정무역 운동 단체 및 캠페인 증가 등의 가시적인 성과가 있었다(이용균, 2014).

(1) 공정무역 개념과 거래 기본원칙

공정무역fair trade은 무역거래에 있어서 불평등을 해소하고, 생산과정에서 환경을 파괴하지 않는 새로운 형태의 대안무역이다. 공정무역에서 말하는 공정fair은 생산자와 소비자의 거래가 아니라 무역협상에서의 상대방에 대한 존중과 공정한 거래를 의미한다. 세계공정무역기구World Fair Trade Organization, WFTO의 헌장에 명시된 정의를 보며, "공정무역은 대화, 투명성, 존중의 토대 하에 국제무역에서 좀 더 공평함을 찾고자 하는 무역 파트너십이다. 공정무역은 저개발국가에서 경제발전의 혜택으로부터 소외된 생산자와 노동자들에게 더 나은 거래조건을 제공하고 그들의 권리를 보호함으로써 지속가능한 발전에 기여한다"로 정의하고 있다(http://kfto.org).

공정무역 거래의 기본원칙은 다음과 같다. 첫째, 구매자는 생산자에게 최저 구매가격을 보장하고, 대화와 참여를 통해 합의된 공정한 가격을 지불하며, 생산자금 조달을 돕기 위해 수확 또는 생산 전에 지불한다. 또 생산자와 직거래해 이윤을 더 취할 수 있게 하고 단기계약보다는 장기계약을 취해 안정된 생산 환경을 제공한다. 공동체 발전 기금을 조성하여 생산자와 노동자가 사회적 이익을 실현하도록 돕는다.

둘째, 생산자는 인종 · 국적 · 종교 · 나이 · 성별과 관련된 각종 차별을 없애고 동일노동 · 동일임금 원칙을 지켜야 한다. 특히 아동의 권리를 존중하고 안전하고 건강한 노동환경을 제공하며 환경을 보호한다.

(2) 우리나라의 공정무역 운동

국내에서 공정무역운동이 본격화하기 시작한 것은 2000년 이후부터이다. 2004년 두레생협이 필리핀에서 마스코바도 당을 수입한 것이 계기가 되었다. 우리나라 공정무역 운동은 크게 2가지 흐름으로 분류할 수 있는데, 하나는 환경단체 중심으로 조직된 생활협동조합(두레생협), 아이쿱iCoop이 영역을 확장하면서 공정무역에 참여하게 되었다. 다른 하나는 NGO 단체들이 제 3세계 노동자들의 정당한 이익을 대변하여 공정무역에 참여한 것으로, 예를 들면 아름다운 가게나 YMCA의 동티모르 커피 노동자 돕기 운동인 '피스커피'가 여기에 속한다(천경희 외, 2023).

우리나라의 공정무역은 세계 공정무역 운동 추세에 영향을 받아 2000년 초부터 여러 단체가 참여하여 2012년 한국공정무역단체협의회KFTO가 설립되었으며 지속적으로 매출이 증가하고 있다. 국내 공정무역제품 판매액은 2011년 약 291억원의 매출을 내었고 2017년에는 약 387억원으로 크게 성장하였다(양승희, 2019). 현재 우리나라에서 판매되는 공정무역 제품은 커피와 초콜릿, 바나나 이외에 축구공, 올리브유, 의류 및 패션소품 등 200 여개에 달하고 있다.

국내 대표적인 공정무역 단체나 기관은 다음과 같다(천경희 외, 2023).

① 아름다운 커피-2003년 한국 공정무역 운동을 처음 개척한 공정무역 단체로 네팔, 페루, 우간다, 인도네시아 등지의 생산자협동조합들과 파트너십을 맺고 있다.

② 페어트레이드코리아－2007년 5월 설립되었고, 제 3세계 아시아 여성의 빈곤 문제 해결에 초점을 맞춰 공정무역 사업을 전개하고 있다. 공정무역 전문매장 '그루'에서는 친환경 의류와 패션소품, 생활용품 등을 판매하고 있다.

③ YMCA 카페티모르－한국YMCA가 2004년부터 진행해 온 동티모르 공정무역 커피사업과 현지 사회개발활동, NGO설립 활동을 바탕으로 설립한 사회적 기업이다.

④ 한국공정무역단체협의회－한국의 주요 공정무역 단체들 간의 협력과 공정무역 운동의 영향력 강화를 위해 2012년 설립된 전국적 네트워크조직이다. KFTO는 공정무역마을 운동, 세계 공정무역의 날 한국 페스티벌 등 국내외 주요 공정무역 캠페인을 주도하고 있다.

5) 절제와 간소한 삶

소비절제는 풍요한 소비사회에서 구매력을 보유한 소비자가 소비를 회피하거나 거부하는 현상을 말하는데, 대량생산과 과잉 마케팅에 스트레스를 느낀 소비자들이 소비에 대한 흥미를 상실하고 자발적으로 소비를 줄이는 현상을 말한다(삼성경제연구소, 2011). 소비절제행동은 20세기 후반 산업사회의 물질주의적 생활양식과 소비문화로 인해 자연 자원은 고갈되고, 환경오염 등의 환경문제를 유발하였을 뿐만 아니라 소비에 사로잡힌 왜곡된 삶에 대한 반성이 나타나면서 기존의 생활방식에 대한 전환의 필요성에 대해 공감이 이루어지면서 본격적으로 논의되었다. 제시된 변화의 방향으로 지속가능한 소비나 생산적인 소비, 탈물질주의적 또는 절제된 소비가 필요하다고 주장하였다(최경숙, 박명숙, 2017). 이러한 자발적 소비절제는 소비자의 소비행복 뿐만 아니라 일반적 행복도 증가시킨다는 점(성영애, 2017)에서 우리 사회에서 필요한 변화이다.

소비절제와 간소한 삶은 물질적 간소함뿐만 아니라 정신적 부분까지 포함된 삶 전체의 가치관과 행동 변화까지 영향을 미친다. 송인숙(1999)은 '자발적으로 간소화한 생활방식'을 제안하였다. 그에 의하면, 간소한 삶의 근본가치는 물질적 간소화, 인간중심 척도, 자기 스스로의 결정 방식, 인간과 자연간의 상호의존 인식, 내적 탐색을 통한 인격적 성장 등으로 삶의 목적을 단일화시키고, 삶의 주목적에 부적합한 많은 소유물과 외부의 혼잡함을 피함으로써 삶을 더욱 풍요롭게 할 것을 주장하였다. 정신적 간소화를 위해서는 불필요한 일을 줄이고 복잡한 인간관계를 단순화하는 등 자신의 내적 성장에도 관심을 가져야한다. 또한 시간의 중요성을 인식하고 돈을 버는 시간과 소비하는 시간을 줄이는 대신에 소중한 사람들과의 만남 등 자신에게 중요한 일에 더 많은 시간을 사용하게 만든다.

이와 같이 소비절제와 간소한 삶은 개인의 소비생활의 변화뿐만 아니라 삶에 대한 근본적인 가치관까지 변화시키기 때문에 윤리적 소비의 실천영역 중에서 가장 높은 차원에 속한다고 볼 수 있다. 또한 소비절제와 간소한 삶은 개인적 변화로만 그치지 않고 이웃과 지역공동체, 사회에도 긍정적 영향을 미치게 된다.

<사례 11-1> 파타고니아의 지속가능한 경영: 환경을 생각하는 기업

현대 사회에서 지속가능성은 기업의 중요한 가치이다. 그 중에서도 파타고니아는 환경 보호와 지속 가능한 경영을 실천하는 대표적인 기업으로 알려져 있다. 파타고니아는 미국 캘리포니아 벤츄라에 본사를 둔 아웃도어 의류 브랜드이다. 1973년 이본 쉬나드(Yvon Chouinard)가 설립한 이 회사는 고품질의 아웃도어 의류 및 장비를 제공하며, 호나경 보호와 지속 가능한 경영을 핵심가치로 삼고 있다.

• 파타고니아의 경영철학

파타고니아는 창립 초기부터 환경 보호를 중요한 가치로 삼아 왔다. 이 회사는 '우리는 우리의 행성이 필요하다'는 모토 아래 기업 활동이 환경에 미치는 영향을 최소화하기 위해 노력하고 있다. 파타고니아의 경영철학은 다음과 같은 원칙에 기반을 두고 있다.

첫째, 환경보호-제품의 전 과정에서 환경에 미치는 영향을 줄이기 위해 노력한다. 이는 소재 선택, 생산과정, 유통, 제품 사용 후의 처리까지 포함된다.

둘째, 윤리적 생산-파타고니아는 노동자의 권리를 보호하고, 공정무역을 실천하며, 윤리적 생산 방식을 준수한다.

셋째, 지속 가능한 혁신- 파타고니아는 지속 가능한 소재와 혁신적 기술을 도입하여 제품의 수명을 연장하고 자원 소비를 줄이는데 집중한다.

넷째, 사회적 책임- 파타고니아는 지역 사회와 환경보호단체를 지원하며, 사회적 책임을 다하기 위해 다양한 활동을 펼치고 있다.

• **파타고니아의 실전 사례**

1) 리사이클링 프로그램

   파타고니아는 오래된 제품을 재활용하여 새로운 제품으로 만드는 'Wom Wear' 프로그램을 운영하고 있다. 고객이 더 이상 사용하지 않는 파타고니아 제품을 반납하면, 이를 재활용하거나 재사용 가능한 상태로 수리하여 다시 판매한다. 이를 통해 제품의 수명을 연장하고, 자원 낭비를 줄이는 효과를 거두고 있다.

2) 친환경 소재 사용

   파타고니아는 재활용 폴리에스테르, 유기농 면, 그리고 지속 가능한 양모 등 친환경 소재를 사용하여 제품을 제작한다. 또한 발수처리 기술(PFC-Free DWR)을 도입하여 화학 물질 사용을 줄이고, 환경에 미치는 유해성을 최소화하고 있다.

3) 에너지 효율성

   파타고니아는 생산 공정과 오피스에서의 에너지 소비를 줄이기 위해 다양한 에너지 효율화 조치를 시행하고 있다. 재생 가능 에너지를 사용하고, 에너지 절약 설비를 도입하여 탄소 배출량을 줄이는데 앞장서고 있다.

4) 사회적 기여

   파타고니아는 매년 매출의 1%를 환경보호단체에 기부하는 '1% for the Planet' 프로그램에 참여하고 있다. 이를 통해 전 세계의 환경 보호 호라동을 지원하고, 지역사화와의 협력을 강화하고 있다.

출처: Jake's 블로그

<사례 11-2> 지속가능한 세상을 만드는 공정여행

1. 공정여행이란?

공정여행이란 현지인과 교류하고 그 사회에 도움을 주면서 현지의 환경과 문화를 존중하는 여행을 말한다. 공정여행은 여행객들이 만들어내는 환경오염과 지역 문화 파괴, 무절제한 소비 행태에 대한 반성의 목소리가 높아지면서 1980년대 말 유럽을 비롯한 영미권 나라들을 중심으로 생긴 하나의 운동이다. 공정여행은 공정무역의 취지를 살린 것으로 '착한여행'이라고 불리기도 한다. 우리나라에 소개된 것은 2000년.

대 초로 처음엔 생소한 개념이었지만, 지금은 많은 여행사나 단체에서 이 개념을 도입할 정도로 널리 퍼지게 되었다

공정여행의 장점은 '지속가능한 여행'을 만든다는 점이다. 기존 여행 산업의 구조는 이윤의 대부분이 항공사, 여행사, 숙박 플랫폼이나 기업, 프랜차이즈 외식업체 등으로 흘러가는 반면, 실제 그 여행을 위해 노력하고 가꿔온 현지 주민들에게 돌아가는 수익은 극히 미미한 수준이다. 이에 왜곡된 이윤의 흐름을 바꾸고, 여행자가 사용하는 경비가 현지 주민들의 수익으로 돌아가도록 노력하여, 지역 경제를 살리는 선순환의 기능을 한다. 또한 현지의 지역 문화를 존중하고 체험하며, 자연 환경을 보존하는데 힘쓰기 때문에 지속가능한 여행을 가능하게 한다.

2. 공정여행의 종류

1) 책임관광(Responsible Tourism)
   현지의 자연과 문화 자원을 비롯하여 관광과 관련된 모든 분야에 대한 이익을 존중하는 관광을 말한다.
2) 생태관광(Eco Tourism)
   자연 지역에서 책임 있는 관광객의 태도와 행동을 통하여 이루어져 행해지는 관광행위이며, 지역주민의 참여 및 이익 창출이 동반되어 관광에 의한 환경 및 사회 문화적 영향을 관리하는 관광이다.
3) 지속가능한 관광(Sustainable Tourism)
   문화의 보전, 필수적인 생태적 과정, 생물 다양성, 경제적, 사회적, 심미적 필요를 충족 시킬 수 있도록 모든 자원을 관리하는 것, 경제적, 환경적, 그리고 사회문화적 지속가능성 등 3개 차원을 모두 포괄하는 개념이다.

3. 공정여행을 진행하는 국내의 공익단체들

1) KAFT(Korea Association of Fair Travel Agencies) 한국공정여행업협회
   한국공정여행업협회는 대한민국 관허 여행업체를 중심으로 여행소비자에게는 다채롭고 안전한 여행상품 정보 제공을, 여행업체에게는 국내·외 여행환경 및 여행자원 정보 제공을, 행정기관 및 유관단체 등에게는 여행 패턴 및 소비규모 분석 등 정책수립 자료 제공을 목적으로 모두에게 유익한 여행문화 창출과 관광산업 발전을 위하여 설립되었다.

2) 사회적 기업 ㈜ 공감만세

'공정함에 감동한 사람들이 만드는 세상'을 줄여 '공감만세'라는 이름을 가진 이 사회적 기업은 지역의 자립, 자주, 자존을 돕는 공생의 공정여행 모델을 구축하고 사회적가 치를 기반으로 개인과 사회, 지역의 지속가능한 성장을 도모하며, 동아시아 평화공동체 구축(국제연대, 평화기행, 평화통일분야 연구)에 힘쓰고 있다. 지역, 공정, 혁신, 행복, 지속가능, 평화라는 핵심가치를 가지고 있다.

3) 사계절공정여행

사계절공정여행은 지역 속에 숨어져 있는 매력과 자원들을 발굴하고 여행자, 주민, 지역에게 이로운 여행을 하는 공정여행사이다. 사회적경제, 문화예술, 마을공동체, 친환경농부, 소상공인 등 지역에 사는 다양한 사람들의 특별한 이야기를 담은 마을 공정 여행 프로그램을 운영하고, 이와 함께 착한 소비를 생활 속에서 실천할 수 있도록 다양한 가치의 상품을 모아 소개 및 판매하고 있다.

4) 국제민주연대 공정여행사업단

2009년 1월 첫 공정여행 설명회를 시작으로, 그해 2월 국내 최초의 공정여행 패키지를 모집하고 시행한 단체입니다. 그 이후로 지금까지 매해 공정여행을 기획하고 운영하고 있다. 차마고도와 실크로드, 내몽골, 백두산, 귀주·계림·대만, 산서성·베이징, 중미 3개국 등 해외 공정여행과 남도, 보길도, 제주도 등 국내 공정여행을 진행하고 있다.

출처: 경기도 공익활동지원센터 공익웹진(2022). 지속가능한 세상을 만드는 공정여행

참고문헌

경기도 공익활동지원센터 공익웹진(2022), “지속가능한 세상을 만드는 공정여행”, 2022. 7.15

박윤아 · 한상린(2021), “기업의 ESG 활동이 기업 이미지, 지각된 가격 공정성 및 소비자 반응에 미치는 영향”, **경영학연구**, 50(3), 642~664.

삼성경제연구소(2011), 안티소비 왜 주목해야 하나. CEO information.

서인덕 · 배성현(2011), **기업윤리**, 서울: 경문사.

성영애(2016), “소비절제를 추구하는 라이프스타일과 행복에 관한 연구”, **소비자학연구,** 27(2), 233~254.

송인숙(1999), “자발적으로 간소화하는 생활방식에 관한 연구”, **대한가정학회지**, 37(11), 85~95.

송인숙(2005), “소비윤리의 내용과 차원 정립을 위한 연구”, **소비자학연구**, 16(2), 37~55.

양승희(2019), **공정무역 2019 현주소**, 이로운넷.

이용균(2014), “공정무역의 가치와 한계”, **한국도시지리학회지**, 17(2), 99-117.

이혜미(2016), “윤리적 소비실청은 시민참여의 확장을 의미하는가? 한국 소비자들의 윤리적 소비와 시민참여 경험간의 관계성과 개인의 선택적 지향성 조절효과”, **소비자학연구**, 27(1), 153~182.

전향란(2013), **소비자 불매운동 인식유형에 따른 윤리적 소비자주의와 소비자 불매운동 참여**, 울산대학교 박사학위논문.

정은미 · 김용렬 · 허주녕(2016), “지역경제 활성화를 위한 로컬푸드 추진 전략과 정책과제,” 한국농촌진흥경제연구원.

천경희 · 홍연금 · 윤명애 · 이성림 · 심영 · 김혜선 · 고애란 · 제미경 · 김정훈 · 이진명 · 유현정 · 손상희(2023), **윤리적 소비 행복한 소비**. 시그마프레스.

최경숙 · 박명숙(2017), “대학생소비자의 소비절제행동에 관한 연구,” **소비문화연구**, 20(3), 7~25.

한국소비자원(2005), **지속가능한 소비문화 창출방안 연구**, 한국소비자원 정책연구보고서.

한국에너지공단 네이버블로그 (2021), “식품이 우리 식탁에 오기까지, 푸드 마일리지와 로컬푸드 운동”, https://blog.naver.com/kea_sese/222346667823

한스 바이스 · 클라우스 베르너 저, 손주희 역(2008), **나쁜 기업**, 프로메테우스.

허은정(2011), “소비자의 윤리적 상품에 대한 태도 및 구매의도의 관련요인 분석”, **소비자학연구**, 22(2), 89~111.

홍연금(2009), **우리나라 윤리적 소비자에 대한 사례연구**, 가톨릭대학교 박사학위논문

홍연금 · 송인숙(2010), “윤리적 소비에 대한 개념 논의와 실천영역 연구”, **소비자정책교육연구**, 6(4), 91~110.

황상규(2013), **사회책임의 시대: ISO 26000의 이해와 활용**, 서울: 틔움.

Barnett, C., Cafaro, P. & Newholm, T.(2005), *Philosophy and Ethical Consumption*, in The Ethical Consumer, R. Harrison, Newholm, T. and Shaw, D. eds., Sage: London, 11~24.

Carrigan, M & Attala, A.(2001), "The Myth of the Ethical Consumer-Do Ethics Matter. in Purchase Behavior", *Journal of Consumer Marketing*, 18(7), 560-577.

Crane, A & Matten, R.(2004), *Business Ethics*, Oxford: Oxford University Press.

Friedman, M.(1991), "Consumer boycotts: A Conceptual Framework and Research Agenda", *Journal of Social Issues*, 47(1), 149-168.

Jake's 블로그. https://03071228.tistory.com

12장

소비와 행복

소비는 기본적으로 재화와 서비스의 구매, 사용, 처분행동을 말한다. 무엇을 위해 구매하고 사용하고 처분할 것인가에 대한 선택은 결국 사람들의 행복을 결정하는 중요한 요인이 될 것이다. 행복한 삶을 위한 소비자는 어떤 선택을 해야 하는가? 이 장에서는 먼저 행복에 관한 여러 가지 이론들에 대해 고찰한다. 다음으로 소비자 행복의 개념과 측정방법, 그리고 소비자를 행복하게 만드는 몇 가지 소비에 대해 살펴보고, 마지막으로 우리가 일상에서 행복한 삶을 살기 위한 지침과 행복한 지출에 대해 정리하였다. 소비와 행복 관련해서 사례들은 소확행에서 YONO로 변하는 시장트렌드에서 선전하는 니치 향수시장, 행복을 제공하는 확고한 시장리더 브랜드로 자리 잡은 K-2, 서울시가 반려견들에 대한 배려로 한강공원 '댕댕이 센터' 제공, 행복을 성취하는 긍정심리학의 원칙들을 배우기를 다룬다.

1. 행복이론

역사적으로 볼 때 행복에 관한 이론은 크게 주관적 접근법과 객관적 접근법으로 구별할 수 있다. 먼저 행복을 주관적 심리상태의 관점에서 접근하는 쾌락주의와 욕구충족이론, 그리고 행복의 주관적 접근법과 관련되어 파생된 주요한 심리학적 이론을 살펴보기로 한다. 다음으로는 행복의 객관적 기준에 주목하는 객관적 목록이론(김광수, 2018, p35-37 재인용)과 포스트 휴머니즘 행복론을 제시하고자 한다.

1) 쾌락주의

쾌락주의hedonism은 당사자가 체험하는 경험을 통해 마음 내부에서 감지하는 주관적 느낌과 심리적 상태에 주목한다. 마음 외부의 대상이나 사건은 그 자체로는 삶의 질과는 무관하며, 행복은 오로지 개인들이 직접적인 체험을 통해 마음에서 느끼는 쾌락과 고통에 달려있다. 그러므로 쾌락주의적 행복은 마음 안의 쾌락을 극대화하고 고통을 최소화하는 것이다. 쾌락적 행복의 범위는 극단적으로 넓고 사람마다 다양하다.

2) 욕구충족이론

매슬로의 욕구충족이론desire satisfaction theory에 의하면, 행복은 주관적 안녕감이지만, 직접적인 체험에 수반되는 쾌락과 관계없이 개인들이 지닌 다양한 욕구가 실제로 얼마나 충족되었는가에 의존한다. 욕구충족이론에서는 사람들이 지닌 욕망이 진정으로 충족되는 경우에 쾌락이 발생하는 반면, 그것이 좌절되는 경우에는 고통이 초래된다. 그러므로 사람들이 느끼는 행복의 정도는 내부의 정신세계뿐만 아니라, 다양한 욕망을 충족하는 데 영향을 미치는 외부의 환경적 또는 상황적 조건에도 의존한다. 또한 이 욕구충족이론은 욕구에 의해 추동되는 가치와 목표지향이 얼마나 달성되었는가에 주목해서 행복을 고찰하는 목표이론과 직접적으로 관련된다.

3) 주관적 접근법에서 파생된 심리학 이론

(1) 행복의 비교comparison 이론

행복은 쾌락이나 욕망을 단순하게 충족해서 얻어지는 것이 아니라 자신의 어떤 상태를 다른 상태와 비교하고 평가하는 속성에 의해서 중첩적으로 결정되는 경향이 있다. 욕구의 충족과 관련된 여러 상태(예: 본인과 타인의 사회적 및 상대적 지위 비교, 과거와 현재 · 미래의 대비, 기대목표 성취 정도)를 상호비교하고, 비교한 결과(괴리 정도)에 근거해서 행복감의 차이가 발생한다. 그러므로 상태의 상호비교 가운데 상향식 또는 하향식 비교가 이루어지는지 여부, 그리고 기준점과의 상대적 위치에 따라서 행복감은 더 낮거나 더 높아질 수 있다.

(2) 쾌락적응hedonic adaptation과 대처 이론

쾌락적응 이론에 의하면, 사람들은 지속적인 반복적 자극에 대해 곧 적응하게 되고 적응한 후에는 그것에 둔감하게 되거나 습관화하는 성향이 있다. 즉 사람들은 쾌락의 쳇바퀴에서 움직이는 것처럼 어떤 욕망이 충족되면 그러한 상태에 금방 익숙해져서 지속적으로 행복감을 느끼지 못한다. 주관적 안녕감과 행복은 반복적으로 동일하게 주어지는 자극이나 상황보다는 새롭게 발생하는 사건의 영향을 더 많이 받게 된다. 한편 쾌락적응 과정에서 수동적인 태도보다는 긍정적인 정서와 능동적인 대처 자세가 주관적 안녕감과 삶의 만족감을 높이는데 유리하다. 그러므로 새로운 사건과 변화에 긍정적 의미를 부여하고 목표를 재조정하면서 합리적이고 능동적으로 성숙한 대처를 하는 사람이 행복감을 더 많이 느낄 수 있다.

(3) 행복의 설정 값 이론set-point theory

모든 사람에게는 선천적으로 욕구충족을 통한 행복에 이르는 설정 값(낙천적 기질, 자존감, 외향성, 자제력 등 다양한 개성)이 개별적으로 주어져 있기 때문에, 그 사람이 살아가면서 누리는 행복 수준은 거의 변하지 않으며 환경의 영향도 거의 받지 않는다. 행복 설정 값이 불행 쪽으로 치우친 채 태어난 사람은 비록 자기 삶의 객관적 조건이 좋아지더라도 자신은 불행하다고 느끼게 된다. 누구나 살아가면서 겪는 삶의 사건들(연애, 결혼, 부상, 질병, 실직 등)을 겪으면 행복 수준은 선천적으로 주어진 행복 설정 값에서 일시적으로 이탈하지만 쾌락적 적응 메카니즘이

작용하여 조만간 원래의 설정 값으로 돌아가게 된다. 여기서는 건강이나 소득과 같은 삶의 객관적 조건들은 행복 결정에 거의 영향을 미치지 않는다(김균, 2012).

4) 객관적 목록 이론objective list theory

행복의 객관적 기준을 강조하는 이 이론에 의하면, 경험에 따른 쾌락이나 욕망의 충족과는 무관하게, 좋은 행위 내지는 나쁜 행위가 객관적으로 존재한다. 개인의 주관적 선호와는 관계없이 객관적인 조건인 지혜, 인애, 우정, 절제, 존엄성, 미 등은 그 자체로 좋은 속성이며, 삶에 이러한 덕목이 구현되어 있으면 바람직하고 행복한 삶이 된다. 이러한 객관적 덕목은 구체적 상황에서 행위자의 숙고와 선택에 방향을 정해주는 이정표 역할을 하게 되고, 인간의 삶 전체에 체화된 것이라는 점에서 자기실현적 행복이라고도 한다. 즉 이 이론에서는 주관적 쾌락과 만족감보다는 이러한 객관적 기준을 충족하는 욕구와 행위만이 행복한 삶에 기여하는 것으로 인식된다.

5) 포스트 휴머니즘 행복론

포스트 휴머니즘 행복론은 '기술과학적 수단을 통한 행복에의 도달, 감정에 대한 전적인 통제, 인간 인격의 개선'이라는 슬로건에서 볼 수 있듯이, 인간의 도덕적 향상moral enhancement을 목표로 행복한 세상을 도모한다. 다시 말하면, 기술과학적 수단을 통해 인간의 감정을 자유자재로 제어하고, 인간의 인격을 좀 더 나은 방향으로 개선한다면 행복에 도달할 수 있다고 본다. 도덕적 인간은 도덕적으로 건전한 판단을 하고, 부정적 정서를 억제하거나 소멸시켜 긍정적 정서를 극대화하여 덕스러운 행위를 도모하는 인간을 말한다. 이러한 도덕적 인간은 오랜 기간의 내적 수양이나 교육을 통해서가 아니라 과학기술을 통해 단기간에 가능하다고 본다. 그러나 포스트 휴먼이 월등한 도덕적 지위를 확보함으로써 인간 행복에 기여할 것이라는 전망은 지나치게 단순하다고 낙관적이라는 비판을 받고 있다. 행복에 대한 단선적 견해와 행복에 이르는 단순화한 절차로는 진정한 행복에 이르기는 어렵기 때문이다. 포스트 휴머니즘 행복론을 정서적 측면과 의지적 측면을 중심으로 설명하면 다음과 같다(정연재, 2018).

(1) 정서적 측면의 향상과 행복

정서적 측면의 향상을 통해 인간의 행복을 증진시킬 수 있다는 관점으로, 이때의 행복은 쾌락적 행복을 지칭한다. 다시 말하면, 인간향상 기술을 활용하여 쾌락의 충족, 주관적 삶의 만족 차원에서 긍정적 정서를 높이고, 부정적 정서를 낮춤으로써 행복을 얻는다고 본다. 예를 들면, 선택적 세로토닌 재흡수 억제제selective serotonin reabsorption inhibitor는 공포, 적개심 같은 부정적 감정을 경감시키고, 사회적 상호작용과 협동심을 증가시키며, 포유동물에서 나타나는 호르몬인 옥시토신은 타인에 대한 신뢰감과 친사회성을 증진시키는 데 관련이 있다고 알려져 있다. 뇌영상 기술과 신경과학은 뇌의 정서적 과정을 향상시킬 수 있는 가능성을 열어두고 있다.

(2) 덕목의 향상과 행복

덕목을 향상시킴으로 인간의 행복을 증진시킬 수 있다는 주장이다. 인간이 약물 치료와 유전공학 관련 기술을 통해 도덕적 교의를 내면화하여 행동에 옮길 때 도덕적 향상moral enhancement이 이루어지며, 정의감과 이타성과 같은 도덕적 성향은 문화적인 수단 이외에 다른 수단으로도 획득할 수 있지만 중요한 것은 생명공학기술을 잘 활용하여 적절한 도덕적 향상을 이룰 수 있고, 이를 통하여 행복에 이를 수 있다. 예를 들면 유전적 덕목 프로젝트Genetic Virtue Project, GVP는 생명공학기술을 사용하여 세상에서 악을 감소시키고 선을 증진시켜서 세계를 좀 더 좋은 곳으로 만드는 프로젝트이다. GVP는 도덕적 개선에 대한 윤리적 이상을 DNA의 4개 분자, 아데닌anedine, 구아닌guanine, 사이토신cytosine, 타이민thymine의 배열로 성취할 수 있다고 가정한다. 구체적인 방법으로는 배아에서 가치 있는 유전자를 선택하는 착상 전 유전자 진단을 사용하거나 인간 수정란을 유전적으로 공학화하는 것이다.

2. 소비자 행복

1) 소비자 행복의 개념과 측정방법

최근 행복에 대한 관심이 증가하면서 경영학, 심리학, 소비자학 등 사회과학 분야에서 소비행복에 대한 연구가 이루어지고 있다. <표 12-1>에 제시된 바와 같이, 국내 소비 행복에 대한 연구들은 '소비행복consumption happiness'과 '소비자 행복consumer happiness'의 개념을 혼재하여 사용하고 있어 두 개념의 차이를 구분하기는 쉽지 않다.

아래 표에서 제시된 바와 같이, 소비 행복 또는 소비자 행복은 전반적인 인간의 삶 가운데 소비영역에서 나타나는 행복을 의미한다. 소비는 삶을 구성하는 하위영역으로, 소비에서의 행복은 전반적인 삶의 행복에 영향을 준다는 점에서 소비자 행동의 궁극적인 목표가 될 수 있다. 행복의 개념은 행복을 측정하는 방법과 관련된다.

(1) 전미영(2011)은 소비자 행복은 소비 후에 도출되는 이성적, 감성적 상태로 단순히 구매에 따른 결과만이 아닌 소비와 관련된 여러 가지 경험이 복합적으로 작용하며 느끼는 긍정적 기분 상태, 즉 주관적 안녕 상태이다. 따라서 소비자 행복은 소비에 따른 주관적 안녕상태의 단일 차원으로 보고, 소비 후의 전반적 행복, 소비 후 증가된 행복, 금전적으로 만족한 정도의 세 가지 항목으로 측정하였다.

(2) 남승규(2012)는 소비자 행복은 소비생활을 통해 소비자가 체험하는 행복으로 규정하고, 소비자 행복의 척도로 특정한 소비행동이 즐거워야 하고(쇼핑의 즐거움), 만족스러우며(문제해결), 소비자 자신만의 주체적인 색깔을 내면서 유능함을 느껴야 한다(개인적 적합성)고 보았다. 소비자 행복에 대한 정의와 척도에서 구매를 포함하는 소비생활 과정에서 경험되는 행복으로 측정하였다.

〈표 12-1〉 소비자 행복의 개념

연구자	개념	정의	측정
전미영 (2011)	소비자 행복	소비에 따른 총체적 경험으로 인해 유발되는 긍정적 감정(환희, 기쁨, 즐거움의 행복감)	주관적 안녕의 단일 차원에 대한 인지적 평가로, 소비 후의 전반적 행복, 소비 후 증가된 행복, 금전적 만족 3개 항목
이성림 외 (2011)	소비행복 또는 소비생활에서의 행복	소비생활에서 경험되는 긍정적 감정상태	-
남승규 (2012)	소비자 행복	소비생활을 하면서 체험하는 행복	쇼핑연계 행복, 문제해결 행복, 개인적합 등 행복의 3가지 차원의 18개 항목
성영신 외 (2013)	소비 행복	소비자가 제품이나 서비스를 소비하면서 느끼는 전반적인 경험	주관적 안녕감의 단일차원으로, 삶에 대한 만족, 긍정적 정서, 부정적 정서 3개 문항
라선아 (2015)	소비자 행복	제품 및 소비경험을 통해 주관적으로 느끼는 긍정적 심리상태	-
심영 (2022)	소비자 행복	소비생활을 통해 소비자가 주관적으로 느끼는 행복	한국소비자원의 소비생활지표 자료에 근거하여 단일차원으로, 소비자가 주관적으로 인지하는 행복정도

출처: 심영(2022)의 연구에 기초하여 수정함.

(3) 성영신 외(2013)는 소비자가 소비하면서 느끼는 전반적인 경험을 소비행복으로 규정하면서 소비행복 수준이 소비유형에 따라 상이하다고 보았다. 소비유형은 소비자가 소비시 경험하게 되는 주된 3가지 가치 즉, 혜택종류(실용성 – 쾌락성), 소비지향성(자기 – 타인 – 사회) 및 혜택시점(현재성 – 미래성)에 따라 9가지로 구분하였다. 9가지 소비유형은 일상소비, 재테크소비, 의례소비, 친환경소비, 놀이소비, 외모가꾸기, 수집소비, 상징소비, 윤리적 소비이다. 소비행복 척도는 주관적 안녕감의 단일 차원으로, 긍정적 정서, 부정적 정서, 삶의 만족의 3개 문항으로 구성하였다. 연구결과 9가지 소비유형 중에서 소비자는 놀이소비에서 가장 큰 행복을 느끼고 있었고, 의례소비(예, 관혼상제)에서 가장 적은 행복을 느끼고 있었다. 놀이

소비 다음으로 수집소비와 외모 가꾸기 등 생활에 즐거움을 주는 소비의 행복도가 높았다. 또한 윤리적 소비와 친환경 소비를 할 때 높은 편안함과 즐거움, 만족을 경험하는 것으로 나타났다. 소비차원별 소비행복 수준을 비교하면, 실용적 가치, 타인지향적 가치 및 미래시점에서 혜택을 느낄수 있을 때보다 쾌락적 가치, 본인지향적 가치 및 현재시점에서 혜택을 느낄 수 있는 소비유형을 할 때 더 큰 행복을 느끼는 것으로 나타났다. <사례 12-1>은 향수시장에서 YONO 현상을 설명한다.

(4) 라선아(2015)는 소비자 본인이 실제 겪은 행복한 소비 경험을 에세이 형식으로 작성한 자료 259건을 대상으로 내러티브 분석을 수행하였다. 소비자는 소비영역에서 언제, 어떻게, 왜 행복을 느끼는지 살펴보고 이를 토대로 소비자 행복에 대한 개념적 체계를 도출하였다. 그는 소비자 행복의 원천을 '제품/브랜드/고객관리', '소비활동 자체', '소비자자신', '인간관계', '삶의 이야기' 등 소비자 행복 원천을 5가지로 분류하였다. 연구결과 '제품/브랜드/고객관리'를 원천으로 하는 행복(41%)은 '본원적 소비'. '마니아적 소비', '고객케어 소비'의 3가지 유형이었다. '소비활동 자체'를 원천으로 하는 행복(25%)에는 '착한 소비', '합리적 소비', '자족적 소비', '쇼핑 플로'의 4개 유형이 도출되었다. '소비자 자신'을 원천으로 하는 행복(12%)에는 '자기보상 소비', '내적 집중 소비', '자기 향상 소비'의 3가지이다. '인간관계'를 원천으로 하는 행복(16%)은 '가족지향 소비', '사회적 관계지향 소비'의 2개 유형이다. '삶의 이야기'를 원천으로 하는 소비(6%) 유형은 '나와 제품의 이야기 창조', '생의 관계 속 제품의 이야기 창조'의 2개 영역이다. 연구결과 소비활동에 대한 소비자 자신의 주체적인 참여에 따라 소비자 행복은 달라질 수 있다고 설명하였다.

(5) 이성림 외(2011)는 중산층 주부들을 대상으로 일상의 소비생활을 영위하면서 소비자가 느끼는 행복한 감정과 불행한 감정에 대해 현상학적 분석방법을 통해 연구하였다. 소비자 행복은 소비생활을 하면서 행복, 자유, 기쁨, 만족감, 풍요, 충분함, 편안함 등으로 표현되는 소비자가 경험하는 감정이며, 이 소비자 행복 경험

은 '높은 효용가치', '소유보다는 관계', '마음의 풍요', '나만의 자신감'의 4가지 요소를 포함한다고 설명하였다. 반면에 소비생활에서 겪는 갈등 경험은 '부족함과 낭비', '남들처럼 해야 하나', '가족간의 소비갈등', '속성 재배하는 소비사회'의 유형으로 정리되었다. 연구결과, 행복한 소비생활은 상품 소비나 상품 경험 그 자체보다는 소비를 통해 어떤 가치를 추구하는가, 어떻게 소비하는가가 중요하다고 지적하였다.

<사례 12-1: "소확행→요노" 소비 트렌드 변화에도 '향수 존재감' 뿜뿜>

경기 침체 상황에서도 차별화한 아이템을 중시하는 MZ 소비자들에게 향수만큼은 그 존재감을 잃지 않고 있다. 16일 유통업계에 따르면 주요 백화점 3사(롯데·신세계·현대)의 지난해 향수 매출은 전년 대비 평균 약 14% 증가한 것으로 집계됐다. 2023년 향수 매출이 전년보다 15% 증가한 점을 고려하면 여전히 성장세다. 소비 트렌드가 다소 변화하고 있지만, 나만의 것을 중시하는 소비 심리는 여전하기 때문이다. 2018년 '소확행'(소소하지만 확실한 행복) 소비 트렌드가 2022년까지 유행했지만, 과시성 소비란 비판이 나왔다. 이를 대체한 것이 바로 '요노'(YONO, You Only Need One : 바로 이것만 있으면 된다) 트렌드다. 선택과 집중을 통해 불필요한 소비를 줄이는 요노 소비가 지난해 급부상했다. 이로 인해 패션 SPA 브랜드 매출이 크게 늘었다.

패션뷰티업계는 요노 트렌드가 사치성 소비를 위축시키긴 하지만, 그 중에서도 향수는 여전히 경쟁력이 있다고 본다. MZ를 넘어 알파세대 소비자는 자기표현 욕구가 크기 때문이다. 신한카드 빅데이터연구소는 최근 2025년 소비 트렌드로 '셀프디깅'(Self-Digging)을 꼽았다. 자신이 지향하는 이미지와 감성을 표현하는 소비를 위해 분위기, 취향, 콘셉트 등을 중시한다는 것. 이은희 인하대 소비자학과 교수는 "향수는 상대방에게 자신의 감정과 분위기를 표현할 수 있는 중요한 수단으로 각인된다"며 "자기표현이 점점 더 중요해지는 최근 트렌드에 맞물리는 대표 아이템"이라고 분석했다. 향수 시장 규모도 매년 커지고 있다. 유로모니터에 따르면 지난해 국내 향수 시장 판매액은 1조585억 원으로 소확행이 유행한 2019년보다 약 2배 커졌다. 이에 경기 침체로 맥을 못 추는 패션업계가 향수 시장에 공을 들이고 있다.

LF는 '오피신 유니버셀 불리'(불리)가 주력이다. 워터 베이스를 차별화 무기로, 섬세하고 고급스러운 향을 앞세워 2022년 전년 대비 매출 증가율 50%를 달성한 후 지속적 성장세다. LF는 불리를 향초, 디퓨저 등까지 홈 프래그런스(Home Fragrance) 제품까지 확장하고 있다. 작년 11월 선보인 홈 프래그런스 신제품은 출시 한 달 만에 모두 팔렸다. 신세계인터내셔날은 딥티크, 산타마리아노벨라 등 니치향수(소수 취향의 프리미엄 향수)를 다수 선보이며 실적 방어 중이다. 자사몰 에스아이빌리지에서 작년 1~11월까지 니치향수 매출은 전년 동기 대비 35.2% 늘었다.

출처: 이투데이, 2025

2) 소비와 소비자 행복

출처: Unsplash

〈그림 12-1〉 행복

(1) 경험소비experiential consumption

물질소비는 '소유할 수 있는 재화의 형태로 소비결과가 잔존하는 것'으로 시장에서 구매하는 대부분의 소비재가 여기에 속한다. 경험소비는 '경험 그 자체가 목적이 되며, 소비하는 동안 경험하는 감정이나 감각이 지배적인 효용이 되는 소비'로서 여행, 스포츠, 영화관람, 음악감상 등이 여기에 해당된다(전미영, 2011). 대부분의 연구들은 경험소비가 소비자를 더 행복하게 만든다고 주장한다.

물질소비보다 경험소비가 사람들을 더 행복하게 만드는 이유는 다음과 같다.

첫째, 경험소비는 일반적으로 혼자 하기보다는 여러 사람과 함께하는 경우가 많기 때문에 사람들의 사회적 관계를 긍정적으로 유지하게 만든다(전미영, 2011). 그리고 경험소비는 간접경험이 용이하기 때문에 타인에게 자신의 행복한 경험을 이야기함으로써 공유하고 인정받기가 쉽기 때문에 소비자를 더 행복하게 할 수 있다.

둘째, 물질소비의 경우 타인이 구매한 상품과의 비교를 통해 자신이 더 비싸게 구매했거나 타인의 제품이 더 좋은 경우 후회감과 갈등을 경험하기 쉽다. 반면 경험소비는 물질소비에 비해 사회적 비교를 덜 하게 함으로써 사람들을 더 행복하게 한다.

셋째, 경험은 진정한 자아의 일부를 구성하고 정의하는 기억 속에 남아 있고, 내가 생각하는 개인적 자아뿐 아니라 다른 사람이 나를 생각하는 사회적 자아와도 더 가깝게 연결되어 있다. 이처럼 경험소비는 자아에 다양한 영향을 미쳐서 행복을 증진시킨다(라선아, 2015).

<사례 12-2>는 경험소비인 등산, 아웃도어, 여행을 위한 고품질 제품들을 고객들의 라이프스타일에 맞추어 행복을 제공하는 확고한 시장리더 브랜드로 자리 잡은 K-2의 2025년 경영 전략들을 소개한다.

<사례 12-2: K2, 2025 아웃도어 시장 핵심 키워드 'S.N.A.K.E' 선정>

케이투코리아(대표 정영훈)의 아웃도어 브랜드 'K2'가 2025년 아웃도어 시장의 변화를 반영한 5대 핵심 키워드 'S.N.A.K.E.'를 발표했다. K2는 매년 새로운 키워드를 통해 브랜드의 방향성과 실행 전략을 공개하고 있다.

K2가 선정한 키워드 '스네이크(SNAKE)'는 경기 불황 속에서 소비자의 세분화된 요구와 급변하는 환경 변화와 새로운 라이프스타일 트렌드를 반영하는 것에 주목했다.

◆ S - Skill-Based Segmentation (레벨 맞춤 제품 선택)

소셜 미디어에서 스포츠, 아웃도어 활동 시 특정 레벨의 활동과 그에 맞는 장비에 대한 다양한 정보를 손쉽게 얻을 수 있게 되면서, 기능별로 더 세분화된 시장이 형성되고 있다. K2는 전문형 트레킹 라인인 K.트레커스(K.TREKKERS)를 지난해 론칭했으며, 고산 원정등반을 위한 알파인 랩(ALPINE LAB)과 가벼운 하이킹을 위한 플라이하이크(FLYHIKE) 등 아웃도어 활동별로 세분화한 상품 라인을 제시한다.

◆ N - Nothing Out of the Ordinary (평범한 일상 속의 아웃도어)

트렌드코리아 2025는 '무난하고 무탈하고 안온한 삶'을 가치 있게 여기는 태도가 트렌드가 될 것이라고 전망했다. 나 자체에 집중한 소비가 늘면서 편안하면서 일상에서 입을 수 있는 실용적인 제품 출시가 늘 것으로 예측한다. K2는 자연 친화적이면서 일상에서 부담 없이 입을 수 있는 '포레스트(FOR:REST)'를 론칭한다. 내추럴 감성을 담은 라이프스타일 제품군으로 편안하고 실용적인 디자인이 특징이다.

◆ A - Accelerated Climate Shift (가속화된 기후 변화)

기후 위기로 인해 봄, 가을은 짧아지고, 여름은 길어지고 있다. K2는 2025년 뜨거운 태양과 자외선으로부터 몸을 보호하는 '웨더리스 재킷'을 첫 출시한다. 자외선을 98% 이상 차단하는 소재를 적용한 초경량 바람막이로, 심플한 디자인을 적용해 야외 활동뿐 아니라 일상에서도 입기 좋다. 이 밖에도 K2만의 냉감 기술력을 적용한 '냉감 3총사'를 출시한다. 특히 K2의 대표 냉감 제품인 '오싹'과 '코드텐' 시리즈는 더욱 업그레이드된 냉감성을 바탕으로 여름 시장을 공략한다. 친환경 제품군 '에코 프로젝트(ECO PROJECT)'를 지속해서 제안한다.

◆ K - Kinetic Engagement (역동적인 참여)

자기가 좋아하거나 잘하는 한 가지를 찾아 조금씩 실천하며 성장하는 삶의 패러다임이 주목받고 있다. 아웃도어, 스포츠 업계에서도 스스로의 한계를 조금씩 극복하며 성취감을 얻기를 원하는 소비자들을 대상으로 마라톤, 트레일 러닝 등 각종 대회를 통해 성장과 참여의 기회를 제공하고 있다. K2는 2018년부터 시작한 대표 하이킹 프로그램인 '어썸하이킹'을 통해 소비자들이 혼자 혹은 같이 즐거운 하이킹을 즐길 수 있도록 경험의 기회를 제공하고 있다.

◆ E - Eclectic Omnivore (새로운 옴니보어 소비자)

연령, 소득, 성별 등의 고정관념에 얽매이지 않고 자신만의 취향과 경험을 추구하는 옴니보어 소비자들이 증가할 것으로 전망되고 있다. K2는 중장년층과 젊은 소비자층 등 특정 세대를 구분하지 않는 디자인의 라이프스타일형 아웃도어 상품군을 대거 선보인다. 새롭게 선보이는 냉감 의류인 '시원서커'는 냉감 나일론 소재를 시어서커 조직에 적용한 상품으로 아웃도어 냉감 의류의 고정관념을 깬 '패셔너블 냉감'으로 기획했다. 이 밖에도 출시 5년 만에 100만족이 넘게 팔린 하이킹화 '플라이하이크'도 뛰어난 기능에 가볍고 편안한 착용감, 세련된 디자인으로 세대 구분 없이 큰 인기를 얻고 있다. 신선철 케이투코리아 K2 마케팅팀 이사는 "K2는 푸른 뱀의 해를 맞아 일상 속 실용적 아이템부터 감각적인 제품군까지 선보이며 시장 변화에 민첩하게 대응할 것"이라고 말했다.

출처: 패션비즈, 2024

(2) 관계재(relational goods)

시장에서의 경제적 교환은 사회적 관계의 요소가 철저하게 배제되고 오로지 익명성과 비대인적 교환의 형태로 재화와 서비스가 등가로 거래된다. 반면, 사회적 교환에서는 물질적 가치의 교환뿐만 아니라 사람들 사이의 인격적인 관계(대인관계) 자체가 교환되고 영향력을 발휘한다. 관계재는 사회적 교류에 관한 욕구를 충족시키고, 그 과정에서 형성되는 공감, 상호성, 신뢰 등을 통해 사회적 관계를 확장시킨다. 상호성의 관계는 일방적이고 무조건적인 기부 내지는 수혜가 아니라, 비록 즉각적이지는 않아도 다른 구성원에 의한 사회적 교환 및 호혜의 기대에 근거한 쌍방향의 헌신과 양도의 특성을 지닌다. 이처럼 다양한 경제적, 정치적, 법률적, 문화적 요소들과 사회적 상호성의 가치가 중첩적으로 협력하여 사회친화성이 강화되는 경우에 개인과 사회가 더 행복해진다.

시장 참여를 통해 높은 소득을 올리기 위해서는 어쩔 수 없이 가족이나 친구 또는 이웃과의 교류에 들여야 할 시간과 여유를 줄일 수밖에 없다. 이러한 관계재의 과소소비가 소득과 물질재화의 증대가 주는 즐거움을 상쇄시킨다. 나홀로족이 많은 현대사회에서 관계재가 행복에 미치는 의미는 더 크다고 볼 수 있다. 관계재란 다른 사람들과의 상호교류에서 획득되고 다른 사람과 함께일 때만 즐길 수 있기에 개인 혼자서는 생산과 소비가 불가능한 재화다. 예를 들어 휴일 저녁에 혼자서 하는 식사가 아니라 가족이나 연인과 함께하는 식사가 주는 즐거움이 관계재이다(김광수, 2018).

윤리적 소비자들은 행복은 관계에서 나오는 것이라고 하면서 특히 소비에서는 생산자를 알고 생산자와 관계를 맺을 때 행복을 경험한다고 했다. 친환경제품이나 공정무역과 같은 윤리적 제품이라 하더라도 그것을 생산한 사람의 얼굴을 떠올릴 수 없고, 그 생산자에게 도움이 된다는 것을 의식할 수 없을 때에는 행복할 수 없다고 하였다. 생산자의 얼굴을 알고 생산자가 보이고 생산자에 영향을 미치는 것을 확인하고, 자기의 소비를 통해 생산자와 관계를 형성해나가는 데서 기쁨을 느낀다고 하였다(송인숙 외, 2013). <사례 12-3>은 서울시가 인간과 관계 형성을 통해 서로의 행복을 추구하는 애완견들을 위해 한강공원 댕댕이센터를 제공하는 배려를 제시 한다.

<사례 12-3: 반려인은 행복하고 반려견은 즐겁다! 한강공원 댕댕이 쉼터>

여의도 한강공원에 반려견 임시쉼터가 문을 열고 3월 2일부터 4월 말까지 2개월간 시범 운영에 들어갔다. 이번 임시쉼터는 여름철에만 사용되는 여의도 한강공원 수영장 유휴 공간에 펜스와 인조 잔디 등의 시설을 설치하고, 반려견과 함께 하는 누구나 무료로 이용할 수 있도록 조성했다.

반려견 임시쉼터는 동물 등록 및 광견병 예방접종을 완료한 반려견에 한해 입장이 가능하며, 인식표를 반드시 부착해야 한다. 쉼터 이용 시 14세 미만 어린이는 반드시 성인 보호자와 함께 입장해야 하며, 배변봉투와 목줄을 지참해야 한다. 음료수를 제외한 견주 및 반려견의 음식물 반입 및 취식을 금지한다. 쉼터의 이용 시설은 운동장, 놀이기구(어질리티), 포토존 등으로 꾸며져 있으며, 제공되는 프로그램으로는 반려동물 전문 훈련사가 수시로 제공하는 행동 교정 상담 및 산책 교육과 매월 둘째 주 토요일 진행되는 위생·미용 및 리드 줄 만들기 체험, 반려문화 정보 제공 등이다.

현재 서울시는 반려견 임시 쉼터 외에 반려견 놀이터도 운영하고 있다. 어린이대공원, 월드컵공원, 보라매공원 등 서울시에서 운영 중인 3개소와 강북구 북서울꿈의숲, 구로구 안양천 오금교 남단, 도봉구 초안산 근린공원, 동대문구 중랑천 장안교 하부, 마포구 마포동, 송파구 탄천유수지, 영등포구 안양천 오목교 등 자치구에서 운영을 맡은 7개소 등이 있다.

출처: 내 손안에 서울, 2023

(3) 윤리적 소비Ethical consumption

윤리적 소비는 녹색소비, 친환경소비, 지속가능한 소비 등 다양한 용어와 혼용되어 사용되고 있다. 윤리적 소비는 현재의 욕구 충족을 위해 미래세대의 욕구 충족을 위한 자원을 낭비하거나 희생하지 않도록 하는 소비로 정의되는데(UNEP, 2015), 이는 소비자 자신이 중심이 되는 소비생활에서 벗어나 사회, 환경 및 경제 공동체에 초점을 둔 소비생활을 의미한다(심영, 2022).

① 윤리적 소비자는 행복한 소비를 경험할 수 있다. 윤리적 소비자가 인식하는 행복한 삶은 '함께 하는 삶'(나만 좋은 것이 아니라 주위 사람들과 나누는 공동체적 삶), '의미있다고 생각하는 일을 하는 삶', '내적으로 충만하고 소신있는 삶'을 행복한 삶으로 인식하였다. 구체적으로 '관계를 맺는 소비', '타인을

돕는 소비', '욕구를 조절하는 소비', '의심하지 않고 안심할 수 있는 소비', '소비환경을 변화시켜 나가는 능동적 소비'를 하면서 행복감을 경험하고 있다(송인숙 외, 2013).

② 일반소비자의 경우 윤리적 소비행동을 많이 실천할수록 소비자 행복은 높아진다. 윤리적 소비의 하위영역 중 공정무역, 불매운동, 로컬소비, 공동체운동, 절제와 간소의 행동을 많이 할수록 소비자 행복이 높아지는데, 특별히 공정무역이 가장 큰 영향을 미치는 것으로 나타났다(김미린, 홍은실, 2015).

③ 윤리적 소비실천 또는 지속가능소비 소비실천은 소비자 행복을 증가시킨다. 구체적으로 친환경상품의 구매, 에너지 절약, 자원재활용, 녹색실천 선도 및 윤리소비 실천은 소비자 행복에 유의한 정적 영향을 미치는 것으로 나타났다(심영, 2022; 이성림, 허은정, 2023).

④ 소비절제를 추구하는 삶의 양식은 행복을 증가시킨다. 성영애(2016)는 소비절제를 추구하는 라이프스타일을 동기유형에 따라 8가지, 즉 환경문제예방을 위한 소비절제, 경제적 부족으로 인한 소비절제, 자발적 간소화를 위한 소비절제, 강박적 소비절제, 근검절약으로 인한 소비절제, 선택적 소비절제(작은 사치), 재무관리를 위한 소비절제, 자급자족형 소비절제로 분류하였다. 자발적인 소비절제 유형은 소비행복(소비생활에 대해 느끼는 만족감)과 일반적 행복(주관적 안녕감)을 모두 증가시키는 것으로 나타났고, 특히 재무관리를 위한 소비절제는 소비행복과 일반적 행복에 가장 큰 영향을 미치는 소비절제유형이었다. 또한 환경문제예방을 위한 소비절제와 선택적 소비절제도 소비행복과 일반적 행복에 정적 영향을 주는 것으로 나타났다.

3. 행복한 소비의 원칙

1) 행복한 삶을 위한 지침

(1) 영국 신경제재단의 행복 지침

영국의 신경제재단은 개인의 삶의 질을 증진시키기 위한 해결책을 제안하고 실천하는 것을 목적으로 설립된 연구기구이다. 그들 연구에 의하면 개인의 행복을 결정짓는 가장 중요한 것은 타인과의 사회적 관계와 심리적 자원 혹은 정신적 자본이며, 지지적 관계, 신뢰 및 소속감, 정서적 안녕, 생활만족, 활력, 탄력성과 자존감 차원에서 행복을 측정하였다. 일상생활에서 다섯 가지 활동을 실천함으로써 행복을 증진시킬 수 있다고 제안하였다(NEF, 2009). <사례 12-4>는 행복한 삶을 위해 긍정심리학의 원칙들을 배우는 것이 효과적이고 매우 중요하다는 것을 설명한다.

① 연결 connect

가족, 친구, 동료, 이웃, 직장, 지역사회 등 주변사람들과 관계를 갖는 것이다. 관계를 생활의 주춧돌로 여기고 개발하기 위해 시간을 투자한다. 이러한 사회적 관계는 행복의 결정적 요인이다.

눈사람

출처: 블로그 즐거운마리

제주 말로카페

〈그림 12-2〉 행복 체험

② 움직이기 be active

산책, 달리기, 정원 가꾸기, 춤추기 등 운동은 기분을 좋게 만들고 우울과 불안을 낮춘다. 자신의 운동능력과 몸에 맞는 신체적 활동은 운동신경을 개발하고 기분을 증진시키며 노인의 인지적 능력 저하를 막아준다.

③ 인식하기 take notice

호기심을 유지하고 풍경의 아름다움을 놓치지 말기, 일상에 대해 이야기하기, 계절의 변화를 관찰하기 등이 포함된다. 주위 세계에 대해 느끼고 자각하는 것 그리고 자신의 경험을 되돌아보는 것은 자신에게 중요한 것이 무엇인지 알도록 만든다. 감각, 생각, 느낌을 인식하는 연습은 우리 자신에 대한 지식과 행복 수준을 높여준다.

④ 학습하기 keep learning

새로운 것을 배우는 것은 재미있을 뿐만 아니라 자신감을 갖게 만든다. 학습은 사회적 상호작용을 촉진하며 자존감과 유능감을 증가시킨다. 새로운 것을 학습하는 행동은 개인의 만족감을 높여주며 학습은 모든 연령층에게 일상생활에서 매우 중요하다.

⑤ 나눔 give

타인에게 좋은 것을 하거나 누군가에게 감사하기, 자원봉사에 참여하는 등의 활동이 여기에 속한다. 뇌과학의 연구결과에 의하면 협력적 행동은 두뇌의 보상 영역을 활성화시키는 것으로 나타났다. 공동체에 적극적으로 참여하는 사람들은 더 행복하며, 자신을 둘러싼 사람들과 새로운 관계를 만들게 된다. 상호교환과 호혜성을 구축하는 것은 신뢰를 쌓고 긍정적인 사회관계를 만들며 탄력 있는 공동체를 형성하는데 기여한다(NEF, 2009).

<사례 12-4: 행복한 삶을 위해 긍정심리학의 원칙을 배우자.>

우리는 우리의 인생을 더 긍정적으로 보고 실천할 필요가 있다. 인생은 좋고 멋진 것들을 성취하고 즐기기 위한 노력의 과정과 결과의 점들이 모인 것이라 생각하면 더 긍정적이게 되고 더 열심히 노력하게 된다. Anthony Robbins(2015)는 긍정 마인드를 항상 강조해왔고 마음의 거인을 깨워 우리의 최고 잠재력을 극대화하여야 한다고 주장했다. 실제로 그는 성공적으로 자기 개발, 강의, 돈 관리, 동기부여와 코칭 클래스 등에 성공적으로 실천해 왔다.

불안, 우울, 스트레스와 같은 부정적 감정보다 개인의 강점과 미덕, 긍정적 감정에 초점을 맞추자는 긍정심리학은 미국 펜실베니아대학 심리학교수인 마틴 셀리그먼(Martin Seligman)이 창시했다. 긍정심리학은 기존의 심리학이 정신질환 치료와 같이 삶을 불행하게 하는 심리 상태를 완화하는 데에만 치중하고 삶의 긍정적 가치들울 과소평가했다고 보고 이를 수정해야 한다고 주장해 왔다(네이버 선샤인 논술사전). 셀리그먼은 자신의 육체와 마음를 다스리는 본인 의지가 매우 중요하다고 했다. 행복은 결과이면서 동시에 과정이고 즐거움, 몰입, 삶의 의미의 3가지들이 조건이라고 했다.

긍정심리학에서 거장인 하버드대 심리학교수인 Ellen Langer(엘런 랭어)는 1979년 외딴 시골 수도원에서 75세에서 80세 노인들을 대상으로 단순하고 혁신적인 심리실험인 '시계 거꾸로 돌리기 연구'를 진행해서 그 결과로 센세이션를 일으켰다. 실험 참가자들은 단순히 20년 더 젊었을 때를 생각하고 그 때처럼 젊게, 독립적으로 행동하기를 일주일간 지속적으로 하였다. 일주일 후 참가자들의 마음과 육체가 놀랄만하게 긍정적으로 좋아진 것이 실험에서 입증되었다(Langer, 2022).

우리는 생각하고 느끼고 행동하는 대로 된다. 뇌, 호르몬, 신체 기관들은 우리의 사고, 감성, 행동에 따라 새로 조절하게 된다. Ellen Langer(2022)는 <Counterclockwise; 늙는다는 착각>에서 우리가 긍정적으로 생각하고 육체적, 정신적으로 열심히 노력하면 노화를 젊음으로, 질병 대신 건강을 얻게 된다고 주장했고 이것을 실천하는 방법들을 제시하였다. Langer(2022)는 나이가 든다는 것이 쇠퇴와 퇴보가 아니라 자연스러운 신체의 과정이라고 설명하였다. 의사이자 의학 전문기자인 Gupta(2021)는 베스트셀러, <Keep Sharp; 킵샤프, 늙지 않는 뇌>에서 노력하면 노화를 막고 더디게 하고 나이와 무관하게 젊고 건강하고 예리한 뇌를 만들고 유지한다고 역설하였다.

출처: 김우성 블로그, 2024

(2) 영국 BBC의 행복헌장

2014년 영국 BBC는 4부작 다큐멘터리 제작을 위해 심리학자, 경영컨설턴트, 자기계발전문가, 사회사업가 등으로 구성된 행복위원회를 만들고, 행복을 얻기 위한 12가지 방법을 제시하였다.

① 좋아하는 일을 하라
② 즐겁게 행동하라. 행복한 표정을 짓고 낙천주의자이며, 외향적인 사람인척 하라.
③ 가장 좋은 친구는 자신이다. 자책하거나 자신에게 불가능한 요구를 하지 마라.
④ 자신에게 작은 보상이나 선물을 함으로써 매일 현재를 살아라.
⑤ 친구와 가족을 위해 시간과 노력을 투자하라.
⑥ 현재를 즐겨라. 문제가 발생하면 낙천적으로 생각하라. 문제를 과장하지 말고 좌절하지 않으면 행복의 바탕이 되는 중심을 찾을 수 있다.
⑦ 인생의 즐거움을 만끽하라.
⑧ 시간을 잘 관리하라. 상위목표를 세워라.
⑨ 스트레스와 역경을 헤쳐나갈 수 있는 나름의 방법을 준비하라.
⑩ 음악을 들으라. 휴식과 자극을 동시에 느낄 수 있다.
⑪ 활동적인 취미를 가져라.
⑫ 자투리 시간을 생산적으로 활용하라. 자신의 생각을 정리할 시간을 가져라.

(3) 영국 로스웰과 코헨의 행복 만들기

로스웰과 코헨에 따르면 행복은 PPersonal, EExistence, HHigher order의 세 가지 요소에 의해 결정된다. 여기서 P는 인생관, 적응력, 유연성 등 개인적 특성을, E는 건강, 돈, 관계 등 생존조건을, H는 열망, 자존감, 기대 등 고차원적인 상태를 의미한다. 행복지수 공식과 행복해지기 위한 지침을 제시하였다.

* 행복지수 = Personal +(5 x Existence) + (3 x Higher order)

* 행복해지기 위한 삶의 지침

① 가족과 친구 그리고 자신을 위한 시간을 갖는다.

② 흥미와 취미를 추구한다.

③ 밀접한 대인관계를 맺는다.

④ 새로운 사람들을 만나고 기존의 틀에서 벗어나 본다.

⑤ 현재에 몰두하고 과거나 미래에 집착하지 않는다.

⑥ 운동하고 휴식한다.

⑦ 항상 최선을 다하되 성취 가능한 목표를 갖는다.

2) 행복한 지출

던과 노튼은 자신의 저서 「Happy Money: The Science of Smarter Spending」에서 다섯 가지 행복한 지출원칙을 제시하였다(박정윤, 2014).

첫째, 경험을 구매하라.

Deleire와 Kalil(2010)은 50세 이상 장년층을 대상으로 조사한 결과 냉장고나 술과 같은 항목은 행복과 아무런 관계가 없었고 여가활동에 지출을 많이 하는 사람일수록 삶에 대한 만족도가 높았다.

둘째, 특별하게 만들어라.

대부분은 부족한 것이 없는 풍족한 사회에서 살다보니 만족감이 떨어진다. 보통의 구매를 특별하게 만들면 행복감을 높일 수 있다. 외형적 화려함과 재무적 성공보다 개인적 성장과 만족을 우선하여 스스로 단순한 삶을 선택하여 행복해진 사람들을 예로 들 수 있다.

셋째, 시간을 구매하라.

시간을 구매하는 원칙은 돈에 관한 결정을 시간에 관한 결정으로 전환하는 것이다. 몇 푼의 돈을 아끼기 위해 소중한 시간을 버리는 실수를 하지 않아야 한다.

사람들은 하루 중 가족이나 친구들과 시간을 함께 보낼 때 가장 좋은 기분을 느낀다.

넷째, 먼저 돈을 내고 나중에 소비하라.

'선 지급, 후 소비' 원칙에 따라 소비하는 것이 '선 소비, 후 지급'보다 행복감을 더 끌어올릴 수 있다. 우리는 이미 가진 것보다 장차 가질 것에서 흥분을 느끼는 성향이 있기 때문이다. 네덜란드에서 1,000명 이상의 여행자를 대상으로 실시한 설문조사에 따르면, 여행을 떠난 지 몇 주 후보다 여행을 가기 전 몇 주 전에 사람들은 더 행복해 하였다.

다섯째, 다른 사람에게 투자하라.

자신에게 지출한 액수는 전반적인 행복감과 관계가 없으나, 다른 사람을 위해 지출할 때 더 많은 행복감을 느끼는 것으로 나타났다. 2006년에서 2008년에 실시된 갤럽 세계 여론조사에 의하면, 조사대상 136개국 중 120개국에서 지난달에 기부활동을 했던 사람들의 삶의 만족도가 높았다.

기부를 할 때 그 효과를 높이는 세 가지 전략이 있다.

첫째, 기부를 할 때 자발적 선택이 의무적 선택보다 더 만족도가 높아진다. 한 실험에서 대학생 138명이 다른 사람을 돕는 식의 가치 있는 활동을 하면서 느낀 점을 매일 일기에 적었다. 학생들의 일기를 분석해보니, 학생들의 친사회적인 활동을 하되 자진하여 활동에 참여할 때 만족도가 높았다. 의무적으로 참여했거나 잔소리를 듣기 싫어서 활동에 참여한 학생들은 선행을 베풀어놓고도 그냥 찜찜한 기분을 느꼈다(Weinstein and Ryan, 2010).

둘째, 관계를 만드는 전략이다. 사람들은 약한 유대관계보다 가족이나 친구와 같이 강한 유대관계를 위해 지출함으로써 충만한 행복을 느끼는 것으로 나타났다.

셋째, 기부가 미치는 영향을 고려할 때 만족이 높다. 유니세프와 스프레더넷은 파트너 관계에 있지만 스프레더넷에 기부할 때 그 영향력을 더 쉽게 확인할 수 있다. 그래서 스프레더넷에 기부하는 사람들은 유니세프에 기부했을 때보다 기부 금액 대비 큰 행복감을 맛본다.

참고문헌

김광수(2018), "애덤 스미스의 행복이론: 행복경제학과 시민경제론의 기원", **경제학연구**, 66(1), 33~80.

김균(2012), "이스털린 역설과 관계재", **사회경제평론**, 19~48.

김미린 · 홍은실(2015), "성인소비자의 윤리적 소비행동이 소비자행복에 미치는 영향", **소비자정책교육연구**, 11(3), 75~96.

김우성(2024), "행복한 삶을 위해 긍정심리학의 원칙을 배우자", https://blog.naver.com/wkblhappy/223507599898.

남승규(2012), "소비자행복 척도의 개발 및 타당화", **한국심리학회지: 소비자·광고**, 13(3), 403~420.

내 손안에 서울(2023), "반려인은 행복하고 반려견은 즐겁다! 한강공원 댕댕이 쉼터", **내 손안에 서울**, 2023년 3월 13일.

네이버, 네이버 선샤인 논술사전.

라선아(2015), "소비자행복의 유형화 및 개념적 체계: 내러티브 분석을 중심으로", **소비문화연구**, 18(3), 113~146.

박정윤(2015), "던과 노튼의 행복한 지출원칙에 대한 성경적 평가", **행복한 부자연구**, 4(2), 1~14.

성영애(2016), "소비절제를 추구하는 라이프스타일과 행복에 관한 연구", **소비자학연구**, 27(2), 233~254.

성영신 외(2013), "소비활동이 행복에 기여할 수 있을까?" **마케팅연구**, 28(6), 185~217.

송인숙 · 천경희 · 홍연금(2013), "윤리적 소비자가 경험하는 행복한 소비의 특성에 관한 현상학적 연구", **소비문화연구**, 16(4), 1~27.

심영(2022), "지속가능한 소비실천은 소비자를 행복하게 하는가?: 2019년과 2021년 비교", **소비자문제연구**, 53(2), 145~167.

이성림 외(2011), "소비생활에서의 행복과 갈등", **소비자학연구**, 22(1), 139~166.

이성림 · 허은정(2023), "MZ세대의 소비자거래 역량이 윤리적 소비실천을 매개로 소비행복에 미치는 영향," **소비자학연구**, 34(5), 189~210.

이투데이(2025), "소확행→요노" 소비 트렌드 변화에도 '향수 존재감' 뿜뿜, **이투데이**, 2025년 1월 16일.

전미영(2011), **소비자행복의 개념과 그 영향요인의 구조-소유와 경험을 중심으로**, 서울대학교 대학원 박사학위논문.

전미영 · 김난도(2011), "재화소비와 경험소비에서 나타나는 소비자행복 수준 비교", **소비자정책교육연구**, 7(2), 55~75.

정연재(2018), "포스트휴머니즘 행복론에 대한 비판적 고찰", **윤리연구**, 121, 317~342.

패션비즈(2024), “K2, 2025 아웃도어 시장 핵심 키워드 ‘S.N.A.K.E’ 선정”, **패션비즈**, 2024년 12월 19일.

Gupta, Sanjay(2021), *Keep Sharp*(**킵샤프, 늙지 않는 뇌**: 한정훈 역, 석승한 감수), 니들북.

Langer, Ellen J.(2022), *Counterclockwise*(**늙는다는 착각**: 변용란 역), 유노북스.

NEF(2009), National Accounts of Welling-being.

Robbins, Anthony(2015), *Unlimited Power*(**거인의 힘: 무한능력**: 조진형 역, 심교준 감수), 씨앗을 뿌리는 사람.

저자약력

허은정

서울대학교 생활과학대학 소비자학과 졸업

서울대학교 대학원 졸업(석사, 소비자학 전공)

미국 U. of Missouri (소비자경제학 박사)

현재 울산대학교 생활과학대학 아동가정복지학과 교수

김우성

서울대학교 영어교육학과 졸업

미국 U. of Missouri 심리학 석사 및 경영학 석사(MBA)

미국 U. of Oregon (마케팅 박사)

전 대학교수, 현재 멀티영역 블로거 및 여행 유튜버

정윤선

울산대학교 생활과학대학 가정관리학과 졸업

울산대학교 대학원 졸업(석사, 박사수료, 소비자학 전공)

한국방송통신대학교 법학과 석사

전 울산광역시청 주무관(소비자센터 담당)

현재 (사)미래소비자행동 사무총장, 울산대학교 강사

백재화

울산대학교 생활과학대학 가정관리학과 졸업

울산대학교 대학원 졸업(석사, 박사, 소비자학 전공)

울산리서치 대표

현재 울산대학교, 인제대학교 강사